国际教育前沿丛书

刘宝存　主编

U0831331

义务教育均衡发展国际比较研究

王　璐　著

山西出版传媒集团　山西教育出版社

图书在版编目（CIP）数据

义务教育均衡发展国际比较研究 ／ 王璐著. — 太原：山西教育出版社，2021.6
（国际教育前沿丛书 ／ 刘宝存主编）
ISBN 978-7-5440-9991-2

Ⅰ. ①义… Ⅱ. ①王… Ⅲ. ①义务教育—发展—对比研究—世界 Ⅳ. ①G512. 3

中国版本图书馆 CIP 数据核字（2018）第 200041 号

义务教育均衡发展国际比较研究
YIWU JIAOYU JUNHENG FAZHAN GUOJI BIJIAO YANJIU

责任编辑 霍 彪
复　　审 邓吉忠
终　　审 杨 文
装帧设计 薛 菲
印装监制 蔡 洁

出版发行 山西出版传媒集团·山西教育出版社
（太原市水西门街馒头巷 7 号 电话：0351-4729801 邮编：030002）
印　　装 山西康全印刷有限公司
开　　本 720mm×1020mm 1/16
印　　张 22
字　　数 357 千字
版　　次 2021 年 6 月第 1 版 2021 年 6 月山西第 1 次印刷
书　　号 ISBN 978-7-5440-9991-2
定　　价 68.00 元

总　序

一

当今世界正处在大发展、大变革、大调整时期，主要表现为以下四个方面。一是国际竞争的加剧。在“冷战”结束以后，世界格局发生了重大变化，世界上一些主要国家都在调整国家目标，力图在急剧变化的世界中为自己定位。各国为了实现国家目标，在新世纪的国际竞争中取得战略有利地位，纷纷把教育改革作为国家整体战略的一部分，作为提高民族素质、增强国际竞争力的战略举措。二是知识经济的发展。世界经济的发展经历了农业经济和工业经济之后，正在进入知识经济阶段。与建立在土地和人口基础上的农业经济、建立在资本和资源基础上的工业经济不同，知识经济是建立在知识和信息的生产、分配和使用基础之上的经济。在知识经济时代，知识、技术和信息成为推动经济发展最重要的因素。知识、技术和信息发展靠创新、靠人才，归根结底要靠教育。因此，教育成为各国应对知识经济挑战的首要途径。三是全球化进程的深入。在经济全球化的影响下，世界各国在政治、经济、文化、教育和社会生活等方面的联系、影响、依赖程度不断增强。全球化同时也加剧了国家之间、地区之间乃至学校之间的竞争，世界各国都把创建世界一流的学校、提升教育的全球竞争力作为战略目标。四是信息技术和人工智能的挑战。信息技术和人工智能的发展正改变着我们的生活方式、工作方式、学习方式、思维方式、价值观念及其物质载体，也为教育的改革与发展提供了更为广阔的空间。国际社会大变革把教育推向社会经济发展舞台的中心，优先发展教育、深化教育改革成为世界性的运动，而提高教育质量、促进教育公平则是这场教育改革运动的主旋律。

如果从历史的角度来考察，20世纪80年代以来世界范围的教育改革，不仅是对当代世界政治、经济、科学技术和文化的大发展、大变革、大调整所带来的挑战的应对，也是基于教育自身发展和改革的需要。纵观风云变幻的20世纪，世界教育经历了前所未有的挑战和改革。20世纪30年代，工业化、城市化所推动的社会全面变革引发了以进步主义教育运动为标志的世界性教育改革运动。进步主义教育直接向传统教育宣战，强调把儿童的兴趣作为教育的出发点，重视职业教育、工业教育、科学教育，倡导以解决问题为核心的教学方法，注重培养学生的合作精神和社会责任感。进步主义教育改革运动使人们反思传统与变革、人文与科学、社会与个人之间的关系，并尝试建立一种新的平衡，但并没有取得预期的效果。20世纪五六十年代，在科技进步、经济发展、民主运动、人口剧增和“冷战”加剧等因素的推动下，以1957年苏联人造卫星的发射为导火线，爆发了新一轮世界性的教育运动。世界各国开始重新审视一度给教育带来一缕新风的进步主义教育思想及其改革运动，结构主义、要素主义教育理论逐渐取代进步主义教育理论取得支配地位，促进中等教育的普及化和高等教育的大众化，改革基础教育课程和教学方法，加强大学的科技人才培养和科学研究，成为国际社会教育改革的主旋律。特别是人力资本理论和终身教育思想的提出，使教育的地位空前提高，改变了人们的价值观念。这一轮的教育改革因70年代的经济萧条戛然而止。因此，20世纪80年代以来的世界教育运动是上一轮教育改革运动在新的社会经济背景下的发展。在中小学教育实现了普及化、高等教育实现了大众化甚至普及化的背景下，世界教育改革的主旋律变成了促进公平、提高质量，也就是为每一个人提供高质量的教育。在新的社会经济背景下，世界各国纷纷把教育放在优先发展的战略地位，打造世界一流的教育体系，确立以培养创新人才为核心的培养目标，改革课程体系和教学模式，加强教育与社会生活的联系，提高教师的待遇和专业化水平，建构终身教育体系，推进教育信息化、教育国际化进程，建立更加灵活、高效的管理机制。与以前的局部改革不同，这是一场关于教育的全面改革，涉及从学前教育到高等教育、从课程教学到管理体制等教育的方方面面；与以前阶段性的教育改革不同，这更是一场长期的教育改革，已经持续30多年的教育改革仍呈方兴未艾之势。

二

自改革开放以来，中国社会发生了翻天覆地的变化。改革开放40年的经济快速增长，使中国从一个经济处于崩溃边缘的穷国一跃而成为世界第二大经济体，人民生活水平大幅度提高，综合国力不断增强。同时，中国也从一个传统社会转变为现代社会，在经济、社会、政治方面实现转型，工业化、城镇化、民主化进程不断加快。经过40年的改革开放，我国社会经济发展进入新阶段。我国面临着国际社会大变革和国内各种社会经济问题凸显的双重压力，既处于新的改革发展战略机遇期，也处于改革的攻坚期和“深水区”。正如《国家中长期教育改革与发展规划纲要（2010—2020年）》所总结的，“我国正处在改革发展的关键阶段，经济建设、政治建设、文化建设、社会建设以及生态文明建设全面推进，工业化、信息化、城镇化、市场化、国际化深入发展，人口、资源、环境压力日益加大，经济发展方式加快转变”。党的十九大明确提出要实现社会主义现代化和中华民族伟大复兴，在全面建成小康社会的基础上，分两步走在21世纪中叶建成富强民主文明和谐美丽的社会主义现代化强国。要按照十六大、十七大、十八大提出的全面建成小康社会各项要求，紧扣我国社会主要矛盾变化，统筹推进经济建设、政治建设、文化建设、社会建设、生态文明建设，坚定实施科教兴国战略、人才强国战略、创新驱动发展战略、乡村振兴战略、区域协调发展战略、可持续发展战略、军民融合发展战略，突出抓重点、补短板、强弱项，特别是要坚决打好防范化解重大风险、精准脱贫、污染防治的攻坚战，使全面建成小康社会得到人民认可、经得起历史检验。综合分析国际国内形势和我国发展条件，从2020年到21世纪中叶可以分两个阶段来安排。第一个阶段，从2020年到2035年，在全面建成小康社会的基础上，再奋斗十五年，基本实现社会主义现代化。第二个阶段，从2035年到21世纪中叶，在基本实现现代化的基础上，再奋斗十五年，把我国建成富强民主文明和谐美丽的社会主义现代化强国。这一系列战略目标的实现，意味着中国社会将迎来更大的变革，意味着一个真正强国的崛起，也意味着我们必须重新审视我国教育，探讨教育如何适应国家战略的调整，积极改革创新，为国家整体战略服务。

与国际社会的教育改革大势相一致，中国教育以1985年《中共中央关于教育体制改革的决定》为标志开始了前所未有的全面改革。在新的世纪，面对新问题、新矛盾、新挑战，我国在2010年颁布了《国家中长期教育改革与发展规划纲要（2010—2020年）》，对中国教育的发展提出了新的要求：加快从教育大国向教育强国、从人力资源大国向人力资源强国迈进；到2020年，基本实现教育现代化，基本形成学习型社会，进入人力资源强国行列，办出具有中国特色、世界水平的现代教育。教育规划纲要的颁布，宣告了我国新一轮教育改革运动的开始，我国教育进入大改革、大发展、大变化时期。党的十九大报告把建设教育强国作为中华民族伟大复兴的基础工程，要求必须把教育事业放在优先位置，深化教育改革，加快教育现代化，办好人民满意的教育。无论是当前的社会变革还是教育变革，在我国历史上都没有现成的经验可以借鉴，必须从国际社会寻找可供借鉴的理论、经验和发展路径，并在此基础上实现教育理论创新、实践创新和制度创新。一方面，我国教育科学虽然已经有了很长的历史，但是对于教育改革与发展中的许多问题仍然没有一致的认识。因此，当前我国教育研究特别是比较教育研究的一个重要使命就是围绕世界和我国教育改革与发展的重大理论、政策和实践前沿问题开展研究，探索教育发展的规律，把握国际教育发展的趋势，为我国教育改革与发展提供理论支撑。另一方面，在经过40年的改革开放之后，我国教育改革已经进入“深水区”和攻坚阶段，在我国历史上既没有相应的经验可以借鉴，也不可能完全依靠“摸着石头过河”去探索未知的领域。因此，我们必须把视野扩大到国际社会，研究世界各国教育改革与发展的基本理念、政策措施、得失成败，研究世界教育改革发展的基本脉络和发展趋势，尤其是针对我国教育改革发展中的重大问题和紧迫问题，在世界范围内寻求相应的经验，特别是研究发达国家已经走过的道路和经验教训，并根据我国实际探索适合我国国情的政策措施。

三

北京师范大学国际与比较教育研究院创立于1961年，是中华人民共和国成立后设立最早的国际与比较教育研究机构。1981年，被国务院学位委员会批准为比较教育学专业全国第一批硕士学位授权点。1983年，被国务院学位委员会批准为比较教育学专业全国第一批博士学位授权点。1988年，被国家教委（现教育部）确定为国家重点学科，是比较教育领域中唯一的国家重点学科。1999年12月，成为第一批入选教育部普通高等学校人文社会科学重点研究基地的15家科研机构之一，是比较教育学科唯一的重点研究基地。2011年秋季，招收第一届全英文教学国际硕士研究生，开创了我国比较教育学专业国际硕士教育的先河。2012年，与奥地利、德国、芬兰等国大学联合开设欧盟伊拉斯莫（Erasmus Mundus）"高等教育研究与创新"硕士项目，这是我国高校第一次以全面合作伙伴（full-partners）身份全面参与伊拉斯莫项目的招生、教学和管理工作。2012年，入选教育部国别区域问题研究基地，成为教育部国际教育研究中心之一。2013年，在成功举办全英文教学国际硕士项目的基础上，全英文教学国际博士项目顺利招生，成为我国比较教育学专业乃至教育学科第一个开设国际博士教育项目的机构。2017年，加入教育部高校高端智库联盟，成为教育领域首批入选的两家智库之一。

北京师范大学国际与比较教育研究院的基本使命是：1. 围绕世界和我国教育改革与发展的重大理论、政策和实践前沿问题开展研究，探索教育发展的规律，把握国际教育发展的趋势，为我国教育改革与发展提供理论支撑；2. 为文化教育部门和相关部门培养具有国际视野、通晓国际规则、能够参与国际事务和国际竞争的高层次国际化人才；3. 积极开展教育政策研究与咨询服务工作，为中央和地方政府的重大教育决策提供智力支撑，为区域教育创新和各级各类学校的改革试验提供咨询服务；4. 积极开展国际文化教育交流与合作，引进和传播国际先进理念和教育经验，把我国教育改革发展的先进经验和教育研究的新发现推向世界，成为中外文化教育交流的桥梁和平台。

经过50多年的发展，北京师范大学国际与比较教育研究院已经成为我国规模最大、语种最全的国际与比较教育研究机构，语种涵盖英语、俄语、法语、德语、日语、朝鲜语、葡萄牙语、西班牙语等世界主要语种，研究对象包括美国、英国、法国、德国、俄罗斯、日本、韩国、印度、澳大利亚、加拿大、新加坡、芬兰等国家以及联合国教科文组织、世界银行、联合国儿童基金会、欧盟、经济合作与发展组织、亚太经济合作组织等国际组织，研究领域包括比较教育的理论与方法、基础教育比较、高等教育比较、教育政策与管理比较、教育思想比较、文化与教育发展比较、国际教育等比较教育研究的主要领域。

50多年来，北京师范大学国际与比较教育研究院一直是我国国际与比较教育研究的重镇。该院以“立足中国，放眼世界”为指导思想，根据我国社会主义现代化建设和教育改革发展的需要，积极承担起国家重大教育研究任务，取得了一大批高水平的研究成果。这套《国际教育前沿丛书》就是近年该院承担的部分国家级和省部级科研项目的研究成果，我们衷心希望这套丛书的出版能够帮助读者了解国际教育改革与发展的前沿，为我国教育改革与发展提供一些借鉴与启示。

北京师范大学把《国际教育前沿丛书》列为“985工程”重点项目予以支持，山西教育出版社在丛书编辑和出版过程中给予了很大支持，在此特别表示感谢。

刘宝存

目录

第一章 国际视野下的义务教育均衡发展概念内涵

义务教育均衡发展这一概念是随着我国义务教育的普及而逐渐提出来的。进入21世纪以来，在我国全面实现普及九年制义务教育之后，“有学上”的问题已经基本解决。如何缩小适龄儿童在获得教育机会以后所受教育的质量差异，如何在一定区域或更大范围内做到教育资源的均衡配置和教育质量的均衡发展，即“上好学”的问题，已成为我国21世纪推进义务教育政策的重中之重。发达国家义务教育已经发展到一个较高水平，在总体办学条件、资源和教育质量上较为均衡，差距较小，但是，各国在质量方面和表现形式上都存在非均衡现象。因此，各国对于教育公平理念的探索从未停止过，不断提出新的改革措施，解决新的不均衡矛盾。而我国义务教育均衡发展概念正是在国外教育公平理论基础上结合我国国情发展而来的。尽管发达国家很少提到义务教育均衡发展这一概念，但它们对于教育公平的理论探索和政策实践对我们构建义务教育均衡发展的概念分析框架具有重要意义。

第一节　义务教育均衡发展的概念与内涵

那么何为义务教育均衡发展？从物理学的角度来看，当一物体受到方向相反、大小相等且在同一条直线上的两个外力作用时，处于静止或匀速直线运动状态就是均衡。经济学所说的均衡是指在包括供需在内的诸多力量驱使下，经济体系达到了由一系列配置和价格构成的理想均衡状态。而教育均衡是经济均衡的发展和移植，它是由于人类教育资源的稀缺和有限以及现有教育资源配置不均衡、不合理而引发的。从一定意义上讲，教育均衡是人们针对目前现实存在的教育需求与供给不均衡而提出的教育发展的美好理想①。

以上说明无论是客观物体、经济还是教育现象，均衡包含几个特征：第一，“均衡”是矛盾暂时的相对统一，要使义务教育在各项指标上达到均衡状态是不太可能的，教育发展的不均衡是绝对的，但是向着均衡发展的方向是确定无疑的，通过改变主客观条件，义务教育均衡发展会出现“平衡—不平衡—平衡”的螺旋上升，从而在动态发展中寻求平衡②。第二，义务教育均衡发展是一种发展模式，是以均衡为目标的教育发展模式，是以实现教育公平为目的的发展模式，这种发展不是一种单纯的增长、扩展或进步、改善，而是体现均衡本质，充分兼顾平衡、协调的发展，是更全面、健康、和谐、可持续的发展。第三，从资源有限的现实出发，教育均衡发展是在平衡合理的资源配置的基础上的发展，是按照科学发展观和构建社会主义和谐社会的要求，均衡配置公共教育资源，预防和治理教育不合理差距③。第四，义务教育均衡发展是追求质量的均衡发展，教育的均衡发展不仅关注机会的平等，更关注效率与质量的公平。特别是在基本解决入学问题之后，义务教育均衡发展更加关注学习过程和结果的公平。第五，义务教育均衡发展是尊重差异的发展，而不是限制高水平区域和学校的发展，既要鼓励强者再接再厉，又要帮助弱者迎头赶上，通过教育的梯度发展，逐步缩小教育差距④。

---

① 腾飞.教育均衡发展大观察[M].长春：东北师范大学出版社，2010：38.

② 王建容，夏志强.我国义务教育均衡发展的内涵及其指标体系构建[J].理论与改革，2010（4）：70-74.

③ 张东娇.义务教育均衡发展的社会资本障碍及其政府治理[J].北京师范大学学报：社会科学版，2008（2）：24.

④ 瞿瑛.义务教育发展政策问题研究：教育公平视角[M].杭州：浙江大学出版社，2010：21.

第二节　义务教育均衡发展的理论基础

目前，普遍认为教育公平、公正和教育机会均等是产生义务教育均衡发展理念的理论基础和指导理念。教育均衡发展与教育公平密切相关，教育均衡发展问题的提出源于教育公平理论和教育民主化思想，教育均衡发展是这两种教育思想在我国进入21世纪以来的发展，实质上是以教育均衡发展作为促进教育公平和教育民主化的重要途径[①]。影响教育均衡发展理念的教育公平理论方面的主要代表人物和观点概括如下。

20世纪70年代以来，美国哈佛大学教授约翰·罗尔斯的《正义论》在学术界产生了巨大影响，罗尔斯的正义理论被认为是现代公平理论中最富代表性的理论。其公平、公正理论最重要的观点之一就是提出了要平等关注不同阶层人士的利益和教育，特别是要充分顾及社会下层人的利益和教育。他认为人们的不同生活前景受到政治体制和一般的经济、社会条件的限制和影响，也受到人们出生伊始所具有的不平等的社会地位和自然禀赋的深刻而持久的影响，而这种不平等是个人无法自我选择的。“既然出生和天赋的不平等是不公平的，那么这种不平等就应该得到补偿，为了平等地对待所有人，为了提供真正的机会平等，社会应该更重视那些出身地位较低的家庭而天赋又较少的人”[②]。他提出关于公平的著名的两条原则。第一条原则是每个人都有平等的权利去拥有与别人类似自由权并存的、最广泛的基本自由权；第二条原则是社会和经济的平等应该满足两个条件：（1）公职和职位应该在公平的、机会平等的条件下对所有人开放（公平的、机会平等原则）；（2）应该有利于社会之最不利成员的最大利益（差别原则）[③]。如果起始状况（收入和财富分配）不同，处于不利地位者的利益应用“补偿利益”的办法来保证。罗尔斯关注社会下层人的利益和“补偿利益”原则成为实现教育均衡发展和教育公平的重要政策途径，对于教育均衡来说，该原则涉及资源配置这一核心内容，英国的“积极的区别对待”，法国的“给匮乏者

① 于友发. 县域义务教育均衡发展研究[D]. 济南：山东师范大学，2005：17.

② 张人杰. 国外教育社会学基本文选[M]. 上海：华东师范大学出版社，2009：218.

③ RAWLS J. Justice as Fairness：A Restatement [M]. Cambridge, Mass.：Harvard University Press, 2001：43.

更多和更好”，以及其他国家针对处境不利者和处境不利地区的倾斜政策都体现了对弱势群体的补偿原则。

如果说罗尔斯主要从公平正义的视角论述教育公平理论，那么20世纪中叶美国最具影响力的教育家之一詹姆斯·科尔曼则主要从教育机会均等的角度阐述教育公平。詹姆斯·科尔曼在《教育机会平等的概念》中指出，教育机会均等主要包含四层含义：（1）向人们提供达到某一规定水平的免费教育；（2）不论社会背景如何，为所有儿童提供普通课程；（3）为不同社会背景的儿童提供进入同样学校的机会；（4）由于地方税收提供了创办学校的资源，在同一特定地区范围内教育机会一律平等[①]。科尔曼的这些观点充分揭示了义务教育的本质，特别是政府在制定免费义务教育政策、建立公立学校体系、立法、经费保证和质量监督方面的责任。纵观世界义务教育的发展历程，从最初的普及思想到后来的全民教育和全纳教育思想都是为实现上述理想而做出的努力。

科尔曼对于教育公平理论的另一个重要贡献是指出了对教育平等的认识经历了三个阶段：（1）平等就是所有儿童在相同的学校学习相同的课程；（2）人们意识到，由于不同的儿童有不同的职业前景，教育应该为每一个儿童提供与他们的需要相适应的课程；（3）人们看到，教育平等与教育不平等并存。这一划分揭示了人们对于教育公平认识的深化，认识到了教育公平的相对性和复杂性。科尔曼认为教育机会均等的内涵在历史上缺乏“稳定性”，他提出用“减少教育机会不平等”来代替教育机会均等的说法[②]。他指出“完全的机会均等只有当全部差别性校外影响消失时才能出现”，“由于存在差别性校外影响，只能无限接近机会均等，永远也不可能完全实现”[③]。这一观点启发我们从动态发展中寻求义务教育的均衡发展，从逐步缩小差距的视角来认识均衡发展这一概念。

教育公平理论的另一个重要代表人物托尔斯顿·胡森对教育机会做出了更为详尽和透彻的论述。他将教育机会均等划分为三个阶段：

---

① 张人杰.国外教育社会学基本文选[M].上海：华东师范大学出版社，2009：149.

② 石中英.教育机会均等的内涵及其政策意义[J].北京大学教育评论，2007（10）：76.

③ 张人杰.国外教育社会学基本文选[M].上海：华东师范大学出版社，2009：158.

（1）保守主义学派主张入学机会均等；（2）自由主义学派主张入学机会和学业成就机会均等；（3）激进的新观点认为教学机会均等也应包括学校情况与教育组织的均等[①]。这一划分既概括了世界义务教育的发展历程，也反映了人们对于机会均等认识的深化，也就是随着入学均等问题的解决，义务教育均衡发展面临学校内部教育过程的均衡，将教育质量的均衡提到了议事日程上。

同时，胡森在分析教育面前机会均等这一概念时，认为重要的不仅是要界说“平等”，还要界说“机会”。石中英认为，他的这一看法是非常有道理的，因为“平等”只是分配的原则，而“机会”是分配的对象。基于经验研究的需要，胡森给“教育机会”下了五组操作性的定义：（1）学校外部的各种物质因素，即学生家庭经济状况、学习开支总额、学校地理位置和上学的交通工具；（2）学校的各种物质设施，即学校建筑物总的质量；（3）家庭环境中某些心理因素，其中主要包括家长对子女在学习方面的期望，家长对掌握知识所持有的总的态度，以及家庭为子女提供的独立自主的口头表述等习惯；（4）学习环境中某些心理因素，如教师的能力、教师对学生的态度、学生的学习动机等；（5）学习机会，如教学条件、教师实际的教学时数、教师要求学生实际完成的课外作业总量等[②]。

我们认为“机会”与均衡的关系非常密切，因为“机会”从某种意义上说就是资源，均衡发展的核心就是涉及资源配置的均衡。这些“机会”因素对于教育均衡有价值之处在于它们的可操作性和可测性，此外，胡森在阐述“机会”时更多地考虑了个人及家庭的因素，资源的合理的均衡配置更多地与外在的社会条件相关，如政治条件、法律条件、经济条件、文化条件，并受到后者的制约，或者说是由后者所产生的，这也给资源的均衡配置提出了挑战。

上述理论是教育均衡发展理念的重要基石。正是在这些理论基础上和各国义务教育发展的历程中形成了均衡发展的思维。罗尔斯的关注社会下层人的利益和利益补偿理念成为实现教育均衡发展的重要原则和途径；科尔曼的教育机会均等理论揭示了义务教育的本质和教育公平的复

① 腾飞.教育均衡发展大观察[M].长春：东北师范大学出版社，2010：26.

② 石中英.教育机会均等的内涵及其政策意义[J].北京大学教育评论，2007（10）：76.

杂性与相对性；胡森的“机会”理论启发我们更加全面地认识均衡发展中教育资源的内涵，特别是从可测的和可操作的层面来认识资源配置。但教育公平理论还没有从区域均衡、学校均衡、群体均衡、质量均衡、动态发展、资源的均衡配置和尊重差异的维度整体构建均衡发展的理念体系。

因此，与教育公平、公正理论所不同的是：教育公平、公正强调的是机会、结果与状态的平等，而教育的均衡发展强调的是一种发展过程，是为了达到教育公平、公正的目的，对相关政策、条件和资源的合理掌控与调配，是一个考虑了各个层面均衡和各项任务内容均衡的整体架构，教育的均衡发展具有政策、运作、机制层面上的意义。由于其动态性、整体发展性、可持续性，教育的均衡发展不仅成为世界教育发展的潮流，而且成为达到教育公平目的的重要途径，进而成为教育现代化的核心理念。

第三节　义务教育均衡发展的对象层面

从对象层次和层面来看，不同学者从不同角度阐述了义务教育均衡发展在层次方面的含义，概括起来包括以下三个层面：宏观层面的区域均衡、中观层面的学校均衡和微观层面的社会群体均衡。

第一，宏观层面的区域均衡发展包括两个方面的含义。

1. 区域间的均衡发展。区域间的均衡发展是指在一个国家的不同地区之间，特别是城乡之间推进义务教育均衡发展。由于各地区经济发展水平的不同，各地区在教育发展水平上的失衡是各国面临的共同问题。例如在俄罗斯这样领土面积广大的国家，义务教育的不均衡表现之一就是地区间的差异，而地区之间差异最明显的就是城乡差距。农村学校面临着学校和学生数量不足、设备和基础设施陈旧、管理人员和教师队伍水平低下、财政保证不足、现代化通信工具和交通工具严重缺乏，这些无疑都造成了农村学校的教育质量低下。为此，提出了促进义务教育城乡均衡发展政策：（1）构建农村学校网络体系，优化资源配置；（2）优先发展农村学校信息化，保障教育环境；（3）启动农村学校的校车计划，提高优质教育可及性；（4）增加农村教师福利待遇和工资。

在我国，基础教育区域间的失衡主要表现在东部地区、中部地区与西部地区的教育投入、办学条件和教育发展水平上的差距，在我国东部一些发达地区，办学条件已经达到或超过一些发达国家学校的水平，而同时在我国西部的一些边远贫困地区，学生还在破旧的危房里上课，这两者形成的巨大反差是无法回避的现实①。

2. 区域内的均衡发展。教育失衡现象不仅表现在不同地区之间，也表现在同一地区内部经济发达或较发达地区与经济欠发达或贫困地区教育投入和发展水平上，在同一省内或地区内的县际差距同样很大。区域内的均衡是我国现阶段义务教育均衡发展的重点，也就是在一个县内、一个城市内或一个城市的城区内、一个乡内实现均衡发展，其中在一个区域内实现城乡之间的均衡发展又是重中之重。区域内的均衡发展是实现区域间的均衡发展的重要步骤，也是根据我国国情而采取的政策。

第二，中观层面的学校均衡发展也包含两个方面的含义。

1. 校际的均衡发展。校际的均衡发展是保证所有儿童享受大致相同质量的教育的保证与前提。新的学校均衡发展理念认为只有“每所学校都成功”，才能使“所有学生都成功”。20世纪90年代以来，为了促进教育质量的整体提高，发达国家非常重视缩小学校之间的差距，特别是采取各种措施改造薄弱学校。英国提出了薄弱学校的认定标准：（1）考试成绩；（2）辍学率；（3）义务教育结束时的升学率；（4）符合申请学校免费午餐（为低收入家庭子女提供）的学生比例；（5）犯罪学生比例；（6）吸毒学生比例；（7）学校设备；（8）母语为非英语的学生比例。在这八个方面的评估结果落后于全国平均标准的，即为薄弱学校②。为改造薄弱学校，提出了“教育行动区”计划、“追求卓越的城市教育计划”和“以特色学校改进薄弱学校”等。

2002年，美国政府颁布《不让一个孩子掉队法案》。该法案提出，通过提高学业标准和强化学校问责制来缩小差距。该法规定各州自行制定“年度进步标准”，对本州学生的阅读和数学成绩进行评估。凡两年未达到“年度进步标准”的学校，即被列入“需要改进”的薄弱学校之列，要求联邦政府和各州应予以帮助和干预。2009年奥巴马总统上任后

① 腾飞.教育均衡发展大观察[M].长春：东北师范大学出版社，2010：81-82.

② 孙明.英国基础教育均衡发展策略研究[D].北京：北京师范大学，2005：37.

要求各州将长期落后的薄弱学校即“持续最低效学校”作为改造的重点。[①]

在我国，学校之间的非均衡主要体现在两个方面：一是从总体上来说，城乡之间的学校无论是办学条件还是师资力量的配备都存在着不均衡，特别是偏远地区和贫困的少数民族地区；二是在城市中，非重点学校与重点学校之间在物质资源、人力资源、生源、社会声望和所获得的政府支持上都存在差距。为此，我国采取的措施有：一是推进中小学标准化建设，制定城乡义务教育一体化办学标准，从而为适龄儿童提供相对均衡的受教育条件；二是大力改造薄弱学校；三是实现区域内义务教育优质资源共享。

2. 学校结构方面的均衡发展。在不同的学校类型中，即义务教育阶段的教育和其他阶段的教育之间在比例和地位上的均衡发展；不同类别、不同级别的教育间实现均衡发展，包括义务教育内部各阶段之间的均衡发展，也包括义务教育与职业教育的均衡发展；这一问题在德国解决得比较好，普通教育和职业教育比较均衡。

第三，微观层面的群体之间的均衡发展。

这主要是针对接受义务教育的所有学生个体之间在受教育机会、程度和可能的教育结果，以及性别、自身能力、家庭经济状况和兴趣等因素之间的相对均衡[②]。从各国义务教育均衡发展的经验来看，对少数民族儿童、女童、残疾儿童、流动儿童、留守儿童、家庭处境不利儿童、学习和行为有障碍的儿童给予特殊帮助。近年来，各国都特别重视处境不利家庭儿童的早期教育补偿，保证他们教育起点的公平。在少数民族教育政策中突出双语教育、多元文化教育。

这三个对象层面是相辅相成的，可以说第三个层面的均衡是均衡发展的终极目标，但是没有第一层面和第二层面的均衡发展，第三层面的均衡发展是很难实现的，因此，区域均衡和学校均衡是群体均衡的重要前提条件。李连宁认为，“从国家的角度，应该从区域、学校和群体三个层面同时来促进，而不是仅就某一个层面，可以根据不同层面的要求

---

① Office of Superintendent of Public Instruction. School Improvement Grants[EB/OL]. [2012-05-20].http://www.k12.wa.us/Communications/PressReleases2010/SIP/SchoolImprovement Grants Overview.pdf.

② 孙启林，孔锴. 世界主要发达国家义务教育均衡发展比较研究[M]. 长春：东北师范大学出版社，2009：88.

采取不同的措施。”①

第四节　义务教育均衡发展的任务和内容

义务教育均衡发展的任务和内容十分丰富。第一，在教育投入方面，均衡合理地配置公共教育资源是义务教育均衡发展的核心任务和内容之一。投入方面的资源配置分为两个方面：其一，“硬件”投入的均衡。这主要包括教育经费投入的基本均衡和办学条件的基本均衡；其二，“软件”投入的均衡，也就是人力资源的基本均衡，主要是指教师的学历、素质、年龄结构等的大致均衡以及生源和管理水平的均衡。在不同层次上都要努力做到这些内容的均衡。第二，在教育过程方面的均衡，包括课程、教学、教育过程、教学水平和效果的均衡。第三，在教育结果方面的均衡，也就是产出方面的均衡：通过辍学率、完成率、小学和初中升学率、学生素质、发展与学业成就等表现。

从国际经验来看，各国都十分重视这三个方面的均衡配置。长期以来美国的地方学区是义务教育经费的主要承担者，学区之间的贫富差距造成了义务教育资源配置的不均衡。为此，联邦和州政府采取了一系列措施，加大对各学区的财政扶持力度。20世纪80年代之后，教育经费的来源从20世纪初的主要由学区承担逐步向由学区和州共同承担转变，1959至1960年，来自联邦、州和学区的投入比例分别为4.4%、39.1%、56.5%，1997至1998年，这个比例变为了6.8%、48.4%、44.8%。州政府通过财政转移支付制度促进教育资源在学区之间分配的均衡。

教育资源配置均衡和相应的倾斜政策是实现义务教育均衡的重要条件，而教育质量的均衡是义务教育均衡发展的重要目标。20世纪80年代以来，提高标准成为各国义务教育政策中的关键词，以制定标准来促进教育公平的实现和教育质量的提高，以教育标准来将均衡政策目标具体化，以督导和评估体系将教育目标和标准指标化，监督教育政策目标和标准的实施，已成为发达国家基础教育发展的重要趋势。

① 李连宁.要从教育发展战略上思考和促进基础教育的均衡发展[J].人民教育，2002(4)：9.

第二章 美国义务教育均衡发展

第一节 义务教育均衡发展的社会文化及历史背景

现代义务教育是现代文明的一个标志，是现代教育发展的基础。普及义务教育制度是伴随着现代大生产和现代社会的发展而逐步建立并不断发展的。美国《教育百科全书》认为，“义务教育”属于公共教育的范畴，它包括三个必要的前提：“第一，为了向所有人提供免费的公共教育，法律有权向每一个公民征税，即使是那些没有子女或者子女已入私立学校的公民也有义务纳税；第二，法律有权要求每一个父母或法律监护人送其子女或被监护人入学接受基础教育；第三，免费的公共教育必须是世俗的教育”[①]。由此可以看出，义务教育是一种依照法律规定，国家、社会、学校和家庭必须强制性予以保障的国民教育。其具有强制性、免费性、普及性和世俗性的基本特征。美国的现代义务教育制度的建立是从马萨诸塞州于1852年颁布的《义务教育法》开始的。随后其他各州也相继颁布了义务教育法。从1852年到1919年，美国用了60多年的时间基本上实现了各州普及初等义务教育的目标，而普及义务教

① 田正平，肖郎．世纪之理想——中国近代义务教育研究[M]．杭州：浙江教育出版社，2000：4.

育是义务教育均衡发展的前提条件。第二次世界大战后，随着美国政治经济的高速发展，教育也呈现迅速发展的态势，从而推动了义务教育的范围进一步扩大，这主要表现在义务教育的一端在向学前教育方向扩展，另一端则向初中后教育阶段扩展。由于美国学制呈现多样化的特征，如有“6+3+3”“8+4”“6+6”“4+4+4”“5+4+3”“5+3+4”“十二年一贯制”等，因而各州的义务教育年限也不尽相同，但基本上可分为九年和十二年。

一、普及教育思想的提出（殖民时期至1820年）

（一）第一阶段：殖民地时期

美国普及教育的思想萌芽于殖民地时期。从殖民地时期到19世纪20年代，美国经济基本上处于资本主义发展的初级阶段。虽然资本主义工业经济不断增长，殖民时期的家庭手工业已逐渐开始向大工业过渡，但工业发展还处于“幼年期”，农业经济仍占主导地位。人们对教育没有产生迫切的需求，大部分儿童都被当成不需要掌握太多知识的劳动力。

这一时期，宗教成为推动教育发展的主要力量。为了教会儿童阅读《圣经》和培养合格的牧师，以捍卫各派教义，一些教徒开始兴办教会学校，尤其在以工业发展为主的北部地区。1634年至1638年，马萨诸塞州就曾在法律中规定一切财产都需纳税，以税收办理公共事业[①]。这是美国公款兴学的渊源。1642年至1647年，马萨诸塞州制定了强迫教育法令，根据1642年法令规定，各市镇的管理要经常检查父母与店主、行业师傅是否尽了教育的责任与义务；官吏有权处罚那些不守法、不实施正当教育的人，各种法庭有坚持强迫市镇遵守本法的责任[②]。这一法律虽以立法的形式规定了一切儿童都应接受教育，但对学校的设立、教师的工作却无相关规定。到1647年，马萨诸塞州又制定了更为详细的法令，规定：凡有50户人家居住的市镇应当立即聘请一位教读写的教师，

---

① CUBBERLEY E P.Public Education in the United States［M］. Boston：Houghton Mifflin Company，1934：14.

② CUBBERLEY E P.Public Education in the United States［M］. Boston：Houghton Mifflin Company，1934：17.

该教师的工资由市镇当局根据情况来决定；凡有100户人家居住的市镇必须设立一所拉丁文法学校，为青年升入大学做准备。如不遵守此项法律，应科以五镑罚金①。由此，各殖民地出现了一些公办的初等读写学校。但由于全国各地区工业的发展不平衡，社会环境复杂，南北各地的初等教育的具体实施又不尽相同。

虽然这一时期美国已初见普及初等教育思想的萌芽，并采用了立法形式来实现这一理想，但这时期的初等教育水平很低，既无一定的学校制度、课程设置，也无专门的师范学校培训师资。在相当长的时间里，初等教育的发展十分缓慢。

（二）第二阶段：建国后时期

美国独立以后，逐步摆脱了政治上对英国的依赖，在经济、文化、教育等方面走上了独立自主的道路。18世纪后半期，工业革命的发生促进了美国资本主义机器大工业的发展，经济的发展也对教育提出了更高的要求，尤其是面对大众的初等教育的发展开始引起重视。根据1791年经国会批准的宪法规定："凡未经宪法确定的事项作为各州保留权，由各州自行处理解决。"这为教育分权提供了法律依据。从此，国家政权对于各地教育事业便失去了直接干预的法权，只能间接对教育产生影响。虽然联邦政府无权直接干预地方教育，但必要时联邦政府可以通过法案或经济手段参与教育决策。如，在1785年和1787年，美国政府颁布了《土地法》，要求以后凡新建州并加入联邦的，政府将赠予一定数量的公地，各州可用公地所获土地税开办学校。这一规定对后来各州建立公立学校有着重要意义。同时，宪法还承认宗教信仰的自由，这对美国教育摆脱教会控制和停止各教派之间的争执有着重要作用，也是后来美国教育得以向分权、自由、普及、无宗教派别限制发展的一个重要起点。由此，在美国逐渐确立了平等、自由与民主的资产阶级原则，办教育的动机已逐步从纯粹的宗教目的向新的政治需要转变。

一些具有远见卓识的政治领袖从资产阶级的政治需要出发，提倡和呼吁普及教育，要求政府担负起教育人民的职责。如，在《独立宣言》的起草者杰斐逊总统看来，所有人都应有自由、自治的权利，然而自由、自治要以理智为基础；所有人都有追求个人幸福的权利，但要把公

① CUBBERLEY E P.Public Education in the United States［M］. Boston：Houghton Mifflin Company，1934：18.

共利益放在个人利益之上。为此公共教育是必需的。如果人民没有受到好的教育，国家不是由受过教育的人组成，自己的努力和梦想都将成为泡影，或者如同沙上建塔，顷刻倒塌；或者如海市蜃楼，终究是幻境而已。杰斐逊的教育思想奠定了美国教育的基本理念和基本框架。另外，爱默生也曾充满豪情地预言："总有一天我们将学会用教育来取代政治[①]。"

虽然早在17世纪以马萨诸塞州为代表的北部地区已提出了普及教育，但这一目标的实现却遥遥无期。究其原因，实为社会生产力所限。具体来说，由于这时期农业经济仍占主导，工业尚不发达，从事农业的人口占大多数。这就决定了教育以乡村教育为主。而在当时农村通常都把儿童当作劳动力，且不需要他们掌握多少知识，所以儿童很少有入学的机会。此时不论是政府还是民众，都将关注的焦点聚焦于培养统治人才的中学与大学，而对初等教育的普及与发展不太关注。[②]此外，社会财富也还不足以使学校达到免费的程度，在这种情况下，普及教育的理想在这个时期也就理所当然地不能实现了[③]。

二、普及教育思想的重新提出与初步实现（19世纪20年代—19世纪末）

19世纪初，工业资本主义的出现对美国教育发展产生了意义深远的影响。1814年抗英战争结束后，美国走上了独立发展的资本主义道路，资本主义工业迅速发展。由于蒸汽机的使用，社会生产力有了相当大的发展，工厂迅速发展，到19世纪50年代，工业产品的价值第一次超过农产品。同时农业生产也利用机器，将原有的种植园主逐渐转化为新式的农场主，农业生产也逐步走上了现代化的道路。伴随着工业、农业的飞跃，许多新兴城市不断增加和扩大，从事工业的人数大大增加，许多农村人口向工业城市大规模迁移。尤其是南北战争以后，美国的资本主义取得了突飞猛进的发展，并从农业国变为发达的工业国。从1860至1894年30多年间，美国工业生产总值增加了4倍，从而打破了英国工业

① 鲍尔斯，金蒂斯．美国经济生活与教育改革[M]．王佩雄，译．上海：上海教育出版社，1990：24.

② 成有信．九国普及义务教育[M]．北京：人民教育出版社，1985：225.

③ 成有信．九国普及义务教育[M]．北京：人民教育出版社，1985：256.

的垄断地位，跃居世界首位[①]。

在这种经济基础上，政治形势和阶级关系有了很大改变。一方面，工商业资产阶级的实力雄厚起来，他们极力开展资产阶级的民主主义运动，其突出表现在普选权的实现。在1820—1830年的民主运动中，这一权利得到了普遍承认和实行。另一方面，工人阶级的政治力量日益壮大，阶级觉悟不断提高，他们要求民主、平等的呼声日增，民权思想在整个社会日益深入人心。在这种情况下无产阶级开始意识到教育的重要性，他们开始为争取教育权而积极斗争。1865年，依据美国宪法第十三条修正案，各地均宣布废除奴隶制。1867年，美国国会通过宪法第十四条修正案，确立“法律的公平保障”制度。19世纪六七十年代国会还通过一系列的民权法令，保护低收入群体，尤其是黑人享受宪法所赋予他们的权力。基于工人阶级的斗争和维护、巩固资产阶级国家制度以及资产阶级经济利益的需要，国家政府和资产阶级人士也对教育在社会中的地位和作用有了新的估价。

为了适应国家的政治、社会和经济的新需求，到19世纪20年代美国北部和中西部掀起了一场公共学校运动，极大地推动了美国初等教育的发展。在这场运动中，贺拉斯·曼等教育家的思想曾产生了重要影响。他认为，受教育是每个人的绝对权力，对于每一个美国儿童来说，不论其社会、宗教和经济背景如何，教育都是他们应该得到的遗产。公立教育是指由公共税收维持、公共教育机关管理、所有公民均应享受的免费教育。这场公立教育运动的兴起极大地推动了美国初等教育的发展，具体而言主要表现在以下几个方面：首先，建立地方税收制度，兴办公立小学，这改变了美国私立办学的传统观念，政府开始征税办学。最开始是从新英格兰各州开始的，以公共税收来维持公立学校，到1865年，用公费为所有儿童提供免费学校教育的观念已经得到了相当普遍的承认，许多州还制定了通过征税强迫当地居民扶持公立小学的法令。到20世纪，公立小学成为美国初等教育的主要力量。其次，强迫入学。1852年，美国马萨诸塞州首先实行全州强迫就学制度，规定该州8—12岁的儿童每周上课12节，违者罚款。此后，各州纷纷效仿，到1898年全国45个州已经有25个州实行强迫义务教育。其中，规定9年强迫义务

① 成有信. 九国普及义务教育[M]. 北京：人民教育出版社，1985：227.

教育的有17个州，8年的有6个州，6年和5年的各有1个州[①]。直到1919年，亚拉巴马州颁布义务教育法，美国所有州都实施了义务教育法。就强迫教育的年限和程度来看基本为初等教育，因此这一时期的强迫义务教育法可看作是普及初等教育法。其三，免费教育。公立教育运动通过免费教育的手段为义务教育的普及奠定了基础。1832年，纽约市首先开始实施免费制度。此后，马萨诸塞州、宾夕法尼亚州等陆续仿效实行免费政策。为了推动初等教育的方案，19世纪30年代后，各州开办师范学校。1835年，马萨诸塞州开办了第一所州立师范学校。1853年，伊利诺伊州又创办了美国第一所私立师范学校，为实施义务教育准备了师资条件，到19世纪60年代达到高潮。

到1865年美国大多数州建立了公立学校制度，大量的儿童获得了初等教育。新的公立学校与以前学校相比，呈现出一些新的特征：其一，增加学习科目。随着初等教育的不断完善和各种科学文化知识的进步，各科教授的内容逐渐丰富起来。尤为重要的是受到欧洲著名教育家裴斯泰洛奇、赫尔巴特、福禄贝尔等人的影响，小学课程逐步增加了地理、文法、作文、历史、法制、道德、自然知识和初等理科、音乐、体育、图画、手工、家政等涉及公民训练和具有实用价值的科目。这些内容各州都在其教育法中加以规定。教学方法也受到裴斯泰洛奇和赫尔巴特的影响，开始注重实物教学、分科教学，以及把教学建立在心理学的基础上，使教学更具有科学性。其二，在初等学校建立分级制。1844年，贺拉斯·曼发表的普鲁士教育报告中宣扬了普鲁士小学按班次教学的优越性，而且，美国许多城市为收容大量的学生而增建和增聘了许多校舍和教师，到1860年，大城市的小学都将不同年龄和学历的学生编为不同的班级，并让不同的教师教授不同的学科。后来这种分级制逐渐延伸到农村小学，经过半个世纪的时间终于在全国小学建立了分级制。由此，小学修业年限的制定也有了较为可靠的依据。新英格兰各州的小学一般为九年制，南方各州为七年制，其他多数州则介于这两者之间，多采用八年制。

如果说19世纪30年代是公立小学发展的高潮，那么，公立中学发展的高潮则爆发于19世纪70年代。虽然1821年波士顿就诞生了第一所公立中学，但到南北战争以前，只有少数州开办了公立中学，且远远未

---

① 成有信. 九国普及义务教育[M]. 北京：人民教育出版社，1985：233.

能普及。南北战争以后，经济、人口、政治等背景的变化使公立中学发展的条件日益成熟，于是各州开始把主要精力用于公立中学，并将培养学生做好职业准备作为主要任务。特别是1874年密歇根州卡拉马佐案判决后，利用公款为所有儿童提供免费学校教育的观念已经得到普遍的承认，利用税收基金支持公立中学的原则也已获得普遍认可，而且许多州还制定了通过征税强迫当地居民扶持公立学校的法令。至此，各州掀起了制定中学教育法、兴办公立中学的热潮，中等教育开始走向大众化和民主化。

公立学校运动是美国教育发展史上的里程碑，奠定了美国教育制度的基础，改变了教派控制中小学的局面，加速了义务教育的普及进程。到1865年，美国大多数州建立了公立学校制度，大量的儿童接受了初等教育。而公立中学的发展是公立教育运动在中等教育领域的延伸。公立和免费原则为更多人提供了受教育的机会。到1900年，年龄在5—17岁之间的儿童中有72%的人进入小学，每年平均到课时数达144.6天①，平均受教育程度高于5年。而同时期的英国5—17岁儿童入学率仅为64%，澳大利亚为52%②。而且，公立中学也有了一定的发展。1860年，全国只有300多所公立中学，到1890年，公立中学增加2 526所③，但就全国而言，美国公立学校的发展还很不一致。

三、普及教育理想的实现阶段（20世纪）

第一次世界大战后，美国的初等教育继续向普及方向发展。到第二次世界大战前，绝大部分适龄儿童都进入公立学校学习，约有十分之一的儿童进入私立小学。随着普及率的不断提高，人们不仅注重受教育人数的多少，而且更注重教育质量的高低。随着公立小学普及的实现，人们把关注的焦点转移到公立中学上。纵观20世纪以来美国义务教育政策，可以大致分为以下几个阶段：

---

① MARVIN L. American Education in the Twentieth Century:A Documentary History [M]. New York:Teachers College Press, 1987: 25.

② CONNELL WF. A History of Education in the Twentieth Century World[M]. New York:Teachers College Columbia University, 1980: 3.

③ 吴式颖.外国教育史[M].北京：人民教育出版社，2005：393.

（一）第一阶段：20世纪上半期

到20世纪初，美国已从半农业、半工业国家，转变为高度工业化国家。随着美国工业化进程的进一步加快，工商业得到了飞速发展，一方面需要掌握一定的科学知识与生产技能的劳动力进入现代工业生产过程，旨在满足社会经济转型的需要；另一方面人们生活水平有了较大幅度的提高，使得大部分家庭具备一定的经济条件可以将子女送入学校学习。由此，美国开始进一步普及公立教育，尤其是公立中学教育。虽然19世纪70年代，从电力应用在工业上开始，美国就提出普及中等教育的要求，但进入20世纪后，这种要求的迫切感日益增强，于是美国对学制进行了变革。到1908年间，一些团体提出的中学六年制，即初中、高中各为三年，逐渐在全国实施，这对初等以上教育的普及起着积极的推动作用。1918年，美国教育协会发布了题为《中等教育的基本原则》的报告，指出美国中等教育的指导原则应该是民主观念。报告还进一步对学制进行了改革，建立了六年初等教育、六年中等教育的学制。并指出，中等教育应包括初级阶段和高级阶段，每段三年。这份报告最终确定了“六三三”学制，并推动了美国初等以上教育的普及。因此，这份报告在美国教育史上有着重要的地位和作用。第一次世界大战后，美国又提出了“中等教育为所有适龄青年敞开大门”的口号。第二次世界大战后，不仅普及中等教育的呼声更高，而且逐步得到实现。有资料统计，1912年公立中学在校人数达110.5万，为1870年的12.5倍[①]。随后到20世纪三四十年代，大多数州把义务教育普及到了初中阶段，东部个别州开始提出要普及包括高中在内的十二年教育。1920年，近30%的适龄青年进入中学学习；20世纪30年代末，中学生入学率达到了适龄青年的74%。而到第二次世界大战结束时，包括高中学段的普及中学教育在美国已成为现实。到1950年，美国大致相当于高中学段（九年级及以上，包括两年制和部分时间制中等教育）的学生数超过了870万[②]。

（二）第二阶段：20世纪50—70年代

在两次世界大战征兵的过程中，暴露了美国很大一部分青年在体质、知识和品德上，不能胜任保卫国家和对外扩张的战争任务。许多士

① 杨慧敏. 美国基础教育[M]. 广州：广东教育出版社，2004：10.

② 徐辉. 质量型普及之路：美国高中教育发展历史轨迹的昭示[J]. 教育学报，2007(2)：61-66.

兵由于文化素质低，接受和适应能力差，对使用新武器感到力不从心，这在一定程度上影响了部队的战斗力。这些问题给美国当政者敲响了警钟，他们意识到为了培植效忠祖国的下一代，必须加强教育培养工作。第二次世界大战后，国际形势发生了根本性的变化。以苏联为首的华约和以美国为首的北约相互对峙，“冷战”格局逐渐形成，美苏两国在军事、科技、经济等方面进行激烈竞争。美国为了能与世界各国，特别是与苏联在科学技术发展的竞争中保持领先地位，达到称霸世界的目的，要求教育能为其在政治、经济、军事等方面增强实力而服务。尤其是1957年，苏联第一颗人造地球卫星发射成功，美国朝野震惊，改革教育的呼声更加高涨。于是，国会议员们就提出了近1 500个涉及教育的议案，至少通过了几十个涉及教育的法令，其中最重要的教育法令就是1958年艾森豪威尔总统签署并颁布实施的《国防教育法》。此法，联邦政府以立法的形式要求学校教育目标要从“生活适应的教育”转向“基础科学知识的教育”，要强化基础教育，培养未来尖端科技人才，从而使之适应“冷战”时期美国争夺世界霸主的地位。该法规定，从1959年到1962年，由联邦政府拨款8亿多美元作为对各级学校的财政援助，其中包括：增加学生贷款，鼓励学生刻苦学习；加强学校中教师对学生的指导、辅导和测验工作，以选拔出天资优越的学生。由此，美国制定了天才儿童教育计划，掀起了结构课程改革运动，产生了发现教学法、不分年级教学计划与小组教学等新的教学方法与教学组织形式。

另外，美国历史上就存在的种族歧视问题在战后依然存在，这也成为美国战后要解决的问题。尤其是20世纪五六十年代，随着美国黑人中产阶级和无产阶级力量的不断壮大，黑人民权运动风起云涌，他们开展了反对种族歧视和种族压迫，争取政治、经济和社会平等权利的大规模斗争运动。1954年，美国联邦最高法院在“布朗控诉托布卡教育委员会”一案做出判决：公立学校所实行的种族隔离教育是不平等的，违反《宪法》第十四条修正案，否决了1896年开始在美国学校实施的黑人学生和白人学生“分离但平等”的原则，宣布任何学校不得搞种族隔离。这对美国战后教育的发展产生了积极影响，使美国公立学校的公平发展进入新阶段。随后黑人民权运动日渐高涨，美国政府对民权问题采取了比较积极的态度，并于1964年通过了《民权法案》。在该法案中明确指出“消除公共教育种族隔离”，这意味着学生不论其种族、肤色、宗教信仰或民族，都将被分配到各个公立学校。这不仅有利于帮助少数民族儿童获得均等的教育机会，而且还要求获得教育结果的均等，从而极大地增加了少数民族的受教育机会。

基于此，教育上更加强调教育机会的实质平等，尤其强调不同族裔、不同文化群体平等发展的权利。其教育政策中关注基础均衡发展问题主要体现在四个方面，即追求教育机会的公平、追求教育资源分配的公平、追求公众参与决策的公平以及对弱势群体的教育进行补偿。在制定一系列联邦和州法律的基础上，着重从资金补助、改善教学条件、提高教学质量入手，基础教育的特别扶持制度主要面对少数民族、移民、城市和农村贫困人群子女。

1965年，美国国会通过了《初等与中等教育法》[①]。该法肯定了自20世纪50年代末开始的教育改革，重申了黑人、白人学生核销教育的政策，制定了对处境不利儿童的教育措施，其中最重要的是第一条款[②]，为低收入家庭、被剥夺教育的学生提供特殊教育需要，如补救阅读、补救数学以及特殊的暑假计划。据官方报告，1966至1967学年末，共有16 400个学区在第一条款方面支出了10亿美元，资助了920万名儿童。但是，仍然只有约一半真正需要帮助的儿童得到资助。这10亿美元还不能满足文化不利处境中儿童的教育需要[③]。此外，该法还要求政府拨巨款奖励推动黑人、白人学生合校的工作，规定凡自动而认真合并的学校可领取大量补助费，拒绝执行合并的学校不得享受。1969年联邦最高法院再次规定立即取消种族隔离，硬性强制黑人、白人学生合校。这些措施在一定程度上改变了黑人教育的面貌，也促进了整个中小学教育的发展。联邦政府拨给各州和地方教育机关基本补助金，用以帮助贫困或处境不利的5—17岁儿童（包括缺陷儿童、流动儿童、无人照管儿童或过失儿童）实现特殊教育的需要。为督促该法的实施，还规定建立一个处境不利儿童教育全国顾问委员会，以提高这类儿童的教育成绩。1966年，联邦政府又创建了一个全国残疾儿童咨询委员会和残疾儿童训

① 有些论著中亦将其翻译为《中小学教育法》。

②《初等与中等教育法》共有五条(Title)：第一条(Title I)主要规定为贫困家庭儿童提供补偿性教育服务和为贫困学区补充经费。

③ 顾明远，梁忠义. 世界教育大系：美国教育[M]. 长春：吉林教育出版社，2000：163.

练局。这些措施推动了美国特殊教育事业的发展①。《初等和中等教育法》的颁布在美国教育史上是一个重要的里程碑，从此以后，美国公立初等和中等教育得到了迅速发展。

（三）第三阶段：20世纪80年代以后

由于受经济危机和越南战争失败的影响，美国经济发展呈现衰退趋势，贸易赤字持续增长。基于此，1981年，以里根总统为代表的新型保守势力上台，奉行“新保守主义”政策，实行联邦财政紧缩政策，削减政府开支，由此，教育经费出现了大幅度的下降。但随着国际间经济和科技的竞争加剧，新技术革命和社会变革的步伐加快，提高教育质量和公民的科学文化水平成为时代的迫切要求。

但20世纪80年代前半期，美国社会对学校教育的批评持续不断，超过了60年代和70年代②。教育质量低下引起了民众的普遍关注和不满。1983年4月，国家教育质量委员会发表了《国家处在危险中：教育改革势在必行》的报告，此报告不仅将联邦教育政策的重点由扩大教育机会转向提高公立学校教育质量上来，而且还再次重申，要把“维护平等和保证质量”这个双重目的作为学校教育的基本目标，认为这对国家的经济和社会来说，具有深远的实践意义③。国家教育质量委员会认为决不能让公平屈从于质量，也不能让质量屈从于公平。自此，提高基础教育质量和消除存在于家庭经济地位高的学生与贫困生、白人学生与少数民族学生、不同种族学生之间日益加深的学业鸿沟成为美国多年来教育改革所力图解决的两个主要问题。

20世纪90年代以后，由于受“新自由主义经济政策”的影响，联邦政府在许多大政方针上采取“不干预”的态度，使得市场力量不断深入教育领域，将自由竞争的机制逐步引入到中小学教育体制中，从此教育朝着市场化的方向发展。此外，联邦政府改变了过去简单加大教育投入的做法，借助各类教育改革计划和联邦资助来积极干预各地教育改革的进程。1990年春，老布什总统签署的《美国2000年教育改革法案》，

---

① 吴式颖. 外国教育史[M]. 北京：人民教育出版社，2005：631.

② MORRISON, GEORGE S. Teaching in America [M]. Boston: Allyn and Bacon, 1997: 30.

③ 徐辉. 质量型普及之路：美国高中教育发展历史轨迹的昭示[J]. 教育学报，2007(2)：61-66.

明确地支持择校入学这一基本思想，鼓励学校之间进行实力竞争，从而提高教育质量。1991年，老布什总统正式签发了《美国2000年教育战略》，其中，提出了全美的四项战略，希望每个美国人都能在这四项战略上找到自己的位置，全面达成优异的教育目标。克林顿总统曾经强烈地抨击，说美国无论是在教育经费、课程还是教育机会方面都存在“残酷的不平等”，消除这种不平等，不仅需要颁布国家教育目标和国家课程标准，而且需要让每一个儿童处于同一起跑线上，“必须既要树立高标准，又要让所有孩子在竞争中处于同一起跑线上，这样才能使他们能够达到这些标准①”。1994年，克林顿签署的《2000年目标：美国教育法》以法令的形式明确了这一思想。

与老布什相比，克林顿的教育改革目标更为关心教育机会的均等问题，提供高质量的教育不过是促进教育机会均等的手段。二者的关系是，通过对所有人实施高质量的教育来实现教育机会的均等②。1993年，克林顿总统签署的《美国2000年教育改革法案》则要求全国2000年的高中学生毕业率至少要提高到90%。1994年，在克林顿政府通过的《中小学教育法案》中，确立了这样一个核心：弱势儿童应当和其他同龄儿童一样达到具有一定挑战性的学业标准。克林顿政府要求制定全国教育标准和相应的考试制度，首先，在阅读和数学两门课程中实行全国统考。这被认为是走向更加标准的关键起点。克林顿政府肯定了所有儿童都能够并且也应该达到高标准，并以此原则为基础，明确提出所有学生和所有学校要努力达到联邦政府规定的期望值③。

美国总统小布什于2002年初签署实施了《不让一个孩子掉队法案》，它强调教育公平——不要让每一个孩子掉队。这个法案的核心是要求学校不论学生种族和家庭背景如何，都平等地教育并促使孩子取得他们所应达到的进步，力争不让一个孩子掉队。它旨在提高教育质量，使义务教育在21世纪上一个新台阶。该法要求将责任制引入中小学教育中，对于未达标的学校，将受到逐年升级的惩罚：如果连续两年不达

① 徐辉. 质量型普及之路：美国高中教育发展历史轨迹的昭示[J]. 教育学报，2007(2)：61-66.

② 于盈. 全球化背景下美国基础教育政策的战略调整[J]. 世界教育信息，2008(2)：14.

③ 郑玉清. 当代美国联邦政府教育平等的发展及其启示[J]. 世界教育信息，2007(7)：7.

标，学校就会被贴上“需改进学校”的标签，并公之于众，接受该法案第一条款资金的学校还得给予学生转校的权利；如果连续三年不达标，学校就得为来自贫困家庭的学生提供各种补充服务，如课后个别辅导、周末补课等；如果连续四年不达标，学校就必须更换教师或课程；如果连续五年不达标，学校就得重组、关闭或由州教育部门接管。该法案在加强联邦政府对国家教育掌控的同时，增加了各州对教育事务的自主权，对低收入家庭和学习成绩不好的学生给予了特别的关注。为了改变农村社区和学区的发展条件，联邦政府还采取如下措施：2002年12月，美国总统签署并设立“农村教育成就项目”，增加农村教育专项经费投入；立足农村社区的发展需求，全面统整农村社区和学校；提供优惠政策和专项资金，招聘合格的农村教师。

义务教育质量发展的不均衡在很大程度上是由师资力量的不均衡引起的，因此，只有为全体教师提供高质量的师资培训，才能保证义务教育质量的均衡发展。2007年，美国出台的《美国竞争法》（即《美国创造机会力促技术、教育和科学提升法案》），要求实施教师资格证书制度，教师薪水调整、职务晋升、任职和留职等决定应该与有效的评价体制相联系，奖励优秀教师，鼓励一般教师，提升或解雇不合格教师。奥巴马政府上台后，还把建立部分基于学生成绩的教师绩效工资制度作为其教育改革的主要举措之一，并根据学科所缺师资，进行相应的师资培训和人员补充。为了解决由于各地经济发展水平和文化传统的差距而造成的基础教育发展水平参差不齐的现象，联邦政府还通过加大中央政府对西部地区、农村等地区基础教育方面投入的力度实现教育机会的均等，促进基础教育的均衡发展。

由于各区域、各群体之间在社会经济、政治和文化等方面存在较大的差异，美国义务教育发展在区域之间、群体之间也存在很大的差异，并没有实现完全意义的公平和均衡的理想，这种差异突出表现在黑人、印第安人以及农村贫困人口的基础教育方面，特别是印第安人在全美的辍学率仍是最高的。虽然自20世纪80年代以来，人们将关注的焦点集中在教育效率和教育质量上，对教育公平有所忽视，但从历史发展总的趋势来看，在多种因素的影响下，美国义务教育发展始终保持着一种推动义务教育均衡化的动力，推动着美国义务教育的均衡化发展的螺旋式上升。

美国义务教育制度是随着社会的发展逐步建立并完善的，它应社会需要而生，又在其制度本身和社会需要不断发展的过程中逐步完善，从而最终实现其义务教育制度的世俗性、免费性、普及性。

第二节　对教育均衡发展基本概念的理解与认识

从根本上来讲，教育的均衡发展是一个动态的历史过程，而这种“均衡”也是一种短暂的相对平衡，并非永久的绝对平衡，且内涵也随着时代的进步而不断变化。在义务教育尚未普及时，义务教育均衡发展的目标是为更多的人享有更多接受教育的机会。在义务教育普及之后，义务教育均衡发展的价值取向则指向了为所有的人提供基本的教育。在社会发展达到一定的水平后，义务教育均衡发展的目标则是为尽可能多的人提供尽可能好的基本教育。因此，义务教育的均衡发展通常都先后经历了逐步实现普及义务教育、均衡教育资源配置、为所有儿童提供优质教育的具体目标等三个阶段，后一阶段是前一阶段的延续和发展。而美国也不例外，从殖民地时期提出普及教育的法令开始，经过近三个世纪的角逐终于先后实现了普及初等教育和中等教育的目标，并在此基础上进一步推进义务教育的均衡发展。

纵观美国教育史，“平等”和“质量”是美国基础教育改革的核心主题。“保证教育机会均等，提高教育质量”成为美国所有改革措施提出的出发点和指向的目标，甚至作为美国教育部工作的座右铭镶嵌在教育部总部的大理石墙壁上。1774年发表的《独立宣言》中就提出了“上帝面前人人平等”“法律面前人人平等”的社会理想——这即是“教育机会均等”思想的萌芽，直到20世纪上半叶都将基础教育政策的价值目标指向“保证教育机会均等”，主要是针对新兴中产阶级子女；20世纪五六十年代将价值目标转向了“提高教育质量”，强调天才教育；自20世纪六七十年代，回归到以“保障教育机会均等”（更强调“满足学生的教育需求”）为基本价值追求的时期，义务教育对均衡的追求达到顶点，教育改革的方向由第二次世界大战前公立中学扩充数量指向提高质量；自20世纪80年代以后，由于国际竞争和美国社会经济发展的需要，美国更关注效率和自由选择问题，但并没有让公平的价值旁落，而是由低水平的追求起点和过程的均等转向关注教育结果的更高层次的均衡与公平，进入以教育机会均等与教育质量相扶相携的基本价值追求时期。实质上，美国义务教育发展经历了一个由基本普及到均衡发展以至最终在均衡发展的基础上追求高效率、高质量的过程。

在美国，虽然尚无一部教育法令或报告是专门针对义务教育均衡发展而制定的，但许多美国学者在探索教育机会均等理论方面取得了丰富的成果，如：美国著名教育家詹姆斯·科尔曼发表的《教育机会均等的观念》和约翰·罗杰斯的《正义论》。这对美国义务教育的发展产生了深远的影响，在美国教育公平理论和实践的发展史中占有重要地位。

一、科尔曼教育机会均等理论

1964年，詹姆斯·科尔曼率领一个研究小组调查了美国种族和其他群体教育机会不均等的状况，并于1966年向国会递交了《关于教育机会平等》的报告，这就是美国社会学史和教育史上著名的“科尔曼报告”。该报告对美国教育公平理论研究和实践产生了深远的影响。

科尔曼通过剖析一个多世纪以来教育机会均等观念的演变以及对美英两国的比较，认为在美国，“教育机会的观念（概念）几乎一开始就有注重均等的特殊意义[①]。”他认为，社会成员持有的教育机会均等的观念有一段多变的历史，并将“教育机会均等”这一概念的认识过程分为四个演变阶段。

第一阶段：人们认为所有的儿童必须在同样的学校学习同样的课程[②]。这一思想形成于19世纪，其实现是通过公立免费的学校来加以保证的，人们将免费学校作为消灭教育不均等的主要根源。

第二阶段：20世纪上半叶，教育机会均等的观念主要体现在中学教学实践中。人们认为不同的儿童将来会有不同的职业前景，应向中等学校毕业生提供多种就业途径。“不均等”被看成是由于采取为少数人服务而不是为满足大多数人需要的课程。课程改革的目的是使课程适合于

---

① 张人杰. 国外教育社会学基本文选[M]. 上海：华东师范大学出版社，2009：149.

② 张人杰. 国外教育社会学基本文选[M]. 上海：华东师范大学出版社，2009：151.

学校中大多数人的需要[①]。

第三阶段：人们认为用“全部进入同样的学校”来表征“教育机会均等”是不完全的，还必须考虑学校教育的结果。这一思想在美国1954年联邦最高法院裁定合法的种族隔离必定会产生机会不均等的判决中有所披露。

第四阶段的观点则是在1964年美国各州教育厅厅长对各种族及团体缺乏均等教育机会进行调查评估的背景下提出的。由于在设计关于教育机会均等的调查时，找不到一种明确的、单一的教育机会均等的观念(概念)，以科尔曼教授为首的评估团通过从不均等的角度来反观教育平等问题，提出了五种关于不均等的界说[②]：第一种类型的不均等是以社区对学校的投入差异来界说的，如每个学生的费用、校舍、图书馆、教师素质，等等；第二种类型的不均等可以根据学校的种族构成加以界说。它是继联邦最高法院做出“隔离”的学校教育是一种固有的不平等的裁定之后出现的。根据这一种界说，只要该体系内的学校由不同的种族构成，学校体系内就存在教育不均等现象；第三种类型的不均等包括学校的各种无形的特点，以及可直接归因于社区对学校投入的某种因素。这些无形的特点包括教师的德行、教师对学生的期望、学生在学习上的兴趣水平等。其中任何一个因素都可能影响学校对学生的作用。第四种类型的不均等可根据学校对背景相同和能力相同的个体所产生的教育结果来界说。根据这一界说，不均等可能源于学校投入和（或）种族构成上的差异及（或）上述多种无形的因素。若给予个人相同的投入，教育机会均等就是结果的均等。这种界说需要分两步来确定不均等，首先，必须确定影响教育结果（要考虑到广义的结果，不仅包括学业成就，还包括学习态度、自我意象或其他变量）的各种不同因素，这就为根据学校对学生的效应而评定学校质量的各种测量提供了条件。其次，一旦因素确定，就必须对学校质量进行测量，确定黑人（或其他群体）与白人在进入低质量与高质量学校上存在的机会差异。第五种类型的不均等可根据学校对具有不同背景和不同能力的个人产生的教育结果来界

① 张人杰. 国外教育社会学基本文选[M]. 上海：华东师范大学出版社，2009：150.

② 张人杰. 国外教育社会学基本文选[M]. 上海：华东师范大学出版社，2009：172-192.

说。根据这一界说，教育机会均等是在个人投入不同的条件下获得均等的教育。这一极端形式的界说意味着，只有当少数民族、少数宗教与占有支配地位的民族、占有支配地位的宗教群体获得相同的教育结果（成就与态度）时，才实现教育机会均等。

科尔曼等人对均等的定义可以分为五类。前三类定义关注的是投入资源：首先是那些由学校管理行为带到学校的资源（如学校设施、课程、教师）；其次是由学生带到学校的资源，学生所代表的教育背景对学校也有贡献作用；第三，无形因素，如所有因素的相互作用产生的“道德”因素；第四类与第五类的定义是关于学校影响的。因此，这五类定义可以分为对学校投入的关注及对学校影响的关注。此外，科尔曼还指出“教育机会均等”的概念是一个“错误”“误导”的概念，比“平等”更为合理的概念应该是“不平等的减少”[①]，“完全的机会均等只有当全部差别性校外影响消失时才能出现”，“由于存在差别性校外影响，只能无限接近机会均等，永远也不可能完全实现[②]。

科尔曼的研究表明：首先，研究教育平等问题，可以从投入与产出两个维度来认识。投入既有因学校行政的作用而输入的资源（设备、课程和教师），也有学生输入的资源；既有有形的资源，也有无形的资源；其次，教育平等的内涵由平等的学校转变为平等的学生，即教育平等的定义“从平等地得到条件（投入）同等优越的学校重新规定为在标准化的成绩测验中有平等的表现（平等的结果）”[③]。其三，对教育平等含义的界说应考虑到能否将其转变为教育政策[④]。

二、罗尔斯的社会正义理论

20世纪70年代以来，美国学者约翰·罗尔斯的《正义论》在学术

① JAMES C S. Equality and Achievement in Education[M].Boulder Colo: Westview Press, 1990: 65.

② 张人杰. 国外教育社会学基本文选[M]. 上海:华东师范大学出版社, 2009: 158.

③ 贝尔. 后工业社会的来临——对社会预测的一项探索[M]. 北京:新华出版社, 1997: 471.

④ 朱家存. 教育平等——科尔曼的研究及其给我们的启示[J]. 外国教育研究, 2003(12): 23-26.

界产生了巨大影响，罗尔斯的正义理论被认为是现代公平理论中最富代表性的理论。

罗尔斯认为，正义的基本主题就是社会的基本结构，或者说得更准确些，就是主要的社会体制分配基本权利和义务以及确定社会合作所产生的利益分配的方式。倡导建立新制度以平等为正义的宗旨，并声称“正如真理是思考的第一准则，正义是社会的首要道德观[①]。”人们的不同生活前景受到政治体制和一般的经济、社会条件的限制和影响，也受到人们出生伊始所具有的不平等的社会地位和自然禀赋深刻而持久的影响，而这种不平等是个人无法自我选择的。罗尔斯认为，机会均等是做不到的，我们只能向结果均等的目标努力，但不平等并不意味着不正义，只要它符合两个正义的原则。

第一原则是自由平等原则，即每个人都有平等的权利去拥有可以与别人的类似自由权并存的最广泛的基本自由权。在一个正义的社会里，基本的自由被看作是理所当然的。由正义保障的权利不受制于政治的交易或社会利益的权衡。当然，这些基本自由中也包含人们接受教育的权利。罗尔斯指出，“每个动机和能力相似的人，应该取得大致相当的文化成就……获得文化知识和技术的机会不应依赖个人的社会地位，所以，不管是公立学校还是私立学校，都应着眼于排除这些阶级障碍[②]。”受教育权利作为人的一项重要的政治权利，是任何人以任何理由都不能剥夺的。每个人都应该享有平等地接受教育的自由。罗尔斯明确反对英才统治，而倡导社会民主。民主社会的机会应当向所有人平等地开放，不允许有任何的限制和特殊。

第二原则是社会和经济不平等原则。该原则应该是基于以下两个条件：（1）在机会均等的条件下职务和岗位对所有人开放；（2）应该有利于满足社会中最不利群体的最大利益（差别原则）[③]。罗尔斯认为，那些处于才干和能力的同一水平上、有着使用它们的同样愿望的人，应该有着同样的成功前景……在社会的所有部分，对具有相似动机和禀赋的

① 张人杰. 国外教育社会学基本文选[M]. 上海：华东师范大学出版社，2009：216.

② 张人杰. 国外教育社会学基本文选[M]. 上海：华东师范大学出版社，2009：216.

③ RAWLS J. Justice as Fairness：A Restatement [M]. Cambridge, Mass.: Harvard University Press, 2001：43.

每个人来说，都应当有大致平等的教育和成就前景[①]。与此同时，罗尔斯也指出，“每个人都有固定的天赋和社会起点，但这并不意味着要消除差异。可以用别的办法来消除差异及采用帮助最低起点的结构[②]。为了平等地对待所有人，为了提供真正的平等机会，社会应该更重视那些出生于地位较低的家庭而天赋又较少的人。为了实现这个目标，必须付出更大的代价，教育那些天赋较少的人，至少在一段时期需要这样，比如入学的初期阶段[③]。”罗尔斯提出一个解决公平问题的差别原则。即在分配教育资源时向弱势地区、弱势学校和弱势人群一方倾斜，实行对弱势群体的优先扶持并保障其具备国家教育政策和法律所规定的基本标准的办学条件和享受符合基本标准的充分教育。也就是说，要用对待强势和弱势的不平等的手段达到真正的教育公平的目的[④]。

从中我们也可以看出，罗尔斯的正义理论中的“公正”并不确立和保障那些状况较好的人获得较好前景，除非这样做符合那些较不幸运的人的利益。公正的教育资源分配，就是通过利用天赋较高者而改善最不利者的长远期望。在美国教育政策中，我们也不难发现除了强调要加强早期幼儿教育，对天赋低下的儿童实施特殊教育之外，也在努力做好保护因种族、肤色、经济等原因而导致学业成绩不高或失败的“处境不利”学生群体方面的工作。

公平是与正义、公正相联系的价值判断。教育公平就是对教育利益关系调整和教育资源配置合理性的价值判断，其本质是判断合理性。教育平等则是对教育资源客观分配结果或分配状态的描述，是两个个体之间对等关系的事实判断。而教育均衡实质上是指在教育公平思想和教育平等原则的支配下，受教育者在教育活动中接受相同数量和质量的教育，其基础是教育资源配置的均衡，从而达到教育需求与教育供给的相对均衡。教育均衡与教育公平、教育平等具有内在的统一性。

---

① 罗尔斯.正义论[M].何怀宏,译.北京：中国社会科学出版社，1988：73.

② RAWLS J. A Theory of Justice[M]. Canbridge, Mass.: Harvard University Press, 1971: 101.

③ 张人杰.国外教育社会学基本文选[M].上海：华东师范大学出版社，2009：218.

④ 刘复兴.市场条件下的教育公平：问题与制度安排[J].北京师范大学学报(社会科学版)，2005(1)：23-29.

第三节　确保义务教育均衡发展的若干主要制度、机制与对策分析

20世纪下半叶，由于国际竞争和美国社会经济发展的需要，美国更为关注效率和自由选择的问题，但并没有让公平的价值旁落，而是由追求低水平的起点和过程的均等转向关注教育结果的更高层次的均衡与公平。

一、区域均衡

由于长期以来美国地方学区都是义务教育经费的主要承担者，由此造成了不同学区之间教育经费严重不均衡，教育机会严重不平等。为此，联邦和州政府采取了一系列措施，加大对各学区的财政扶持力度。20世纪80年代以后，各州教育主管部门成为教育经费的第一负担者，教育经费的来源从20世纪初的主要由学区承担逐步向主要由学区和州共同承担转变。州政府则通过财政转移支付制度促进教育资源在学区间分配的均衡，协调州内各学校教育发展不平衡状况，以达到教育资源配置的公平和教育的均衡化发展。由于美国义务教育资源配置的不均衡在很大程度上源自学区之间的贫富差异，但随着各州政府在教育经费中所承担的比重的增加，美国以教育资源配置的公平程度也随之提高，换言之，其资源配置的均衡化程度增强。

在推进区域间的义务教育均衡化进程中，美国着重改善农村义务教育。据统计，美国有49%的公立学校设立在乡村或贫困地区，40%的学龄儿童在这里接受教育，这里的教师数量占全国教师的41%。农村社区的公立学校及其学生分别占美国公立学校及其学生总数的31.3%和21%。由于以往美国社会、政府关注不够和教育投资不足，致使美国农村社区的贫困儿童和少数民族儿童人数较多、农村学校规模偏小，基础教育环境、条件和质量严重恶化，当地学校面临着严重的资金、设备、师资短缺，招聘合格教师的难度是非贫困学校的2倍。相对别的学校，

这些学校的教师学历低、缺乏教学经验、接受专业发展的机会更少[①]。20世纪80年代以来，美国联邦政府与社区、学校和相关利益团体一起开始改善农村社区和学区的发展条件。他们设立“农村教育成就项目”，增加农村教育专项投入，全面统整农村社区和学校，对推动农村社区的教育发展产生了积极影响。20世纪90年代以后，美国联邦政府与社区、学校和相关利益团体一起开始改善农村社区和学区的发展条件。1998年12月，克林顿总统签署《高等教育法修改案》，该法案第二款规定，为提高教师质量，减轻教师短缺地区的压力，政府将提供聘任教师专项资金。2000年12月，克林顿总统签署通过了《农村教育成就项目》，增加农村教育专项经费投入，并根据农村社区的发展需求，全面统整农村社区和学校，为农村学校提供优惠政策和专项资金来聘任合格的农村教师。2002年1月，小布什总统又对该项目进行了重新授权。该项目通过专项拨款实现其对州和地方学区教育发展的影响和教育政策的引导，为农村学区提供更强有力的资金支持和灵活政策。为缓解农村地区严峻的师资现状，该项目提供优惠政策和专项资金，聘任和留用合格农村教师。

二、学校均衡

由于受历史传统原因的影响，美国公立和私立学校之间、优质学校和薄弱学校之间存在着较大差异。为了促进校际的均衡发展，美国采取择校制度和扶助薄弱学校政策，坚守教育公平与教育效率兼顾的原则。

（一）择校制度

从表面上看，美国之前实行的“划分学区、就近入学”的教育政策为广大儿童提供了公平的入学机会，所有的儿童都可以接受相同质量的教育。进入20世纪80年代以后，这种看似公平的教育政策受到了挑战，究其原因主要有以下几点：其一，随着社会、经济及教育自身的发展，20世纪80年代后美国等发达国家的义务教育已普及到相当高的程度，人们也广泛认识到接受教育不仅是一种义务，更是每一个公民应有的权利。因此，普及教育的强制性大大减弱，人们更关心的是普及教育

① 陈科妮.鼓励大学教育学院与地方合作——美国改善贫困地区基础教育质量的新举措[J].中小学教师培训，2004(4)：61-63.

的质量；其二，20世纪80年代以后美国等发达国家在经济上都抛弃了国家干预的凯恩斯主义，实行新自由主义政策，完全靠市场调节。反映在教育领域就是发达国家为了提高教育质量，普遍将市场竞争机制引入到教育领域中，实行家长自由选择学校的制度；其三，美国大多数儿童都在公立中小学就读，但20世纪80年代初，美国相关机构提交了大量有关美国学生学业成绩和教育现状不佳的报告，最为典型的是1983年的《国家处在危险之中：教育改革势在必行》的报告，使得公众对公立学校很不满意。面对这种情况，美国的教育体制和管理方式开始从“政治行政模式”向“经济市场模式”转变，从而减少和破除公立学校的垄断局面，扩大儿童和家长的自由选择权，强化学校竞争的择校制度。这种择校制度通过充分运用市场机制，不仅能够促进公立学校奋发革新，竞相提高教育质量，而且还使不同资质、家庭背景、经济条件的学生获得了自由选择教育的机会，改变了过去那种“择校”只局限于少数富裕的家庭选择私立学校，或有宗教信仰的家庭选择教会学校的现状，从而有效地推动了校际的均衡发展。

从美国的择校制度看，主要包括两个方面的内容。一是多元化的办学模式，所谓多元化的办学模式，是建立一批诸如磁石学校、特许学校、家庭学校等新型学校。

1. 磁石学校。又称“有吸引力的学校”，就是通过提供各种特色课程和独特的设施来吸引学生的一种选择性学校。20世纪70年代，美国出现磁石学校，其初衷是开设地方公立学校所不具备的专门课程，以吸引更多学区内外的学生前来就学，而当今的磁石学校不仅要为学术尖子生提供服务，而且要为各种能力水平的学生提供服务，让他们有机会参加地方学校所不具备的方案或选择性教学方案。

磁石学校的主要特征是：（1）提供多种不同的课程或方案。磁石学校的课程设置以某个主题为中心。磁石学校往往根据不同的主题组织课程，以吸引具有相同价值观的师生，促进他们的融合；（2）自愿入学的原则。学生可以不受学区限制，自由、自愿地选择向往的学校，但每个学生的入学动机应与该校提供的特殊教育内容相符；（3）在教学管理上给予教师较大的自由。磁石学校允许教师根据学生的特殊需要和兴趣开设新的磁石课程并应用专门的教学方法，增强学校的社会适应性；（4）取消种族隔离。20世纪70年代磁石学校作为美国的一种手段被用来废止种族隔离的学校系统，为鼓励学生到磁石学校就学，一些学校还向学生和家长发布有关方案的信息，组织到磁石学校参观并提供交通工具等[①]。

在磁石学校创办之初，全美只有十几所磁石学校。20世纪80年代中后期，磁石学校在各地发展迅速，尤其在人口密集、民族多元、贫富分化较为严重的地区更是如此。到1993年，约有一半的大都市设立了此类学校，就读磁石学校的少数民族学生约占一半[②]。磁石学校不仅在消除种族隔离方面取得了一些成效，而且，对美国教育质量的提高起到了一定的作用。目前，磁石学校正吸引越来越多的学生，并将主要任务由原来的消除学校种族隔离转向创建具有专门课程、重视备考大学、强调激励学校、鼓励家长和社区的支持与参与的学校。

2. 特许学校。特许学校是美国20世纪90年代改革中建立的一种新型公立学校。特许学校的创办人可以是地方学校董事会、大学或州学校董事会，也可以是家长团体、教师团体或其他州的主管团体等。创办组织或机构在拟定具体的学校办学目标与发展规划后，向学区教育委员会或其他相关机构提出申请，经由相关机构审查核准之后方可获得公立学校的特许办学权。与其他公立学校一样，特许学校的资金主要来源于地方税收，但特许学校也具有一些不同于一般公立学校的特征：其一，特许学校通过与政府建立契约关系来获取办学权。每所特许学校都要与政府机构协商并签订一份合同（一般年限为3—5年），学校必须在契约规定的期限内保证达到双方认可的办学目标与发展规划及合约内容，其中提高教育质量、实施特色教育、提升学生的学业成绩是契约的主要内容。特许学校每年都需提交年度报告以备审查，如果特许学校未完成合同中的承诺，其办学自主权将被取消。合同期满后，特许学校还需与政府机构重新签订合同。其二，特许学校拥有相当的自主权。特许学校除了要遵守有关健康、安全以及学校组织者与财政担保人之间签订的合约上的有关规定之外，还要免受州及当地学区对一般公立学校的规章制度的约束。而且，在学校经营、人事、课程及财政方面享有相当的自主权。其三，特许学校是一种选择性学校。特许学校在招生政策及生源方

① 马健生．公平与效率的抉择：美国教育市场化改革研究[M]．北京：教育科学出版社，2008：61-62．

② 彭伟强．美国多元办学模式及其启示[J]．教育理论与实践，2001(7)：76-78．

面都遵循“家长自由选择”的原则，没有任何学生被指派去一所他未曾选择的特许学校去学习。而且，特许学校不属于任何宗教派别，向各类学生开放，不得对学生的种族、性别、能力等有所歧视。

1991年，明尼苏达州制定了美国历史上第一个特许学校法令。迄今为止，共有4 300所特许学校，遍及美国40个州和哥伦比亚地区，在校生有120万（约占公立学校学生的3%）。在许多城市，特许学校的“市场份额”甚至更高，例如在新奥尔良的比例已经超过50%，在华盛顿地区的比例则超过25%。尽管如此，特许学校仍旧没有满足对优质学校选择的需求，成千上万的家长正在排队等候注册特许学校[①]。

3. 家庭学校。家庭学校是指学龄儿童不通过公立的或者私立的学校，而是以家庭为基础与地点，通过家庭的管理与实施接受教育[②]。美国自1985年以来，在家庭学校上学的学生逐年递增的比例始终保持在10%—15%，家庭学校的发展呈现日益强劲的趋势。1985年，在家庭学校接受教育的学生人数大约为5万，到2002年已接近200万，几乎是1985年的40倍[③]。目前，美国50个州在法律形式上都认可了家庭学校教育。各州还制定了相应的法令、法规以指导、规范家庭学校教育。家庭学校重视父母的参与，并取得了明显的教育效果。一项研究表明，家庭学校的学生在全国范围的标准化学术成就测试中胜过公立学校的学生，各个科目分数的差异都在30%—37%。比如，家庭学校的学生的阅读能力比公立学校的学生高37%，数学能力高32%[④]。

二是教育的市场化取向。主要体现在教育券制度和企业参与办学两个方面。教育券制度是指政府将补贴学费以教育券的形式发给家长，家长可以用教育券来支付所选择学校的学费或是支付学生所选修的课程或参加的教育项目等。在20世纪60年代和70年代，美国曾在一些州实验教育券制度，但进展有限，到20世纪90年代才真正取得发展，在具体实施上又产生许多不同的模式。美国公共政策研究中心于1970年提交了

---

① Ziebarth，Todd. Top 10 Charter Communities by Market Share[EB/OL]. [2008-10-31].http://newschoolsforneworleans.org/downloads/market-share 2007.pdf.

② 刘宝存，杨秀治. 西方国家的择校制度及其对教育公平的影响[J]. 教育科学，2005(4)：20.

③ 卢海弘. 当代美国学校模式重建[M]. 广州：中山大学出版社，2004：113.

④ 马健生. 公平与效率的抉择：美国教育市场化改革研究[M]. 北京：教育科学出版社，2008：66.

《教育券——向父母提供补助、资助基础教育的报告》。报告论述了有关教育券的讨论，并提出了7种教育券模式。在所有教育券的具体实施中，最具代表性的是1989年3月威斯康星州议会通过的“密尔瓦基教育凭证计划”。该计划规定州政府将资助一定数量的贫困家庭的儿童自由选择愿意就读的学校（不包括教会学校）。该计划于1990年9月正式开始实施，1 000名密尔瓦基市低收入家庭的儿童进入了非宗教的私立学校，1992年9月又有500名学生进入6所私立学校。1992年，在评估的基础上，威斯康星州议会决定继续支持学校选择计划①。教育券制度将竞争机制引入到公立学校体系之中，充分调动办学机构和教师的积极性，有利于提高公立学校的效率，同时也有益于低收入家庭的学生获得平等的受教育机会，有效促使教育机会的平等、效率和自由三方面实现和谐统一。

20世纪90年代后，美国出现了一种由控股公司开办的私立学校，人们称之为“控股公司私校”。这种学校的特点是以较低的成本提供较好的大众化教育，而不是昂贵的精英教育。例如，诺贝尔教育动力公司在加利福尼亚的11所学校，收费标准为4 750美元（包括学费和放学前后的管理费）。此外，它还开办同样性质的幼儿中心。当然控股公司仍是盈利的，如1994年，诺贝尔教育动力公司总收入为3 400万美元，其纯利润为190万美元。目前，在美国随着类似诺贝尔教育动力公司经营的私立学校日益增多，还出现了它们自己的协调管理组织。如诺贝尔教育动力公司所在的协调机构“全国独立学校联合会”，其成员包括64家不同的控股公司，所经营的控股公司私立学校达120所，在过去6年的时间里公司学校的数量增加了1倍②。

（二）扶助薄弱学校

2002年，美国总统小布什签署了《不让一个孩子掉队法案》。该法案将“缩小学生成绩的差距” 作为核心目标之一，并提出通过提高学业标准和强化学校问责制来缩小差距。根据该法规定，各州自行制定“年度进步标准”，对本州学生的阅读和数学成绩进行评估。凡两年未达到“年度进步标准”的学校，将被列入“需要改进”的薄弱学校之列，要求联邦政府和各州予以帮助和干预，也可对未能提供优质教育的学校进

① 曾晓洁．美国的“择校制度”与基础教育改革[J]．比较教育研究，1997(6)：48.

② 曾晓洁．美国的“择校制度”与基础教育改革[J]．比较教育研究，1997(6)：48.

行惩罚。由于情况不同，各州对薄弱学校的名称、鉴定标准并不完全相同，如在名称上就有低绩效学校、高优先学校，等等。2009年，奥巴马总统上任后进行了一系列教育改革，新政府要求各州将长期落后的薄弱学校，即“持续最低效学校”作为改造的重点。“持续最低效学校”是根据在校生的统考成绩和学校改进的情况来鉴定的，包括三级：一级——凡处于改进、矫正行动或重构阶段的第一条拨款学校中，在各州成绩排名在后5%的学校或成绩排名最后的规模较大的5所学校，或者数年里（具体年数由各州决定）毕业率低于60%的高中；二级——凡有资格[①]申请第一条拨款但未获得该项拨款，并在各州成绩排名在后5%的学校或成绩排名最后的规模较大的5所学校，或者数年里毕业率低于60%的高中；三级——不属于一级学校但处于改进、矫正行动或重构阶段的第一条拨款学校[②]。

基于此，奥巴马政府还将持续低效的薄弱学校分为不同的类型，并采取相应的干预政策。具体而言，主要分为以下几类。第一类薄弱学校指在各州学生学业成绩、学生学业进步和毕业率等方面进行排名中处于后5%的学校。对于这类薄弱学校，要求各州和学区采取以下四种整改模式中的一种进行干预，帮助学生取得更好的成绩。1. 转型模式。要求学区采取以下措施：（1）更换原任校长。（2）建立严格、透明、公平的教师和校长评估机制以促进学生成长，并让教师和校长都参与其中。（3）确认和奖励那些在实施干预模式过程中提高学生成绩和高中毕业率的教职工；确认并解聘那些给予帮助但仍未获得专业提高的教职工。（4）为教师提供持续、优质的嵌入式专业发展的机会。（5）建立财政激励机制；增加教师晋升的机会；创设更具灵活性的工作环境等策略来招聘、安置和留用满足学生需要的教职工等。2. 变革模式。与前一模式类似，主要通过教师专业发展、学校治理、教职工聘用等几个方面来进行干预。两者最大的不同之处在于变革模式要求学区根据地方制定的能力标准来对原教职工进行审核和筛选，重新聘任不到一半的原任教职工。

① 有资格申请是指，该中学的贫困学生比例超过所在学区的平均贫困生比例或大于35%。州教育厅通常按照地方教育政府对贫困学校的排名来决定哪些中学有资格申请但未享受第一条拨款的学校。

② Office of Superintendent of Public Instruction. School Improvement Grants[EB/OL]. [2012-03-18].http://www.k12.wa.us/Communications/PressReleases2010/SIP/SchoolImprovement GrantsOverview.pdf.

3. 重启模式。学区将薄弱学校直接转变，或先关闭而后再重新开办一所新学校，并由经过严格审查和筛选的特许学校公司、特许学校管理组织或教育管理组织对新学校进行管理。各州必须对学区筛选新学校的管理机构进行监督。4. 关闭模式。将原有的薄弱学校关闭，并让该校的学生就读于学区内其他成绩较为优异的学校。如果获奖学区有一所薄弱学校，该学区可以自行实施其他干预模式[①]。学区可以获得三年的经费用来全面实施其中的一种干预模式，对薄弱学校进行整改。如果这些学校经整改后显示有进步，学区则可获得额外两年的资助来帮助学校继续改进。此外，教育部还设有联邦学校整改经费，用于提高各州、学区和非营利性机构改进薄弱学校的能力。第二类薄弱学校指的是除第一类学校以外，各州排名在后5%的学校。这一类学校将受到警告，并由所在的州和学区基于调研自行制定帮助这类学校改进的策略。第三类薄弱学校是指未能缩小学业成绩中持续存在的显著差距的学校。学区将根据收集的数据对这类学校进行干预，帮助那些非常落后的学生缩小学业成绩差距。

此外，联邦政府还通过各种计划和基金项目来扶助薄弱学校，如综合学校改革论证计划、阅读优异法案计划等。在克林顿总统执政期间，联邦政府曾向国会申请620亿美元的拨款用于全国薄弱学校改革。各州要通过州立法机构的拨款和设立的基金项目、专门的扶助计划来扶助薄弱学校。根据《不让一个孩子掉队法案》规定，第一条拨款需惠及大部分的贫困学校，为处境不利和未达到所在州学业成绩标准的儿童提供教育服务，其中，还设立了学校改进资金，专门为那些处于矫正行动阶段或重构阶段的薄弱学校提供额外重要的资助。在2002—2003年度财政拨款中，各州必须将第一条拨款经费中2%的资金用作学校改进资金，从2004年到2007年需增至4%，将用于改造处于改进或矫正行动阶段的薄弱学校[②]。到2007年度财政拨款中用于学校改进的资金已达到1.25亿美

① U.S. Department of Education. Guidance on School Improvement Grants under Section 1003(g)of the Elementary and Secondary Education Act of 1965[R]. Office of Elementary and Secondary Education, 2009.

② U.S. Department of Education.LEA and School Improvement Non-Regulatory Guidance[EB/OL]. [2006-07-21].http://www2.ed.gov/policy/elsec/guid/schoolimprovementguid.pdf.

元[1]。奥巴马政府2009年通过的《学校改进基金最终决议》中明确提出该项经费是为帮助“持续最低效”的学校迅速提高[2]，并将各州学业成绩排名在后5%的学校作为主要扶持对象。新教育部部长邓肯将改造排名在后5%的薄弱学校作为未来五年的目标。为了逐步扩大受惠学校范围，《2010年综合拨款法案》还提出要让更多的学校获得学校改进基金，规定除了为一、二、三级薄弱学校拨款以外，还将为有资格享受第一条拨款经费但两年以上都未达到年度进步目标的学校，或在各州进行的熟练水平测试中排名在后20%的学校提供改进资金。

同时，各州将对薄弱学校的改进情况进行考察，监督州、地区对学校的扶助效果。各州还负责组织扶助小组和建立各种地区性扶助机构，而其中的成员都是经过严格挑选和培训的具有各种相关知识和技能的专家。他们通过与学区、学校等一起帮助薄弱学校制订相应的改进计划，对学校进行需求评估，并为学区和学校的改进提供各种扶助。如，得克萨斯州的地区服务中心帮助学区和学校认证检查、实施改进计划；路易斯安那州的地区服务中心负责为本州的学区和学校提供资源的扶助和协调等。

三、社会群体均衡

美国是一个由当地土著民族和来自世界各地的移民组成的多民族国家。长期以来，由于受到经济、政治及文化等不同因素的影响，不同社会群体之间义务教育发展水平呈现出很大差异。那些有生理缺陷儿童和来自少数民族、移民国家和低收入家庭的儿童在教育中通常处于弱势群体的地位，而他们的教育问题成为美国义务教育均衡化进程中一道不可逾越的障碍，是推进美国义务教育均衡发展的重要内容。从总体来看，国家主要通过立法和财政资助等措施来帮助这些处境不利儿童获得平等的受教育机会，并为他们开发补偿性的教育计划。

---

① U.S. Department of Education. School Improvement Fund[EB/OL]. [2010-04-26]. http://www2.ed.gov/programs/sif/index.html.

② CAROLE L. Perlman and Sam Redding. Handbook on Effective Implementation of School Improvement Grants[R]. Lincoln: Center on Innovation and Improvement, 2009: 7.

（一）少数民族教育和移民教育

20世纪60年代以来，由于受到社会、文化、政治以及学术背景多元化因素的影响，美国在教育上更加强调教育机会的实质平等，尤其强调不同族裔、不同文化群体平等发展的权利。以美国经济计划署为代表，它们倡导在全国范围内实行“补偿教育”机会。它是美国义务教育特别扶持计划的重要组成部分[①]。随后，联邦政府和州一级政府还通过立法和拨款资助大力开发补偿教育计划，从而为少数族裔子女和贫困家庭儿童提供大规模的教育服务方案，弥补这些儿童在智力、情感等方面的不足。1981年，教育部在《教育巩固与提高法案》中推出了大约30 000个补偿性教育项目，该法案的受益者中包括5%的印第安人或亚洲人、28%的黑人、27%的拉美人、41%的白人，到目前为止，用于资助这些项目的资金已将近7亿美元。除了联邦计划，半数以上的州也提出了自己的补偿教育计划。这些补偿除了表现在加大入学机会等形式上的举措之外，也开始转向了旨在追求教育过程平等和教育结果平等的实质性公平上来，这主要表现在改变城市与乡村教育处境不利儿童、少数民族儿童在智能与社会发展方面的迟滞现象等[②]。补偿教育计划实质上是将更多的钱和更多的教育投入引向贫穷儿童，以期达到教育结果平等。但是美国教育管理权限属于各州，联邦政府只能进行宏观调控却无法对其具体的措施进行干涉。而各州之间的经济发展状况是有差异的，这就导致它们对补偿教育计划的关注和投入也存在差异，造成补偿教育计划在各州实施的不平衡。而且，补偿教育计划是为补偿那些处境不利儿童而制订的一系列计划的总称，它只针对某个具体问题，相互之间缺乏逻辑联系，缺乏一个公认的指导思想，所以这些计划还有待进一步完善。20世纪80年代以后，美国的一些州还成立了可供低收入和少数民族家庭子女选择入学的“磁石学校”。“磁石学校”的建立为改进教育教学质量差的学校、为弱势群体提供有责任心及高质量的教育做出了积极的努力。

美国以“大熔炉”著称，而移民是这个熔炉中的重要组成部分。随

---

① 孔凡琴. 基础教育师资配置均衡化的国际比较研究[D]. 长春：东北师范大学，2008：14.

② 杨军. 促进基础教育的均衡发展——来自美国的经验[J]. 外国教育研究，2004（11）：13.

着移民人数比重的增加，移民儿童的教育问题也逐渐受到重视。1982年，美国高等法院院长普莱勒·岛以联邦法院的名义宣布非美国国籍的移民儿童可以进入美国公立学校就读。这保证了移民儿童有权利进入免费的公共教育。为了保证对移民子女在真正意义上实现教育公平，防止学生因语言障碍影响学习兴趣与能力而导致学业中断，最终影响其学业与就业，进而成为社会不安定人群，1982年，国会出台了《移民教育紧急法案》，其旨在向州教育机构和地方教育机构提供补偿性的教育服务，为那些在公立、私立中小学校的移民儿童所支付的额外开支予以补偿。尽管移民儿童大约只占入学总人数的5%，但其在地理位置上的相对集中增加了当地社区的经济负担。此外，该法案规定有资格的申请者是州级教育机构，各州将资助资金依据州内移民儿童的数量分配给各地方教育部门[①]。该法案实质上是一项教育资助法案，目的是帮助有大量移民儿童的学区应对经济上的挑战与困难。通过联邦政府帮助学区分担由于移民儿童所造成的额外开支，这在很大程度上推动了美国教育公平与均衡化发展。

进入21世纪后，小布什政府颁布了《不让一个孩子掉队法案》。该法案彻底废除实施了30多年的《双语教育法》，宣告了双语教育时代的结束，“双语”这个术语彻底退出了美国教育的历史舞台，取而代之的是《英语习得法》。其旨在帮助移民迅速掌握英语，接受美国的教育观，试图通过语言的统一达到文化的一致，是对多元文化趋势的挑战。

（二）特殊儿童教育

20世纪60年代美国开始加强特殊儿童的教育，并先后制定了《残疾儿童早期教育援助法》和《残疾儿童教育法案》，规定不仅要资助残疾儿童接受教育，而且还要保护教育所有的残疾儿童。1990年10月，将《残疾儿童教育法案》改为《残疾人教育法》，规定应该为每个残疾儿童提供个人教育计划，即针对每个残疾儿童的特殊需要制定适合他自己的机会。这不仅保证了残疾儿童的受教育权，而且保证其受到合适的教育。克林顿总统上台之后，对弱势群体则显示出特别关注。1993年通过的《2000年目标：美国教育法》中明确要求各州制定政策来帮助残疾儿童的家长和家庭，同时指出改革的第一个目标就是为所有残疾儿童提

---

① Archived information Emergency Immigrant Education Program（CFDA No.84.162）[EB/OL].[2008-09-01]. http://www.ed.gov/pubs/Biennial/95-96/eval/204-97.pdf.

供帮助，实现他们入学接受高质量的、适合发展的学前计划所要求的教育，力图使所有美国人一开始就有同样的机会去获得同等程度的发展，甚至还将提高学困生的学业成绩正式列入教育改革目标之中。这表明，在美国政府看来，那些“弱势群体”不应是被教育放弃的对象，“每一个儿童都有权享受高质量的教育（不论他的经济、地位、种族还是学业成绩），每一个儿童都应该被提供同样的教育机会去帮助他们在未来获得成功——这是当代美国教育改革所追求的平等的实质[①]。”奥巴马政府在新发表的蓝皮书中指出，联邦政府将通过增加财政支持，促进《残疾人教育法》的实施，并督促学校为残疾儿童提供更好的服务和支持来充分挖掘他们的潜力，竭力保障残疾儿童取得学业成就，努力增加残疾儿童上大学的机会。

（三）低收入家庭等弱势群体儿童教育

1994年，美国重新修订《中小学教育法》，提出对符合“帮助社会经济地位不利儿童达到高学业标准补助计划”标准的学校给予特殊经费补助，强调要保证二分之一的资助致力于全国最贫困的地方（其比例至少占全国的21.5%）。小布什政府上台后于2002年通过了《不让一个孩子掉队法案》，该法案设立了一项专门针对弱势学生群体的额外教育服务拨款项目，其宗旨是为处境不利学生提供额外的教育资助，从而提高来自低收入家庭的、在教学水平不佳的公立中小学学习的学生成绩。这些学生可以利用联邦政府提供给他们的经费转到教学质量较好的中小学学习，或仍在原学校学习，但可利用联邦提供的资金到辅导机构接受额外的教育来提高学业成绩。从而逐步实现“消除差距，促进平等”和“弱势补偿”等政策的基本目标。2003年，美国教育部还在题为《为美国的未来做准备》的改革计划中，预拨1 100万美元用于奖励在六至十二年级阶段比较出色的教学活动，并以此提高低收入家庭学生达到学业成功的比例。这些奖学金中的一部分将会以《不让一个孩子掉队法案》的资助形式来帮助那些需要帮助的儿童。在2009年，奥巴马政府所颁布的《美国复苏与再投资法》明确表示为教育领域提供1 400多亿美元

① 史静寰. 当代美国教育[M]. 北京：社会科学文献出版社，2001：127.

的投入，其中将130亿美元用于第一条拨款基金的拨款[①]。

四、教育资源均衡配置

（一）财政转移支付制度

义务教育资源配置的均衡是义务教育均衡发展的前提条件，而美国各地区教育的差异也源自地区间的教育经费差异。美国义务教育财政的投资主体主要有联邦、州、学区三级，而学区则长期作为义务教育财政的主要投资方，1959—1960年，来自联邦、州和学区的投入比例分别为4.4%、39.1%、56.5%。为了缩小学区间教育投入的差距，20世纪70年代末，美国对义务教育财政投入结构进行了改革，1997—1998年，这个比例变为了6.8%、48.4%、44.8%。因此，从某种程度上来说，州政府对义务教育的投入越多，学区间的不均衡性越小，这也说明州政府在均衡义务教育资源配置上发挥着重要作用。为公平、有效地向全国各州的儿童提供公平、有效的教育条件，美国联邦政府和州政府的拨款方式一般通过政府间补助的形式支持地方政府对义务教育经费的供应，义务教育财政支出呈现中央化趋势，从而弥补了由于各地经济发展情况不同而产生的财政差异，促进教育资源在学区间分配的均衡。联邦政府转移支付规模较小，其转移支付的项目通常与国家某项特殊利益结合在一起，具有随意性和不连续性。而州政府转移支付的规模较大，作用显著[②]。各州政府所采取的教育拨款补助模式主要由各州决定，各州所采取的模式不尽相同，但概括起来主要有以下几种：

1. 水平补助模式。在这一模式中，无论州政府财力如何，都将以学区内学生数量为标准给予同等的一次性人均补助以支持地方教育。但这种拨款模式对于富裕的学区较为有利，无法有效地缩小贫富学区间的差距，于是尽管各州现在仍在使用这一模式，却不再将其作为主要方式。只是在实行了后三种转移支付方式后，为体现州政府对各学区的财政支

① The American Recovery and Reinvestment Act of 2009: Education Jobs and Reform [EB/OL].[2009-02-18].http://www2.ed.gov/policy/gen/leg/recovery/factsheet/overview.html.

② 商丽浩，田正平．美国州政府的基础教育转移支付制度[J]．比较教育研究，2001(12)：20-21.

持，仍给予所有学区小额的均等补助。

2. 基本补助模式。即州政府为各学区设定一个生均义务教育经费定额标准。其特点是向每一个学区的学生提供的人均补助额与学区的教育成本、学区的贫富程度相联系，而不仅仅是与这一学区的学生数相关。在这种模式下，较为富裕的学区在州政府减少或者不拨补助的情况下也可以维持基本的教育水平，而对于那些在法定税率下仍不能筹集到维持基本教育水平的经费的贫穷学区，他们可以获得州政府的补助来达到这一基本水平。这种模式为改变学区财政收入和经费悬殊现状提供了行之有效的方法。

3. 学区能力均等化模式。这一模式旨在为每一个学区提供一个相同的基础性的生均财产税基。使用这一模式的所有学区，不论经济状况如何，都将在相同税率下筹集到大致相同的生均教育税。州政府可以保证不同的学区在同等的税收努力下，获得相同的教育经费。但这一模式鼓励高税率，其公平性效果不如基数补助模式。

4. 基数补助与保证税基补助结合模式。这种模式融合了基数补助模式和保证税基计划的优点，同时弥补了各自的主要缺点。其计算公式有以下两种：（1）每名学生的州基数补助=每名学生基数支出-（地方要求税率×地方生均财产值）；（2）学生人均保证税基补助=（地方学区财产税率-基数补助所要求的税率）×（保证税基-地方学区学生人均财产值）。

5. 州全额资助计划。它对所有学区规定了等额的生均支出水平，其支出额既不能高于也不能低于这个水平。这是实现横向公平的最好办法。在实行各项州资助计划的同时，对学生的不同需求、教育水平、规模经济和价格水平也做出必要调整。

由于美国各州对于学区公立中小学的教育转移支付模式都是采用因素法客观地确定各学区的拨款额，较为公平、透明、合理，较少受人为因素的影响。因此，美国这种加强州政府对中小学教育经费的教育财政转移支付力度的做法，不仅有利于提高学区内公立中小学教育经费的水平，还为各学区儿童获得平等的教育机会提供了重要保障。

（二）教育资源共享

20世纪80年代以来，在《国家处于危机之中：教育改革势在必行》等一批重要研究报告的影响下，美国许多学区开始重新评价他们提供的服务，并致力于降低管理成本和提升教育质量。由于美国许多学校的招生数量波动大，教育资源不足，使得一些学区和学校开始采取资源共享的方法和措施，这样可以避免重复建设和提高效率，尤其是在当前资源不断减少、需求却持续膨胀的情况下更是如此。而资源共享作为学区增加课程、保持学生质量和降低成本的方式，能够有效地服务各个学区，尤其是较小的学区和偏远的学区，使更多的学生都能享有接受良好教育的机会。

随着互联网的蓬勃发展，运用网络推进教育成为当今世界关注的焦点。通过现代计算机网络和多媒体技术实行远程网络教育，可以突破传统教育的时空限制，让农村和贫困地区的儿童同样享受优质教育。网络教育具有覆盖面广、全方位为各类社会成员提供教育服务的优势。美国是网络教育的发源地，国家十分重视网络教育。1996年，克林顿政府就已提出了“教育技术行动”，要求在2000年以前把信息高速公路通向每一所学校、每一间教室和每一个图书馆，通向每一个儿童，让每个儿童都能在21世纪的技术文化方面受到教育[①]。然而，资金是影响网络教育进一步拓展的重要制约因素。1998年，国家投入510亿美元的巨额预算用于实施克林顿教育技术行动的宏伟计划。2001年1月，小布什总统上台后在《不让一个孩子掉队法案》中再次重申，政府始终坚信信息技术应成为学校努力提高学生学业成绩的有力工具。2005年1月，美国公布了题为《走向美国教育的黄金时代》的第三个国家教育信息化规划，将互联网、法律和今天的学生教育改革愿望作为规划的副标题。报告提出了教育信息化的七个主要行动步骤和建议：加强领导、考虑革新预算、改善教师培训、支持网络学习和虚拟学校、鼓励宽带接入、教学资源走向数字化、整合数据系统。2006年，美国国家教育统计中心公布调查结果显示，远程教育课程在农村和贫困地区更为普遍，通过远程教育可以满足特殊学生群体的特殊需要，这成为多数（88%）贫困地区的学区选择远程教育课程的理由[②]。2009年2月17日，刚上任不久的奥巴马总统在签署的《2009美国复苏与再投资法案》中也将信息技术视为21世纪基础设施的关键组成部分，力图通过构建21世纪教室和普及宽带加大中

① 方彤. 全球化背景下基础教育改革比较研究[D]. 武汉：华中师范大学出版社，2007：222.

② 中国教育和科研计算机网. 美国中小学远程教育现状分析[EB/OL].[2006-11-07]. www.edu.cn/yuancheng_jy_1723/20061107/t20061107_204004.shtml.

小学信息教育改革的步伐。通过教育信息化可以有效缓解当时优质教育资源短缺的问题，能够让有限的教育资源惠及更多的群体，从而促进和谐社会的形成与发展。

五、师资配置均衡

教师素质是影响教育质量的一个关键因素，而义务教育质量发展的不均衡在很大程度上受到师资队伍配置失衡的影响。总体而言，发达地区、城市学校的教师的学历和整体水平高于不发达地区、农村学校的教师。由于农村学校基本上处于偏僻地区，不仅基础设施、教学设备等硬件方面处于滞后状态，而且农村地区的教师生存状态和专业发展环境都不尽如人意，从而造成了不发达地区和农村学校师资严重流失。

为实现基础教育的均衡发展，追求教育公平，美国政府从多方面采取措施保证师资的均衡分布。1986年，卡耐基教育和经济论坛工作组向联邦教育部提交了《国家为培养21世纪的教师做准备》的报告，提出要建立全国统一的国家教师资格标准并以国家教师资格标准取代各州教师资格标准的建议[①]。1987年，美国35个州建立了教师证书互换制度，相互承认各州的教师资格证书，为持有教师资格证书者的就业和择业提供了便利的条件，并促进地区之间、学校之间教师的合理流动。统一的国家教师资格证书制度的实施，不仅有效地缩小了各州教师资源在质量与水平方面的差距，而且便于教育行政部门在全国范围内实行统一的师资配置，打破地区之间、学校之间的师资壁垒，促进师资在全国范围内的良性流动，从而间接地推动了美国义务教育领域的师资均衡配置。

此外，为了提高少数民族和弱势群体师资队伍的质量，美国还推行了经济补偿政策，为那些任教于城市薄弱学校和少数民族学校的教师提供待遇上的优惠政策和特别补助，以鼓励和吸引优秀教师到这些学校任教。进入21世纪以后，小布什政府公布了《不让一个孩子掉队法案》的教育改革蓝图，一年以后，蓝图成为正式法案，该法案将“消除差距，促进平等”作为政府重要的政策目标。为了使弱势群体能享受到真正平等的教育权利，美国政府成立了“教育成就基金”，奖励那些在提高处

---

① 孔凡琴.基础教育师资配置均衡化的国际比较研究[D].长春:东北师范大学，2008：15.

境不利学生的学习成绩方面取得巨大进步的学校，2002年，该项经费数额达到10亿美元，其中95%的经费直接拨给州和学校，各州将50%的经费按公式分配给各学区，其他的50%则通过竞争的方式拨给优胜学校。而学区必须将25%的经费用于教师的专业培训和发展（除非已经达标）。在教师待遇问题上，美国更强调不断提高教师的工资收入以及社会地位，不断改善教师的工作环境和生活条件①。此外，联邦政府还加强少数民族教师的培养，扩大教师队伍中少数民族教师的比例，并积极培养和聘请具有不同种族、民族、文化传统的教师和教育研究人员，将其充实到教师队伍和教研机构中去。通过教育上的经费补偿和师资补偿等措施，不仅间接地促进了美国义务教育阶段师资配置的均衡发展，还有效地缩小了处境不利群体与其他群体在教育上的差距。

美国是由多民族组成的、贫富分化严重的国家。少数民族子女、移民、城市贫困人群和其他弱势群体的子女难以获得与白人、社会富裕阶层子女相同的教育机会。鉴于美国的教育环境，美国师资均衡配置的焦点主要放在解决处境不利的弱势群体所需要的师资配置问题上。师资配置基本上遵循了教育资源分配的差异原则和补偿原则，主要通过补偿的方式来缩小不同地区师资之间的差距，这些措施都直接或间接地推动了美国义务教育的师资均衡配置，为实现义务教育的均衡发展和促进教育公平做出了贡献。

六、监督评估机制

为了缩小校际发展的差距，从20世纪80年代中期，美国部分州开始制定本州中小学学生成绩等方面的标准。1994年通过的《美国教育改革法》要求各州2000至2001学年都要建立起教育内容和学生成绩标准以及与此一致的评估、奖惩机制。进入21世纪后，在小布什政府颁布的《不让一个孩子掉队法案》中，将“消除差距、促进平等”列为重要的政策目标，要求各州、学区和学校必须负责确保包括处境不利学生在内的所有学生达到较高学术标准。为了督促学区和学校提高学生的学业成绩，各州必须建立奖惩机制。同时，要求2004至2005学年，美国公立中

① NEA. No Child Left Behind Act of 2001[EB/OL]. [2012-04-06].http://www.nea.org/home/NoChild Left Behind Act.html.

小学所有三到八年级学生都必须接受各州政府举办的阅读和数学统考，所有学校必须在2012年使阅读和数学达标的学生比例达到100%。各州将根据本州制定的鉴定标准对那些薄弱学校予以扶助和干预，其标准内容通常都包括学生的州统考成绩以及学校的入学率、退学率、年度改进情况等指标。同时，各州还建立针对薄弱学校的改进情况进行评价、监督和奖惩机制。薄弱学校的存在，是一个国家、一个地区发展不均衡的表现，消除薄弱学校是推进义务教育均衡发展和实现教育公平的一个重要主题。但是，尽管《不让一个孩子掉队法案》为各州制定教育标准提供了框架，美国各州的教育存在标准参差不齐、标准低下等问题。于是，2009年奥巴马政府上台后一改小布什政府授权各州制定教育标准并考核评价学生的做法，号召各州在教育上采用“世界标准”，并指出相关标准和评价不只是为了测试学生，更重要的是为了提高学生面向新世纪的解决问题能力、批评思维能力及创业、创新能力。实施全国统一的世界标准有利于确保每个儿童都能平等地享受高质量的教育，推动义务教育均衡发展的进程。

第三章 英国义务教育均衡发展

第一节　英国义务教育均衡发展的历史回顾

义务教育作为一项教育法律制度，具有强制性、世俗性、免费性、基础性、国家性和均衡性等特质。义务教育的均衡性，是指使不同区域内义务教育阶段的各级学校在办学经费投入、硬件设施、师资配置、办学水平和教育质量等方面大体上处于一个比较均衡的状态，为人人享有公平、公正的义务教育提供充足的保障。从内容上看，义务教育均衡发展的内涵十分丰富，主要包括：（1）入学权利和入学机会实现均等发展，其中包括有能力就读的残疾儿童等弱势学生群体，都享有均衡的受教育机会；（2）区域间实现均衡发展，即在省域之间、市域之间、县域之间、乡域之间统筹规划；（3）城乡间实现均衡发展；（4）学校之间实现均衡发展，包括学校布局和规模均衡合理，教育经费投入、学校设备设施、师资配备、生均教育资源、学生生源的均衡等方面；（5）学生间实现均衡发展，包括校内各班级在设施、师资、生源和管理等方面的均衡；（6）不同类别、不同级别教育间实现均衡发展，包括义务教育内部各阶段之间的均衡，也包括义务教育与职业教育的均衡发展；（7）教育质量实现均衡发展，包括课程设置、教学水平和效果的均衡；（8）教育结果在学校教育内部及受教育者间实现均衡发展[1]。

英国在义务教育的发展过程中，不同历史时期的社会文化背景不尽相同，义务教育均衡发展所面临的问题也不同，所采取的措施也就有所不同。在19世纪中期到20世纪初，其主要任务是实现初等义务教育普及，在这一过程中，教育均衡面临的主要问题是解决入学权利和入学机会均等的问题，保证每个儿童进入学校。当时的英国社会，等级分化分明，存在大量贫民子女和童工无法上学。在学校方面，呈现双轨制，英国学校存在非常大的差距，为富人提供的文法学校、公学和贫民学校之间差距极大。此外，国家的介入不足，学校的发展处于无序状态，教育经费投入不足，资源配置不合理。

20世纪初到第二次世界大战前经历了中等教育的发展，第二次世界大战后经历了中等义务教育的普及。进入20世纪60年代，社会矛盾的焦点从面对本国固有的阶级分层扩大到少数民族的增加所带来的新的矛盾。20世纪90年代以来，贫困、失业等问题使社会问题的层面增加了，出现了新的处境不利者。义务教育均衡发展进入一个新的阶段，出现了许多新的理念和措施，提出了针对学校、区域和群体均衡发展的政策和举措。随着国家课程的颁布和实行，均衡发展进入从数量均衡到质量均衡的阶段。

一、19世纪30年代至19世纪末

在19世纪中期到20世纪初，英国国民教育的主要任务是实现初等义务教育的普及，在这一过程中，教育均衡发展面临的主要问题是：第一，在当时的英国社会，等级分化分明，大量贫民子女和童工无法上学；第二，在学校方面，双轨制特征突出，为富人提供的文法学校、公学和贫民学校之间差距极大；第三，国家在教育管理和投入上的介入不足，学校的发展处于无序状态，缺乏在国家和地区层面的协调管理、均衡布局，教育经费投入不足，资源配置不合理。因此，这一时期义务教育均衡发展的政策主要是解决贫民子女的入学问题，改善贫民学校教育条件和质量，缩小差距，同时要求政府发挥更大的作用。

① 袁桂林.义务教育概论[D].长春:东北师范大学出版社,2009:31.

（一）影响义务教育均衡发展的社会文化因素

1. 贵族文化与教育双轨制

由于历史的原因，贵族对于英国社会的发展具有重要影响。贵族文化由于在英国社会中具有的进步作用和社会中坚力量而得以保留和传承下来，成为英国文化的重要组成部分。但是，也因为特有的贵族文化而使等级社会的特质十分突出，这表现在英国不同阶级的人在生活水平、生活习惯、职业、受教育程度、仪表甚至口音等方面相差极大。这种文化对教育的重要影响就是教育的精英性和双轨制。

一方面，直到19世纪左右，英国那些比较正规、设备较好的学校，如文法学校、公学、古典大学，日益成为培养精神领袖（教会人士）和世俗官吏的场所。起初面向贫民子女的文法学校和公学，以及由追求知识的贫苦教师和学生组成的自治式团体而发展起来的牛津大学等古典大学，由于后来对学生在出身、宗教信仰、缴费等方面的限制，日益成为贵族子女和资产阶级新富子女的学校。这些学校的英才教育性反过来又强化了它们成为上层社会的领地。

而另一方面，面向大多数平民的学校教育却较为落后。在封建社会时期，一般劳动民众的子女基本上不能进入学校受教育。16世纪宗教改革前后，教会才收容贫民子女，其目的主要是传播宗教知识。甚至到了18世纪60年代前后，许多欧洲国家开始实施统一的国民教育，英国也开始了工业革命，但是英国对贫民子女的教育却还只是在教会举办的主日学校、慈善学校、导生制学校中进行。而这些学校相当简陋，极不正规，主要进行宗教灌输和教授简单的读写知识，属于慈善性，政府很少过问。

到19世纪，英国学校日益呈现双轨制特点：一轨是设施精良，较为正规的公学、文法学校及古典大学，它们主要面向上层社会；另一轨是由教会、慈善团体与社会机构举办的贫民教育，这种教育支离破碎，缺乏正规性和系统性。

2. 资本主义发展与童工现象

在资本主义迅速发展的初期，资本家为了剥削更多的剩余价值，工厂大量使用廉价的童工，而且不顾童工的身体健康和智力发展，让童工拼命劳动，劳动时数不断延长，不少地区的童工常常一天工作16个小时以上。有的工厂，童工连续工作3天之后才能休息6个小时，这严重摧残了童工的身体和智力的发展。对此，一些资产阶级开明人士意识到普及义务教育的重要性，并利用他们的社会地位，提出实施普及义务教育，制止过早使用童工的提案，如，1802年罗伯特·比尔提出《工厂法》，规定禁止9岁以下的儿童做学徒，学徒最初4年要受3年教育，并规定，把每个未满14岁的儿童接受初等教育的时间算入学徒的时间。1807年，塞缪尔·怀特希里又在国会中提出“教区学校案”，主张贫民子女应享有接受两年免费教育的权利。1816年，布鲁安促使国会组成一个调查委员会，在调查了伦敦贫民子女教育的情况之后，提出了一系列改进方案。此外，1834年的《济贫法修正案》中也设想对所有的贫民子女进行强迫教育。与此同时，英国工人阶级也对童工现状表示了强烈的不满，并且展开了对资产阶级的斗争，如捣毁机器，为争取普选权缩短工作日，争取贫民子女教育权等举行各种罢工活动。

在这种背景下，一方面为了安抚工人的情绪，同时为了资本家对童工的长期剥削，1833年，英国政府颁布了第一个工厂法，对童工的劳动时间做了一定的限制，规定9—13岁的童工每天劳动8个小时，或不超过9个小时，并同时规定在工厂内劳动的儿童，每天应在工作时间内拿出2个小时接受义务教育，学习初步的读、写、算和宗教知识，接受培养勤奋习惯的道德教育，工厂法规定的义务教育是英国教育史上最早的义务教育，这种义务教育实质上是不可能实现的[①]。

3. 人口增长、教会办学与国家介入

到19世纪初，英国处于一种私人或宗教团体兴办教育的局面，大多数人的初等教育是由私人提供的并由慈善事业捐办，大多数教育慈善事业是通过托管人付给私人教师一笔有限的年金，使其能免费教一定数量的贫民儿童。尽管教会和民间组织在平民初等教育方面发挥了重要作用，但是就英国普及初等义务教育的整体状况而言是不能令人满意的，与英国当时生产力状况的发展和在世界上的地位不相吻合，与德国义务教育的发展状况相比处于落后状态。德国自18世纪末实施义务教育到19世纪60年代俾斯麦统治时期已形成普及6—14岁儿童的八年二级教育体系。19世纪末，德国的义务教育经整顿后达到相当高的水平，自然、人文和职业技术教育的内容都已纳入义务教育课程，未达到读写水平的

① 吴德刚. 中国义务教育[M]. 西安:陕西人民教育出版社，1992:384.

儿童只占0.05%[①]。而在英国，据1818年的一项官方调查表明，英国只有四分之一的儿童能受到教育，即使是在这些儿童中，绝大多数所受的教育不仅年限短，而且质量差，预计超过150万的贫民儿童完全被关在校门之外[②]。

人口的快速增长也使教会和民间团体垄断教育的状况难以为继，1750年，英格兰和威尔士的总人口在600万—650万之间，到1801年英国进行第一次人口普查时，这一数字已增至900万，到1851年，迅速增长到1 800万，50年之内翻了一番。垄断教育的教会面对迅速增长的儿童人数已经感到力不从心，由于经费缺乏，合格教师人数严重不足，大量贫民儿童流落街头，带来了严重的社会问题。

正如英国教育家艾文思指出的，“仅仅人口增长规模这一点就打破了民间团体对初等教育的垄断，促使国家直接干预教育。”但是政府统治者对国民教育不积极。法国于1833年颁布实施了大力发展初等教育的《基佐法案》；普鲁士在1808年建立了领导和管理各级学校的公共教育部；俄国于1804年颁布了大学规程和大学所属学校规程，构成了统一的学校教育制度；后起的美国也于1852年开始普及义务教育（民族文化传统与教育现代化）。

而英国国家管理教育却经历了曲折的过程。1833年，议会议员约翰·罗布克受普鲁士和法国教育发展的启发，建议议会考虑“建立全国教育体制的途径”，他还提出了建立全国教育体制的计划，包括设立享有内阁成员地位的公共教育大臣职位，选举产生学区委员会作为地方教育当局，中央和地方政府提供税收拨款资助教育，强迫6—12岁儿童入学，并创办师范学校以解决合格教师问题。由于他的计划过于复杂和野心勃勃，没有被下院采纳。在当时的条件下，即使被下院所通过，也必定会被上院否决[③]。

19世纪初期，英国反对政府干预教育有几方面的原因：第一，19世纪初，英国初等教育是教会的天下，完全为宗教利益所主宰，因此，教会反对推行公立教育和政府对教育的干预，因为这会削弱教会的影响；第二，工厂主也对发展公立大众教育和普及初等教育持反对态度，因为

① 吴式颖，阎国华. 中外教育比较史纲[M]. 济南：山东教育出版社，1997：589.

② 徐辉，郑继伟. 英国教育史[M]. 长春：吉林人民出版社，1993：143.

③ LAWTON D. GORDON P. HML[M]. London：Routledge & Kegan Paul，1987:7.

发展公立国民教育将意味着工厂主失去大量童工，而童工正是工厂主榨取剩余价值的一大来源；第三，许多家长也对政府插手教育持冷淡态度，认为子女受不受教育无关痛痒，去工厂做童工挣几个便士倒有助于减轻家庭的经济负担；第四，19世纪中叶的英国处在资本主义自由竞争的高峰阶段，“自由放任主义”成为中产阶级热烈鼓吹的经济纲领和口号，自由贸易和竞争使英国以骄人的成绩确立了世界工业霸主的地位，在维多利亚时代，影响经济发展的主导思想和政策是不干预的放任主义，自由放任主义促进了英国经济的繁荣，信奉自由放任主义的人认为，国家干预教育是通向暴君统治的第一步，是对个人自由的严重侵犯，国家的活动应严格控制在国防、治安、筹集公共经费等少数几个领域，在教育方面，正如在其他生活领域一样，政府应采取自由放任的政策，鼓励民间办学。直到1870年，英国才开始负责实施普及初等教育。

（二）义务教育均衡发展的主要对策与制度保障

1. 政府以拨款的方式干预教育

以普适为基点的义务教育均衡发展观，主要是通过外部激励来设计、管理和评价当前义务教育系统的一种价值取向。“外部激励”涵盖了系统发展的目标、内容、层次、标准、保障、制度的确立与执行，呈现出“他主”多元化和复杂化的历史特征。显然，英国当时由教会办的贫民教育呈现出一种无序和随意的状况，义务教育的均衡发展必须得到政府的统一规划、投入、管理和监督。早在18世纪末，英国的一些资产阶级思想家就提出了国家兴办教育的重要性。亚当·斯密在《原富》一书中针对产业革命的需要指出：“社会已由农村生活阶段演进到工厂生活阶段。由于分工，工人被固定在一两种工作上，不了解工作的全过程及意义，从而阻碍着智力的发展。因此，国家必须重视和筹款兴办初等教育，强迫普及。这样做对于国家政令的执行和社会的稳定是有益的。”马尔萨斯在《人口论》一书中也指出，应当广泛地实施公共教育，这有助于控制人口急剧增长。他反对把教育作为私人或宗教团体的事业。

面对这一状况，要求政府承担教育发展责任的呼声不断。民间和宗教团体兴办教育面临的困境，人口的快速增长，以及欧洲大陆国家国民教育的普及使保守的英国开始意识到政府干预教育的重要性。1833年，政府首次拨款2万英镑用于对建立学校校舍以及对贫民子女的教育私人赞助的补助，尽管这项拨款极其有限，但它却是政府干预教育的开端。

1839年，拨款上升到30万英镑。为了监督拨款的使用，政府于1839年决定成立一个特殊机构负责初等教育领域的工作，这个机构即是枢密院教育委员会。枢密院教育委员会的设立，标志着英国第一个中央教育行政管理机构的诞生，但还不是真正意义上的国家教育行政管理，它主要与国家补助政策相关，而对于学校的开办、课程的开设以及师资的建设等，则不予过问。它的职责是对一切旨在促进公立教育的年度拨款实行监控，并有权视察一切接受公款补助的学校。1840年，枢密院教育委员会经手分配的政府教育拨款多达50万英镑。

2. 颁布相关法案确保受教育权和机会均等

1833年以后，政府虽然开始补助宗教和慈善团体开办初等教育，但未能建立公立的初等教育制度。1867年，议会通过改革法，近百万工人获得了选举权，普及教育成为政治上的迫切需要。议会改革法提出了“我们必须教育我们的主人”的口号。1870年，在政府中任枢密院副院长兼教育署署长的福斯特在向下院提交初等教育议案时发表的演说中指出：我们决不能再拖延下去。我们的工业繁荣取决于我们迅速发展初等教育。如果没有初等教育，为艺匠提供的技术教育就缺少基础。没有受过教育的工人即使身强力壮，精力充沛，也将在世界的竞争中落伍。同样，迅速发展初等教育还关系到我国立宪制的安全有效的运转。英国的议会最近已经决定，英格兰未来将由民众政府来统治。一些人相信，我们不能等到人民受教育后才赋予他们政治权利，我也是持这种观点的人。如果我们要这样等待，我们已经等待得够久了，但既然现在我们给人民以政治权利，我们就不能再拖延他们应受的教育。有许多问题需要回答、需要解决，而这些无知的选民是无力回答、无力解决的。迅速发展教育关系到我们民族的强盛[①]。

19世纪下半叶，英国资本主义经济进一步发展，教育在社会生产发展中的作用日益重要，教育对于提高工人劳动素质的作用愈加明显。另一方面，工人阶级要求受教育的斗争也越来越强烈。因此，1870年，英国国会正式颁布了《初等教育法》（福斯特法案），《初等教育法》标志着英国国民教育制度的正式形成，这是英国实施义务教育的第一个法令。《初等教育法》中规定，实施5—12岁儿童的强迫教育，学校教学与宗教分离，学校为国家教育机关。1870年，《初等教育法》成为国民初

---

① 徐辉，郑继伟. 英国教育史[M]. 长春：吉林人民出版社，1993：166-167.

等教育体制的基础，有效地弥补了宗教组织所留下的空缺。福斯特在当时演讲中所提出的下列见解成为英国法律中的一条永恒原则："总之，我想说的是，必须通过立法使大不列颠和爱尔兰的每一个6—12岁的儿童接受正常的教育。如果家长有其他办法为子女提供合格的教育并的确做到了这一点，就不强迫他们把子女送往公立学校。然而，如果他们不能或不愿意为其子女提供合格的教育，那么国家就要干预，强迫家长将子女送入公立学校接受教育。"

1876年，英国政府又对《初等教育法》做了补充和修订，规定家长送子女入初等学校是一种义务，凡10岁以下儿童如果未受过初等教育就不能当童工。1880年，又正式实施5—10岁儿童的学校免费义务教育。进入20世纪，第一次世界大战结束后，英国政府又通过了《1918年教育法》（亦《费希尔教育法》），该法令把义务教育年限进一步延长至12年，废除小学学费制，实行免费教育，并禁止使用12岁以下的童工，同时，把童工的劳动时间限定在6个小时之内，尤其是把义务教育的年限分为5—7岁、8—11岁两个阶段。这一系列法案为义务教育的实施提供了有力的法律保障。

3. 发展公立教育，保证所有贫民子女都能进入学校

不同法案提出了不同阶段的具体措施。1870年，福斯特就制定《初等教育法》的演说中指出："我们在这一法案中的目的是什么？简要地说就是使初等教育置于每个英国家庭所能到达的范围之内，而且要置于那些无家可归的儿童所能到达的范围之内。"福斯特指出，大约150万儿童在我们所补助的学校中学习，而其中的工人阶级子女中，仅有五分之二的6—10岁儿童和三分之一的10—12岁儿童在国家资助的学校中注册。在6—10岁儿童中，我们只帮助了大约70万人入学，100万人没有得到我们的帮助未能进入学校。在10—12岁儿童中，我们只帮助了25万人入学，70万人没有得到我们的帮助未能进入学校①。为了保证贫民子女入学，提出了以下措施：

学校合理布局，保障儿童就近入学。教育提供的原则是：国家将被恰当地进行规划和划分，正式成为学区，在此议案被通过后，英格兰和威尔士没有任何一个角落没有被包括在某个学区内。中央教育署将全国

① MACLURE S. Educational Documents, England and Wales 1816 to the present day [M]. London: Methuen, 1834: 99.

划分为1000多个学区，开始着手有组织的初等教育管理，并建立了地方纳税人选举出来的学校委员会，初等教育主要由学校委员会所管理的学区负责。福斯特指出，"学区必须得到经费保证，那么谁来提供呢？由政府通过税收来提供是可能的[①]。"

对贫民子女提供的帮助。免费性是义务教育的一个重要特征，它是指国家对于适龄儿童接受规定期限义务教育免收其全部或大部分的教育费用的一种制度，是义务教育作为公益事业的重要体现。义务教育往往被称为"免费教育"。但是，在国际上，从义务教育发展的历史来看，由于国家经济实力难以保障义务教育的财政投入，有些国家推行之初并非免费教育，随着经济状况的好转才逐步实行免费义务教育[②]。英国的免费义务教育也经历了一个发展过程。一开始还是要向家长收取一定的费用。当时义务教育经费来自三个方面，三分之一来自家长，三分之一来自公共税收，三分之一来自地方财政。但是对于家庭贫困的学生，政府要求学校委员会在特定情况下建立免费学校，并授权学校委员会给那些确实没有能力支付子女教育费用的家长免费凭证。1891年，政府颁布《免费初等教育法》，到1918年才真正实现了免费初等义务教育。1918年，《免费初等教育法》在英国历史上首次明确宣布教育立法的实施"要考虑到建立面向全体有能力受益的人的全国公共教育制度"。

提供社会福利，改善学生的生活和学习条件。为了保证初等义务教育的实施，通过玛格丽特·麦克米伦和当时执政的工党的努力，向小学生提供膳食的法令在国会获得通过，成为世界上第一个由国家立法规定为学校供应三餐膳食的国家[③]。

4. 建立教育督导制度，以教育标准促均衡发展

1833年，政府首次拨款2万英镑用于对建立学校校舍以及对贫民子女的教育私人赞助的补助，尽管这项拨款极其有限，但它却是政府干预教育的开端。1839年，拨款上升到30万英镑。在向两个宗教协会（英国及海外学校协会和英国贫民教育促进会）给予年度补助的办法实行了几年后，一个基本的问题就更加明显地暴露出来：一方面，这些补助不

---

① MACLURE S. Educational Documents, England and Wales 1816 to the present day [M]. London: Methuen, 1834:102-103.

② 袁桂林.义务教育概论[M].长春:东北师范大学出版社,2009:28.

③ 吴式颖,阎国华.中外教育比较史纲[M].济南:山东教育出版社,1997:593.

足以满足全国的需求；另一方面，在没有任何议会监督和控制的情况下，给予两个协会越来越多的经费补助似乎不够合理。为使年度教育经费合法化，1839年，成立了枢密院教育委员会。它的职责是对一切旨在促进公立教育的年度拨款实行监控。枢密院教育委员会的第一任主席凯建议应该任命督学，且“今后补助学校都要首先进行检查”，并对这些视督导情况而定的学校给予一些资金。根据这一建议，政府于1839年12月，首次任命了两名督学——艾伦和特曼赫尔，这标志着英国教育督导制度的开端。可以说英国教育督导制度的建立与第一个中央教育行政管理机构的诞生几乎同步，教育督导制度成为英国教育发展的重要传统和管理体制的重要组成部分。

首任督学的职责和任务与监督政府对初等教育的拨款密切相关，但同时赋予督学更加广泛的职责，例如，了解学校的情况，为政府的决策提供咨询。1840年，颁布的“督学的指示”中，将督学的职责划分为三个方面：

第一，对修建学校和支持学校其他方面补助的申请进行调查。这些重要职责的一个重要方面包括：视察接受公共经费补助的学校，确保每所学校的经费得到合理的使用，获得这些学校有关纪律、管理和教学方法方面的准确信息。

第二，对那些得到补助的学校进行调查。在监督申请议会对不列颠公立教育的资助中，教育委员会的目标是鼓励地方做出改进和延长初等教育的努力，不论是自愿性协会或私人所做出的努力，因此，督学的聘用旨在促进这些目标的实现，通过向学校的举办者在定期的学校视导中，提供一个确定学校在内部安排、学校管理和纪律以及教学方法方面的改进。

第三，通过对特定学校的调查，了解整个初等教育的状况，为决策提供咨询。督学的报告旨在提供不列颠初等学校状况的信息，使议会能够确定以什么方式使得投在平民教育上的经费得到最大限度的使用，鉴于此，对于特定地区教育状况的报告，应该确定议会对这一地区的教育状况的干预在多大程度上是有益的，这些干预可能是提供额外的教育手段，报告要提交给教育委员会及两院①。

① MACLURE S.Educational Documents，England and Wales 1816 to the present day [M].London：Methuen，1834：48-50.

从这些职责中可以看出，督学以检查政府的教育补助为由，开始渗透到学校教育内部的各个方面，在确保每所学校的经费得到合理使用的同时，要求督学通过这些访问能够获得这些学校有关纪律、管理和教学方法的准确信息，因此，督学的职责更加富有综合性。同时，督学的职责不仅仅停留在检查和获取信息上，还要提出学校在管理、纪律以及教学方面的改进意见。另外，还赋予督学为决策提供咨询的职能，不仅要了解某所学校的具体情况，还要形成对一个地区总体教育乃至整个不列颠初等学校状况的判断。

在谈到学校督导时，福斯特指出："在英格兰和威尔士被划分成学区后，我们的下一项职责就是，保证它们的教育条件。为此，我们将运用我们的权威收集办学情况，也就是学校、教师和需要接受教育的儿童数量，我们还将运用我们的权力派督学和官员到学校去，监测学校的质量，了解学校提供什么样的教育。如果我们认为这些学区的初等教育是充足的、有效的和恰当的，我们将让其自行其是。在这里，充足是指有足够的学校；有效是指学校提供相当数量的教学；恰当是指从宗教和其他限制的角度，家长不予反对。"

福斯特进一步强调："为了保证学区的条件，要求所有学校都要接受督学的督导，无论是私立的还是公立的，无论是受到政府补助的还是没有得到政府补助的，无论是世俗的还是教派的，如果学区的教育是充足的，让其继续下去，但是保留不定期的重新检查……督导绝对是必要的。"

可以说，拨款补助教会和慈善团体兴办的初等学校是英国对初等教育进行国家干预的主要手段，而督导制度则是实施这种干预的主要机制。要得到国家的资助，学校必须进行整改，达到一定的标准。得到资助后，督学也要对其进行检查，确保经费使用在改善办学条件和改进教学质量上。同时，为了保证学生的学习达到一定的水平，督学也要实行考试。而在《初等教育法》颁布后，督导制度对于保证学生入学、学区有足够的学校、学区和学校有基本的办学经费和条件、学校提供恰当的教育等方面达到一个基本的质量标准起到了积极的促进作用，缩小了不同阶层在教育方面的差距，缩小了学校之间的差距，为教育的均衡发展奠定了初步的基础。

二、19世纪末至第二次世界大战后

（一）背景

到19世纪末，普及初等教育已取得很大成就，全国学龄儿童入学率达90%，中等教育的普及开始引起各方面的关注。在教育领域，初等教育仍然被看作是专门为工人和社会下层阶级子女而设的，中等教育仍然主要是为中上层阶级子女而设的。与初等教育的情况相似，在建立国民中等教育之前，英国的中等教育主要由教会、私人团体兴办，主要为上层阶级子女服务。中等教育形式多样，但数量不足，而且缺乏协调与统一，管理也比较混乱，发展滞后，国家干预中等教育、建立国民中等教育制度同样经历了曲折的道路。

1. 中等学校数量严重不足

19世纪前期，英国中等教育、初等教育和技术教育之间并没有明确的分界，学者们一般把实施古典教育、收费且毕业生能够进入大学的学校教育划入“中等教育”范围。因此，实际上只有捐办文法学校和公学才提供中等教育。捐办文法学校通常规模较小（许多只有30名左右的学生）、数量少，在人口迅速增长和转移的工业革命时代显得越来越不足，分布不均的问题也越来越严重。到19世纪初，平均每24 000个居民才拥有一所文法学校，且捐办文法学校大多集中在南部城镇，而对中等教育需求越来越大的却是英格兰北部新兴工商业中心。而19世纪30年代，已经形成的九大公学也主要为中上层阶级服务。这一时期，中等教育主要以各种形式的民办和私立学校为主，国民中等教育体制尚没有建立。

2. 中等教育机会不均，阶级固化严重

19世纪后期，随着国民初等教育的发展和发展国民中等教育的呼声越来越高，英国政府于1864年成立汤顿学校调查委员会，对克莱伦登委员会和纽卡斯尔委员会没有调查过的学校教育状况进行调查。汤顿学校调查委员会把所调查的学校分为三类：第一类是捐办学校，包括2 200所“非古典学科”学校和705所文法学校。“非古典学科”学校主要提供基础教学及实际运用方面的知识，主要针对劳动阶级子女，但这里所说的劳动者还不是真正意义上的工人阶级，意指诸如佃户、小业主之类的有产阶级；第二类是私立学校，学校数量在10 000所以上，由私人为营利而创办；第三类是私营学校，由公司支持兴办的学校[①]。

汤顿学校调查委员会又根据学生的学习年限和服务阶层将这三类学校划分为三个等级：第一等级，学校的服务对象是上层中产阶级，即那些有大宗非劳动收入的人、成功的专业和商业人事、牧师、医生、律师和不那么富有的绅士。学校以古典学科为主，学生学习年龄至18岁；第二等级，学校的服务对象主要是中层中产阶级，包括零售商人、店主以及所有靠买卖为生的人，他们在很大程度上愿意让自己的子女上私立学校，除了学习有限的拉丁文外，主要学习比较现代的学科，使其子女能够从事医学、法律和民用工程，学生学习年龄至16岁；第三等级，学校主要为下层中产阶级服务，包括小佃农、小商人和高级工匠，学生在校学到14岁，课程除拉丁文外，还包括外语、英语、历史、初等数学、地理和自然科学，因此这类学校的实用倾向很明显[②]。

很显然，这一时期的中等教育阶级性很强，主要为有产阶级服务，汤顿学校调查委员会特别指出捐办学校中的“非古典学科”学校“眼睛向上看”，未能满足国家的主要需要之一，即为下层中产阶级的子女提供良好的教育。私营学校是“阶级学校”，只专心服务于某一群体的利益，而不鼓励社会各阶层有才能的人冒尖。尽管汤顿学校调查委员会建议中等教育要服务于社会各个阶层，但也仅局限于将中产阶级中的下层阶级纳入中等教育的范围内，而且由于中等教育收取学费的性质，工人阶级子女仍然没有接受中等教育的机会。另外，这一时期中等教育主要以男子为主，尽管19世纪50年代就已经出现了女子中等学校，但数量有限、规模很小。

从1860年以来，各种官方和民间的教育调查都不同程度地提出了建立国民中等教育制度的迫切要求，只是由于政府的注意力主要集中在普及初等教育方面，以及教会和捐办学校对发展公立中等学校意图的抵制，这一要求迟迟未能得到满足。1895年，以著名学者布赖斯任主席的皇家委员会发表了有影响的中等教育调查报告，对中等教育的落后现象提出批评，呼吁“建立一个有良好组织的英国中等教育体制”。但在当时，国家干预中等教育的想法不但受到许多民办和私立中等学校的强烈

① MACLURE S. Educational Documents, England and Wales 1816 to the present day [M]. London: Methuen, 1834: 90.

② 徐辉，郑继伟. 英国教育史[M]. 长春：吉林人民出版社，1993：180.

抵制，而且也为托利党所反对。政府主要关心的还是初等教育的普及和发展，尚无暇考虑建立国民中等教育体制。

3. 教育管理体制混乱，效率低下

教育管理体制比较混乱也缺乏统一性。19世纪，国家对教育的参与是一个进步，然而这种参与是渗透性和随机行事的，结果在教育领域出现了各行其是并且缺乏协调的管理机构。在中央政府一级，教育的管理职能被教育署、科学艺术署及慈善委员会所分割。在地方一级，承担教育管理职能的有学校委员会、新建郡或郡级市的技术教育委员会、公学或捐办文法学校的董事会、民办初等学校的理事会等机构。由于它们各自的职责范围划分得不清楚，结果不可避免地出现职能交叉、重叠、混乱和冲突，甚至出现责任落空的现象。在这种情况下，建立一种统一的中央和地方教育机构，确保整个国民教育领域有一个良好有效的教育行政管理基础，已经显得十分必要。汤顿学校调查委员会的意义在于，在当时它就已经认识到有必要建立一个包括中央机构和地方当局在内的教育行政管理体制，并在此基础上建立国民中等教育体系。

此外，布赖斯皇家委员会还就统一教育管理体制提出了详细的建议，1899年，政府通过了《中央教育局法》，决定成立一个中央教育局，以取代教育署、科学艺术署和慈善委员会的职能，负责英格兰和威尔士教育的监督管理。布赖斯皇家委员会的报告影响巨大，成为形成《1902年教育法》主要内容的重要基础。

（二）中等教育均衡发展的对策与制度保障

1.《1902年教育法》与公立中等教育体系的建立

《1902年教育法》是英国教育史上具有里程碑意义的法案，其重要意义在于：首先，它结束了教育管理上的混乱局面，特别是在地方一级以318个地方教育当局取代了2 500个学校委员会和10 000多个民办学校和其他专业委员会，形成了中央和地方管理结构。英国教育领域中良好的中央和地方政府的伙伴关系，正是在这一基础上逐渐形成的。《1902年教育法》还赋予地方教育当局发展公立师范教育和继续教育的职能。其次，该法大力提倡地方教育局兴办公立教育，通过以下途径来建立公立中等教育体系。（1）新的地方教育当局可以用地方税来提供中等教育，建立新的中等学校；（2）在捐办文法学校的基础上，通过买下私立和私营中等学校成为公办中学；（3）一些高年级初等学校和教生制中心被改为中等学校；(4) 新建郡办文法学校。为了使更多的贫民子女进入中等学校，为初等学校中有才能的学生提供奖学金，使他们有机会转入文法中学学习。

2.《1944年教育法》与中等教育均衡发展

一直以来，由于缺乏统一管理，英国中小学互不衔接的问题十分严重，中学入学年龄从10岁、11岁开始，初等、中等学校有几年是平行的，初等教育被视为穷人接受的教育，而中等教育则主要为中上层阶级子女提供教育，虽然法律规定要为有才能的贫民儿童提供奖学金，但得利者只是极少数。1922年，工党在初等义务教育普及的基础上提出了“人人受中等教育”的运动。1926年，工党政府发表的《青年教育报告》(亦称《哈多报告》) 提议将接受义务教育的儿童年龄延长到15岁。正式规定延长义务教育年限，即第二次世界大战后，英国开始实施的十年制义务教育。

1944年，英国丘吉尔政府通过了《巴特勒教育法》(即《1944年教育法》)，《1944年教育法》建立了面向所有年轻人的中等学校教育体制。关于义务教育，《1944年教育法》规定：凡5—15岁为强迫教育年龄，该年龄段的儿童必须接受义务教育，有条件的地区还要把义务教育制延长到16岁。《1944年教育法》还认为英国教育制度中长期存在着初等教育与中等教育互不衔接的双轨制，因而，造成了教育机会的差别和不平等。为此，专门规定把教育体系改革为连续发展的三个阶段，即初等教育、中等教育和继续教育。这项法律确立了两条主要原则：(1) 向所有5—15岁的儿童提供免费义务教育，实现人人受教育的普遍权利；(2) 建立统一的教育体制，取消“初等教育”和“继续教育”的两级分段制，将教育过程分为初等、中等和高等三个阶段。1944年，进一步确立了中等教育应当成为所有11—14岁儿童学习的权利的原则，而不是少数人的特权，为了所有儿童的中等教育成为基本的社会原则，取消了公立中学收费的权力，并对中央和地方教育行政体制进行了重大改革，奠定了英国战后教育发展的重要基础。《1944年教育法》是迄今为止近代英国教育发展中的一项主要的教育改革法，在许多方面，仍然是主导当今教育体制的法案，它的主要内容包括：将义务教育延长至完成中等教育的15岁（目标是尽快达到16岁），取消公立学校的所有收费，将初等教育与中等教育衔接起来，包括中小学教师的工资。在1944年之后，

5—11岁儿童完成小学教育（5—11岁）后自动进行中等教育（11—16岁）。

《1944年教育法》对继续教育做了明确规定，要求各地方当局在本地区对已结束了义务教育但未能升学的青年实行继续教育，即进一步的免费教育，直到18岁为止，继续教育的目的主要是进行体格与实用技术方面的训练。1959年，英国政府又对《1944年教育法》进行了补充修改，提出到1969年，将实现全国范围内的十一年制义务教育。并要求从1970年起，各地方学校对18岁以下的中学毕业生实施半日制义务教育。1963年，英国开展了“教育改革运动年”活动，进一步确立了十一年制义务教育，到1972年，英国基本上普及了十一年制义务教育。近年来，英国普及义务教育质量不断提高，入学率相对稳定。

三、第二次世界大战后的义务教育均衡发展

（一）背景与问题

这一时期，英国义务教育均衡发展主要面临来自两方面的挑战。

1. 中等学校类型之间的不均衡

《1944年教育法》的实施，在中等教育均衡发展上的重大成就是实现了人人接受免费中等教育的目标，特别是社会下层子女都能进入中学读书。但是又出现了新的不均衡，即来自不同社会阶层子女教育机会的不均衡，以及学校之间的不均衡。

《1944年教育法》的实施形成了文法学校、现代学校、技术学校三种中学并存的局面。年龄在11岁以上的儿童并非接受同一类型的中等教育，而是根据能力和学术意向分别进入文法学校、现代学校和技术学校三种不同类型的中学。这种“三轨制”中等教育结构，虽然考虑到“均等中有其差异”和“因材施教”的原则，在这个原则下，“教育机会均等”就是人人有机会进入中等学校学习，但学校性质种类不同，彼此地位也大相径庭，不同类型的中学享有的声望和受尊重程度存在很大差异。

不均衡现象主要有：

第一，这三类学校之间存在很大的不平等。虽然同属中等教育范畴，但三类中学的地位、条件、教学内容以及毕业生的出路则大相径庭。英国著名教育学者H·C·邓特曾经指出：“最令人遗憾的是许多年

来，公众对这三类中学已形成了完全不同的等级观念，文法中学显然地位最高，它是通往自由职业和行政官员职位的大门。那些渴望进入文法中学但考试落选的学生，则把初级技术中学视为第二流学校，高级小学（现代中学的前身）则是那些被认为无能或无志于受更高等教育学生学习的场所，学生被安排接受哪种性质的教育与其未来的社会经济地位有着千丝万缕的联系，文法中学不仅在社会地位上，而且在经济地位上都被认为优于初级中学，因为文法中学的毕业生可以获得较高的薪金和较有保障的职业（这在失业普遍的第二次世界大战后，是至关重要的问题）。初级技术学校毕业生进入熟练工行业后，在经济和社会待遇方面也享有某些明显的好处（当然远不如文法中学毕业生）。而高级小学根本不能提供上述好处，所以高级小学在公众中的威信必然最低。”

第二，三种类型的学校在学校质量、教学设备、招生标准等方面相差迥异，而且进入文法中学的多为社会中上层阶级子女，而社会下层阶级子女大多进入现代中学和技术中学，这实际上仍保留了中等教育按社会等级划分的性质，直接后果是造成不同社会阶层子女受教育机会的不均衡，造成了学校之间的不均衡。由于所学内容不同，再加上以11岁开始来决定学生上哪一类中学，将来面临的人生发展际遇也就大不相同。

第三，这三类学校的不平等还体现在教育证书制度上。第二次世界大战后，大多数学生接受教育的现代中学所提供的课程不通向任何形式的外在资格，相反，文法学校学习成绩的积累最终可以获得地位很高的“一般教育证书”，证书分为普通和高级两个等级。直到1965年，才实行了适合现代中学学生的、地位较低的“中等教育证书”。

“三轨制”和“11岁考试”产生了不良的影响和后果。由于文法中学的良好就业前景及有限的学额，导致入学的竞争异常激烈，初等学校出于家长的压力和自身利益的需要，越来越倾向于对学生进行能力分组，以便选拔出有学术潜力的学生去争取有限的文法学校学额，这种做法迅速蔓延开来，甚至向下延伸到低年级的幼儿学校。这种片面追求升学率的现象所导致的结果只能是儿童的片面发展。由于“11岁考试”的导向和升学压力，一方面使小学课程内容变得狭窄，另一方面教师把注意力放在他们认为能够通过考试进入文法中学的少数学生身上。即使在初等教育阶段，能力分组也已显示出它的社会意义，据1962年英国学者所做的一项关于小学能力分组情况的调查所得出的数据表明，在252所对11岁儿童进行高、中、低三类能力分组的学校里，出身专业和管理阶层家庭的儿童有58%的人分在高班，分在低班的人只占14%；而出身非熟练体力劳动阶层家庭的儿童只有21%的人被分在高班，而被分入低班的人所占比例高达46%。调查表明，家境越贫困、越不幸，儿童被分入低班的可能性就越大。因此，从社会背景的角度来分析，能力分组不仅仅起到学术选拔的作用，而且起到了社会选择的作用。事实上，升入文法中学的只是少数中上层家庭的子女，大部分下层劳动人民的子女只能进入现代中学，“11岁考试” 在事实上强化了这种不平等的教育制度，虽然实现了人人受中等教育的目标，但通过“11岁考试”对儿童进行分类的做法成了“巩固英国社会中的社会经济分层的方式”。“11岁考试”所引起的弊端，如家长的焦虑、学生灰心丧气甚至失望等，使许多人都认同“11岁考试”造成的严重后果甚至大于英国教育制度中其他所有弊端的总和。

2. 种族方面的不平等问题

在这一时期，英国社会的种族问题开始显现。不同国家和地区移民的涌入，给英国社会带来了不同的文化、宗教信仰、语言、生活习惯，少数民族与主流民族之间的矛盾一直都以不同的形式存在着。在英国历史上，曾经出现过多次移民潮，使英国逐渐成为一个多元文化国家。黑人在英国的生活有着悠久的历史。500多年前，欧洲开始的扩张导致大量的非洲裔和印度裔来到英国和欧洲其他国家。欧洲横跨大西洋的奴隶贸易和大英帝国的扩张，特别是美洲和印度殖民地的建立，推动了黑人从16世纪开始通过这些联系进入英国。到19世纪，很多黑人“渗透到社会的许多阶层，遍布英国各地[①]。”

第二次世界大战后，为了重建经济和社会生活，英国实施了鼓励外来移民的政策，因此，在这一时期，大量移民涌入英国，其中包括来自欧洲的爱尔兰人、波兰人、意大利人、西班牙人，还有来自非洲、加勒比海岸和亚洲等地的移民。英国也有很多少数民族较为集中的社区，如，马尔他人社区、塞浦路斯人社区等。1948年，第一批移民从加勒比地区来到英国。20世纪60年代，随着英联邦国家移民的增加，移民子女的教育问题突显出来。1962年，超过50万印度人、巴基斯坦人和西印度群岛移民涌入英国。

---

① 吕耀中. 英国学校多元文化教育研究[D]. 上海：华东师范大学，2008：11.

在1965年之前，社会上广泛存在着种族隔离与偏见的观念，对犹太人、吉人赛人、黑人和其他少数民族的偏见很深。特别是20世纪五六十年代，上百万非白人劳工移民英国之后，在右翼组织和报纸的影响下，社会上出现了很多针对移民工人的怨恨情绪，由此导致了1958年伦敦和诺丁汉的街头冲突。在意识形态领域，同化理念占主导地位，许多教育家认为，国家是一个统一的整体，政治和文化密不可分，黑人或白人移民团体的文化传统只有被吸纳到本土文化中，才能使他们平等地参与国家的管理和建设。

1965—1976年，出现了反种族歧视的浪潮。20世纪60年代中期，随着平等和人权意识的逐渐深入，英国的反种族歧视运动兴起，直接推动了《1965年种族关系法》的出台。该法的主要内容是反种族隔离，如，规定公共场所不得限制有种族身份的人进入。《1968年种族关系法》则进而将禁止种族歧视的领域扩展到了雇佣、提供物品、设备或服务以及住房、广告等方面。在此阶段，融合主义开始盛行，融合主义者认为要获得平等必须通过提供平等的教育、社会和经济机会，移民群体只有通过与不同主流群体的不断磨合才能在社会上获得一席之地。事实上，融合只是意味着抑制个人所在社会的文化特征，而顺从主流文化的控制。

在早期阶段，英国政府没有制定任何教育政策来满足刚进入教育体制的移民子女的特殊需要。到了20世纪60年代中期，英国政府采取了以强硬的“同化”政策来代替“放任自流”的做法。这一时期，因种族矛盾和歧视而引发的多起骚乱事件表明，种族矛盾和种族主义成为英国日常生活的一部分。面对这些骚乱，英国政府企图以消除多元文化的方式来促进民族之间的融合，即鼓励移民以英国的文化传统和习惯来取代自己原有的文化价值观，并且认为教育应该在实现这一目标上发挥主要作用。1963年，教育部发表了一份首次与英国移民子女上学相关的官方文件——《为了移民的英国》。该文件接纳了同化主义者的办法并且强调移民产生的一些问题。到了70年代初期，英国对少数民族文化开始理解和认同，这种理解和认同已经反应在教育领域，这被人们称之为“多元文化”。

（二）主要对策与成果

1. 以综合学校取代“三轨制”

加强教育机会均等，减少阶级差别，开展“综合学校运动”。20世纪60年代，民主化运动兴起，工党执政，在保证教育机会平等、社会声望均衡及减少社会各阶级间对立的基础上，开展综合教育改革，设立综合中学，取消“11岁考试”，取代了三类中学并存的状况，此举为儿童的健康成长创造了良好条件，也保证社会中下层子女可以进入像文法中学这样质量高、设备优越的学校。综合学校在一定程度上促进了教育机会均等的发展。同时，工党围绕平等和效率的教育政策以及自50年代以来，英国许多社会教育学家对当时教育体制的机会均等问题进行了一系列的研究。这些研究通过分析比较选择性中学和非选择性中学的双轨制所引起的社会地位的差异，以及私立学校和公立学校社会流动模式的差异，都发现社会政治因素在现行的教育体制中容易造成很大程度的教育机会不均等。而这些因素，为英国工党实施中等教育向综合性方向改组提供了大量的依据。

2. 积极差别待遇

积极差别待遇，优化教育资源，改善部分地区的教育环境。1967年，英国《普洛登报告》指出：年龄越小的儿童受环境的影响越大，教育贫乏现象基本上不是贫困所造成的，而是受父母态度的影响，它比经济水准和社会阶层的影响更为重要，因此提倡“积极差别待遇”，主张政府通过提供“学前教育”，尽早扭转那些由家庭环境所造成的劣势[①]，并提出“教育优先发展地区”的想法，根据就业结构、住房条件、平均家庭规模、有色移民比例、辍学率等标准，确定那些条件不良的地区为教育优先发展地区。特别帮助包括：增拨资金、改善师生比、增加教辅人员以及优先建造和维修校舍等，成为这一时期英国追求“教育结果均衡发展”的衡量重点。早在1967年，英国中央教育咨询委员会在《普劳顿报告书》中，就提出了教育优先区的概念。该报告指出，要为处境不利儿童提供额外的教育资源，并提出教育优先区方案的构想、建议和标准。

3. 改善少数民族学生的受教育状况

国内学者较为一致地认为，第二次世界大战后，英国民族教育政策

① 周洪宇.教育公平论[M].北京：人民教育出版社，2010：90.

大致经历了三个发展阶段：20世纪50年代初到60年代中期的同化阶段、60年代中后期到80年代前开始的融合阶段与80年代以来的文化多样性阶段。易红郡着重分析了三个阶段政策的相应理念。在同化阶段，许多教育家认为，国家是一个统一的整体，政治和文化密不可分，黑人或白人移民团体的文化传统只有被吸纳到本土文化中，才能使他们平等地参与国家的管理和建设。在第二阶段，融合主义者认为要获得平等必须通过提供平等的教育、社会和经济机会，移民群体只有通过与不同主流群体的不断磨合才能在社会上获得一席之地。事实上，融合只是意味着抑制个人所在社会的文化特征，而顺从主流文化的控制。宋爽则将前两个阶段合并，并依次考察战后英国政府所颁布的一系列民族教育法案及报告，对其移民态度的转变进行了分析。在第一阶段，比较重要的报告为1963年教育部发表的《移民的英语教育》、1965年教育科学部颁发的《移民教育》，这一阶段英国政府将移民教育问题归结为移民自身，一些改革尚未触动教育体制。

1967年的《普洛登报告》认为，整个教育系统中应实行“积极差别待遇”以抵制恶劣环境的不良影响，提出了“优先发展地区”的想法，认为教育问题应该优先考虑条件不良、社会落后的地区。同时，移民儿童分散教育政策开始削弱，虽然该政策只是在部分地区被实施过。

英国的义务教育经过一百多年的发展，在追求教育均衡发展的过程中，提倡教育机会均等的行动始终贯穿其中，而1918年《初等教育法》的颁布，对英国义务教育发展具有里程碑意义。它在英国历史上首次明确宣布，教育立法的实施“要考虑到建立面向全体有能力受益的人的全国公共教育制度”，英国开始实行免费的初等教育，真正实现了普及全民义务初等教育。《1944年教育法》是英国义务教育均衡发展的又一里程碑，具有划时代的意义：废止了互不衔接的初等、中等教育体制，确定了由初等教育、中等教育和继续教育三个相互衔接的阶段组成的国民教育制度，使中等教育成为连接初等教育和继续教育的中间环节，消除了战前“双轨制”的初等教育体制；提出实行免费中等教育，扩大了国民受教育的机会；基本上实现了“人人接受中等教育”的目标。中等教育综合化运动，在很大程度上打破了有利于资产阶级子女的中等教育“三轨制”体系，推动了中等教育的真正普及和教育均衡发展的需求。进入20世纪80年代，保守党上台执政，为提高教育质量，促进学生全面发展，开始了大刀阔斧的改革，这也揭开了英国促进义务教育均衡发展的崭新一页。

第二节　20世纪80年代末以来英国义务教育均衡发展策略

一、背景与问题

20世纪70年代，正值英国经济衰退、国力严重下降、社会缺乏活力之时。为了振兴英国经济，恢复英国的国际竞争力，1979年，撒切尔夫人执政后，推行“新自由主义”指导下的经济政策，如，反通货膨胀的汇率政策，推行私有化，削减社会福利，改革税率制度，打击工会力量，整顿文官系统等，使英国社会经济发生了深刻的变化。到1988年，英国经济已经有所好转，财政支出出现盈余，劳动生产率逐年提高，人均收入稳步增长[①]。但到20世纪90年代，随着这些政策的深入实施，英国的经济增长率再次下降，进入了又一次衰退之中。社会的总财富虽然有所增长，但却加大了贫富鸿沟，这加剧了工薪阶层的无保障感，也危及了社会的安全和稳定。撒切尔主义主张以自由市场为依托，削减社会福利开支，推行国有企业私有化等政策。在这些社会政策的基础上，鼓励个人在“机会均等”环境下充分自救，反对“福利国家”，并企图恢复宗教、家庭等传统价值在社会领域的权威。在教育领域的改革，也随着社会政治、经济的改革一样，把重点从“公平”转向了“效率”。约翰·梅杰上台以后，也沿着撒切尔的“新自由主义”的路线继续前进。

在20世纪八九十年代，保守党政府对英国基础教育的改革也体现了市场化的趋势，同社会政治、经济改革一样，把重点从“公平”转向了“效率”，从注重教育机会均等和社会公正转向了教育的效益和教育为经济发展服务。《1988年教育改革法》是撒切尔主义的意识形态对教育领域影响的产物，也是新自由主义和强有力的中央集权的混合体。在这个法案中贯穿着撒切尔主义的两个指导思想：一方面在教育中推行新保守

① 易红郡. 从冲突到融合：20世纪英国中等教育改革政策研究[M]. 湖南：湖南教育出版社，2005：371.

主义的文化右翼纲领，即强调教育中的标准、传统、秩序、权威和等级制度，如，实行全国统一课程和全国统一考试等的教育国家化；另一方面又增强了教育中的市场经济成分，如，实行学校自治、多样化与选择以及教育私有化等的教育自由化[①]。

保守党的理念和政策在促进质量提高方面起到了推动作用，这些转变为提高英国基础教育质量注入了力量，撒切尔政府实施的一系列以市场为导向的教育改革赋予了地方当局和各个中小学更多的自主权，提高了学校的管理水平，从而也间接提高了学校的教育、教学的质量。学校多样化政策为家长和学生提供了更多的选择，促进了学校之间的竞争，从而提高了学校教育的标准，同时，也促进了私立学校的发展。国家课程和统一测试为全国的学校提供了统一的标准，为家长的选择提供了依据，同时，使得学校向更高的标准迈进。保守党的一系列教育改革扩展了基础教育事业，扩大了中央政府对基础教育的影响，增加了基础教育多样化渠道，提高了师资水平和教育质量，但是，也引起了诸如教育资源分配不合理、教育机会不均等、社会和道德标准下降等一系列新的教育和社会问题。同时，也忽略了教育不均衡现象，竞争使学校产生了两极分化，薄弱学校最终被关闭，处于不利地位的学生也被排斥在外，引起了一些义务教育阶段不均衡方面的新问题：

（一）社会群体方面的不均衡

处境不利，是指个体在经济状况、社会地位、权益保护、竞争能力等方面处于相对困难与不利境地的生存和发展状态[②]。必须承认的是，社会政治、经济、文化发展的不平衡性，使得各国都不同程度地存在着处境不利群体。在英国也同样存在着这一类学生。这类学生包括贫困或离异家庭的儿童，难以融入主流社会的少数民族的后裔，以及具有肢体残疾、智力障碍、心理障碍的特殊需要儿童。处境不利学生与其他学生的“社会资本”和“文化资本”本来就存在着较大的差异，而教育的不平等则会加剧这些不利因素产生的影响。

① 易红郡.撒切尔主义与《1988 年教育改革法》[J].湘潭大学社会科学学报，2003(7)：26.

② 郑信军，岑国桢.家庭处境不利儿童的社会发展研究述评[J].心理科学，2006(3)：747.

1. 贫困

从20世纪70年代末到90年代中期是英国贫困儿童数量激增的时期，20世纪80年代，大约有340万名儿童处于相对贫困中，这一数字意味着英国是当时欧洲贫困儿童比例最高的国家。情况在1997年有了好转，布莱尔政府下定决心要在未来一定时间内解决贫困儿童问题，到2006年，已经有60万名儿童脱离了相对贫困，单亲家庭贫困儿童的数量也下降了20万，其陷入贫困的风险也从46%降至35%。尽管如此，英国贫困儿童形势仍然相当严峻，目前，仍有280万名儿童处于贫困之中。英国政府的目标是：在2010年将贫困儿童数量减半，到2020年，彻底解决贫困儿童问题。

儿童贫困的原因多种多样，主要因素还是父母的就业情况。据调查显示，父母均不工作的家庭，儿童贫困的可能性最高为58%，大大高于平均水平22%，如果父母中有一人不是全职工作，其子女贫困的可能性为44%。此外，三分之一以上的少数民族家庭处于贫困中。父母至少一方为残疾人士，其子女贫困的可能性为31%。子女数量多于4个的家庭，儿童贫困的可能性为40%。总体上说，来自贫困地区家庭或少数民族家庭的儿童，贫困的可能性较大，并且儿童年龄越小，贫困就越为常见。

2. 种族

英国是一个多民族国家，在其6 000万人口中，可分为主要民族（英格兰人、苏格兰人、爱尔兰人和威尔士人）和少数民族（来自欧洲、北美和澳洲的白人，以及华裔、孟加拉裔、巴基斯坦裔、印度裔、加勒比裔黑人、非洲裔黑人和混血人）。然而，如果从代际层面来考察，就会发现人口多样性中的一些变化和增长。2004至2008年间数据显示，在16岁以下的儿童中，有20%来自少数族群、3%来自混血族群。大约9%的儿童生活在混合种族血统或多种族血统（“混合种族血统”指拥有2个种族血统的个体；“多种族”是指拥有3个及以上种族血统的个体）家庭中。同时，由于多数族群（即英国白人）的老龄化，少数族群就相对更加年轻化，这在混合血统族群中尤为突出，大多数混合血统儿童在16岁以下。以上数据表明，未来少数族群占英国总人口的比例将会上升，这就意味着如果该趋势持续下去，那么混合种族或多种族人口将会增加。因此，当前的民族教育是否适当，在一定程度上决定着英国种族关系和社会稳定。

从地区分布来看，外来移民人口主要集中在英格兰的大都市。1996年的统计表明，英国总人口约为5 486万，非白种人总数约为300.65万，占英国人口总数的5.5%。在英格兰，非白种人占人口总数的6.3%（约290.65万），威尔士人为1.4%，苏格兰人为1.3%。在1995年，英国少数民族人口中大约有一半人是移民，在16岁以下的少数民族人口中，每8个人中就有1人是移民。虽然英国各地都有少数民族人口居住，它们的分布却不平衡，他们居住的首选之地是大都市。

英国历史上曾经出现过多次移民潮，使得英国逐渐成为一个多元文化社会。20世纪60年代，随着英联邦国家移民的增加，移民子女教育问题开始突显。当前，尽管英国的种族关系基本稳定，但社会上的种族歧视现象仍然时有发生。部分非白人少数民族在经济、教育、就业、健康和社会保障等各方面与白人相比还有相当大的差距。例如，尽管16岁以下儿童中少数民族占英国儿童总数的12%，但非洲裔黑人、巴基斯坦裔和孟加拉裔儿童的贫困率却分别高达56%、60%和72%，远远高出白人儿童的25%。黑人小学生的各项教育评价指标均低于白人，如白人在阅读方面的评价指标要比黑人高2倍甚至3倍。过去20年中，全国平均就业率为75%，而非白人少数民族的平均就业率只有60%，其中孟加拉裔、巴基斯坦裔和非洲裔黑人的就业率分别只有44%、45%和57%[①]。

3. 性别

在整个英国范围内，当义务教育结束时，男生的平均学业成绩是高于女生的，但英格兰、威尔士和苏格兰的数据资料均显示出，女生更易获得高分。

目前，存在于英国教育领域中和性别有关的主要问题有：第一，在学科选择和就业建议中的性别定势。这一定势不仅认为女生更适合从事和中小学校有关的职业（间接限制了男生进入这一职业范围），而且限制了男女生的兴趣和特长。尽管在校期间女生成绩比男生好，但普遍的情况是，一旦走入社会，大多数女性还是从事低收入、低地位的工作。第二，在学业成就方面的差距。女生获得高分的比例明显高于男生，例如，在（英格兰）2004—2005年度的普通中等教育证书考试中，52%的男生取得5个以上学科的高分，而女生这一比例为62%。第三，参与体育运动与肥胖问题也与性别有关。7—11岁女生参与体育运动的人数是

① 张若璞，金春子，杜宇.英国如何协调民族关系[J].环球视窗，2008(2)：67.

男生的50%，而到了14岁情况更糟糕，有40%的女生不再参加体育运动。

（二）学校和区域方面的不均衡

义务教育的均衡发展对于英国这样的发达资本主义国家来说，主要面临的问题是解决教育质量的均衡，因为入学和义务教育的普及已经不是主要问题。在社会群体上存在的教育不均衡现象主要体现在，处境不利者因为贫困、社会资本和文化资本方面的劣势，往往缺乏学前教育，从而影响了日后学校教育中的发展。此外，在义务教育阶段，往往与薄弱学校相联系，不能享受优质教育，在学校教育中因为学业成绩、出勤率和行为方面具有这样或那样的困难与问题。保守党执政时期提高教育质量的政策主要以准市场机制为动力，加大学校之间的竞争，增加对优质学校的投入，而缺少对薄弱学校的支持。

在择校政策中，对于处境不利儿童和他们的家长的支持也不够，使弱势群体在择校中处于不利地位。研究表明，学校更倾向于挑选那些“有能力”“聪明”“有较强动机和责任”以及具有中产阶级背景的学生，由于他们具备提高考试成绩的潜能而被学校视为特殊的资本，而学校不欢迎那些“缺乏能力”或有特殊教育需要的学生，特别是有情绪或行为障碍的学生，学校也不欢迎工人阶级背景的儿童。另外，巴特利特还发现，“那些在拨款制度下面临财政损失的学校往往是那些接收了大量来自弱势群体家庭学生的学校”。

教育应该缩小社会差距，而在教育上的这些不均衡政策则加剧了这种差距，教育上的不平等是加剧这些不利因素产生的原因。

下放学校管理权和自由择校的政策在某种程度上促进了学校之间的竞争，但英国的文化中，竞争更倾向于使不同的学校向那些“好学校”看齐，而薄弱的学校只能在竞争中被“打败”，从而难逃关闭的命运。另外，被社会公认的好学校，更有可能是那些学术性的、选择性的学校，而这些学校的生源一般来自社会上地位较高的阶层，这又加深了社会的不平等。再者，家长要做出明智的选择是需要一定的文化资本的，而家长本身所处的阶级决定了他们本身的文化资本是不同的，例如，他们对各个学校的了解程度、阅读和解释重要信息的能力、申请奖学金和参与学校事务管理的能力等都会对做出选择产生重要的影响，而政府把不同的学生和家长想象成具有相同的选择能力，这个起点很难说是平等的。

以新自由主义为指导思想的择校政策，对于提高英国基础教育质量、扩大选择、提高效率起到了积极的作用，但同时，也引发了对于公平方面的一些质疑。研究显示，保守党的择校政策在公平方面存在以下问题：

1. 长期以来英国的私立学校大多位于环境优美的郊外或乡村，收取高额的学费、学生多来自中上层家庭，并拥有丰富的教育资源和优质的教育质量，而公立学校大多位于工人、平民等下层阶级以及少数民族聚居的城市中心，师资、教学以及学生的学业成绩等方面都存在严重问题。

2. 学校之间的差异和不平等。特色学校和城市技术学院与主流综合学校的不同之处在于，它们通常具有更多的经费，对此项政策一直予以批评的罗伊·哈特斯莱指出："具有巨大额外资源的特色学校和城市学院在公众心目中具有比普通综合中学较高的地位，这类学校将越来越多地行使自主选择一定比例学生的权力"，由于办学条件和质量上的优势，使得这些学校能够吸引更多的学生，而经费与学生人数挂钩，使得这些学校能够保证获得更多的经费，这样可能会造成好学校越来越好，差学校越来越差的局面。

3. 入学政策上的不平等。在实行教育准市场化、学校的拨款主要依据学生的数量以及公布学校成绩排行榜的情况下，学校为了在公布的学校成绩排行榜上取得好名次，希望择优录取学生，入学政策上不免出现不规范的行为。一些类型的学校比其他学校原本就更具有优势，它们更容易吸引优秀学生和中产阶层家长的选择，巴特利特指出，"尽管家长择校的机会因开放入学而大为增加，但一旦学校满员，校门便紧紧关闭。而且通过鼓励超额报名的学校日渐采用一种选拔性招生政策，开放入学最终可能造成对优等生的选拔而对教育公正产生不良影响，在超额报名的学校，家长的选择有可能转化为学校对学生的选择。"

二、"第三条道路"与教育均衡发展的理念

（一）"第三条道路"主要理念

1997年，布莱尔当选为英国首相，从而结束了保守党18年的执政

历史。在许多方面，以布莱尔为代表的工党（以下简称“新工党”）继承了保守党的理念和政策，如，国家课程、择校，等等，同时也提出了不同于保守党政府“新自由主义”的“第三条道路”。在“第三条道路”的理论框架下，既强调市场对于经济发展的主要推动作用以及市场机制在提高效率方面的优势，同时，也注意到在市场竞争中适应性较差、处境不利人群的增加，社会道德和公民责任感失衡，公立部门调节作用下降的弊端等[①]。在这种理念的指导下，新工党把建立繁荣社会和全纳社会作为其努力的两大目标。建立繁荣社会要求每个人都不断发展技能，从而保持自身的就业能力和企业的国际竞争力。建立全纳社会要求政府创造机会、扫除障碍，确保每个人都能开发自身的潜能。布莱尔政府深信，在建立繁荣社会和全纳社会的过程中，教育是重要的推动力量，他们认为，要促进社会向更民主的方向发展，首先要求教育民主化。2000年1月7日，教育与就业部（现在的教育部）国务大臣发表千年演说，认为教育是最伟大的解放力量，教育赋予人们更大的控制自己生活的能力、更多的工作机会和选择、更多利用闲暇和参与社会的方式[②]。这篇演说的主题是：让每一所学校都成功，让每一个学生都成功。这两个主题充分体现了教育均衡发展的理念。

在这种社会背景下，布莱尔政府以“第三条道路”作为其改革的理论基础，试图从政治、经济、文化价值等方面入手，找到一个全面医治社会的方案。而这个方案的核心是对社会公正的关注。为达到此目的，布莱尔政府在其“超越左与右”的价值理念引导下，在教育领域进行了一系列改革，并进一步指出：“如果有人和我们一样相信社会公正，那么给一个儿童提供不好的教育将是最大的社会不公正[③]。”在这种理念的指导下，布莱尔政府对基础教育制定了一系列均衡发展的策略：建立教育优先区、创建特色学校、推行“教育行动区”计划和“追求卓越的城市教育”计划等。

对待公平的态度问题是历史上区分“左”和“右”的一个重要的标

① 王璐. 每个孩子都重要：英国全面关注处境不利儿童的健康发展[J]. 比较教育研究，2005(10)：24.

② 强海燕. 中、美、英、加四国基础教育研究[M]. 北京：人民教育出版社，2005：412.

③ 许杰. “第三条道路”的社会公平观与教育对策[J]. 全球教育展望，2003(9)：61.

准。左翼更关注公平问题，而右翼则认为社会必然是阶层化的。在当今社会，对公平的追求已经成为所有社会民主主义者的主要关注点，也是左派国家实施社会改革的基本目标之一。布莱尔把“第三条道路”定位为“中间偏左”，社会公正仍是其理论体系的核心。

在政治上，新工党认为在教育、福利改革、经济领域得到各个阶级选民的支持，才能保证自己在选举中得到长久的胜利。其中，教育是人们通向成功的重要因素，也是迎接国际竞争和建立包容性社会的关键，所以它是涉及社会公平的敏感区。布莱尔政府把教育投资作为一项首要任务，因为他们认为教育是实现机会再分配的一个重要基础，也是消除排斥的有效手段。布莱尔在1997年大选中宣称，新工党最优先考虑的是“教育、教育、教育”。这虽然是一个为了体现新工党对教育高度重视的政治色彩很浓的口号，也体现了新工党的工具主义教育观，但这个口号也从某种程度上表明了新工党改革英国教育的决心。布莱尔上台后再次强调，除非改进英国教育制度，否则，英国经济和社会的衰退将不可扭转，布莱尔政府也接二连三地发表教育白皮书、绿皮书和教育改革法案，这不能不说是新工党为了优先发展教育而做出的努力。不仅如此，布莱尔政府还逐渐地增加在教育方面投入的比重。布莱尔在2001年5月15日的竞选讲话中，承诺在未来的3年中，将投资80亿英镑用于建设新校舍和购置教学设备，以及建立650所新学校。

在经济体制方面，“第三条道路”既不赞同强调所有制的老混合经济，也不认同新右派崇尚市场万能的市场原教旨主义，而提倡新型混合经济。这种经济体制既重视市场机制的作用，又强调国家和政府对经济的宏观调控能力。政府对市场不是起控制、支配的作用，而是要起到一种补充、调剂和润滑的作用，建立有活力的社会市场经济，实现经济的可持续发展[①]。另外，政府鼓励企业精神，强调经济发展与社会公平之间的平衡，而要达到这个平衡就要通过政策措施来减轻中间阶层的税收负担，使那些最富有的人交纳更多的税以帮助最贫穷的人，从而增进社会团结[②]。布莱尔政府还认为，公平的社会必定是高效的社会，而要建立高效的社会，必然要依赖经济的发展，而在知识经济时代，人力资本

---

① 易红郡．“第三条道路”与英国当前教育改革[J]．外国教育研究，2003(4)：2.

② 马忠虎．“第三条道路”对英国教育改革的影响[J]．比较教育研究，2001(7)：51.

是社会经济中的核心。推动人力资本发展的主要动力无疑是教育，因此，教育改革也就成为促进经济繁荣和社会公平的重要力量。“第三条道路”鼓励政府跟企业及私营部门之间的合作，利用市场的力量服务于公共利益，并且只有保证在经济和社会中实施“参与制”和机会均等，才能实现社会公平，这一理念在教育改革过程中也得到了充分的体现。“现在教育的主要任务是如何在公营部门内提高水准”，“教育的发展方向是建设性的协作和伙伴关系。私营学校里有好多东西可供我们学习和分享。因此，我们希望消弭过去的鸿沟，建立新的伙伴关系。”但同时，政府必须起带头作用，不能把教育交给市场，而是让政府和私有资金共同运作①。除此之外，新工党的教育政策还强调不同部门的“合作”和“伙伴关系”，鼓励家长和社区积极参与学校教育，吸收教育以外的社会力量参与到教育薄弱地区和学校的管理与运作中，为薄弱学校注入新的生机与活力，满足不同学生的学习需要。

由以上可知，布莱尔政府在教育改革上也同样具有一种“融合”的特色。首先，在国家课程、统一测试和能力分组等方面延续了保守党政府的政策，也同样注重教育的质量和多样性；其次，新工党还继承了老工党的“平等与社会正义”，但却不是简单地回到“平等主义”，而是倡导教育中的“包容”以消除“排斥”现象，如，坚持教育机会平等，强调所有学生、所有学校的成功，为特殊教育需求和处境不利学生提供帮助等。由此可见，这种“融合”正是在寻找英国教育改革上的“第三条道路”，即传统的左派和新右派的教育改革之间的“平衡”，也是教育均衡发展的一个过程。

（二）布莱尔政府的教育均衡发展理念

在“第三条道路”的理论体系指导下，布莱尔政府把社会公正、机会均等和民主参与作为改革的目标，这就使得新工党在发展英国经济的同时，更加注重社会均衡和可持续发展的重要性。对于处境不利者的关注，不仅体现在向他们提供社会福利救助，还要通过各种教育和培训计划从根本上改变他们的适应能力和技能，使他们共享社会发展的成

① 许杰.“第三条道路”的社会公平观与教育对策[J]. 全球教育展望，2003(9)：63.

果[①]。基于此，布莱尔政府制定和实施了一系列的教育均衡发展政策，如创建特色学校、推行“教育行动区”计划和“追求卓越的城市教育”计划等。这些政策不仅关注地区、学校之间的差异，也关注个体之间的差异和不同的需要，倡导广泛的社会参与等。这些政策的制定和实施，体现了以下几方面的指导理念：

1. 建立“繁荣和全纳”的社会

“第三条道路”的理论体系认为社会公平即为“包容”，把不公平定义为“排斥”。布莱尔政府鼓励公民通过积极参与和共同努力建立起一个繁荣和全纳的理想社会。这意味着在这个社会中，所有的社会成员都具有公民资格，在现实生活中具有民事权利、政治权利并承担相应的义务，不仅如此，每个人都平等地拥有获得成功的机会。另外，也要积极发挥民间组织的作用，并以“社区”概念代替“阶级”概念，从而建立起新型的公民间和人与社会间的关系，进一步使整个社会成为一个“参与制社会”。然而，教育是实现这个社会目标的重要途径。一方面，教育提高公民自身的素质和国家的竞争力；另一方面，教育可以赋予人们更大的控制自己生活的能力，给予人们更多的工作机会，以及更多的利用闲暇和参与社会的方式，从而进一步扫除障碍和排斥。因此，布莱尔政府虽然继续推行和实施新右派的国家课程、统一测试、能力分组等政策，但它在坚持教育机会的均等，强调所有学校所有学生的成功和为有特殊教育需求及处境不利学生提供特别的帮助，倡导教育中的包容以消除排斥现象等方面也受到了老工党的“平等与社会正义”理念的影响。由此可以看出，新工党在教育改革方面走的是一条融合了传统左派和新右派之间的第三条道路，试图在寻找提高标准与教育平等之间的平衡。

2. 建立“积极的福利社会”

“第三条道路”既不主张“从摇篮到坟墓”的福利政策，也不赞成完全削减福利的政策，而是要寻找权利和责任之间的平衡，“没有责任就没有权利”，即人们享受的权利应当反映其应承担的义务[②]，以此鼓励人们培养对自己负责的精神和独立意识，走出依赖性的福利政策氛围，而建立这种福利制度的基础就是要提高弱势群体的行为能力，使其主动

① 王璐. 每个孩子都重要：英国全面关注处境不利儿童的健康发展[J]. 比较教育研究，2005(10)：23-24.

② 马忠虎.“第三条道路”对英国教育改革的影响[J]. 比较教育研究，2001(7)：51.

性和责任心一致。布莱尔政府认为，教育和培训是培养个人对自身负责和独立精神的最重要途径，因此，政府把资金支持的重点由“发放救济金”转移到了“提供更多的学习机会”上面，为更多的公民学习技能创造条件，即在控制福利总体开支的前提下，把大量投资转向教育和卫生保健，优先发展教育，提高年轻人和失业者的就业能力，提高国民素质，增强人才的竞争力。布莱尔政府于1998年1月启动了针对年轻失业者的“从救济到工作”计划，对失业人员进行培训。同年为全国最低工资制定了具体标准。在鼓励通过教育提高竞争力的同时，布莱尔政府也反对市场所产生的不平等，它相信利用国家的力量进行财富再分配，以帮助处于社会边缘的贫困群体，即相信国家力量可以分配教育、医疗等领域中的机会①。这种理念在教育发展上面体现为布莱尔政府对处境不利儿童的关注和有针对性的教育政策。

3. 尊重多元文化

“繁荣的社会必定是一个具有包容性的社会”。本着这样的理念，布莱尔政府采纳了多元主义者的主张，强调每个来自不同社会阶层、种族、文化和性别的学生都能享受公平的学习机会。多元文化教育的一个重要目标在于培养所有学生在未来的跨文化社会中所需要的民族价值观、信念、知识、技能和态度②；另一个重要目标是使每个学生都能够融合到主流社会中，而同时保持自己民族文化的特色。布莱尔政府执政之初就修改了《民族关系法案》，并推行“学校多样化”政策，建立各种不同种类的公立学校以改善少数民族学生所处的不公平的教育现状，使教育在社会阶层、种族、文化和性别等不同层面的发展均衡化。

4. 所有学生、每所学校都成功

要使英国在国际竞争中处于不败的地位，需要所有社会成员的努力和参与，而不是依赖少数的精英分子。因此，建立“参与制”社会和维护社会公平就成为布莱尔政府的目标，而要实现这个目标，必须让所有人都有机会参与到社会政治、经济生活中，那么教育和培训则会为人们提供更多的机会。新工党刚刚上台，就发表了白皮书《追求卓越的学校教育》，该白皮书成为其以后制定教育政策的主要依据。白皮书为

① 何秉孟，姜辉. 阶级结构与“第三条道路”——与英国学者对话实录[M]. 北京：社会科学文献出版社，2005：166.

② 高靓. 英国少数民族教育政策的特点分析[J]. 民族教育研究，2004(4)：82.

布莱尔政府设定的目标是为所有人提供均等的教育机会并提高教育标准。白皮书规定：在2002年来临之前，政府要致力于提高学生的学习成就标准尤其是初等教育阶段的读、写、算能力；为了克服经济与社会的不利因素，实现教育机会均等，政府要尽力负责消除处境不利学生的学习成就偏低的状况；为了提高在全球经济中的竞争能力，政府应该注重开发每个人的潜能，注重知识经济时代的人力投资[①]。

为了使每个学生都成功，布莱尔政府把表现不佳和处于不利地区的学校作为教育改革的目标，鼓励家长和社会各界积极参与到学校教育中去，也鼓励学校之间建立伙伴关系，从而帮助那些薄弱的学校摆脱困境。只有“每所学校都成功”，才能为“所有学生都成功”提供一个有力的保障。

5. 起点公平

社会中差别的存在是不可避免的，但只有入学机会的均等、受教育权利的公平，生活在社会底层的人们才可能有机会通过努力和奋斗来提升自己的社会、经济、政治地位，与其他人享受同等的待遇。从某种意义上来讲，教育起点的公平就意味着教育权利的平等，如果每个儿童在进入基础教育阶段时的起点是不同的，那么很难保证他们在以后的教育过程中会获得与别人同样的机会。布莱尔政府认为，为了实现教育权利的平等，首先要保证儿童在进入基础教育阶段时有相同的起点。1998年，英国政府决定每年投资1亿英镑，实施“确保开端计划”，其目的就是改善处境不利儿童的生活机会、消除社区排斥和歧视、减少贫困，为每个儿童提供最佳的早期教育和公平的起点，为他们基础教育阶段的学习做好准备。

三、针对处境不利学生的教育均衡发展策略

正如上文所指出的，英国处境不利学生主要包括出身于贫困或离异家庭的儿童、难以融入主流社会的少数民族后裔，以及具有肢体残疾、智力障碍、心理障碍的特殊需要儿童。他们在教育中的处境不利已经不是入学的问题，而是享受优质教育机会方面所面临的不平等问题。处境

---

① 马忠虎.“第三条道路”对英国教育改革的影响[J]. 比较教育研究，2001(7)：51.

不利者因为贫困、社会资本和文化资本方面的劣势，往往缺乏学前教育，从而影响了日后他们在学校教育中的发展，此外，在义务教育阶段，往往与薄弱学校相联系，不能享受优质教育，在学校教育中因为各种问题在学业成绩、出勤率和行为方面具有这样或那样的困难与问题。对于这些学生，布莱尔政府不再是简单地提供社会救助，而是通过各种教育和培训计划以缩小他们与其他儿童的差距，以便更好地适应和融入主流社会，从而提高他们的责任意识和能力素质，为经济发展提供高技能的劳动力，以实现公平、公正社会的发展目标和理想。

（一）对贫困儿童的早期教育补偿：保证他们教育起点的公平

1. 计划的目的、原则与标准

英国早在1944年的《巴特勒教育法》中就确定了5—16岁儿童的义务教育，但对于5岁以下幼儿的教育并非十分重视，一则是因为5岁以下的幼儿教育并非义务教育，二则是长期以来人们认为照料、教育幼儿是父母的责任。然而，20世纪80年代后，随着科技的进步以及传统世界观、价值观的渐渐消失，英国面临着越来越严重的社会问题：单身母亲和少年妈妈数量的增多；青少年辍学、犯罪现象日益增多；越来越多的成人和儿童缺乏读写和数学方面的基本技能；由于父母未受到良好的教育，并缺少经济来源而导致其子女不能接受高质量的早期教育，从而产生了“文盲—贫困—文盲”的恶性循环；在贫困线上下挣扎的家庭因经济和语言等问题而被排斥在社会主流之外，造成愈来愈严重的社会排斥现象①。这与英国要建立一个繁荣、公正、融合的社会目标是不相符的。为了改善处境不利儿童的生存状态、消除社区排斥和歧视，为每个儿童提供最佳的早期教育和公平的起点，从而为他们后续的学习做好准备。英国政府在1998年发起了“确保开端计划”，旨在确保每个儿童都有一个良好的开端，为他们的教育奠定坚实的基础。

“确保开端计划”是一项对儿童早期教育均衡发展的综合策略，它的目标是为处境不利儿童和家庭提供较广泛的服务内容，这些内容包括医疗保健、儿童保育、早期教育以及家庭支持等，并且这些服务要以社区为依托，打破原有的部门领域界限，形成一种跨领域的服务。具体的目标包括四个方面：

---

① 潘月娟. 家庭、幼儿园、社区教育三结合——英国“确保开端计划”简介[J]. 山东教育，2002(1)：44.

（1）促进儿童的社会和情感发展。通过增进亲子依恋，来加强家庭的维系。同时对儿童的情感和行为困难给予鉴定，并提供相应的支持；到2004年，0—3岁儿童的受虐事件发生率要降低20%，所有新生儿出生后的两个月内应得到该计划工作人员所提供的服务。

（2）提高儿童的身体素质。到2005年，吸烟的孕妇人数要降低6%；该计划工作人员要对母乳喂养和儿童保育方面进行指导；0—3岁儿童的肠胃、上呼吸道感染及其他严重伤害事故的发生率要降低10%。

（3）提高儿童的学习能力。到2004年，有语言障碍的0—3岁儿童以及需要干预的4岁儿童的人数要降低5%；要为所有儿童提供优质的学习机会和游戏机会；要增加带儿童使用图书馆的家长的数量。

（4）强化家庭和社区的功能。到2004年，有0—3岁儿童的家庭的无人就业比例要下降12%，并且社区要为75%的家庭提供服务。

这项计划的具体实施过程遵循以下原则：第一，家长和各项目的组织者一样都要参与活动的策划、管理和执行，这是为了保证贫困儿童和家长也能参与到该项计划中来，并且该计划的各项活动可以真正满足他们的需求；第二，服务的提供者之间要协调以提高工作效率，避免在儿童服务方面发生分歧而降低工作效率；第三，工作人员在提供服务的时候要注重文化差异，因为该计划的目标是帮助贫困儿童及其家长，而贫困家庭则多是黑人和少数民族家庭，那么对这些特殊群体提供服务时就要尊重他们的文化；第四，在对那些有需要的家庭提供服务时要避免对家庭的侮辱和嘲讽，并要鼓励所有家长的参加，从而形成以社区为基础的服务网络；第五，要保证服务的持续性，该项计划目标虽然是为4岁以下的儿童及其家庭服务，但当这些需要帮助的对象超过4岁的时候，仍然需要其他方面的帮助，那么该计划也要为他们提供最大限度的帮助；第六，计划要根据当地的具体情况实施不同的项目，以确保不同地区的儿童和家长得到更好的服务。

项目实施的标准包括以下几方面：

（1）帮助儿童达到基础教育应具有的起点，支持3—6岁儿童达到基础阶段的要求，包括个人的社会情感发展、交际、语言和识字、数学发展、对世界的认识和理解、身体发展、创造性发展等方面。

（2）一方面要使儿童养护得以开始，用提供给儿童照顾者、托儿所以及课外活动的启动拨款来给儿童提供新的全日制或业余时间的养护机会；另一方面，则要帮助家长找到工作并且要把就业建议与关于儿童养护的信息联系起来。

（3）在条件不利地区建立家庭非常需要的儿童中心，主动为家庭提供关于早期教育、儿童养护、健康和家庭援助的就业机会的建议；把儿童中心与“确保开端”地方计划、邻里托儿所以及早期优异中心联系起来，扩展他们成功的机会。

（4）继续在条件不利地区向儿童提供基于社区的服务。根据《2006年教育计划》，到2004年3月，要给约40万儿童提供522个良好开端计划。2005—2006年度，达到与其年龄相当的个人社会情感发展的0—5岁幼儿人数要有所增长；怀孕期间继续吸烟的怀孕妇女人数要下降6%；在基础阶段末期，达到交际、语言和识字正常水平的儿童人数要有所增长。确保在2岁时达到令人满意的语言发展水平的幼儿人数的增长；生活在无就业家庭中的幼儿人数要减少10%。

2. 计划的组织和实施

英国的大部分教育政策都由国家制定、地方执行和管理，“确保开端计划”也不例外。英国政府设立了7个“确保开端计划”项目管理委员会，这些委员会的成员是由政府不同部门的代表组成的。每个项目管理委员会都由该委员会的主席和总管来负责。在地方上，参与合作的社区要指定一个合法的组织来负责项目的实施，也可以由合作者自己组成协会或基金会来管理[①]。另外，个别有能力和具备一定资格的社区成员可以申请加入项目管理委员会，参与项目的管理。

“确保开端计划”中各项目的实施遍及英格兰大部分的弱势地区，特别是城市内部的贫民区。计划根据每个地区不同的背景条件和需要，采取不同的措施。在实施任何一个项目之前，项目管理委员会都要详细了解该地区的情况，广泛征集家长和社区各界人士的意见，再在计划总的原则指导下，设计出能满足当地需要、与众不同的方案，提交给项目管理委员会[②]。2004年10月2日，英国政府在预算报告中发布了对于儿童保育、父母服务、儿童开端的十年计划。主要内容包括：（1）选择性

① 潘月娟. 家庭、幼儿园、社区教育三结合——英国“确保开端计划”简介[J]. 山东教育，2002(1)：45.

② 王化敏. 为了所有孩子和家庭的幸福(上)——英国“Sure Start”早期儿童发展项目介绍[J]. 广闻博览，2004(3)：29.

和灵活性。增加确保儿童中心对所有人服务的便利性，给父母在决定如何平衡工作事务和家庭生活时提供更好的选择。(2) 实用性。如果需要，所有4岁以下儿童的家庭都可享受灵活的儿童保育服务；为所有3岁和4岁的儿童提供每周12.5个小时、每年33周的早教服务，到2006年4月增加到每年38周。从2007年开始，把服务提高到每周15个小时，最终目标是达到每周20个小时。(3) 质量。由富有经验的早教和幼儿保育员提供高质量的服务，全日托服务由专家领导，增强资格认证和专业人员结构。(4) 可承受。根据需求提供合理的、可承受的服务，在课税扣除上增加实质的支持。到2006年为止，正在实施的地方项目有524个，其中15个项目在农村开展，这524个项目是为400 000名4岁以下的儿童（其中30%是贫困儿童）服务的[①]。"确保开端"儿童中心是这项十年计划的重要部分，到2010年，政府计划在国内每个社区都建立一个"确保开端"儿童中心。

自从1997年以来，英国政府在幼儿教育方面投入的资金已经达到200亿英镑，预计2007—2008年，投入到"确保开端计划"中的资金就会达到18亿英镑，是2004—2005年的两倍。预计从2006年到2008年，该计划投入到社区的资金总数将达到30亿英镑。到2004年，英国政府为了改进社区的保育工作，投入了3亿英镑，在这笔资金的支持下，各社区新建了1 380个保育园，为家庭提供了超过49 000个日托场所[②]。

从计划实施的效果来看，英国政府把"确保开端计划"作为减少贫困儿童和社会排斥的一块基石，为弱势群体提供全面服务，因为英国政府已经认识到学龄前儿童的教育工作不仅仅是父母的责任，也是整个社会的责任。当计划开始实施的时候，英国有三分之一的儿童生活在贫困中，从2003年1月起，几乎所有的4岁儿童、88%的3岁儿童，能够受到某种形式的免费早期教育。至2003年12月，524个"确保开端"地方计划全部得到认可和投入运行，提供了范围广泛的社区卫生和家庭服务。从2004年4月起，如果其父母认为需要，所有的3岁儿童都能获得部分时间的免费学前教育。

---

① FRED D. United Kingdom 2006 Sure Start Synthesis Report [EB/OL]. [2010-01-10].http://www.peer-review-social-inclusion.net

② FRED D. United Kingdom 2006 Sure Start Synthesis Report [EB/OL]. [2010-01-10].http://www.peer-review-social-inclusion.net

虽然取得了上述成绩，但不是计划的每个项目都达到了预期的目标，在为少数民族和移民服务方面还是不够周到，有些项目甚至没有触及他们①。从以上两个方面来看，很难用成功和失败来评论“确保开端计划”的实施效果，一方面，它确实改善了贫困儿童的教育，另一方面，在照顾少数民族和移民方面却不尽如人意。另外，英国政府在该计划上投入了大量的资金，一方面表明英国政府对改善贫困儿童教育的决心，另一方面因为各个项目的投入没有很好的协调，造成了资金的浪费。从总体来看，“确保开端计划”引起了全社会对学龄前儿童教育的重视，但仍没有达到预期的目标。

3. 计划特点的分析

“确保开端计划”总的目标是让所有儿童在生活和教育方面都有好的开端，使家庭和社会有好的未来。这个总的目标决定了它的特点之一就是服务对象范围有所扩大。该项目的服务对象不仅包括儿童，也包括儿童的监护人——家长；不仅关注儿童早期教育的情况，也关注家长接受教育和培训的情况。家长是儿童的第一任老师，是早期教育真正的实施者，只有家长的素质得到提高，才能为儿童营造一个良好的家庭教育环境，以利于他们的成长。不但如此，该计划与美国20世纪60年代发展起来的“头脑启动”项目不同，它不是通过托幼机构来对贫困儿童实施补偿和补救性质的教育，而是强调在尊重家庭文化背景的基础上，把妇女、准家长、家庭其他成员和整个社会成员都纳入服务对象之中，通过为这些对象提供服务和帮助，提高他们通过“教育自救”的方式改善家庭、社会生活和儿童的早期教育状况以及实现贫穷的自我预防，同时，也引起了整个社会对学龄前儿童教育的关注。

计划实施的宗旨之一——消除社会对贫困儿童的排斥决定了该计划的第二个特点是对处境不利的家庭和地区的特别关注。这不仅包括物质资源上的优先倾斜，也包括服务方面的支持；不仅包括为儿童提供免费的教育，也包括为家长的就业提供免费信息和建议。英国政府的“积极的福利政策”在这方面得到了充分的体现。同时，“确保开端计划”并不仅仅面向贫困儿童，而是面向所有家庭的所有儿童。该计划为家庭提供的服务主要包括：家访咨询、帮助家长理解和支持幼儿的游戏、分享

① FRED D. United Kingdom 2006 Sure Start Synthesis Report [EB/OL].[2010-01-10]. http://www.peer-review-social-inclusion.net.

儿童保育和教育的经验、提供初步的社区健康服务、为有特殊需要的儿童和家长提供支持。政府雇佣幼儿保育和教育的专业工作者开展“确保开端计划”的项目。

在“确保开端计划”的带动下，各地方教育当局和私人机构也实施了其他为学龄前儿童提供服务的项目，如，发起社区保育倡议等，这些项目的实施都得到了政府在财政方面的支持，到2006年，贫困地区建立了超过11 000个保育站，其中一些与“确保开端计划”结合，使得多种服务内容整合起来，为贫困儿童和家庭提供了多样化、整合性、优质的服务。

（二）少数民族教育均衡发展策略

1. 理念变化：从同化、融合到多元文化教育

作为一种社会现象，多元文化被认为是对个体自由的认同反应，也是对性别、宗教、区域差异或社会地位的尊重[①]。1985年，英国政府出台了《斯万报告》，这就从官方层面表明了对多元文化教育政策的支持，但却在英国教育界内外引起了激烈的争论，这些争论主要在多元文化主义者和反种族主义者之间展开。虽然二者存在着根本的分歧，但却是英国种族关系发展的一个重要标志[②]。随着《1988年教育法》的实施，这些争论被边缘化，国家课程的引入使英国少数民族教育政策又回到了20世纪50年代所坚持的立场：在解决学校内外种族主义的问题时有明显的政策缺失，而且在所有学校中缺乏一视同仁地对待所有学生的途径[③]。

“繁荣的社会必定是一个具有包容性的社会”，本着这样的理念，布莱尔政府采纳了多元文化主义者的主张，强调每个来自不同社会阶层、种族、文化和性别的学生都能享受公平的学习机会。多元文化教育的一个重要目标在于培养所有学生在未来的跨文化社会中所需要的民族价值观、信念、知识、技能和态度[④]；它的另一个重要目标是使每个学生都能够融合到主流社会之中，而同时保持自己民族文化的特色。布莱尔政

① 王鉴，万明刚. 多元文化教育比较研究[M]. 北京：民族出版社，2006：137.

② 贝克，厄尔. 中国教师应关注的热点问题[M]. 王璐，王向旭，译. 北京：北京师范大学出版社，2007：128.

③ 贝克，厄尔. 中国教师应关注的热点问题[M]. 王璐，王向旭，译. 北京：北京师范大学出版社，2007：128.

④ 高靓. 英国少数民族教育政策的特点分析[J]. 民族教育研究，2004(4)：82.

府执政之初就修改了《民族关系法案》并推行了“学校多样化”政策，而且建立各种不同种类的公立学校以改善少数民族学生所处的不公平的教育现状，使不同社会阶层、种族、文化和性别的教育发展均衡化。

2. 布莱尔政府的多元文化教育政策

布莱尔政府在1997年上台以后，便以建立一个繁荣和全纳的社会为目标，而一个繁荣的社会必定是一个具有包容性的社会。在这种理念的指导下，布莱尔政府开始了一些与反种族主义多元文化教育相关的革新。首先，政府对1993年谋杀黑人儿童斯蒂芬·劳伦斯的事件进行了重新调查，并就调查结果发表了《麦克菲尔森报告》。该报告更多地强调了种族主义作为一种势力给黑人的生活带来的负面影响，并向教育系统直接提出了三点建议：

（1）呼吁对国家课程进行修订，使它能够更好地反映多元文化社会的需求，并通过支持多元文化和反对种族主义来实现这一目标。

（2）建议学校应该积极地实施禁止和反对种族主义策略。

（3）提出教育标准局应该对这些措施的实施情况进行督导。

布莱尔政府“部分地接受了”这些建议。布莱尔政府认为，国家课程（于1995年进行了修订）已经支持了多元文化，并且还会在21世纪初通过在所有学校中开设公民教育课加强对多元文化的认同，也认为教育标准局应对多元文化的教育政策进行督导，但对于第二条建议，只能部分采纳，这完全符合英国政府一向只执行异议较少的多元文化路线。

为了实现承诺，布莱尔政府在发表的第一份白皮书《追求卓越的学校教育》中指出，政府“至高无上优先考虑的问题”是“提升（教育）水平”，“政府的核心义务是为了所有人的机会平等和高水平”。布莱尔政府的教育与就业部部长安德鲁·斯密斯宣称，他们将通过在教育和就业部设立提高少数民族学生学业成绩的顾问小组以提高他们的成绩，并对“处理种族骚扰与成见、减少拒之门外的学生数”进行引导。其他的革新措施包括：在内阁办公厅设立社会排斥单元，在犯罪和骚乱法案中包括对付种族暴力的条款，在英国法律中融入欧洲人权公约等。除了制定一般化的关于平等机会、提高人权和教育水平的政策以外，布莱尔政府还致力于满足少数民族学生需要和为所有人进行反种族主义多元文化教育的行动。上述的所有多元文化教育政策主要通过以下几个途径来实施：

（1）政府立法

在执政的一年之中，新工党就实施了一系列解决长期存在的不同种族和民族的教育不公平问题的政策，其中包括针对黑人学生建立的“社会排斥单元”，目的在于如果学校出现被排斥的学生，有关部门会立即加以干预；为了减小不同民族学生学业成绩差异，英国教育与就业部制定了第一份白皮书。布莱尔在1999年发表的讲话中提到，一个具有竞争力的国家应该是一个宽容、互相尊重和多种族的社会。

根据1999年的《斯蒂芬·劳伦斯调查报告》，英国在2000年修改了种族关系法案，《2000年种族关系法》修正案规定：要减少种族歧视，促进不同种族间关系的融合；各地方当局必须制定“促进种族平等计划”；所有的学校必须制定种族平等政策。

2002年的政府白皮书提出了关于英国公民和国籍的新政策。根据这些提议，英国政府在当年制定了《2002年国籍、移民庇护法令》，该法令规定，若想成为英国的公民必须参加英语和公民考试，还建议为寻求庇护的人建立食宿中心，并为他们的孩子建立特殊的学校。

（2）学校多样化政策

新工党在执政之后，仍然面临着竞争、择校、少数民族教育等问题，他们采取的做法就是继续执行保守党学校多样化的政策。1998年7月，布莱尔政府通过了《学校标准与框架法》。根据新的立法，从当年的9月开始，所有公立学校分为社区学校、基金（会）学校和捐助学校三类，而社区特种学校和基金学校的设立也使英国公立学校种类进一步多元化①。

根据“2001年教育白皮书”的指示，英国建立了很多宗教学校，如穆斯林和印度锡克教学校等。随之而来的《2002年教育法》又强调了学校多样性政策，提出每所学校都要有自己的特色，但每所学校都要为每个学生提供成功的机会。2003年，英国教育与技能部发表了名为《伦敦挑战：改变伦敦中等学校》的文件，该文件承诺：到2006年为止，伦敦至少要有290所特色中学以及21所“全面服务”学校。这些学校提供体育活动、课外活动、儿童照顾、成人学习和医疗保健服务，在晚上和周末开放，为儿童、青少年和家长提供随时随地的学习场所。另外，还包

① 迟萍萍.“第三条道路”引导下的布莱尔政府教育改革[J].英才高职论坛，2005（11）：61.

括建立师范学校和第六学级学院等目标。然而，长期的研究结果表明，上面的种种计划并不是以改变少数民族儿童的教育状况为目标而制定的[①]。

（3）学生筛选政策

虽然大卫·布伦基特在1996年承诺，学生筛选现象在工党执政期间将会消失，但是，时至今日，学校通过各种方式来选择学生的现象仍然在继续[②]。众所周知，在英国，私立学校通过学生的家庭收入和学生本人的能力来进行选拔，但撇开私立教育机构不谈，还有36个地方教育当局是通过“11岁考试”的成绩来对学生进行选择的，还有一些学校根据学生的信仰、面试成绩以及其他由学校的招生办公室自主制定的各种考试的成绩来选择学生。

令人惊讶的是，有证据表明，一些少数民族家长对学校筛选学生的各种政策持支持的态度，他们认为这是他们的子女进入文法学校及提升自己社会地位的契机，然而，令人失望的是，少数民族儿童在这类选择性考试中做得往往不尽如人意[③]。

（4）通过公民教育来培养多元文化观念

布莱尔在1997年的讲话中提道：“个人成功需要一个强大而积极的市民社会。但是如果社会面临崩溃，英国就不可能成为一个强大的社会，不可能成为一个强大的国家。与物质贫穷相比，社会排斥对自尊心的伤害更大，对整个社会的腐蚀更大，也更容易代代相传。”在此后的一次讲话中，他对此进行了更为详细的阐述：“我们只有在一个繁荣的市民社会中才能获得个人的自我实现。由此，明智的政府应当扶持家庭和市民公共机构，提升帮助家庭和社区的作用，从而强化市民社会。这就是第三条道路——瞬息万变的现代化的社会民主，它将把自身的繁荣建立在人力及社会资本之上。”

这表明，为了建立一个民主的社会，并维持社会的和谐与稳定，布莱尔政府公民教育的目标应是培养“积极的公民资格观”，而在这个多

---

① TOMLINSON，RACE S. Ethnicity and Education under New Labour[J]. Oxford Review of Education，2005(31)：167.

② TOMLINSON，RACE S. Ethnicity and Education under New Labour[J]. Oxford Review of Education，2005(31)：167.

③ TOMLINSON，RACE S. Ethnicity and Education under New Labour[J]. Oxford Review of Education，2005(31)：167.

元文化的社会中，培养公民对不同的文化和价值观的包容，则是保障自由、平等和宽容的基石。布莱尔政府从政府层面对公民教育比前届政府给予了更大的支持，希望通过公民教育培养学生对多元文化和多元价值的尊重，并使学生了解到不同的观点。在2002年9月修订后的国家课程中，公民课成为第三、四阶段国家课程的基础学科之一，成为第一、二阶段"个人、社会和健康教育"中自选必修课的一部分。这一新学科的设计是为了加深对多元文化社会的理解。为此，英国政府第一次提出，让11—14岁的学生学习英国国家多样性以及不同地区、宗教和种族的特征，并要求学生之间相互尊重和理解；让14—16岁的学生学习国家多样性的起源和意义，并要求学生之间理解和尊重；小学生将学习和尊重人们之间的异同，认识到诸如欺辱、种族主义这类反社会和攻击行为给个人及社会带来的恶果[①]。

3. 语言课程政策

撒切尔夫人认为，教育是传承英国的传统文化、道德观念的重要工具，因此，在保守党执政时期，对多元文化和反种族主义持抵触态度。新工党上台以后，虽然提倡社会公平和建立多元文化的社会，但仍没有对国家课程和评价体系进行大刀阔斧的改革，使之适应多民族国家的需要。1996年，英国国家教育委员会特别强调：伦敦内城区的学校可以在落实国家课程的同时引入种族多元文化课程，这对少数民族教育政策不得不说是一项重要的改革。另外，威尔士地区的威尔士语也被列为核心课程，而该地区的非威尔士语学校中，威尔士语被列入基础课程。国家课程在实施过程中，虽然可以有一些变动，但仍发挥着强大的作用。目前，作为基础课程的现代外语包括威尔士语、爱尔兰语和苏格兰盖尔语，而其他可供选择的外语还有近20种。虽然如此，但其他语言并不能与英语的地位同日而语，即少数民族的文化也不能与主流的英语文化相提并论。

2000年，资格和课程管理局提出：国家应该保证青年人健康、快乐的生活，并且培养他们的国家意识，以及鼓励他们积极参与到这个多元文化社会的各种活动中去。同年，英国师资培训机构又提出，每个教师都应该为把所有儿童培养成为多元民主社会中的一分子而做好准备。

---

① 贝克，厄尔．中国教师应关注的热点问题[M]．王璐，王向旭，译．北京：北京师范大学出版社，2007：130.

4. 难民扶持教育

2002年，英国政府推出了较为矛盾的难民扶持政策，一方面声称要为难民们提供安全的避风港湾，一方面又要安抚国民对难民的增加而产生的恐惧情绪。新工党执政以后继续执行和扩大保守党的难民扶持政策，但是难民局关于难民儿童遭受种族歧视和被主流排斥的报告却不断地增加。对于这种情况，英国政府出台了《2002年国籍、移民庇护法令》，其中第二部分第三十六至三十八条款允许政府为难民儿童提供特殊的教育。虽然学校在预算生均费用的时候，常常忘记难民儿童的存在，因此，各学校缺少资金，但学校和老师都没有因此而抱怨。另外，难民委员会也建议英国政府为帮助难民儿童而制定书面的难民儿童教育政策。

（三）针对家庭环境不利和特殊教育需要儿童的教育政策

在通过“全纳教育”实现“全纳社会”的理念指导下，布莱尔政府把教育作为实现社会公正的工具，反复强调教育是政府工作的重点，教育目标也由培养精英扩大到所有社会成员。作为重要的社会政治力量，布莱尔政府非常关心处境不利者的生活，并尽可能多地为他们提供帮助和支持。为了改善处境不利儿童能够平等地享受教育资源，在“全纳教育”理念和实践精神的指导下，布莱尔政府还颁布了一系列以改善他们的教育状况为目的的政策。家庭环境不利儿童指的是因为父母离异、家庭暴力等因素导致的被忽视、缺乏关爱的儿童；特殊教育需要儿童指具有肢体残疾、智力障碍、心理障碍的儿童。

1. 针对家庭环境不利儿童的措施

不利的家庭环境会影响儿童的身心发展，如，父母离异或家庭暴力不仅能造成儿童心理和情绪上的问题，而且易引起各种行为问题，例如，学业成绩下降、辍学、离家出走、吸毒、不良性行为和青少年犯罪等。一贯很注重传统的英国人在近几年也颠覆了以往的婚姻观，使英国成为欧洲离婚率最高的国家。英国每年有15万到20万对夫妇离婚，到2004年，英国1 200万名儿童中大约有300万名儿童遭受过父母离异的痛苦，有6.1万名儿童因家庭环境不利而被社会福利机构照顾[①]。对于离异家庭儿童，英国政府于2004年7月推出了绿皮书《家长离异：孩子的

① Department for Education and Skills：Parental Separation：Children's Needs and Parents'Responsibilities[EB/OL]. [2010-01-10]. http://www.dfes.gov.uk/childrensneeds.

需要和家长的责任》，目的在于最大限度地减少父母离异给子女带来的不利影响，主要执行目标包括：

（1）离婚会给儿童造成创伤，所以父母双方在离婚以后仍然要与子女保持良好的关系，要尽力把子女的需求放在首要的位置和保证子女正常的身心发展。

（2）政府要为离异家庭提供更多的信息、建议和服务，以便使他们在处理与子女的沟通和联系方面获得更多的帮助和支持。

（3）政府要给离异家庭提供实质的工具——“家庭教育计划”，以便家长和子女在这种特定的环境下得到指导，其中也包括法律这种可能解决争端的方式。

（4）在夫妻双方以开庭的方式解决争端以前，政府要给他们有用的建议，以便尽早解决争端。

（5）对于已经以开庭的方式解决争端的家长双方，政府应该与司法部门合作，力争以子女的需要作为解决问题的出发点，并且以较好的方式来解决问题。

这些执行目标的重点是鼓励和支持家长在处理联系和居住方面合作，使离异家长更好地履行对子女的责任和义务。除了政策层面对处境不利儿童的关注，英国政府也鼓励其他非政府机构为家庭环境不利儿童提供更多的服务。到2004年3月31日为止，共有2.63万名儿童注册为受保护儿童，比2003年减少了1%，比1994年减少了25%[①]。

除了上述措施，英国政府还在2004年9月到2005年8月期间实施了“家庭危机解决试点项目”，目的是帮助已经分居或者离婚的家长建立更多的联系，从而改善双方的关系，为儿童的发展提供一个较好的家庭环境。这个计划包括三个方面：一是开庭解救家庭争端的风险；二是由儿童及家事法庭顾问暨协助服务中心领导家庭教育小组和家长计划会议；三是儿童可以在适当的时候参与父母的计划。2006年，英国教育与技能部组织人员对这个计划做了评估并写出了评估报告，其中最重要的发现是：该项目为很多家长带来了很大的帮助，并且表示需要更多类似的项目，有证据表明，该项目引起大部分家长对子女态度和意识方面的变化，使他们与子女之间的关系更亲近了。

① 王璐. 每个孩子都重要：英国全面关注处境不利儿童的健康发展[J]. 比较教育研究，2005(10)：26.

2. 针对特殊教育需要儿童的措施

1997年10月，英国原教育与就业部发表了题为《所有儿童的成功：满足特殊教育需要》的绿皮书，强调对于特殊教育需要儿童，不是要富有同情心地接受他们的较低的学业成就，而是要让他们有坚强的意志和信念，相信这些儿童也可以成功，也可以为社会做出贡献。统计数字显示，英国各种各样的残障儿童至少有40万到70万人，其中具有心理、行为和情绪方面问题的儿童的比例比较高。2001年，《特殊教育需要与残疾法案》的实施，填补了1995年《残疾与歧视法》的不足，使得英格兰与威尔士有特殊教育需要儿童接受的教育得以改善。2003年，英国政府颁布的绿皮书《每个孩子都重要：为了孩子的变化》和2004年的《儿童法案》集中体现了对这些特殊需要儿童的关注。

《每个孩子都重要：为了孩子的变化》确定了针对特殊需要儿童服务的两个方面：一是继续增加对“儿童和青少年心理健康服务中心”的投入，到2006年，增加的投入要达到300万英镑，并为所有地区提供综合性心理服务；二是实现服务的整合和问责制，使所有儿童和青少年都能够获得他们所需要的支持和服务，保证每个特殊需要儿童的潜力得到开发，并且在学校和社区生活中充分体现自己的价值。《儿童法案》为2003年的绿皮书的实施提供了法律依据，它鼓励地方当局和个体合作，为特殊需要儿童提供全方位的服务，保证他们受教育的权利和提高他们的学业成绩。

3. 家庭环境不利和特殊教育需要儿童的教育均衡政策的特点

与“确保开端计划”一样，这些针对家庭环境不利和特殊教育需要儿童的教育政策都是一种对弱势群体的补偿。这些教育政策的目标是要为儿童提供健康、安全的学习环境，使其通过学习取得成绩、为社会做出积极的贡献，以及获得良好的经济情况所需要的帮助。为了实现这几项目标，政府整合了各方面的资源和力量，其中包括：地方政府、家长、学校、社会和政府其他部门、志愿者组织等，这些方面的合作，使有多重需要的处境不利儿童和特殊教育需要儿童获得了多重机构的支持，提高了干预和预防的专业化水平。

但是，仅仅用教育补偿并不能使处境不利儿童获得真正的社会公平，因为现有的社会不公平造成了教育不公平，而教育不公平又会再生出社会不公平。由于每个社会成员的社会地位、权力、经济、社会关系的不平等而造成教育的不平等，教育的不平等往往导致其知识与文化的贫乏，这可能导致其在教育价值观上的扭曲，从而影响到弱势群体子女的教育状况。正如美国学者鲍尔斯和金蒂斯所说，学校教育的功能有两个方面，即再生产劳动力和再生产生产关系、社会关系。在英国这个社会等级鲜明的社会中，教育系统也存在着与社会经济结构对应的等级和层次。学校教育也在为不同的社会阶层和集团培养并提供具有不同的个性品质、不同的身份区别和阶层意识的学生，从而把他们统合到相应的社会经济结构和阶级结构中去，延续和产生新的社会与教育的不平等。这样，由于社会和弱势群体对教育的漠视和落后的教育观念，其在自身发展的过程中，很容易形成一个恶性循环。所以，仅仅靠教育补偿还不能完全改变整个社会中处境不利儿童的教育状况。对于这种情况，约翰·罗尔斯就提出一个重要的原则，即对弱势群体在分配教育资源时进行弱势倾斜，实行对弱势群体的“优先扶持”，用对待强势群体和弱势群体的不平等的手段达到真正的教育平等的目的①。在英国，社会阶层的现实和观念都具有较长的历史，仅仅依靠教育补偿来实现教育公平以致社会公平的目标，不能不说是对教育功能有过高的期望。

四、学校均衡发展策略——为每个学生提供成功的机会

（一）建立“教育行动区”以改善薄弱地区和薄弱学校

一直以来，英国的基础教育都走在世界各国的前列，但在国内却存在着教育发展不均衡的现象，部分学校的教育质量更是令人担忧。作为“第三条道路”教育和福利政策的开始，“教育行动区”计划是提升薄弱地区的学校教育标准，以及消除排斥和不平等的一项重要措施，也是把公立部门、私立机构、志愿团体、社区和地方教育当局联合起来为薄弱学校提供服务的一种新方式。这种合作的方式比单独由中央政府、地方教育当局或教师联盟来承担责任的方式更加具有开放性和融合性。以下是教育行动区的具体组织与运行方式。

1. 薄弱学校的认定

英国的教育一直起着培养社会精英和传承贵族文化的作用，这使得英国的公学等一些一流学校的教育质量始终处于世界前列，但部分公立

① 刘复兴．教育平等与弱势补偿[N]．教育时报，2001-09-15(2)．

学校的教育质量以及学生的学业成绩却不尽如人意。在英国的乡村和城市中心地区都存在着教育质量低下的中小学，城市中心是大多数工人、贫民及少数民族等下层阶级的聚集地，这里的公立学校与乡村学校具有相似的特点，因此，这两类学校都被称为“薄弱学校”。薄弱学校的认定有几方面：（1）考试成绩；（2）辍学率；（3）义务教育结束时的升学率；（4）符合申请学校免费午餐（为低收入家庭的孩子提供）的学生比例；（5）犯罪学生的比例；（6）吸毒学生的比例；（7）学校设备；（8）母语为非英语的学生比例。在这八个方面的评估结果落后于全国平均标准的，即为薄弱学校。

2. 教育行动区的审批

英国政府在1997年7月颁布了题为《追求卓越的学校教育》的白皮书，其中规定：政府在2002年以前的工作目标是致力于学生学业成绩的提高，实现教育机会均等，尤其要消除弱势学生的厌学情绪和学习成绩下降的状况；制定“教育行动区”计划，将表现不好的学校和弱势地区纳入计划中，帮助薄弱学校和学业成绩低下的学生摆脱困境。教育行动区的具体含义是：在社会和经济相对落后的同一区域里，政府将15—25所学校聚合成一体，并将一批这些地区的学校的管理权公开招标，由当地企业、学校、家长、地方教育当局和当地其他机构、部门组成一个联合体，向中央教育主管大臣（教育与技能部部长）提出申请，接管学生学业表现不良的学校[①]。

每个教育行动区在递交申请时，必须向教育与技能部提交一个为期三年或五年的行动计划，并要论证提高薄弱学校的教育质量而采取的措施和策略。之后，教育与技能部还要对这个地区的经济地位以及是否符合薄弱学校的认定标准进行核实。政府在法律条文中明确规定，由国会提出参加法定教育行动区的学校名单，并由国务大臣批准。在特定情况下，学校名单才能更换，如，在行动区什么地方建立新学校，哪所学校要关闭并重新命名开办新学校[②]。每个教育行动区由地方当局、学校、企业组织、宗教团体和社区等组成合作伙伴关系，通过“行动论坛”的方式对加盟学校的日常事务和各种活动进行领导、监督和管理，为了避

① 贺武华. 英国“教育行动区”计划改造薄弱学校的实践与启示[J]. 教育科学，2006(6)：79.

② 秦素粉. 英国薄弱学校改进政策研究[D]. 上海：华东师范大学，2007：14.

免造成人员庞杂、过程的冗长、效率的降低，论坛成员往往是经过筛选，由一些有代表性的教师、家长或社区人员担任。

3. 教育行动区经费的来源、管理和分配

为了支持行动区政策的实施，政府和工商业为行动区提供了一定的经费支持，一个行动区每年大约可以获得100万英镑。在1998—1999年，首批建立的25个行动区，每个区每年可以从政府获得75万英镑，其他25万英镑由每个行动区自行向工商业和其他合作伙伴募集；在1999—2000年，建立的第二批行动区每年从政府获得的最低资助是50万英镑，其他25万英镑配套资金也由工商业和其他合作伙伴筹集。除了资金上的资助，每个行动区还会得到其他资助，包括工商业和其他合作者的时间投入、顾问和物质支持。政府的拨款和得到的捐助由行动论坛进行管理和使用，具体项目的实施则由项目官员来负责（图3-1是教育行动区资金来源的示例）。在项目实施过程中，大多数行动区都会招聘兼职的行政或财政官员来协助行动区的财政管理。在经费的分配方面，一般按照行动区开展的不同项目来进行分配，因为每个教育行动区可能开展不同的项目，所以在不同的行动区内经费的分配也有所不同，但一般包括为薄弱学校提供的支持和服务（如教师和教学设备等）、场地占用费（如租金等）、行动区的职员薪金和信托费用。

4. 课程设置

教育行动区内的加盟学校与英国的私立学校一样，可以按照自己的教育理念将国家固定课程中的部分内容和顺序进行修正和重组，实施有利于学生发展的措施，以确保学业水平差的、能力一般的和天才儿童都能够得以发展。大多数行动区对国家课程进行了重新设计，以培养和提高学生的阅读能力和计算能力。另外，行动区为了给学生的未来工作做准备，还设置了一些与学生的就业和社区工作有关的课程内容。

5. 师资管理

为了吸纳杰出的教育领导者担任行动区的校长和老师，教育行动区可以不受现行的全国教师聘任条例的限制，而是以合约的方式为教师提供优厚的待遇。在师资管理方面，行动区采取了比较灵活的机制，如，聘用社会其他人士来协助教师的教学工作，社区助教不仅能为教师提供学习情况的详细反馈，也在影响学生方面有积极的作用。另外，行动区还设立奖励基金以鼓励教学成绩突出的教师，这在很大程度上提高了教师的积极性。此外，有些学校还聘请一些学科专家来为学生做教学性的讲座以提升学生的成绩。

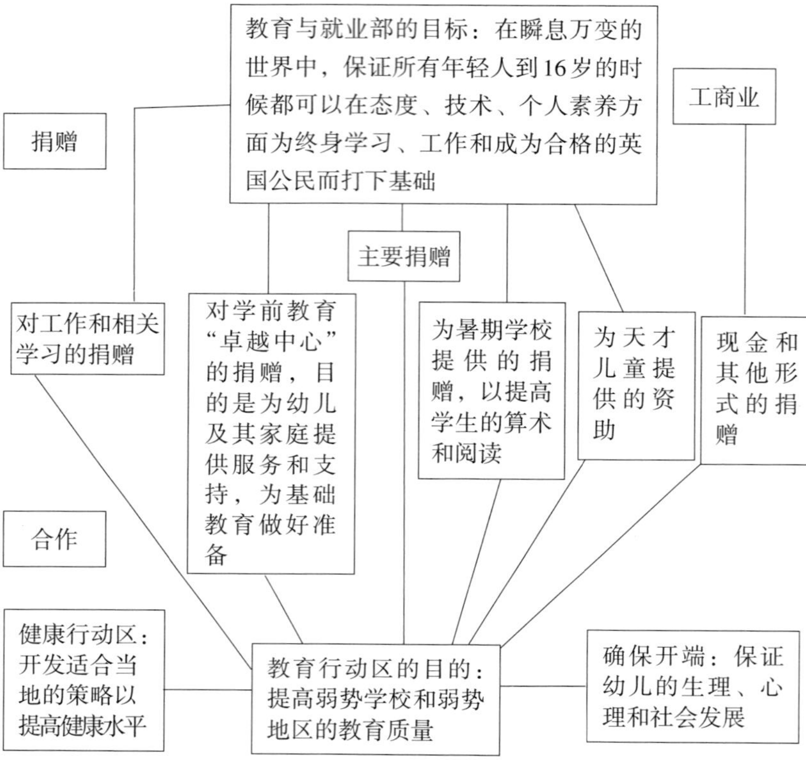

图3-1　教育行动区的资金来源示例

资料来源：Education Action Zones: Meeting the Challenge-the Lessons Identified from the First 25 Zones. http://www.nao.org.uk/publications/nao_reports/00-01.

6. 计划实施的成效与存在的问题

（1）计划实施的效果

虽然“教育行动区”计划的政策轨迹比较短，并逐渐为“追求卓越的城市教育”计划所代替，但它却是新工党的教育改革中的重要环节，它使得薄弱地区、薄弱学校这些与教育公平有关的议题被纳入政府的议题之中，这与20世纪70年代的“教育优先区”计划有些类似，只是后者是在城市中实施的。教育行动区的建立强调了优秀的学校领导对改进学校教学的重要作用；它把社会各界的力量联合在一起共同致力于解决教育问题，体现了“第三条道路”把“社会资本”和“消除社会排斥”联系在一起的特征；建立了工商业、社会福利单位、社区和学校之间的联系；也是正视市场、私有化和教育全球化的一个表现[①]。教育与技能部公布的有关资料表明：虽然不是所有行动区的加盟学校的成绩都比其他学校成绩高，但该计划的实施减小了全国各地区教育状况的差异，而且有些加盟学校在英语、数学和科学方面的成绩都有较大的提高；虽然教职工培训和内部资源配置方面还存在着一些问题，但该计划却促进了“学校改进”和“社会融合”。

（2）存在的问题

①人力资源短缺，财务管理不完善

因为很多行动区只有一到两名全职工作人员，所以在制订行动计划、提供基本的服务支持、制订预算、控制资金方面都要面临一些困难，很难满足各部门在最初对行动区所抱有的期望和要求。一些行动区甚至因为没有全职的项目官员和完善的行动论坛而使各项目的运营遭受了很大的阻力，有些甚至停止不前。有些行动区在制订财务计划以前，已经把所有的公共资金用完，而且这些资金的投入过于分散，使得产出的效果并不明显。

②各层管理人员之间沟通的缺失

行动论坛是各层管理人员相互交流的平台，因为各自的背景不同，使得参与者持有的话语系统和解决问题的策略都有所不同，如，工商业人士可能习惯用商业的术语和管理模式来讨论问题，而教育专家则习惯用教育的术语和管理模式来表达自己的观点，所以，各层管理人员之间很难自觉地融合，那么行动论坛就很难起到预期的作用。

为了完善“教育行动区”计划，吸取该计划实施过程中的经验和教训，使得城区的薄弱学校得到完善，英国政府于1999年推出了“追求卓越的城市教育”计划以取代该计划。

（二）“追求卓越的城市教育”以提高城区学校教育质量

长期以来，由于英国社会比较注重培养社会精英，而私立学校是培养这些精英的摇篮，它们经常处于风景宜人的乡村并占据着丰富的教育

① POWER, SALLY. Paving a ‘third way’? A Policy Trajectory Analysis of Education Action Zones[J]. Research Papers in Education, 2004(19): 456.

资源，教育质量也较高，而处于城市或大都市内城区的公立中小学在师资、教学和学生的学业成绩方面都存在着较为严重的问题，这不仅对学生的个体发展不利，也影响着教育的整体发展。为了提高城市地区薄弱学校的教育标准和质量，英国政府于1999年3月出台了“追求卓越的城市教育”计划，希望通过一系列的措施改善学校的管理，提高学生的学业成绩，以实现基础教育的均衡发展。

1. 计划的目标与实施概况

“追求卓越的城市教育”计划的推出是为了更高、更快地提高城区学校的标准，使每个学校达到最好学校的标准，使城市中心的家长和学生对城市的学校和农村的学校有同样的期望和收获[①]……这是英国教育与就业部在1999年实施该计划时提出的总目标。这个目标把焦点放在学校的管理和教学以及学生学习和行为等方面，具体可以细化为四个主题。

（1）对每个学生有较高的希望：学校对每个学生要有很高的期望值，每个学生也要对自己有很高的期望值。

（2）提供多样化的教育：为大城市的学生提供多样化的教育，以满足所有学生的需要。

（3）构建学校网络：学校协同工作比独自行动更能为学生、家长和社区提供更好的服务。

（4）扩大机会：“追求卓越的城市教育”计划实施的目的是要提高所有学校的教育质量，而不是增加学校之间的不平等，是要使所有学校都达到“卓越”的标准。虽然计划制订的目的是提高中学的教育质量，但在实施的过程中却与“全国小学教学策略”紧密地结合在一起，因此，截至2006年4月，英国共有57个地方教育当局的1 300所中学和3 600所小学参与其中。该计划在每个地区实施的过程中由地区伙伴关系组织来进行管理，这加强了学校之间以及学校与地方教育当局之间的合作。地区伙伴关系组织由地方教育当局及当地所有的中学共同组成，其主要职责是实施对学校的管理，包括做出决策，赢得教育与技能部的支持，制订和实施管理战略规

---

① Department for Education and Skills：The Excellence in Cities Programme 1999-2006 [EB/OL].[2008-01-14].http://www.dfes.gov.uk.

划，使资源和计划达到预期目标以及监控进展的状况等[①]。

2. 计划的支持体系

建立学生的发展支持体系和提供多样化的教育方式是“追求卓越的城市教育”计划的两个重要特色，该计划通过7个子计划来体现这两个特点。

（1）学习辅导员计划：该子计划是为了减少学生的学习障碍，为他们提供更多的学习资料以使他们达到成功而制订的。学习辅导员的主要作用是找到阻碍学生进步的根本原因，如，旷课、缺乏交际能力、家庭贫困等，帮助学生排斥这些不利条件的干扰，使他们有更多的精力投入到学习中去。

（2）学习支持单元：这是为被排斥的学生提供优质教育的小型学校，它为到这里来的学生提供教学和各种支持项目。这些学习支持单元根据受排斥的学生的需要，制订了短期教学和支持计划，帮助受排斥的学生减小与主流学生群体的差异，使之尽快地融合到主流中去。

（3）城市学习中心计划：从2000年开始，英国建立了100多个以学校为基础的城市学习中心。这些中心应用信息技术进行教学，为主办学校、周边学校周围以及更广泛的社区的学生创造更好的学习条件，提供更多的学习机会。学生在放学以后可以跟家长一起参加学习中心的信息技术会议，这种会议已经成为他们提升信息技术的一个平台。

（4）天才计划：该子计划是为每所学校5%—10%的天才儿童提供教学和资料上的支持，以便使他们的潜力得到充分的开发，如，“校外学习支持”和“大学暑期学校”等都为这些儿童的发展创造了条件。现在，天才计划已经独立于“追求卓越的城市教育”计划而成为一个全国性的工程，并且增加了为天才学生提供职业指导等项目。

（5）特色学校计划：特色学校是英国在1993年以建立城市技术学院为开端而实施的，是政府提高教育标准的一项举措。任何中学都可以在数学、科学、技术、外语中申请一个科目作为自己的特色而设立“特色学校”。随着“追求卓越的城市教育”计划的实施，这些特色科目又包括了艺术和体育。虽然特色学校发展了自己的特色，但必须达到国家的课程标准，并且使所有学生均衡发展。关于特色学校的发展，在下一节

① 阚阅. 促进教育均衡发展的新举措——英国“追求卓越的城市教育”计划评析[J]. 全球教育展望，2004(9)：73.

将会进行详细的阐述。

（6）灯塔学校计划：灯塔学校计划是先于“追求卓越的城市教育”计划而实施的，旨在建立一些可以作为示范的优秀学校，薄弱学校可以像这些学校学习实践的经验，提升自己的教育标准和学生的学业成绩，以缩小学校间的差距，这些经验包括特色课程的发展、学生监护、防止欺凌教育、增加家长参与等。

（7）城市卓越行动区：该子计划是“教育行动区”计划的改版，它的最初目的是提升参与学校的教育标准，解决学校活动社区中存在的问题，如，学业成绩低下、学生逃学、被排斥和青少年犯罪等。行动区由家长、地方教育当局、工商业、私营部门和学校协同运作，致力于探索学校改革的方法。

3. 计划的特点与实施效果

（1）计划的特点

首先，与“教育行动区”计划相比，“追求卓越的城市教育”计划的目标更加明确，即把城区的薄弱学校的改进作为首要任务。该计划的核心是着眼于大多数学生的发展，不以牺牲多数人为代价为少数人服务。并且认为学生不能因为所上学校的不同而使其接受的教育有所差异或者受到限制，也不能因为家庭经济背景和社会地位而使其发展遭到漠视①。英国政府强调了此次教育改革的目的是拓展机会，提高教育质量，使每所学校都成功，每个学生都优秀，并体现教育对于维护和推进英国社会公正的重要意义。

其次，“追求卓越的城市教育”计划注重地方教育当局、学校和社区等多方合作。这有利于地方教育当局对学校情况的了解和督导，加强了政策的针对性和有效性；也有利于学校之间交流经验和分享教育资源；与社区合作则拓宽了学生接受教育的渠道。

再次，“追求卓越的城市教育”计划把端正学生的态度和行为作为工作的又一重点。公立中小学的一些学生受到家庭环境、经济条件以及社会交往等因素的影响而产生厌学、缺乏自信等心理，这是影响他们学业成绩的一个重要因素。该计划支持体系中的“学习辅导员计划”和“学习支持单元”就是为了对学生的态度、情感和意志进行正面的干

① 阚阅. 促进教育均衡发展的新举措——英国“追求卓越的城市教育”计划评析[J]. 全球教育展望，2004(9)：75.

预，从而校正学生逃学、旷课等不良行为，为学生创造更好的学习条件而设立的。

（2）计划实施的效果

从2003年到2006年，英国教育标准局对“追求卓越的城市教育”计划进行了评估，评估的结果（见图3-2、图3-3、图3-4）表明：参与该计划的中小学在学业成绩、学校管理、学生行为等方面都有了较大的改善。很多薄弱中小学学生的数学、英语和科学成绩都有很大的提高；这些学校的出勤率与以前相比也有了很大的提高，甚至高于其他未参与计划的学校；学习支持单元使得学生的不满情绪、排斥也得到了很大程度的缓解；地方教育当局通过该计划参与到当地学校的改革发展战略中，特别是在学校政策和课程开发方面。然而，城区学校的弊病积累已久，并非在短时间内可以得到解决。教育标准局也指出，“追求卓越的城市教育”计划并不是政府解决一切教育问题的灵丹妙药，加强学校与地方教育当局的伙伴关系还有很长的路要走。

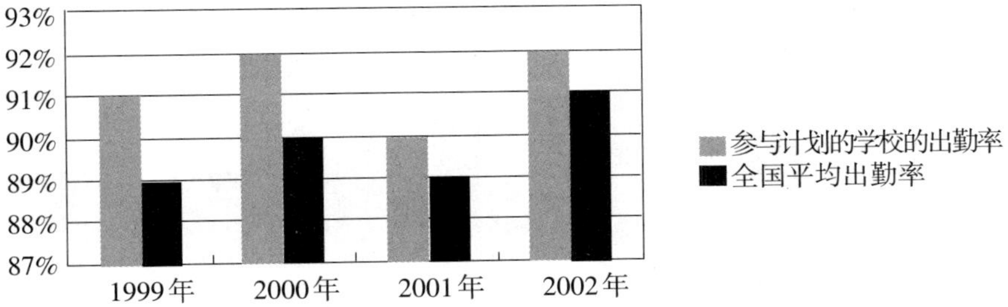

图3-2　参与计划的第一阶段的学校的出勤率与全国平均水平的比较

资料来源：Excellence in Cities and Education Action Zones： management and impact Office for Standards in Education[EB/OL].[2007-01-16]. http:// ww.ofsted.gov.uk.

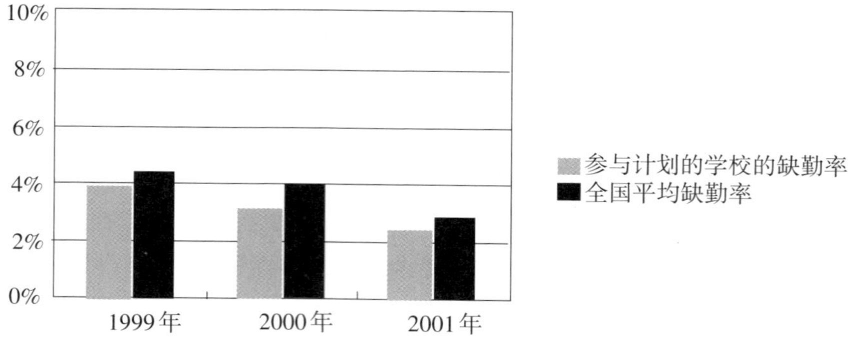

图3-3　参与计划的第一阶段的学校的缺勤率与全国平均水平的比较

资料来源：Excellence in Cities and Education Action Zones： management and impact Office for Standards in Education[EB/OL].[2007-01-16]. http:// ww.ofsted.gov.uk.

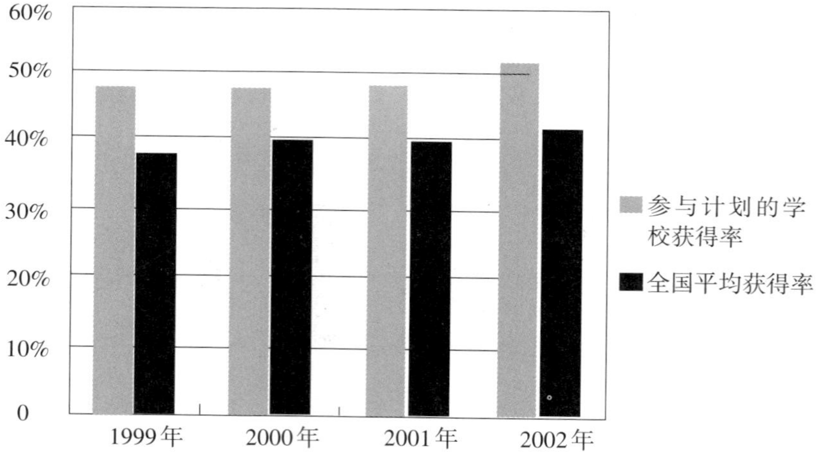

图3-4　参与计划的第一阶段的学校学生获得5个良好证书的人数与全国平均水平的比较

资料来源：Excellence in Cities and Education Action Zones： management and impact Office for Standards in Education [EB/OL].[2007-01-16]. http:// ww.ofsted.gov.uk.

（三）以特色学校改进薄弱学校

1. 特色学校计划的演变

在20世纪80年代末期，保守党政府为了改善英国公立中小学教育质量低下的现状进行了一系列的教育改革，其中影响较为深远的是国家课程政策。国家课程政策的实施一方面有利于全面提高学校的教育标准，另一方面却忽视了学生接受教育的个体差异性。为了解决这个问题，保守党政府提出了通过开设城市技术学院来实施“学校多样化”的政策。这种学校既要执行国家课程，又要为学生提供特色课程，这不仅提高了学校的教育标准，又满足了不同学生的需要，也为他们提供了更多选择的机会。1992年，政府发布白皮书《选择与多样化：学校的一个新的框架》，它对学校多样化政策给予了肯定，并提出建立一个在数学和科学技术方面具有特色的技术学校网。1994年2月，英国建立了第一所技术特色学校并使之扩展为包括语言特色学校在内的特色学校网络，特色学校计划也随之形成。但是，这一时期的特色学校学生大多来自社会上层家庭，是经过严格的筛选而进入这种学校的，很多批评者认为特色学校计划拉大了学校之间的距离和差异，不利于薄弱学校的发展。

新工党执政以后，继续实施特色学校计划，但却赋予了它更深刻的内涵和新的使命，即把它作为提升薄弱学校的教育质量和使每个学生都成功的一项重要举措。2000年1月7日，英国教育部大臣大卫·布伦基特发表了题为“建基于成功”的千年演说，强调为满足每个学生的需求和志向，学校与学校、校内与校外、家长与教师都要通力合作，消除那些妨碍学生成功的障碍，即用不同的学习计划来满足不同学生的要求，使每个学生都能达到某方面的优异[①]。 2001年9月5日，英国政府出台了题为《学校：迈向成功》的教育白皮书，提出为使每个人达到高标准，要建立多样化的学校体系，这个体系中的各个学校要有鲜明的不同，但每所学校都要为学生提供更广泛的课程，为学生提供达到高标准的计划。逐步扩大特色学校的数量，直至所有的中学都成为特色学校，使学校在教育系统中发挥更大的作用。英国政府给学校提供更多选择来支持那些有特色的学校[②]。2002年，英国教育与技能部发布的《2006教育计划》提出：对薄弱学校和失败学校实施更早和更有效的干预，鼓励学校外的机构为学校改良做出贡献；增加初级中学系统的多样性，鼓励每所学校办出特色[③]。2003年1月23日，英国教育大臣查尔斯·克拉克宣布了一项关于中学教育改革的政策——新特色学校体系。他提出：“要使英国的教育处于世界的前列，政府部门必须与教育界人士一起推

① 王瑄. 英国特色学校政策研究[D]. 北京：首都师范大学，2004：31.

② 王瑄. 英国特色学校政策研究[D]. 北京：首都师范大学，2004：31.

③ 李钰. 英国政府《2006教育计划》述评[J]. 教育发展研究，2005(5)：77.

动巨大改革[1]。”他还指出，在过去的几年里，英国的教育已经取得了持续的进步，但是还有部分学生是当前的教育体系无法教育成功的。因此，现在的教育体系必须改革，而建立特色学校就是把英国原有的教育体系转变为针对每个学生的因材施教型体系。这次改革的目标是：创设一个新的特色教育体系，以此鼓励所有学校有特色地、创造性地教学和管理；打造有力的管理团队，政府部门将采取措施对管理不善的学校进行支持；加强教师队伍建设；增强学校与家庭、产业和社会其他领域的合作[2]。可见，这种特色教育体系已经将以往单纯的特色学校评选进一步深化，“特色”不仅是某些学校的特殊科目，而且是促使学校标准提升和走向成功的一个动力和英国教育未来发展的一种范式。

2. 特色学校在改进薄弱学校方面的作用

（1）以改进薄弱学校作为甄选标准

“特色学校”是英国政府从公立中学遴选出来的，被英国政府授予特殊称号的优质中学。每所要申请成为特色学校的中学必须达到英国教育与技能部设定的标准：①必须具有特色科目，并且能够证明在特色科目上可以持续地提高学生的成绩；②必须承诺帮助其他学校，使其教育质量得到提高；③拟订学校特色科目的发展计划，该计划要包括其他学校和社区的合作伙伴的建议；④预先筹集到一定数额的赞助（具体数额要根据教育与技能部的规定）。每所学校可以从艺术、外语、数学与计算机、科学、运动、技术等学科中选择一个或两个作为特色科目。其中第三、四项标准是为了促进特色学校与薄弱学校的合作，以起到示范和促进作用。特色学校可以得到政府在资金和管理上的帮助，使得每所特色学校不仅在特色学科上有较好的发展，也要为其他学科提供有效的教学，使整个学校为学生提供丰富与和谐的教育。

（2）鼓励学校间互相合作

一所中学成为特色学校并不意味着它发展的终点，特色学校不仅要提高自身的教育标准，还要与其他特色学校通过互相合作和共享彼此的经验而共同发展，学校联盟就是增加学校间合作的一个途径。为了鼓励学校之间的合作，英国政府设立了“先锋计划”。如果某所特色学校发展得比较好，就可以申请参加“先锋计划”的评选活动，在评选中取得

① 王修娥. 英国：以特色学校助推中学教育改革[J]. 上海教育，2003(3)：56.

② 王修娥. 英国：以特色学校助推中学教育改革[J]. 上海教育，2003(3)：56.

优异成绩的可获得每年6万英镑的拨款，以发展自己的特色科目以及与其他学校开展合作，并可获得“先锋学校”的称号。政府除了鼓励学校之间的合作，还鼓励特色学校经常与社区进行交流，相互监督和支持各项活动的开展。与其他社会机构的合作也是特色学校获得建议和支持的一个重要途径，这些机构包括：青年服务处、图书馆和商业团体等。

3. 特色学校的课程、教学和管理

特色学校除了要实施国家统一的课程和发展自己的特色科目之外，还为了满足学生不同层次的需要而提供多元化的课程，如，各个地区和学校可以根据自身的条件自行决定开设的课程，学生也可以根据自己的实际情况选择不同的课程和考试，并获得相应的证书。

在教学上，特色学校广泛应用了信息与交流技术，以注重培养学生的语言、文件技巧并为学生提供机会以增加他们的实践经验，以及学习常规课程以外的知识。

在学生管理上，特色学校运用评估体系、监督体系和设定个人目标等方式，培养学生的责任感，鼓励学生对自己的工作负责。

在学校管理方面，每所特色学校都要制定发展规划与目标，让师生参与部分校长职责，为全体工作人员提供更好的专业发展机会。英国政府也很重视对学校管理者的培训。为了提高学校管理者的素质，英国政府在诺丁汉大学设立了国立学校管理人员培训学院，并投入巨资设立各种培训项目以提高中学各级管理人员的素质，例如，“管理奖励津贴”就是为了鼓励中学管理者的组织水平而设立的，获此奖项的大部分学校每年将得到125 000英镑的津贴，用于提高学校的管理水平。

4. 特色学校计划的评价

据英国特色学校与院校信托促进会2003年的《特色学校教育成果和价值评估报告》显示，特色学校在以下三个方面较普通中学更为突出：

（1）提升了教育质量

特色学校计划把促进每个学生充分发挥自己的学习兴趣和潜能作为其目标，提倡每所学校发挥自己的特色、力量和优势，每个学生发挥自己的潜力。英国政府对特色学校的资助是为了促进学校改进并帮助其他学校变得更好，教育质量得到进一步提高。在学生的学业成绩方面，特色学校有58%的学生在普通中等教育证书考试中取得A级至C级的成绩，而普通学校则为46.7%，在第二阶段国家统一考试中，特色学校有38.2%的学生取得A级至C级的成绩，而普通学校这一比例为31.2%（表

3-1是特色学校与普通学校在不同学科考试中合格的学生比例)。

表3-1　特色学校和普通学校在国家统一考试中合格的学生比例

学校类型	英语	数学	科学
特色学校	57.3%	48.4%	49.7%
普通学校	50.0%	41.1%	42.3%

资料来源：Specialist Schools and Academies Trust: Educational outcomes and value added by specialist schools 2003 [EB/OL].[2007-01-19].http:// www.specialistschools.org.uk.

(2)促进处境不利学生的融合

在为处境不利学生提供的支持方面，特色学校也做出了比较大的努力。保守党执政时期，批评者认为特色学校之所以取得好的成绩是因为学生都来自上层社会的家庭，但新工党执政时期的特色学校计划却在这方面进行了改进。处境不利儿童往往在学业成绩上比较低下，并容易被其他学生所排斥，但新工党政府认为，所有学生都有潜力进行个性化学习，这里的所有学生包括：学习成绩很高但还想扩展的人，随大流但还未意识到个性化学习的人，出身贫困、想冲破家庭背景的人①。新工党政府把这种信念体现在特色学校计划中，提倡为每个学生提供机会，发挥每个学生的特长，进行个性化学习，这使得处境不利学生也能在学校里受到鼓舞和支持，促进了他们与其他学生的融合。据资料显示，特色学校享受免费学校餐的学生的比例与全国的比例是一致的，均为14.5%。另一项对347所特色学校（占全国特色学校的37%）的调查显示，有15%—80%的学生可以享受免费学校餐，这表明特色学校在提高标准的同时更重视对弱势群体的支持，以保证他们更好地享受教育资源。

(3)学校之间合作的探索者

在保守党执政时期，政府鼓励学校之间的竞争，以提高学校的教育质量，特色学校的前身技术学校就是发展学校竞争的产物。一些批评者认为，学校间的竞争导致学校两极分化现象的出现，即中产阶级子女大

① 王瑄.英国特色学校政策研究[D].北京：首都师范大学，2004：50.

多集中在优质学校，工人阶级子女则就读在越来越差的学校，学业成绩也越来越差，形成了恶性循环，薄弱学校在这种循环中难逃关闭的厄运。新工党执政以后，把加强学校之间的合作作为提升教育质量的一种策略，而特色学校则成为实施这种策略的基石。政府希望特色学校带动整个中学系统的改进，并成为优秀实践经验的传播者。在特色学校计划指导手册中，特别强调特色学校必须利用特色领域为其他学校带来益处，在特色学校获得的额外资源中，必须拿出三分之一用来与社区合作，社区计划要求至少要与五所地方学校合作，至少要与一所中等学校结成伙伴关系①。这并不意味着新工党政府反对学校之间的竞争，它还是鼓励家长择校，鼓励学校之间的关系也是以竞争为主导，所以政府要依靠特色学校推进中学之间的合作。

第三节　英国基础教育均衡发展策略对我国的启示

一、英国基础教育均衡发展的特点和经验

（一）基础教育均衡发展政策的特点

1. 基础教育均衡发展的市场化特征

虽然保守党执政时期，撒切尔政府的教育改革是以市场为导向的，但在“第三条道路”教育政策的背景下，新工党执政时期的基础教育均衡发展政策特别是薄弱学校的改进政策也没有丢失市场化特征。如，在“教育行动区”计划的实施过程中，英国政府将教育薄弱地区公立学校的管理权公开招标，社会各界，特别是私营企业均可以提出申请，在教育薄弱地区成立教育行动区接管所属的公立学校。而行动区也刻意享受政府一系列的优惠政策②。在以特色学校的建设改进薄弱学校的过程中，英国政府也将市场企业管理的先进理念与经验引入教育领域，如，主张继续实行“公立私营”合作战略，允许工商部门根据合同接管办学失败的学校和薄弱学校，政府也给予优惠政策，帮助工商部门把这种

① 王瑄. 英国特色学校政策研究[D]. 北京：首都师范大学，2004：50.

② 马德益. 英国基础教育薄弱学校改革的市场化特征[J]. 比较教育研究，2005（4）：47.

“合同学校”建设成“特色学校”。

基础教育均衡发展政策的市场化特征，一方面是新工党继承撒切尔时代政府教育政策的结果，如，仍实行国家课程和统一考试，追求教育质量、优异和多样性等；另一方面，也是对老工党的“平等与社会主义”改造的结果，即坚持教育机会均等，强调每个学生都优秀、每所学校都成功，为弱势群体教育提供特别的帮助和服务，倡导“包容”以消除“排斥”现象等，寻求在市场机制与宏观调控、国家标准与个人需要、权力与责任之间的平衡，通过这种平衡，使英国的基础教育改革充满理性与朝气，最终达到教育的平等、质量与效率的统一[①]。

2. 对弱势群体实施教育补偿

新工党政府对弱势群体实施的教育政策可以说是一种“教育补偿”，并把这种“教育补偿”作为实现教育公平的一种基本手段。教育公平是当代人类教育的民主化和现代化进程所追求的一个核心目标，是每个公民都应该享有的权利。教育补偿则是相对于教育公平而言的；教育公平的主旨之一就是所有儿童享有同样的教育资源，而教育补偿则是让处境不利儿童享有更多的教育资源，以缩小他们与普通儿童的差距，或者对他们现在享有的教育资源进行补偿，使之至少可以与其他儿童享有同样的教育资源。新工党政府对处境不利儿童的教育补偿主要动因有三方面：一是教育公平是社会公平的一部分，也是社会公平的根本，更是布莱尔政府要达到的社会目标；二是社会长远利益的要求，根据管理学中“木桶短板”效应，系统的功能和作用取决于系统中最弱的环节。同样，一个社会人口的整体素质和竞争能力必然要受到社会弱势群体素质的巨大制约，特别是当弱势群体规模较大的时候。弱势群体的教育问题不解决，人口整体素质和国民竞争能力的提高就难以真正实现[②]；三是从教育政策的有效性来看，只有教育政策满足并符合绝大多数社会成员的利益和要求时，教育政策才能获得较强的合法性。但无论处境不利儿童在参与教育政策过程中所占的比例如何，他们参与表达自身利益的机会和能力都处于不利地位，也最有可能受到社会不公平和政策的损害。如果教育政策不能全面保障弱势群体的利益，如果弱势群体因现实

① 马德益. 英国基础教育薄弱学校改革的市场化特征[J]. 比较教育研究，2005(4)：49.

② 刘复兴. 教育平等与弱势补偿[N]. 教育时报，2001-09-15(2).

的不平等受到了损害而不能得到有效的补偿，就会削弱教育政策的合法性，进而危及教育政策的有效性[①]。但正如第二章所言，对弱势群体仅仅给予教育补偿是不够的，要按平等的要求补偿由偶然因素造成的倾斜。

（二）基础教育均衡发展的经验

1. 从政府层面提供对处境不利儿童和薄弱学校的支持

新工党执政伊始，就把教育摆在优先发展的地位和工作的重点。在"第三条道路"理念的指导下，英国政府更是把教育的均衡发展作为建立"繁荣和全纳"社会的重要途径，那么，处境不利儿童和薄弱学校就成为英国政府支持的首要对象，"保证每个学生都优秀，每所学校都成功"就成为教育均衡发展的目标和理念。英国政府以政策和立法的形式保证了处境不利儿童教育状况的改善和薄弱学校的改进顺利进行，使得教育均衡发展的过程有章可循，没有半途而废。

除了在政策和立法方面给予支持和保证，英国政府还对处境不利儿童和薄弱学校以资金、技术、管理和师资方面的大力扶持。无论是"确保开端计划"还是"教育行动区"计划，英国政府都有大量的财政投入。一方面，把这些经费的使用权完全交给学校和各改革计划的实施者，让学校和计划的实施者有充分支配的权利；另一方面，教育标准局每年都会对各计划的财政状况进行评估并做出评估报告，总结经验。在技术和管理方面，一般由教育督导部门负责薄弱学校改进和各改革计划的顺利进行，并通过与工商部门和家长进行协调，来促进他们参与到学校的技术改进和管理中，以保证改革计划有序进行。在师资方面，英国政府除了提供继续教育和培训方面的支持，还采取多种有效措施：如在"教育行动区"计划中，加盟的薄弱学校在聘任教师时可以不受全国性教师聘任条例的约束，并且以更加优厚的待遇吸引优秀教师任教；在"追求卓越的城市教育"计划中，英国政府则通过制定新的教师行业规定吸引优秀的社会人士加入教师队伍，并且通过城市学习中心加强教师的在职培训，使他们在教学过程中能够熟练运用新的教学手段，使各科教学更加专业化。

---

① 刘复兴. 教育平等与弱势补偿[N]. 教育时报，2001-09-15(2).

2. 注重合作和整合各种资源以服务于教育改革

（1）广泛利用校外资源

在“确保开端计划”、“教育行动区”计划和“追求卓越的城市教育”计划的实施过程中，英国政府都鼓励社会力量的参与，以公立私营、社区和学校共建的方式来共同致力于薄弱学校、薄弱地区和处境不利儿童教育状况的改进。一方面，为教育改革增加了社会力量，注入了新鲜的血液，有利于缓解各项计划实施过程中的财政困难；另一方面，也加深了各项计划实施的力度，提高了学校教育质量。如，在“教育行动区”计划中，学校将家长作为教育资源加以开发，鼓励家长参与到学校的管理工作中，这增进了家长对学校日常工作的了解，获得了家长的支持、信赖，为教育改革注入了新鲜的血液，有利于加快教育改革和帮助薄弱学校摆脱教育困境[①]。

（2）加强校际交流与合作

在广泛利用各种社会资源的同时，英国政府鼓励学校之间建立联盟，加强校际合作，促进薄弱学校以优异学校和特色学校为榜样，促进自身的发展。英国教育大臣查尔斯·克拉克在2003年指出，希望全国学习布拉德福市的经验，建立起各地的初中学校联盟。初中学校联盟由当地几所初中学校组成，其中包括经营不善的学校和成绩突出的学校，而优秀学校的校长要负责把成功的治校经验带到薄弱学校去[②]。如“追求卓越的城市教育”计划的目标之一就是要建立学校网络系统，使得一些学校改进和成功的经验得以广泛传播。这有利于薄弱学校共享成功学校的理念、管理、教学等资源，还可以与成功学校形成优势互补，从而实现让每所学校都成功的教育战略目标。

二、义务教育均衡发展的核心理念

教育均衡发展与公平、公正理念密切相关，但又有所区别。教育均衡发展问题的提出源于教育公平理论，与教育公平一样，教育均衡是一种相对的概念，是尽可能让每个社会成员都享有受教育的权利。但是教育均衡发展与教育公平、公正又有所不同，教育公平、公正强调的是机

① 秦素粉. 英国薄弱学校改进政策研究[D]. 上海：华东师范大学，2007：31.

② 马德益. 英国基础教育薄弱学校改革的市场化特征[J]. 比较教育研究，2005（4）：48.

会、结果与状态的平等，而教育均衡发展强调的是一种发展过程，是为了达到教育公平、公正的目的，对相关政策、条件和资源的合理掌控与调配，因此，教育均衡发展更具有政策、运作、机制层面上的意义。在经济学上，均衡发展是指通过合理的资源配置，达到市场需求与供给的相对均衡，使经济中各种对立的、变化的力量相当，形成相对稳定的状态。因此，均衡发展首先是一种发展类型，是在对狭隘的经济发展观批判的基础上形成的一种新的发展观，是一种以人为本的充分体现民主和公平的发展观，这种发展不是一种单纯的增长与扩展，不是一般意义上的发展，而是体现均衡本质、充分兼顾平衡与协调的发展。均衡发展是在平衡合理的资源配置的基础上的发展，是全面、健康、和谐、可持续的发展状态，将这一理念运用到教育中，就是每个学生在平等享有受教育机会、教育条件下的教育发展；是指通过法律法规确保给予公民同等的受教育的权利和义务，通过政策制定与调整及资源调配而提供相对均等的教育机会和条件，以客观、公正的态度和科学有效的方法，实现教育效果和成功机会的相对均衡。

既然是一种发展观，教育均衡发展就十分强调与社会经济整体发展的密切联系。教育均衡与国家的竞争力、社会的整体和谐与协调、社区的包容与全纳密切相关。而教育公平、公正则更侧重强调其社会层面的意义，缺乏对国家整体发展的促进。由于其动态性、整体发展性、可持续性，教育均衡发展不仅成为世界教育发展的潮流，而且成为达到教育公平目的的重要途径，进而成为教育现代化的核心理念。英国是目前世界上基础教育较为发达的国家，但是同样存在着区域之间、学校之间、社会群体之间在教育机会和质量上的不平衡问题。早在1965年英国就针对区域之间、学校之间和不同社会群体之间在教育机会和质量方面的不均衡提出了“积极的区别对待”政策，在资源配置方面采取了积极有效的倾斜政策。但是，这个时期的“积极的区别对待”只局限于社会公平方面的考虑，而1997年，新工党以“第三条道路”为指导思想的教育发展观对教育均衡发展的认识从过去单纯的社会公平意义拓展到作为保持英国在全球化进程中的优势和社会重建与和谐社区建设的重要工具，形成了一整套对于区域之间、学校之间、群体之间均衡发展的政策，这些政策具有均衡发展的特征，注重发展的整体和谐，以免造成因过分强调公平而导致效率的牺牲，更加注重可持续性、发展性、动态性和可操作性。

第四章 法国义务教育均衡发展

法国哲学家西蒙娜·威尔这样理解平等，她说："平等是人类灵魂的必然需求。它由公众的、普遍的、确实的承认构成，并由制度和习俗真切表示，等量的尊重和努力属于全人类，因为对人类的尊重就应如此并不分等级。"《世界人权宣言》第二十六条规定："人人都有受教育的权利，教育应当免费，至少在初级和基础阶段应当如此。初等教育应属义务性质。技术和职业教育应当普遍设立。高等教育应当根据成绩而对一切人平等开放。"从1945年宣言发布之日起，人们对教育平等便充满了期待。但是，实现教育平等的理想需要从认识教育领域中的不平等开始，而法国社会学家开创了教育不平等理论研究的先河。

第一节　教育不平等的理论与测量方法

自从有人类社会，特别是出现阶级以来，社会不平等就表现为统治阶级与被统治阶级的不平等。但是，这种不平等长期以来被认为是自然秩序的结果或神的旨意，只是在法国大革命之后，教育平等的思想才开始进入政治改革的范畴。

法国《人与公民权利宣言》宣称，国家保证教育的平等。法国大革命期间，诸多体现教育平等理念的教育改革计划纷纷出台，如，塔列朗提出，“应当承认人人平等。然而，在事实上不平等的环境中，权利的平等极少体现。如果教育不能不懈地努力减少严重的不平等，那么，不平等决不会自然消亡[①]。”

学校，就其本义来说，应当是传授知识的场所。但是，学校在它诞生之时便打上了阶级的烙印。在民主社会中，学校一方面是形成人力资本、促进社会流动的重要因素，另一方面，也在参与和制造社会的不平等。传统社会学认为，学校具有社会统一和社会分工的双重功能，既要向儿童灌输社会道德价值观念，又要为他们的劳动分工定位。1802年，拿破仑建立公立中学，便是为其精英教育服务的。公立中学通过严格的拉丁语教学来选拔精英。一位历史学家曾经在1896年指出，“如果说拉丁语的学习有什么用的话，便是它本身的无用[②]。”

法国的布尔迪约和巴斯隆则否认学校在传授人类的一般文化，给予所有儿童身心发展的平等机会，他们严肃地指出学校“以其无法替代的方式使阶级关系结构永存并使之适于法律”。

他们是这样揭示学校如何实现社会结构再生产的：在不同的社会阶级中，存在着不同的“语言码”。每个社会阶层中，都有其独特的文化或文化形式。“可以学校方式赢利的语言资本”在社会不同阶级中的分配先天就不平等，然而学校文化却完全服从于专横文化，崇尚所谓的典雅、悠然自如、潇洒，轻视艰苦朴素。社会各阶级往往由于与学校文化的距离不同和获取这种文化的方式不同而有所差别。接近于学校文化的阶级可以耳濡目染地向儿童传授各种知识，并向儿童提供各种必备的学习条件，从而使其子女凭借其“文化资本”优势很容易地在学校里出类拔萃。而对于平民阶级的子女，因为家庭中对教育制度知之甚少，学习用具也残缺不全，经常处于学习的劣势，甚至受到被淘汰的威胁。因此说，学校成功的不平等就是典型的“文化主义”的不平等。这种文化的不平等恰好体现了社会的不平等，换句话说，不平等的学校教育再生产了不平等的社会结构。

勃德罗和埃斯达伯莱也是教育再生产理论的赞同者，他们写道，

---

① TROGER V, CLAUDE J, BORBALAN R. Histoire du système éducatif[M]. Paris: PUF, 2005: 94.

② TROGER V, CLAUDE J, BORBALAN R. Histoire du système éducatif[M]. Paris: PUF, 2005: 97.

“学校机器忠于职守地致力于资本主义生产关系的再生产，即为着统治阶级的利益，最终实现阶级社会的分离。”但是，他们却从另外的角度来论证其理论。他们认真地考察了法国20世纪60年代的学校教育制度，提出了法国仍然存在着双轨制教育的观点。从表面上看，法国学校实现了统一，即取消了形式上的阶级、种族、性别的限制，实行了全民的免费义务教育。但实际上，两种轨制教育的对立是十分明显的：“初等—职业”教育一轨面向平民子女，主要培养具有一般性技能的简单劳动者；“中等—高等”教育一轨则基本服务于上层阶级子女，为统治阶级培养高级技术与管理人才。这两种教育轨制的对立反映了资本主义脑力劳动与体力劳动之间的分离，强化了社会阶级的矛盾，继续把每个人“按照社会劳动分工划分成对立的社会地位，一方面是被剥削者，另一方面是剥削者”。

当然，教育再生产理论也受到质疑，布东认为，学校仅仅是通过毕业文凭为学生提供就业的机遇，学校对社会结构的作用还很有限，社会不平等的根本原因在于社会分层的不平等。

还有一种“过滤理论”，认为学校的功能不是造就职业能力，而是根据道德与行为的质量对每个人进行过滤和排序。劳动力市场则根据学校的排序接纳求职者，排在后面的，即文凭较低者，便被排斥[①]。

实际上，这种过滤贯穿于整个教育过程。

首先是学校的选择。西方国家的义务教育法规一般都依据学生家庭住址严格限定学生入学的分区范围。但是历史上形成的优质学校往往集中于富裕城区，其房价远远高于平民区，因此优质学校的学生通常出身于富裕家庭。

其次是班级的分配。在任何国家，都要根据一定的规则将学生划分成班级。常见的划分标准是学生的学习水平，相同或相近水平的学生被编排在同一班级。而学习水平总是或多或少地与学生的家庭出身相关联，诸多统计数据表明，出身优越的学生在优秀班级的更多，出身不利的学生在较差班级的更多。

再次是课程的设置。课程的多元化为学生提供了更多的选择，但理论性课程的未来导向通常是科学研究和行政管理，而应用性课程的导向

---

① BELLAT M D, ZANTEN A V. Sociologie de l’École[M], Colin/VUEF: Paris, 2001(2): 70-72.

是从事普通职业。在这里，学生的分布同样具有鲜明的出身差异。

然后是教师的态度。教师应当不让一个学生掉队，但在教学实践中，教师往往偏爱优秀学生，实行的是精英主义。如果说存在着课堂上的皮革马利翁效应，一般来说也是能发生在比较优秀的学生身上。进一步来说，课堂上体现的经常是马太效应，好的越好，差的越差。

最后是环境的差异。优质学校或优秀班级，通常有较好的学习环境，设备优良、秩序井然；而差的学校或班级，经常充斥着无序与暴力。可想而知，一个本来文化贫瘠的平民出身子女，在一个恶劣的学习环境中几乎无法健康成长。

从本质上说，学校或教育并不是不平等的根源，但是学校又确实或多或少地参与和制造着不平等。为了减少不平等并最终消除不平等，就必须减少和消除教育不平等。为了减少和消除教育不平等，就需要对教育不平等的状况进行测量。

1904年，鲍尔·拉比试图通过测量初等义务教育的结果，来验证“平民学校恰当地发挥着平均主义的作用”是否属实。拉比对1872至1893年结束小学学习的学生的职业状况进行了细致研究，发现只有少数平民子女获得初等教育证书，并由此改变了社会等级。这样的结果令这位共和国学校的拥护者颇感失望，他遗憾地指出：“学校有时可以斩断经济等级所封锁的社会网络的链环，但其作用实在有限①。”

1936年，教育部部长让·泽在开放中等教育的同时，开始对初等教育学生的社会出身开展调查，其调查结果成为法国第一份关于公立中学第六年级学生家庭出身的统计表（见表4-1）。

---

① OEUVRARD F. Quelques repères historiques [J]. Education & formations, 2007 (74): 10.

表4-1　1936年法国公立中学第六年级学生的家庭出身

学生的家庭出身	学生人数	比例
公务员	8 613	30%
工商业主	7 097	24.6%
食利者	1 682	5.8%
农民	487	1.7%
工人	769	2.7%
手工艺者	1 251	4.3%
职员	5 850	20.3%
自由职业者	3 057	10.6%
总计	28 806	100%

资料来源：A. Girard，　Deux études sur la démocratisation de l' enseignement. I ， L' origine sociale des élèves des classes de sixième. II. Résultats d' une enquête dans l' Académie de Bordeaux，INED，Population，no 1，janvier-mars 1962，in Francoise Oeuvrard，Quelques repères historiques，Education & formations n°74，avril 2007.P.10.

1944年，国家人口研究所对95 000名小学生进行调查，试图找出学生家庭出身与学习成绩的关联。1962年，国家人口研究所公布了其在小学五年级（毕业年级）的调查结果：87%的高层管理人员和自由职业者的子女能够升入初中，而升入初中的工人子女只有21%，农民子女只有16%①。1972年，国民教育部设立专门统计机构，对30 000万名初中一年级学生进行纵向调查。

随着高等教育的大众化发展，人们把教育不平等的关注点放到高中毕业会考文凭获得者的家庭出身上。统计数据表明，1985至1995年的10年间，高中毕业会考文凭获得者在同代人口中的比例增长了一倍多，由29%增长到63%。但是，教育不平等的现象依然严峻。2004年，高层管理人员满18岁的子女占同龄人口的比例为15%，但在当年高中毕业会考文凭获得者的总数中占20%。而占同龄人口比例约三分之一的工人子

① OEUVRARD F. Quelques repères historiques[J]. Education & formations，2007(74)：11.

女，高中毕业会考文凭获得者的比例仅为18%（见图4-1）。

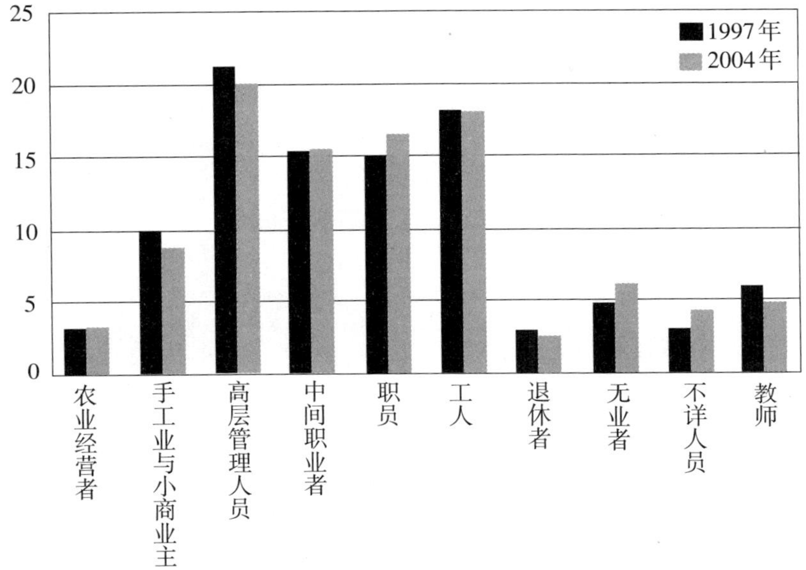

图4-1　1997年与2004年法国高中毕业会考文凭获得者的家庭出身

资料来源：Olivia Sautory，La démocratisation de l'enseignement supérieur : évolution comparée des caractéristiques sociodémographiques des bacheliers et des étudiants，Education & formations No.74，April 2007.

高等教育发展的同时，也体现出不同社会出身的学生之间及其在学科分布上的差距。图4-2中的横轴勾画了精英教育的走向，高层管理人员和教师的子女、就业出路更好的科学专业系列集中分布在这一轴线的左侧。而工人的子女处于横轴的右侧，职业教育的专业系列的位置更远离横轴。横轴的终结处表示全部高中毕业会考文凭获得者占同龄人口的68%，而纵轴则表示农业系列高中毕业会考文凭获得者的比例达到17%。

2004年，43%的管理人员子女获得了科学系列的高中毕业会考文凭，而当年科学系列高中毕业会考文凭的获得者只占全部高中毕业会考文凭获得者的26%。类似的数据也体现在教师子女身上，46%的教师子女具有科学系列的高中毕业会考文凭，占全部科学系列高中毕业会考文凭获得者的8.5%。

而工人、农民和退休者的子女更多地选择了技术或职业教育文凭。

26%的工人子女选择的是工业科学技术或社会医学等社会地位较低系列的高中毕业会考。实际上，这两个系列的高中毕业会考文凭获得者的比例只占全部高中毕业会考文凭获得者的19%。

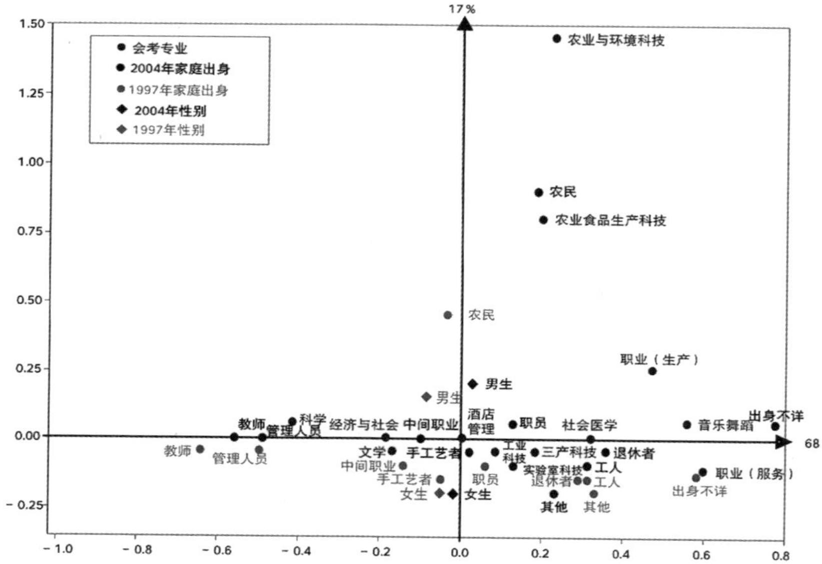

图4-2　法国高中毕业会考文凭获得者家族出身与专业相关性分析

资料来源：Olivia Sautory，La démocratisation de l' enseignement supérieur : évolution comparée des caractéristiques sociodémographiques des bacheliers et des étudiants，Education & formations No.74，April 2007.P.51.

第二节　法国促进教育平等的相关举措

一、教育优先区：给匮乏者更多

20世纪70年代末期，法国在经历经济危机之后，社会矛盾凸显，失业和不平等问题困扰着法国社会。在教育上，由于中等教育的迅速普及，特别是1975年统一初中的实施，学业失败问题日益严重。学习困难的学生与正常学习的学生之间的差距越来越大，而这些学习困难的学生具有明显的社会特征，如，来自多子女家庭、单亲家庭、平民家庭、移民家庭等。学业失败是导致诸如失业等社会失败的重要原因，间接的结果是加剧整个社会的不安。1981年，法国左派政党第一次执政，解决社会不平等问题便是政府不可回避的一项重大难题。

（一）一个创举

为了克服学业失败和缩小教育不平等，法国教育部部长萨瓦里于1981年提出了“教育优先区”的政策，就是在学业失败率较高的城区或乡村划分一定的地理区域，实施特殊的教育政策。萨瓦里认为，“教育系统应当民主化，并同社会不平等做斗争，应当给予最需要的人更多帮助和关心[①]。”因此，在教育优先区域内，要以“给予最匮乏者更多，特别是更好”[②]的思想为宗旨，采取强化早期教育、实施个别教学、扩大校外活动、保护儿童健康、加强教师进修等措施，并为区域内各级中小学追加专门经费，为其教师增加补贴，以保证教育质量有所提高。所有在教育优先区任教的教师都可享受每年6 900法郎的“特殊工作补贴”，初级中学校长和副校长从1999年起可享受向上浮动一级工资的待遇。

在每个教育优先区内，也建立相应的管理与协调机制。通常，教育优先区以一个初中为核心，与本招生区的若干小学结合成一个整体。其负责人可能是国民教育督导员，也可能是初中的校长，并由一位专职或兼职教师作为助理。经过分析与研究，每个教育优先区要制定重点发展目标和规划，即“成功契约”。这个契约经省级行政机构批准之后，便可获得相应的经费支持。

在1982年开学时，法国设立了363个教育优先区，涉及8.3%的小学生和10.3%的初中生，7.4%的职业高中生和0.8%的普通与技术高中生。

（二）曲折发展

本来教育优先区的设想在1981年就已提出，教育部在1981年7月1日的通令中明确指出其目的在于“通过有选择地强化在学业失败率最高

① Alain Savary, discours du 13 juillet 1983[EB/OL]. [2010-10-05]. http://www.educationprioritaire.education.fr/.

② Le rapport d’activité 2000- 2001 du ministère de l’éducation nationale [R]. Ministère de l’éducation nationale, 2002:71.

的区域和社会环境中的教育行动，对社会不平等加以纠正[①]”。但是，这一政策却未得到积极响应。学校负责人和教师普遍不欢迎校外人士对学校事务的介入，地方行政部门也担心在本地设置教育优先区会给所辖学校带来不良影响，一些社会人士还认为教育优先区可能打破学生之间和学校之间平等对待的原则。教育部不得已在年底再度发布通令，以准备时间不足为由，暂停教育优先区的实施[②]。

也许，这就是一个不祥之兆。尽管教育优先区的政策在1982年得以实施，后来的发展却一波三折。最初的倡导者萨瓦里部长（1981年6月—1984年7月）离任后，新任教育部长舍维内芒（1984年7月—1986年3月）对教育优先区的支持仅仅停留在口头上，其兴奋点在复兴共和国学校。在莫诺里任教育部长时期（1986年3月—1988年4月），教育优先区政策被完全放弃。直至1990年若斯潘担任教育部长时，教育优先区政策又被重新提起，并列于《教育指导法》之中。

在新的教育优先区政策中，“首要目标是明显改善学生，特别是处境最不利学生的学业成绩”[③]，规定了三大目标：改善教学条件；改善优先区的形象；改善教师地位。

新的目标似乎并未取得实质进展，教育优先区的发展又步入消沉之中。1997年，法国教育部又发动了第二轮的教育优先区政策的实施，并确定了十项目标：

1. 保证每个学生平等地学习知识；
2. 保证掌握阅读与语言；
3. 发展文化体育活动以及形象教育；
4. 鼓励早期教育；
5. 辅导最困难的学生，防止学业失败；
6. 开展公民与道德教育；
7. 加强学校与家长的联系；
8. 向社区开放学校，创建有效的合作条件；

---

① Circulaire N°81-238 du 1er juillet 1981[EB/OL]. [2010-08-09]. http://dcalin.fr/textoff/zep_1981.html.

② Circulaire N°81-536 du 28 décembre 1981 [EB/OL]. [2010-08-09]. http://dcalin.fr/textoff/zep_1981-2.html.

③ circulaire n°90-028 du 1er février 1990 [EB/OL]. [2010-08-09]. http://dcalin.fr/textoff/zep_1990.html.

9. 制定有效的工具评估学业进步；

10. 改善教师辅导工作，创建更好的指导条件。

伴随新的目标，教育部决定重新划定教育优先区。为了促进教育优先区的进一步发展，负责基础教育的部长级代表鲁瓦雅于1998年7月提出促进教育优先区向“教育优先网”转化。

2000年，法国的教育优先区和教育优先网为916个，覆盖了7 329所小学、1 061所初中、45所普通高中和124所技术高中，涉及170万名学生，其中，包括17.9%的小学生和21.1%的初中生[①]。2006年年初，教育部发动了第三次教育优先区的实施，但名称有所不同，称之为“有志于成功网”。2006年开学时，249个“有志于成功网”被创建，包括249所初中和1 715所小学。其中初中接纳了12.6万名学生，为公立初中学生的二十分之一[②]。

（三）成效不大

教育优先区政策实施20多年来，应当说取得了一定的成功，但主要体现在教育条件和设施上的改善。比如，教育优先区初中教师与学生的比例平均为1∶21.2，而非教育优先区的这一比例为1∶23.2，教育优先区的生均经费通常比非教育优先区高10%—15%[③]。

但是在解决学业失败上，教育优先区的成效甚微。根据法国教育部评估与发展司2002年9月的评估结果[④]，教育优先区内学生的学习成绩与非教育优先区仍有相当大的差距。教育优先区内小学三年级学生的数学平均合格率为60.7%，法语为58.8%，而非教育优先区内小学三年级学生的数学平均合格率为67.7%，法语为69.4%。其中数学成绩的差距比较明显，法语的差距就更大了，超过十个百分点。

在初中一年级，学生的数学平均合格率为53.6%，法语为56.1%，而非教育优先区学生的数学平均合格率为67.4%，法语为68%。这就是说，教育优先区内与外的初中学生成绩的差距不仅未能缩小，反而在进

① Les principes de l' éducation prioritaire, Ministère de l' éducation nationale [EB/OL]. [2010-08-09]. https://www.education.gouv.fr/l-education-prioritaire-3140.

② Les principes de l' éducation prioritaire, Ministère de l' éducation nationale [EB/OL]. [2010-08-09]. https://www.education.gouv.fr/l-education-prioritaire-3140.

③ Le rapport d' activité 2000-2001 du ministère de l' éducation nationale [R]. Ministère de l' éducation nationale, 2002: 71.

④ Le Monde de l' éducation, N° 313[J]. avril, 2003(4): 30.

一步拉大，都超过十个百分点。

尽管处于教育优先区的学生的成绩普遍不如非教育优先区的学生，但官方给出如下解释："在20%的优秀学生中，教育优先区的学生占10%；在20%的较差学生中，教育优先区的学生只占40%；在60%的中间水平学生中，教育优先区的学生约占半数①。"

但是，社会各界的评价却与官方大相径庭。有人认为，教育优先区的标签加剧了"弱者集中的效果"，处境不利人群的"集中化"更减少了其成功的机会。另一方面，教育优先区的设立又使一些条件优越的家庭从教育优先区中的学校撤离。这样，实际的结果是社会分离现象进一步加剧。

法国教育部评估与发展司的一份统计表清楚显示，教育优先区内学生家长为工人或无业者的比例为58%，而在教育优先区外这一比例为35%。教育优先区内学生家长的文化水平也普遍较低，持有高等教育文凭的只有20%，而在教育优先区外学生家长的高等教育文凭持有率为40.5%（见表4-2）。特别是教育优先区内学生家长的移民比例较大，他们经常讲的是自己的母语而不是法语。可想而知，在这样的家庭氛围中获得良好的语言训练是很难的，因而也难以在学校获得好的法语成绩。

表4-2　1995年教育优先区内外初中学生的家庭背景情况

		教育优先区内	教育优先区外
社会出身	农业生产者、手工业者、商人	7.0%	11.0%
	管理人员、中间职业人员、企业主	15.0%	37.0%
	职员	20.0%	17.0%
	工人、无业者	58.0%	35.0%

① Le rapport d'activité 2000-2001 du ministère de l'éducation nationale [R]. Minist ère de l'éducation nationale, 2002:72.

（续表）

		教育优先区内	教育优先区外
家长最高文凭	初等教育	41.5%	16.5%
	职业高中证书	38.5%	43.0%
	高等教育文凭	20.0%	40.5%
子女人数	1或2	24.0%	43.0%
	3或4	35.0%	38.0%
	5及以上	41.0%	19.0%
移民	父母均不是移民	65.0%	87.0%
	父母均为移民	27.0%	7.0%
父母语言	总讲法语	67.0%	88.0%
	总是或经常讲其他语言	15.0%	3.0%

资料来源：MEN-DEP，panel d’élèves entrés en classe de 6e en 1995.

法国初中的主要问题是统一招生所形成的学生成分参差不齐，而在一些教育优先区的学校，学生成分竟是出奇的一致，但却是另一种一致，正如一所学校校长所言：“我们，100%是穷人、95%是移民，没有老板，没有中产阶级、自由职业者、教师、商人[①]。”因此，有人讽刺道，若去教育优先区，“沿着垃圾车的方向一直走，学校就在后面的死胡同里。”

本来，教育优先区的目的在于缩小教育不平等，但意想不到的是，竟又陷入了加剧不平等的泥潭。

（四）仍需坚持

法国教育优先区的发展正处于进退两难之际。谁都知道，教育平等不仅在于教育起点的平等、教育机会的平等，更重要的是教育结果的平等。但是直至目前，任何国家都未能实现真正的教育结果平等。正如当时负责基础教育的部长级代表鲁瓦雅于1998年6月4日在鲁昂召开的“教育优先区全国研讨会”上所指出的，“在一个社会陷于其内部的无知、偏狭、暴力、贫穷、孤独的威胁之中，是教师和工作在教育优先区的人护卫着社会的新防线。一旦这一防线崩溃，一切都可能逆转。所有

① Le Monde de l’éducation，N° 313［J］.avril，2003(4):30.

这些，都取决于学校[1]。”

现实的做法也许只能是坚持、坚持、再坚持。一方面要在政策上做一些调整。如果说法国1982年设置教育优先区时，涉及8%的小学生和10%的初中生；教育优先区在20年后的覆盖面扩大许多，1999年时涉及小学生的比例为15.2%，2001年时涉及初中生的比例为17.3%。从道理上讲，教育优先区的划分应该是动态的，如果一些学校的学生成绩指标有较大改善，就应当撤出教育优先区，相反，一些学校的状况不好则应进入教育优先区。但实行起来却颇为困难，原因就在于享受特殊工作补贴的教师都不愿减少自己的收入。例如，在里尔学区，教育优先区增加了25个，享受补贴的教师由300人增至2 700人[2]。

另一方面要调动教师的积极性。有的学者认为，为了使教育优先区政策获得成功，教育优先区中教师的作用至关重要，他们要有四个方面的特殊能力。

道义方面：要相信自己能够成功，要相信其学生有能力学习并能取得成功；

教育方面：实行一种结构合理的教育学，既要开放又要严格；

机制方面：能够在20—25名学生的小班中教学，并能够管理小组活动；

社会方面：善于社会沟通，特别是与移民家庭的沟通[3]。

2005年12月13日，法国教育部部长吉尔·德罗比发表了关于“优先教育”的讲话，提出了继续“优先教育”的新思路。德罗比批评说“优先教育”这一政策并未达到理想结果，原因是给予的太少，给予的太泛。特别是没有给到“人”，而是撒胡椒面似的分散到未能清晰界定的各个区域。他指出，未来的优先教育将考虑学生家庭的社会状况、学业滞后的比例、初中一年级学生的评估成绩、母语为非法语的学生的数量。首先，确定200—250所学习最困难学生最集中的初中，他将这些学校命名为“有志于成功”的初中，并从2006年开学时起，为这些学校补

---

① Assises nationales des ZEP, Rouen, les 4 et 5 juin 1998[EB/OL].[2011-03-09]. https://www.ozp.fr/spip.php?article14812.

② Le Monde de l'éducation, N° 313 [J].avril ,2003(4):30.

③ Quelle éducation prioritaire aujourd'hui et demain? Table ronde 7 mai 2000[EB/OL].[2010-08-09].https://www.ozp.fr/spip.php?article718.

充1 000名教师和3 000名教学辅导人员，保证每所学校至少有一名医护人员，设置200个骚乱学生矫正班。

德罗比部长强调，仅有这些措施还不够，应当赋予这些学校真正的目标，需要激发一种努力学习的新的精神，要使学生具有自信心、归属感、自豪感。要动员文化机构、体育机构、大学与科研机构参与这些学校的工作，促进学校文化环境的改善。这些初中还要确定自己的教学计划和发展目标，并同地方教育主管部门签订4—5年的合同，由国家督学监督其实施。

德罗比最后指出，实现机会平等是共和国所要求的，行动的绝对优先点就是让全法国的儿童都会阅读和写作，这是自由的关键。

经济的法则是追求效益的最大化，效益低或无效益的领域可以不去问津。教育虽然必须考虑成本与效益，但要更多地关注公平，例如，对贫困地区和弱势人口的教育，甚至对一些成本极大、效益极低的教育活动，如，针对残疾人的特殊教育也必须坚持不懈。教育优先区，可以说是法国在促进教育平等方面迈出的重要一步，但却是艰难的一步。实施教育优先区的政策，要消耗相当大的经济资源和教育资源，并且这一政策很可能不足以缩小教育不平等。在教育优先区这里，不存在效率优先还是公平优先的问题。如果不去纠正早已存在的不平等，而侈谈效率，恐怕社会仅存的一点点公正也要丧失殆尽。那么，不仅是平民百姓要揭竿而起，统治者自己的统治也无法维持了。

亚里士多德说过，“以同等的方式对待不平等的事物，是更糟糕的不平等。”仅仅提供相同的起点，或以同等的方式对待差异明显的学生，绝不能获得教育平等的结果。平等，是人类向往已久的梦想。教育平等则是20世纪60年代以来教育民主化进程中的新理念。无论是人类的普遍平等，还是教育平等，似乎距离我们都十分遥远，但只有努力，并持之以恒，才有可能接近目标。正是在这个意义上，我们才特别看重法国教育优先区“给予最匮乏者更多，特别是更好”的理念，并祝愿其在探求教育平等的路上顺利一些。

二、学校分区图：追求基本平衡

为了实践教育平等的政治理念，法国政府自1963年开始编制学校分区图，以限定公共教育服务的区域，同时满足家庭的教育需求。

（一）政治基础：为了社会平等

促进社会平等是法国诸多政治改革的核心理念。法国大革命曾设想使初等教育脱离教会的控制，全国实现统一和免费的制度，只是急风暴雨式的革命无时间也无能力实现这一目标。1833年的《基佐法案》奠定了每个城镇建立一所小学的格局。1881年和1882年的《费里法案》保证了免费初等义务教育的普及。1940年开始实施的家庭补贴制度进一步完善了初等教育系统。但是，中等教育依然明显划分着平民学校和资产阶级子女的学校。

早在1918年，法国"新教育运动"就倡导"统一学校"，主张建立一种平民能够介入的选拔社会精英的"共同基础"。1947年的《朗之万—瓦隆计划》循此思路，提出十八年制义务教育的设想，以最大限度地减少经济、社会或地理因素对儿童的不利影响。虽然这一计划未能实施，但成为后来改革经常参照的"经典"。1959年的贝尔端改革便部分地实践了《朗之万—瓦隆计划》，把接受义务教育的学生年龄延长至16岁，基本可以保证全部青少年都能接受完整的初中教育。1962年12月12日，戴高乐总统向蓬皮杜总理指定三大目标，其中第三个目标要求：国民教育"应当致力于逐步消除社会阶级差异，使所有法国青年都能享有平等的机遇，并通过适当的导向与选择向大众开放"①。

为了实践教育平等的政治理念，法国政府自1963年开始编制学校分区图，以限定公共教育服务的区域，同时满足家庭的教育需求。学校分区图根据学校的不同层次和接收学生的能力，确定招生的地理区域。据此规划图，每个5 000—10 000人口的居民点应当设1所初中，其服务半径为10—15千米，全国约有4 000个这样规模的居民点。在人口密度大的城市，还要划分单一学校和多个学校的不同区域。每年各地教育行政部门都要根据学校居民区适龄儿童的数量和学校的招生能力确定学校分区，每所学校分区的范围可能具体到每个门牌号的住所。

法国义务教育既是免费的又是强制性的，凡6—16周岁的儿童均需接受此教育，家庭的义务便是送子女到公立或私立学校就读，也允许在家中接受教育。如果是在家中接受义务教育，须向市镇政府和教育行政主管部门事先申报，并且每年都须报告进展情况，以便政府对儿童的教

① ZANTEN A V，OBIN J P.La Carte scolaire[M].Paris：PUF，2008：12.

育和健康水平进行监控。任何幼儿学校不得允许超过6岁的儿童继续留校，相反，对于已经准备好接受小学教育的儿童，可以适当提早入学。为适应教育大众化的需求，法国初中建设在1960年经历了大发展时期，曾有“一天建一所初中”之说[①]。随着学校发展条件逐步成熟，1975年，法国当时的教育部部长阿比实行了“统一初中”的改革。改革的核心原则是允许社会所有阶层的人都能够在社会平等的条件下接受统一的教育。新的初中替代了原来不同类型的初中，将所有青年都安置在同一类型的学校之内，并且随机分班，不再按照学习成绩划分不同类型的学习系列。

学校分区的基本原则是就近入学。在学校招生之前，家长会得到学校分区及规定学校的有关信息。当儿童准备入学时，家长先要在市镇政府注册，并出示以下证件：户籍证、身份证或出生证、居住证明、儿童疫苗记录。然后家长再到市镇政府规定的学校注册，须提供以下证明：市镇政府签发的学校注册许可证、户籍证、身份证或出生证、儿童疫苗记录[②]。而注册初中基本上可以自动完成。在小学毕业之前，每个学生都会收到有关初中注册的申请资料，家长和学生可以在教师的帮助下选择学生的就读模式（住宿、午餐、走读）和第一外语的语种。当被告知接收其子女的学校时，家长便可以到该校为其子女正式注册了。

在巴黎等大城市，有一些艺术、体育等特长学校，其录取时要进行测试，然后由学区委员会根据成绩和学校招生名额决定录取名单。高中学校的注册稍微复杂一些，因为高中教育已不属于义务教育，学生需要在普通教育、技术教育和职业教育的不同方向上分流。这便是所谓的“定向”，一般的定向程序是这样的：在初中四年级的第二学期，学生和家庭须表示关于定向的要求。班级委员会首先审查学生和家庭的定向要求并提出意见。如果这一意见与学生和家庭的要求不一致，校长须在做出决定之前与家长展开对话。如果异议继续存在，家长可以在三天之内要求由学校校长、教师、学生家长、教育与定向人员组成，并由学区督学主持上诉委员会复议。如果最终未能达成一致，家长可以选择让子女

---

① Agnès van Zanten et Jean-Pierre Obin, La Carte scolaire[M]. Paris: PUF, 2008: 16.

② L' inscription à l' école élémentaire [EB/OL].[2015-08-06].https://www.education.gouv.fr/l-inscription-l-ecole-elementaire-6257.

留级。

学生的申请志愿将送到相关高中，高中校长负责审查学生的资料。之后，学区督学（省级教育行政主管）将根据学生志愿和学校容量决定所辖各学校录取学生的名单。如果家长希望到分区以外的学校注册，须有适当的理由和相应的证明材料，如，学习小语种外语，须提供申请信；父母在某校工作，须该校校长的证明等。如果此项申请被拒绝，学生仍可在规定分区的学校入学。例外的小学入学须经相关市镇政府批准，例外的中学入学须经相关省级教育行政部门批准。

学校分区制度实施以来，不断受到挑战，特别是在新自由主义影响下，要求自由择校的呼声不断高涨。新自由主义认为，自由择校不仅是家长权利的诉求，更是促进教育平等的有效途径。

针对这一问题，萨科奇总统在上任不久便表示“希望逐步取消学校分区图，是为了有较少的分离”，“希望改革统一初中，是为了每个学生能够找到自己的位置，是为了考虑智力的节律、感受、特性和形式的差异，使每个学生获得最大的成功”，“希望残疾儿童能够像其他儿童那样接受教育，不仅是使残疾儿童获得幸福，也要让其他儿童从差异中丰富自己”。但他同时强调，“我们共和国学校的模式，就是容纳所有家庭出身、所有社会阶级、所有信仰，要求每个人在宗教、哲学和政治信仰上保持中立并相互尊重①。”

（二）教育现实：学生分化严重

从本质上说，学校或教育并不是不平等的根源，但是学校又确实或多或少地参与和制造着不平等。法国小学入学率已达100%，并且95%以上的小学生能够进入初中。从数量上看，法国初等教育可以说已经完全普及。但令人担忧的是小学生的留级率多年来居高不下，三分之一以上的小学生不能按期完成五年学业进入初中。这就是长期困扰初等教育的学业失败问题。

1996年5月2日，法国国民教育部公布了小学三年级学生的全国评估考试结果。结果显示：在小学三年级学生中，有15%的学生不能辨认常见词汇，不能理解简单课文，17%的学生不会加法运算，也不懂整数概念；在初中一年级学生中，9%的学生不会阅读，23.5%的学生不会计

① Nicolas sarkozy. Lettre aux éducateurs［EB/OL］.［2010-08-09］.http://www.education.gouv.fr/.

算，6%的学生在学习上存在极大困难。

1998年6月，法国国民教育部的一份报告证实："根据各年情况，刚刚进入小学三年级的学生中有21%—42%的人不能掌握阅读或运算，或不能掌握两个方面最低水平的能力。他们在进入初中时这一比例为21%—35%。"

法国教育高级委员会在2007年关于小学的评估报告中得出此结论：60%的小学毕业生获得及格或令人满意的成绩；25%的学生成绩较差；15%的学生学习困难或极为困难[①]。

如果一个学生在阅读或书写上存在困难，在其他学科中的困难也会随之而来。特别是学习的困难往往给学生带来心理的创伤，他们可能在感到自己不行的同时把自己归为"另类"，导致自我封闭，从而远离学生群体。小学阶段的学业失败给以后的中等教育带来严重的困难，一些研究证明，按时完成五年学业的小学生在未来的中学阶段会有比留级生高5倍的成功概率。而小学阶段的学业是否能够顺利完成，在很大程度上取决于小学一年级的学习情况。

从整体上看，法国学生在法语学习方面的问题相对小些，在数学方面的问题比较严重：近四分之一的初一学生不具备整数比较、四则运算等基本能力，而具备这些基本能力的学生仅占43%。

曾任评估与预测司司长的德洛先生认为小学三年级出现这些问题应属自然，因为这时正在学习过程中，学生可以在以后的二三年中得以补习。严峻的问题是，有5%—10%的学生进入初中时存在极大的学习困难。

令人担忧的是，法国当前的学生成绩竟然落后于20世纪20年代初的水平。1995年，有人在档案资料中偶然发现了9 000余份学生试卷，通过认真比较发现，在语言掌握上，"今天的学生在听写上的出错率平均比20世纪20年代的学生大约高出2.5倍[②]"。

更令人担忧的是，学业失败问题的背后隐藏着严重的社会问题。一

---

① Haut Conseil de l' Éducation, Bilan des résultats de l' école - 2007 [EB/OL]. [2010-05-19].https://www.vie-publique.fr/rapport/29246-bilan-des-resultats-de-lecole-2007-lecole-primai.

② Ministère de l' éducation nationale, Les Dossiers d' éducation et formations, n°62, février 1996.

方面，学习落后的学生中不同家庭出身的比例差别甚大。例如，在1980年对小学一年级留级生的统计中，农业工人和普通工人的子女占29.9%，企业主、高级职员和自由职业者的子女仅有6.1%。其他统计还表明，在正常读完小学的学生中，高级职员子女的比例高出农业工人子女的2倍多。另一方面，学业失败在地理区域上的差别也十分明显。在偏远山村和贫困地区，学业失败的学生的比例相当高，并且这些地区的一些相对优越的家庭也不断搬迁，那里学校的质量日益恶化。

（三）并未终结的争论

学校分区图实施40余年来，在教育均衡发展上发挥了重大作用，但也暴露了严重问题。即使是政府在学校经费和师资方面采取了严格的均衡政策，但因生源而形成的学校之间的差异则十分明显。通常是城市中心和文化区域内的学校因生源质量较好而声誉显著。而只有经济优越的家庭才有可能在这些房价较高的区域居住，因此造成享受教育资源的不平等。

从2002年起，法国政府对学校分区图政策开始松动，法国教育部部长吉尔·德罗比主张放宽学校分区控制，允许教育优先区内所有获得优秀成绩的初中毕业生可以例外地选择学校。

后任教育部部长达尔科相信，家长的自由择校有利于消解社会分离。因此，他于2007年6月进一步放宽政策，允许学生去本区之外的学校就读，只要不超出学校的接受能力。针对可能的超额问题，要求优先招收以下学生：

残疾学生；优秀奖学金生；社会资助生；接受重要医疗，其医院靠近所要求学校的学生；接受特别学科教育的学生；有兄弟或姐妹在所要求学校就读的学生；其居所更靠近所要求学校的学生。

新的政策尊重了家长选择学校的权利，但将引起学校之间的竞争，也可能扩大学校之间的差异。根据教育部的规定，学区总长负责审查每个申请分区以外的学校请求，唯一的限制是接受学校的招生能力。地方政府应用一种《AFFEL.net》软件系统来筛选申请，主要依据的是报名的学校、家庭住址、家庭状况、是否获得奖学金、是否残疾等指标，自动生成筛选结果。2007年入学时，全国共有13 500份申请，其中巴黎地区有2 500份。申请初中学校的批准率为77%，高中学校的批准率为67%。

巴黎一位家长因其女儿两次申请进入若干著名高中未能成功，无奈将女儿送入一所私立学校之后，将巴黎学区告上行政法院，法院最终判决家长胜诉，要求志愿报名的高中将其女儿录取，并要求学区支付该家长1 500欧元的诉讼费①。

对于即将取消学校分区图，许多家长欢呼雀跃，他们可以为子女自由地选择学校了。一些学者也支持取消学校分区图，他们认为，学校分区图会导致社会的贫民区的形成，因为“只有富裕阶层的子女才有规避学校分区图的能力”②。

但也有另一些学者持不同意见。法国国家科学研究中心研究员臧丹指出，“学校分区完全自由的国家，或者说无任何调控的国家，学校不平等在整体上最为严重……然而，在我们的民主之中，强制的学校分区图的约束越来越不被接受”。她还看到，“学校分区的取消会给予优越家庭更多选择学校的机会”。结果可能是，“坏公民，但却是好家长离开（规定的分区学校）”，“好公民，但可能是坏家长留下”③。

社会学者迪拜和迪露·蓓拉认为，“取消学校分区图不足以提出更为公正的政策，取消学校分区图可能是比坏药方更糟的药方”④。法国共产党则认为政府取消学校分区图的措施“令人愤慨”，严厉批评“菲永政府如此简单粗暴地终结了共和国的学校”。

孰是孰非也许不会有定论，法国学校分区图也许最终会被取消，但是法国公共教育的原则不会变。所谓教育的公共性，就是平等地对待所有学校和学生，保持教育资源供给的平等性。法国政府已经郑重承诺，就近入学仍是普遍的规则。即使平民的子女无法选择优质的学校，还可

---

① Marie-Estelle Pech, Carte scolaire: le système d'affectation mis en cause[EB/OL]. [2010-02-16].http://www.lefigaro.fr/actualite-france/2010/02/17/01016-20100217ARTFIG00053-carte-scolaire-le-systeme-d-affectation-mis-en-cause-php.

② Marc Dupuis. Carte scolaire: la Cour des comptes pointe un risque de ghettoïsation LE MONDE | 05.11.09 | 12h02[EB/OL]. [2009-11-05].http://www.lemonde.fr/societe/article/2009/11/05/carte-scolaire-la-cour-des-comptes-pointe-un-risque-de-ghettoisation_1263096_3224.html.

③ Agnès van Zanten et Jean-Pierre Obin, La carte scolaire[M].Paris: PUF, 2008: 55.

④ L'assouplissement de la carte scolaire décidé par Xavier Darcos [EB/OL].[2015-08-06].http://www.education.gouv.fr/cid5170/xavier-darcos-assouplit-la-carte-scolaire.html.

以在家庭附近的合乎规范的学校就读。尽管富人的子女如愿以偿地进入名牌学校，凭借的也不是金钱和权势。透明的规则和公正的程序才是人们真正的期待。

三、课程改革：为了全体学生成功

一般来说，教育发展与教育成就应当是同步的。特别是近十年来，法国教育发展较快，教育环境也有较大改善：教育经费增长了近25%，小学教师数量增长了2%，中学教师数量增长了7.8%，小学生减少了423 000人，中学生减少了130 000人。在1975年至2001年间，小学生生均经费增长了94%，中学生生均经费增长了74%。但令人疑惑不解的是，20世纪90年代恰好是教育问题日益尖锐的十年。

为了扭转学业失败等教育问题，法国在20世纪90年代实施了一系列课程改革，但这些改革措施的效果并不明显，不仅未能实现1989年教育指导法规定的使80%的青年达到高中毕业会考水平的目标，学业失败依然严重，每年仍有5万名高中生毕业时得不到文凭，学科不平衡还在加剧，这些问题的解决有赖于新一轮的改革。

（一）寻求共识

为适应21世纪教育发展的新形势，法国总理拉法兰于2003年9月15日组建了由教育部原评估与预测司司长克劳德·德洛为主席的“学校未来全国讨论委员会”，并赋予该委员会两项使命：组织全国性的讨论，收集所有关于学校问题的思考和建议；为未来15年法国教育系统可能或期望的变革进行原则性描述，使政府能够清晰决策并准备一项新的指导法。

委员会在工作伊始便建立了自己的互联网网站，发表了由学校评估高级委员会邀请的4位专家对法国教育系统的问题撰写的题目为《对学校的初步诊断》的报告，并提出了22个问题供全国讨论。具体问题如下：

（1）共和国学校的价值是什么？如何使其被社会承认？

（2）未来的几十年，学校的使命应当是什么？

（3）学校应当趋向何种类型的平等？

（4）教育在青年和成人之间是否应当另行划分，并涉及更多的劳动领域？

（5）什么是知识、能力和行为规范的共同基础？学生是否应当在义务教育各个阶段优先掌握？

（6）学校应当如何适应各类学生？

（7）如何改善职业教育结构及其社会认可？

（8）如何有效激励学生学习？

（9）学生评估、考试与评分应当具备何种功能以及采取何种方式？

（10）如何组织和改善学生定向？

（11）如何准备和组织高等教育的入学考核？

（12）家长和校外合作者如何促进学生的学习成功？

（13）如何担负起学习困难学生的工作？

（14）如何保证残疾学生和重症学生在校学习？

（15）如何有效防止校园暴力和无礼行为？

（16）如何在教育共同体成员中，特别是在家长和教师、教师和学生之间建立联系？

（17）如何改善学生在学校的生活质量？

（18）在教育领域，如何确定和划分国家和地方政府的不同职责？

（19）是否应当给予学校更多的自主，并伴随对其评估？

（20）学校如何更好地使用其占有的经费？

（21）是否需要重新确定学校的工作？

（22）如何培训、录用和评估教师？如何更好地组织教师的职业生涯？

这次关于学校未来的全国大讨论，可以说是法国有史以来涉及面最广、参与人数最多的公开讨论。不仅有教育专家，学生、家长、教师、教育管理人员、政府行政人员、经济界人士、各团体组织人员，凡是与学校相关的人员都参加了讨论。在2003年11月17日至2004年1月17日期间，委员会在学校和社区组织召开了26 000次会议，集中了上百万人次与会，整理了13 000份会议综述。访问委员会网站的人数约40万，网站还收到了15 000名参与者的50 000份电子信件，并收到了1 500份邮政信件和来自300余个团体和协会的意见和建议。经过对以上活动和资料的梳理，委员会于2004年4月6日完成了一份题为《讨论之鉴——法国人谈其学校》的综合文件，提交给教育部，并公布于全社会。将报告的题目定为讨论之“鉴”，就是试图更客观地反映不同人士对学校的不同看法。报告全文有640页，由两部分构成，第一部分为整体介绍，归纳了所有参与者的思想脉络；第二部分为文字综述，概括了专门讨论、信函和协会组织的基本观点。

在2003年9月至2004年9月，委员会还与76个团体组织举行了座谈会，访问了200余名专家学者，对法国教育系统进行了深入思考，并于2004年10月12日向教育部提交了题为《为了全体学生成功》的最终报告。

报告提出了未来教育的宏伟目标，正如其题目所宣示：为了全体学生成功。就是要使全体学生在义务教育完成之后，都能够掌握就业所必需的知识、能力和行为准则，并为终身学习奠定基础。

依据关于学校未来的全国讨论委员会所提交的报告，政府起草了教育系统指导法案，后经议会于2004年3月24日通过了《学校未来的导向与纲要法》，并于2005年4月23日由共和国总统正式颁布。

《学校未来的导向与纲要法》的附加报告全面阐述了该法的基本精神：

为了一个更公正的学校——可信任的学校；

为了一个更有效率的学校——高质量的学校；

为了一个更开放的学校——倾听全国的学校。

一个更公正的学校，即可信任的学校，就是要为全体学生提供个人成功和职业成功所需要的信心。这一学校既要帮助最弱势的学生，又要鼓励最优秀的学生努力争先；既要贡献于全民教育水平的提高，又要扩大精英人才的选拔。机会平等不应停留在抽象的原则上，而要调动所有手段来推动其落实，不能允许青年在离开教育系统时无任何职业资格。要在10年之后使50%的青年能够接受高等教育。

一个更有效率的学校，即高质量的学校，就是要强调致力于学生、家庭和国家的教育公共服务的质量。

高质量的学校首先依赖于高质量的教师。中小学教师的培训将完全由大学承担，教师培训大学学院将在未来3年内逐步融入大学。中小学教师的培养将突出三大领域：学科文化的深入培训；面向不同学生的教学法培训，特别是针对残疾学生和困难学生的教学法的培训；作为教育公共服务的公职人员培训。教师培训大学学院的一年级学生仍要准备教师录用考试，但同时要参加中小学的实习和教学实践。教师录用考试的合格者才能进入教师培训大学学院的二年级学习，并成为实习教师，但其毕业后不应延续惯例再分配到困难学校任教。

高质量的学校也意味着保证校园安全。小学、初中和高中都要为每一个学生的学习和进步提供安宁的氛围，学生的安全是校长作为国家代表的首要使命之一，校长要与警察局保持联系，任何暴力行为都必须直接受到惩处。

高质量的学校还要求改善学校和班级的运行，要重新确认教师在教学中的主导作用，要突出班主任的责任，要完善班级委员会制度，要通过制订学校计划确定学校发展目标，并以此与学区签3年合同。

一个更开放的学校，即倾听全国的学校。一方面，体现在与家长建立密切关系，与经济界建立密切关系；另一方面，要求掌握外语和计算机与互联网通信技术，保持与社会环境和外部世界的联系。

（二）构建“共同基础”

1. 学校未来全国讨论委员会在其报告《为了全体学生成功》中，提出了一个核心概念：必不可少的共同基础。

根据报告的解释，“必不可少的共同基础”是知识、能力和行为准则的整体，它不等同于学校课程的全部内容，而应当包含着21世纪生活所必需的要素[①]。“必不可少的共同基础”之所以不同于现行学校课程，一方面，是因为现行课程往往缺乏内在联系，缺乏生动性，且负担较重，造成过多的学生学业失败；另一方面，它又允许有学习能力的学生扩大学习范围，因此不限定学习领域。

使全体学生成功，并不意味着所有学生都能够达到最高的学历水平，而是要使他们获得“必不可少的共同基础”，就是说他们在16岁完成义务教育时，学校要保证全体学生具备必要的知识、技能和生存态度。

委员会认为，构建“必不可少的共同基础”需要更多的专门机构和专家的参与，需要较长时间的准备过程。委员会建议成立独立的高级权力机构，专门负责确定“必不可少的共同基础”，并在报告中提出了五项构建原则：

---

① THELOT C.Pour la réussite de tous les élèves, Rapport de la Commission du débat national sur l'avenir de l'École[M].Paris:La documentation Française, 2004:38.

辅助性。学校不是唯一的学习场所，只应要求学校比其他教育机构做得更好，至少是同样好，也不应拒绝与其他教育机构的合作。

连续性。在终身学习的社会中，共同基础并非可以终身受用，只是有利于将来学习的成功，因此初始培训之后应当是继续学习和终身学习。

即时性。共同基础的清晰确定，依赖于其基本元素能够适应当前和未来若干年的需求。

优先性。共同基础包含的知识、能力和行为准则应当是21世纪每个人的必备素质，如：自主人格、共和国公民、职业能力。

可行性。共同基础中的优先点应当是现实可行的，国家通过学校的实施，能够使一定年龄段的全部学生接受。

2. 委员会进一步设想，共同基础应当由两大支柱、两大能力和民主社会中共同生活的教育构成。

（1）两大支柱：语言和数学。

保证学生掌握法语是法国学校的首要任务，因为法语是法国社会交流的必要工具。学校首先要使学生学会正确表达、阅读和书写法语，然后要使学生掌握社会中应用的不同讲话方式，丰富其词汇，掌握语法结构。掌握法语不仅仅是语言训练，还要阅读大量文学、历史和科技著作。因此，日积月累的阅读，形成良好的阅读习惯是极其必要的。应当制止小学中复印资料的泛滥。

数学有助于思维严谨，也能够为日常生活中工作、选择和决定提供工具。提出问题和解决问题应当是数学学习的中心，既要以获得知识为目的，又要以获得知识为手段。计算、几何和数据管理是数学教学的三大领域，同时要兼顾语言的掌握。三个领域中专门词汇的应用不应成为学习的阻力，而应当通过阅读、写作和推理使之不断丰富。

（2）两大能力：英语和信息技术。

对于极其崇尚本民族语言的法国人来说，法语在国际上的地位日益衰退是无法回避的事实，而要接受英语、使用英语则要承受巨大的心理压力并要付出极大的努力去学习。在此报告中，也许是首次明文倡导学习英语，但并不是简单地称呼英语，而是定义为“国际交流的英语”。报告认为，国际交流的英语不再是诸多语言的一种，也不只是特别有影响力的民族的语言，而是在科学、技术、贸易和旅游等领域中国际交流的语言。不是把英语作为排他性的外语强加于人，而是要把掌握英语作为国际交流必备的一种基本能力：理解英语为母语和非母语的人说的不同英语，理解所有人的不同表述。如果不能用国际交流的英语表达和交流，将是一种重大缺陷。

为使学生在义务教育之后能够真正掌握英语，委员会建议在小学三年级开始学习英语。

掌握信息与交流技术是共同基础中的另一基本能力。学校应当保证赋予每一个学生初步应用计算机的文化知识，不仅是由于信息技术在社会中广泛应用改变了工作方式，也由于信息技术是终身学习的优先途径，还由于作为未来公民应当能够批判地获取互联网上无控制的信息。

为此，委员会认为，应当继续支持自2000年法国开始在中小学设置的“信息与互联网证书”，并促进学校中计算机的应用和教师的培训。

（3）民主社会中共同生活的教育

委员会认为，从初等教育阶段，即幼儿学校和小学开始，就要对所有学生实施学会共处的教育。从文明礼貌到公共事务都应当是学会共处的内容，包含学会尊重自己和尊重他人，如，不间断地听讲，见面与分别时致礼，学会关心公共利益，了解共同生活准则，对作弊进行惩罚，把握共和国民主价值观，等等。

《学校未来的导向与纲要法》基本采纳了学校未来全国讨论委员会关于构建“必不可少的共同基础”的建议，决定成立教育高级委员会，负责在义务教育结束时学生应当掌握的知识和能力方面向政府提出建议。

教育高级委员会由9名成员组成，其中3名由总统任命，2名由国民议会主席任命，2名由参议院议长任命，2名由经济与社会委员会主席在议员外人士中任命。

但《学校未来的导向与纲要法》对“必不可少的共同基础”的内涵的界定与学校未来全国讨论委员会的建议略有不同，该法的第一款第九条是这样表述的：

义务教育至少应当保证每个学生获得共同基础的必要途径，共同基础是由知识和能力的整体构成，掌握共同基础对于学校成功、后续培训、构建个人和未来职业以及社会生活的成功都是必不可少的。这一基础包括：掌握法语；掌握数学基本知识；具备自由行使公民责任的人文与科学文化；至少会运用一门外语；掌握信息与通信的常规技术。

这一法律定义与学校未来全国讨论委员会的表述几乎没有差异，唯一的不同就是关于“国际交流的英语”的提法，尽管曾经在英语之前加上定语“国际交流”，这种掩耳盗铃的方式还是不能被法国议员们接受。立法者所持的法兰西心态可能导致法国学校的外语教学踟蹰不前，或缓慢前行，也可能有助于保住法语岌岌可危的国际地位，或促进欧洲多元文化的复兴。

（三）采取特别措施

如果说1980年法国只有34%的同龄人口获得高中毕业会考文凭，1994年已经达到71%，2002年为69%。这一增长惠及社会各个阶层，特别是平民阶层的获益更大，在获得高中毕业会考文凭上的教育不平等已经缩小。但是差距依然悬殊，1974年至1978年出生的管理人员子女获得高中毕业会考文凭的比例为89%，而工人子女只有46%。特别是平民子女，获得的高中毕业会考文凭多数为技术类和职业类，其社会价值低于普通高中毕业会考文凭。

学校虽然不是教育不平等的肇因，但是也在参与和制造不平等。

学校教育的不平等首先在于学校质量的不平等。优质的学校经常服务于生活处境优质的学生。“一所城市中心区的学校与处境不利的郊区学校相比，具有获得优异成绩的全部机遇”①。

其次，学生的划分方式也扩大了教育的不平等。按居住地划分学校的分区方式，本意在于为学生提供平等的教育机会，但却出现了相反的结果。随着社区居民身份的趋同化，学生的来源也呈极大的一致性，平民家庭的子女集中到同一所学校，导致这所学校的质量进一步下降。

再次，一些例外的措施，如，允许通过选课的方式更换班级或学校，加强了学生分化的程度。

最后，学校的考试、评估、分流、定向，更加剧了学校教育的不平等。特别是平民家长，不了解教育系统的特点，盲目地同意其子女分流到无发展前途的学习系列，导致学业失败和无文凭、无职业资格的学生大量出现。

如果仅仅用教育机会均等的标准衡量法国教育，至少是实现了社会

---

① THELOT C.Pour la réussite de tous les élèves, Rapport de la Commission du débat national sur l'avenir de l'École[M].Paris: La documentation Française, 2004: 31.

各阶层的全部儿童进入基础教育。但是，法国学校所造成的大批学生的学业失败，所产生的大量文盲或半文盲，使许多青少年丧失自信，感觉受到轻视，甚至用暴力来报复学校，就说明现在的法国学校与平等和公正相距甚远。

为了使全体学生成功，使每个学生成功，学校未来全国讨论委员会表达了四个愿望：

（1）实施面向全体学生的教育，而不论其差异；

（2）掌握所有必要的知识和能力；

（3）保证每个人在其专业方向上获得成功，并具备社会用途；

（4）使初始教育与终身教育更好地衔接。

为此，委员会提出四项措施：

（1）关注最薄弱者；

（2）缩小基础不平等；

（3）促进多重优秀；

（4）构建终身教育。

根据学校未来全国讨论委员会的建议，《学校未来的导向与纲要法》的附加报告确定了设立教育成功个人项目、增加奖学金学生数量、促进男女学生平等、改善残疾学生教育等促进教育平等的措施。

设立教育成功个人项目。对于感到学习困难和有特殊需求的学生，学校有责任给予特殊的帮助。教育评估的重要目的就是检测学习有困难的学生，并向他们推荐教育成功个人项目。实施这一项目，要由小学生家长或中学生本人与校长和班主任共同签署一份文件。这份文件具体说明校内外的辅导措施、学生进展评估过程和家长监督的责任。项目的实施通常由学校教师负责，但学区督学将安排经过特殊培训的教师参与辅导，必要时也会请医生和心理顾问共同参与。为此，国家将在2006至2008年间，每年为小学增拨10 700万欧元，为初中增拨13 200万欧元的专项经费。

增加奖学金学生的数量，有助于促进真正的机会平等。在学生依据社会保障标准获得相应的助学金之后，还有可能获得奖学金。获得奖学金的基本要求是在全国初中毕业考试或高中毕业会考中获得优秀或优良的成绩。预计在2006至2008年间，中等教育奖学金学生数量的年增长幅度为16 600—16 700人，高等教育奖学金学生数量的年增长幅度为1 200

人，法国每年将为中学增拨专款1 700万欧元，为大学增拨600万欧元。

促进男女学生平等。学校是促进男女平等的首要场所，学校首先要保证男女学生在教育过程中的平等。法国将在三个方面促进男女学生平等：在学习和就业定向上，消除性别歧视；鼓励女生选择科学与技术专业，支持男生选择男性比例小的职业；监督教科书中具有性别特征的职业偏见。

改善残疾学生教育。学校应当保证残疾学生平等接受教育的权利，使他们能够在距离家庭最近的学校学习，并享受必要的照顾。从学前教育到高中教育，残疾学生的教育均可以采取多种组合模式：融入普通班级、学校生活助理陪同、集体辅导、在特殊学校学习、远程教育等。法国拟扩大普通学校中特殊教育单元的数量，预计至2010年将新增加1 000个特殊教育单元，追加拨款6 000万欧元。

（四）困难与展望

回顾法国20世纪80年代以来的改革进程，赋予每个学生基础知识和基本能力，使全体学生成功，几乎是所有改革报告和官方文件的主题。一方面，各种提法花样翻新、层出不穷；另一方面，带来了越来越多的质疑。

早在1974年，德斯坦就任总统伊始就曾表示，教育系统应当结束其“分拣站”的功能，“要让每个法国人具备最低限度的知识”。1984年，法兰西学院在其报告中指出，“国家课程大纲应当确定最低限度的共同文化，即所有公民必须具备的基础知识和技能的内核”。1989年，戈洛和布尔迪约共同主持的委员会在其报告中，则从另一角度强调，“教育不能留下不可接受的空白”。1994年，国家课程委员会宣称，“共同基础的详细内容即将出台”，但两年多未见踪影。福洛领导的“学校思考委员会”于1996年提出了“起码知识”的概念。

在初中问题上，法国政府于1975年进行了“统一初中”的改革，然后在1995年提出了“为所有人的初中”，要求“这一初中能够接收所有学生而不论其状况如何，并以公正的方式对待他们，使他们理解，同时体现机遇均等和优质教学的理想”。20世纪90年代末又提出“为所有人和为每个人的初中”。2003年更进一步地提出“真正为每个人的初中”[①]。

这些不断翻新的词语，似乎是在表示改革的不断深入，又似乎是在展示法语词汇的丰富和表达的魅力。但是改革者的良苦用心并未被公众轻易接受。有人将“共同基础”讽刺为“最低保障工资型的文化”“最低收入的教育”“文化小药片”。曾任国家课程委员会成员的一位专家指出：“基础是一个陈旧的思想，从未真正地实行过。”

伴随着新的改革主张，总有新的改革措施，即使这些改革尚未见到明显效果，但追求教育平等与公正的路总要继续。

① IGEN, L' École aujourd' hui, 2003[EB/OL].[2010-08-09].https://www.vie-publique.fr/sites/default/files/rapport/pdf/034000494.pdf.

第五章 德国义务教育均衡发展

第一节 德国义务教育发展现状

德国是世界上最早实行义务教育的国家。德国宗教改革的领袖马丁·路德早在1530年便建议“政府当局应该强令臣民送其子女上学”[①]。17世纪和18世纪，德意志各邦国相继以立法的形式对义务教育做出了规定，如，安哈尔特-贝恩堡（1605年）、魏玛（1619年）、哥塔（1642年）、符腾堡（1649年）、普鲁士（1717年）和萨克森（1763年）[②]。不过，在很长一段时期内，有关义务教育的规定只是停留在纸面上的一种意向，并没能得到落实。直到1825年，普鲁士才率先在其境内贯彻落实了义务教育[③]，在1871年德国统一之后，于19世纪80年代在全德国范围内普及了义务教育，成为世界各国借鉴的榜样[④]。德国这一时期的义务教育指的主要是上课的义务：学生既可以去学校上课，也可

---

① KECK R W. Wörterbuch Schulpädagogik[M]. Regensburg: Klinkhardt, 2004:426.

② LAABS H J. Pädagogisches Wörterbuch[M]. Berlin: Volkseigener Verlag, 1987: 337-338.

③ KECK R W. Wörterbuch Schulpädagogik[M]. Regensburg: Klinkhardt, 2004:426.

④ ACKEREN I V,KLEMM K. Entstehung, Struktur und Steuerung des deutschen Schulsystems. 2. Auflage[M]. Wiesbaden: VS Verlag für Sozialwissenschaften, 2011:14-15.

以在自己家里接受私人教师的授课。这一点可以在1794年《普鲁士各国通用法》第七章第四十三条的规定中看到："任何一个居民，若不能或不愿意在自己的家里为他的子女提供必要的课程，必须在子女年满5岁后将其送去学校。[①]"直到1919年魏玛共和国宪法（第一百四十五条）的颁布，特指学校教育的普通学校义务教育才被确立下来[②]。

当前，德国的义务教育期限在多数联邦州为12年，分为普通学校义务教育和职业学校义务教育。前者的时间为9年（在柏林、勃兰登堡和不来梅为10年），儿童通常在6周岁左右入学，在15岁时完成普通学校义务教育。在完成普通学校义务教育之后，学生若不进入普通教育的高级中学继续学习，须在年满18周岁之前进入全时制职业教育学校或者参加双元制职业教育，完成职业学校义务教育[③]。

教育均衡发展是指在教育公平与社会正义原则的指导下，政府通过政策和法律等手段，确保教育发展与社会发展相协调，确保各级各类教育相协调，在地区之间、城乡之间、学校之间、社会群体之间均衡地配置教育资源。教育均衡发展的本质是追求教育权利平等，实现教育机会公平，为每一位受教育者提供均等的教育机会和教育条件，让受教育者

---

① ACKEREN I V,KLEMM K. Entstehung, Struktur und Steuerung des deutschen Schulsystems. 2. Auflage[M]. Wiesbaden: VS Verlag für Sozialwissenschaften, 2011:14.

② KECK R W. Wörterbuch Schulpädagogik[M]. Regensburg: Klinkhardt, 2004:426.

③ KMK(Hrsg.). Das Bildungswesen in der Bundesrepublik Deutschland 2009[M]. Bonn: KMK, 2010:41.

获得与其潜能相应的教育成就[①]。教育均衡发展是我国当前所面临的一项艰巨的任务和挑战。与我国的情况相似，德国在20世纪60年代也曾面临教育发展不均衡的问题：一方面，教育发展与社会经济发展不够协调，不能为社会经济发展提供充足的高素质的劳动力；另一方面，教育机会在地区之间、城乡之间和不同社会群体之间的分布也很不均衡，“农村地区信仰天主教的工人家庭的女童”这一广为人知的、虚构的人物形象集中代表了德国在20世纪60年代在各个维度（如地区、宗教信仰、社会阶层、性别）上处于不利境地的群体[②]。教育发展不均衡的问题在当时引起了德国政府、公共舆论界和研究者的高度关注。1964年，德国学者皮希特发表了题为《德国教育灾难》的系列文章[③]。他指出教育危机就意味着经济危机，如果德国缺少受过良好教育的后备力量，迄今为止的经济腾飞很快就会结束。1965年，德国社会学者达根多夫发表了《教育是公民权》[④]一书，要求政府通过积极的教育政策消除教育领

---

① 这一定义参考并发展了以下学者对教育均衡发展的定义：(1)姚继军，张新平．新中国教育均衡发展的侧度．华东师范大学学报(教育科学版)．2010(6).33；(2)瞿博．教育均衡发展：理论、指标及测算方法．教育研究．2006(3).16.

这里需要说明的是，德国虽然一样存在着教育均衡发展的问题，但是，笔者在德国的相关讨论中并没有找到与在我国语境下发展起来的“教育均衡发展”这一概念含义完全对等的概念。德国对有关问题的讨论主要是在教育领域中的“社会性及地区性‘不公平’/‘差异’(Soziale und regionale Ungleichheit/Disparität)等关键词下进行的。这里值得注意的是，德国学界的讨论多使用此类负向概念，而我国学界的有关讨论则多使用正向概念，如“均衡发展”和“教育公平”。这可能是因为我国的相关讨论多是以政策改善为导向，使用正向概念旨在表明追求的目标状态。而德国学界的讨论多是以政策批判为导向，选择负向概念旨在凸显问题。德国学界的这种研究导向也导致了有关讨论中批判和否定要远远多于建设性的意见，对现行的良好的教育均衡保证制度和机制的描述和肯定受到德国研究者的冷落。

② 德国社会学者Hansgert Peisert在其1967年发表的著作(*Hansgert Peisert. Soziale Lage und Bildungschancen in Deutschland. München: Piper*)中指出了德国教育体制中的教育不平等主要存在于城乡、不同宗教信仰者、社会阶层和性别之间。在他的研究发表之后，人们通常以“农村地区信仰天主教的工人家庭的女童”这一虚构的人物形象来集中体现德国教育机会不均等的问题。

③ PICHT G. Die deutsche Bildungskatastrophe[M]. Olten: Walter, 1964.

④ DAHRENDORF R. Bildung ist Bürgerrecht. Plädoyer für eine aktive Bildungspolitik[M]. Hamburg: Nannen, 1965.

域的社会不公平和地区间的不均衡现象。

皮希特与达根多夫分别从社会经济发展需求和保证社会公平的角度论证了教育均衡发展的必要性。此后，德国采取了一系列的改革举措，如开放文法中学、改革主体中学、设立总合中学，颁布《联邦教育促进法》等。经过近半个世纪的努力，德国如今已经在很大程度上缓解了存在于地区之间、城乡之间、宗教信仰者之间和性别之间的教育不均衡的问题。不过，新的研究——特别是PISA和TIMSS等国际学生学习成绩测评也一再表明：尽管教育扩张极大地增加了各个群体的教育机会，减少了教育起点层面的各种教育不公平，但是若从教育结果的层面来看，不同类型的学校和不同社会阶层之间的教育不均衡现象仍然存在。此外，随着移民的增多，移民子女成为德国教育体制中一个新的处境不利的薄弱群体。这些问题在21世纪初引发了德国旨在促进教育均衡发展的新一轮改革。本章重点分析了德国义务教育均衡发展的现状和问题，阐述了德国用来促进义务教育均衡发展的改革举措，并在最后指出了德国经验带给人们的启示。

第二节　德国义务教育均衡发展的现状与问题

以下分别从地区、学校、社会阶层、性别和移民背景五个维度分析德国在21世纪初义务教育均衡发展的现状与问题。

一、地区维度

德国是一个联邦制国家，16个联邦州享有文化主权，自主负责各州的文教事业。不过，德国《基本法》第七十二条第二款要求各州在联邦境内为居民“创设同样的生活条件”[①]。根据这一法律规定，各州政府有义务为其居民提供均等的教育机会和条件。不过，这一要求一直以来也没有完全得到实现，地区差异一直都是一个不能忽视的事实，只不过随着时间的推移，地区差异有所缓解，差异结构也有所变化。例如，在

① ACKEREN V I, KLEMM K. Entstehung, Struktur und Steuerung des deutschen Schulsystems[M]. Auflage. Wiesbaden: VS Verlag für Sozialwissenschaften, 2011: 105.

20世纪60年代，德国地区差异主要表现为城乡差异，在两德统一后，地区差异主要表现为东西德的差异。

从生均教育投入来看，德国2007年投入最高的州为汉堡和图林根（均为6 000欧元），投入最低的州为萨兰州（4 400欧元），两者之间的差距较大（高达1 600欧元），其余各州则均是在德国平均水平5 000欧元上下浮动，相对而言比较均衡（见表5-1）。按地区来看，在两德统一之初，东德的生均教育投入低于西德，例如，1995年东德地区的生均教育投入为3 700欧元，而西德地区为4 300欧元。到2000年时，东德便超过了西德（东德为5 200欧元，西德为4 000欧元）[①]。从1995年到2007年，东西德的教育投入都在增加，不过，因为东德的起点低，所以增加幅度更大一些，而近些年两个地区的生均教育投入表现出接近的趋势，我们从中也可以看出德国政府均衡发展教育的努力。

表5-1　2007年德国各州公立学校生均教育投入（单位：欧元）

地区	普通教育学校	职业教育学校	全部类型学校
巴登-符滕堡	5 400	4 200	5 100
巴伐利亚	5 700	3 300	5 200
柏林	6 300	3 900	5 800
勃兰登堡	5 600	2 700	4 900
不来梅	5 400	3 400	4 900
汉堡	6 500	4 400	6 000
黑森	5 300	4 000	5 000
麦克伦堡-佛颇曼	5 500	2 500	4 600
下萨克森	5 000	3 800	4 800
北莱茵-威斯特法伦	4 900	3 300	4 500
莱茵兰-普法尔茨	5 100	3 500	4 800
萨兰	4 900	3 000	4 400

① BUNDESAMT S. Bildungsfinanzierungsbericht 2010[M]. Wiesbaden: Statistisches Bundesamt, 2010: 112.

（续表）

地区	普通教育学校	职业教育学校	全部类型学校
萨克森	6 000	3 300	5 300
萨克森-安哈尔特	6 600	2 900	5 600
石勒苏益格-荷尔斯泰因	4 900	3 400	4 600
图林根	6 800	4 100	6 000
西德地区	5 200	3 600	4 800
东德地区	6 100	3 200	5 300
城邦州	6 300	4 000	5 700

资料来源：BUNDESAMT S. Bildungsfinanzierungsbericht 2010［M］. Wiesbaden: Statistisches Bundesamt, 2010: 111.

除了生均教育投入之外，德国各联邦州在教育结果方面也存在着明显的差异。例如，若以获得文法中学毕业证书的学生在同龄人中所占的比例来看，巴伐利亚州为24%，而巴登-符腾堡州则高达35%①。此外，在2008年，连最低一级的中学毕业证书（主体中学毕业证书）都没有拿到便离开学校的学生（中学辍学学生）的比例在地区之间也有所不同：这一比例在巴登-符腾堡州是5.6%，而在麦克伦堡-佛颇曼州则高达16.8%②。PISA 2006的调查结果也表明，各联邦州的学生的能力水平是有差异的。例如，在数学成绩方面，最高只能达到最低能力水平（I）的学生比例在萨克森州是12%，在石勒苏益格-荷尔斯泰因州则为23%，在不来梅州更是达到了29%③。从学生在自然科学测试中所获得的成绩来看，在成绩最好的州（萨克森州）和成绩最差的州（不来梅州）之间存在着56分的差距。根据专家的分析，这一差距相当于1.5学年的

① ACKEREN V I, KLEMM K. Entstehung, Struktur und Steuerung des deutschen Schulsystems[M]. Auflage. Wiesbaden: VS Verlag für Sozialwissenschaften, 2011: 87.

② Autorengruppe Bildungsberichterstattung (2010). Bildung in Deutschland 2010. Ein indikatorengestützter Bericht mit einer Analyse zu Perspektiven des Bildungswesens im demographischen Wandel[M]. Bielefeld: wbv, 2010: 269.

③ PRENZEL M. PISA 06 in Deutschland. Die Kompetenzen der Jugendlichen im dritten Ländervergleich[M]. Münster: Waxmann, 2008: 139.

差距[①]。从现有的调查结果来看，南部的巴伐利亚州以及东部的萨克森州的学生在测试中获得比较优异的成绩，而北部的不来梅等州的表现则相对较差。

二、学校维度

学校维度在这里指的是学校类型之间的差异，而非学校个体之间的差异。这种在德国学界常见的分析模式主要与德国教育体制的特点有关。德国小学的学制为四年（柏林和勃兰登堡为六年）。小学毕业后，学校方面会根据学生的学习成绩和潜力推荐学生进入家庭所在地的不同类型的中学。目前，德国各州对中学类型的设置和命名不尽一致。大体上来说，可以区分四类学校：主体中学、实科中学、文法中学和总合中学[②]。这四类学校除了教育目的、任务以及课程设置有所不同之外[③]，社会中也具有不同的声望。通常来说，文法中学代表教育质量高和社会声望好的中学；主体中学则被视为是教育质量不好和社会声望较低的中学；实科中学和总合中学则居于中间。与此相应地，学习成绩好的学生会被推荐上文法中学；学习成绩中等的学生会被推荐上实科中学或总合中学，学习成绩不好的学生往往会被推荐上主体中学。正因为有这种基于学校类型的差别的存在，所以，德国的相关讨论关注更多的是不同学校类型之间的差别，而同类学校的教育质量被认为是相近的，尽管这并

---

① ACKEREN V I, KLEMM K. Entstehung, Struktur und Steuerung des deutschen Schulsystems[M]. Auflage. Wiesbaden: VS Verlag für Sozialwissenschaften, 2011: 88.

② KMK(Hrsg.). Das Bildungswesen in der Bundesrepublik Deutschland 2009[M]. Bonn: KMK, 2010: 108-110.

③ 主体中学提供基础性的普通教育，包括五年级到九年级(在实行六年制小学的州从七年级到九年级，在实行十年制普通学校义务教育的州还包括十年级)，学生毕业获得主体中学毕业证书。实科中学提供扩展的普通教育，包括五年级(或七年级)至十年级，学生毕业获得实科中学毕业证书。文法中学提供深化的普通教育，包括五年级(或七年级到十二年级或十三年级)，学生毕业获得高级中学毕业证书(Abitur)，即普通高等学校入学资格。总合中学将以上三类中学结合在一起，学生可以根据自己的选择获取以上三类中等教育毕业证书。总合中学作为以上中学类型的合体只是在少数几个州存在，所以往往不受关注，这也是为何人们将德国中等教育体制称作“三轨制”的原因。

不总是与现实相符。

PISA 2009的调查表明，四类学校的学生在阅读方面的能力有明显的差别。文法中学学生的平均成绩为575分，实科中学为498分，总合中学为479分，主体中学为411分，德国学生的平均成绩为497分。相比而言，文法中学学生的成绩比主体中学学生的成绩高出了两个能力层次，前者处在第四层次（IV），后者处在第二层次（II）①。与此同时，PISA 2009的调查结果也表明，不同类型学校的学生在成绩方面存在交叉。就2009年的结果来看，实科中学排名前四分之一的学生的成绩超过了文法中学排名后四分之一的学生的成绩。主体中学排名前四分之一的学生的成绩也超过了实科中学排名后四分之一的学生的成绩。此外，主体中学排名前十分之一的学生的成绩与文法中学排名后十分之一的学生的成绩持平。由此可见，主体中学和实科中学中各有一部分学习成绩较好的学生的测试成绩超过了文法中学中学习成绩较差的那部分学生②。这说明他们虽然被推荐至或自己选择了主体中学或实科中学，但是完全具有修读文法中学的能力。

当然，以上差异是从教育结果层面分析所得出的结果。如果从政府的生均教育投入来看，主体中学并不处于不利的地位。相反，在2007年，主体中学的生均教育投入为6 000欧元，远高于文法中学（5 600欧元）、实科中学（4 600欧元）及总合中学（5 800欧元）③。由此可见，造成各类学校质量差异的原因并不是政府的教育投入，而是各类学校所录取的学生以及各自所选择的课程。

三、社会阶层维度

联邦德国《基本法》第三条第三款规定："任何人不许因为其性别、出身、种族、语言、出生地、信仰、宗教或政治观点而受到歧视或

① KLIEME E. PISA 2009. Bilanz nach einem Jahrzehnt [M]. Münster: Waxmann, 2010: 55.

② KLIEME E. PISA 2009. Bilanz nach einem Jahrzehnt [M]. Münster: Waxmann, 2010: 56.

③ BUNDESAMT S. Bildungsfinanzierungsbericht 2010 [M]. Wiesbaden: Statistisches Bundesamt, 2010: 45.

优先对待。任何人不许因为残障而受到歧视。[1]”不过，各类教育调查的结果一再表明，这一要求在德国并未完全得到实现。特别是PISA的调查结果已经多次表明，德国学生的社会出身与其在阅读、数学和自然科学方面所取得的成绩具有正相关的关系：出身于社会上层家庭的学生的成绩平均高于出身于社会下层家庭的学生。尽管在所有的OECD国家中，这一相关关系都是存在的，但是在德国，这一关系表现得更为突出和明显[2]。

在小学阶段，就教育参与而言没有明显的社会阶层之间的不公平。因为在这一阶段，全部的儿童都需接受义务教育，按照所在学区就近入学，而且对所有的儿童而言都只有一种小学供其选择，所以，基于社会出身而存在的教育不平等的现象并不明显[3]。不过，若从教育结果来看，学生的学习成绩在小学阶段便表现出阶层之间的差异。IGLU [4]2006对小学四年级学生的测试结果表明，学生的阅读成绩与其社会出身有明显的正相关关系。学生家庭所属的社会阶层越高，阅读成绩也就越好[5]。来自社会上层家庭（上部四分之一）子女的成绩，比来自社会下层家庭（下部四分之一）子女的成绩平均要高出67分。这一差距超过了国际均值。对于社会出身和阅读能力之间的关联性，家庭所属的社会阶

① ACKEREN V I, KLEMM K. Entstehung, Struktur und Steuerung des deutschen Schulsystems[M]. Auflage. Wiesbaden: VS Verlag für Sozialwissenschaften, 2011: 105.

② MAAZ K, BAUMERT J, CORTINA K S. Soziale und regionale Ungleichheit im deutschen Bildungssystem[M]// CORTINA K S. Das Bildungswesen in der Bundesrepublik Deutschland. Reinbek bei Hamburg: Rowohlt, 2008: 205.

③ ACKEREN V I, KLEMM K. Entstehung, Struktur und Steuerung des deutschen Schulsystems. 2. Auflage[M]. Wiesbaden: VS Verlag für Sozialwissenschaften, 2011: 90.

④ “IGLU”是德文“国际小学阅读调查”(Internationale Grundschule-Lese-Untersuchung)的缩写，与TIMSS一样，这一调查也是由国际教育成就评价联合会(International Association for the Evaluation of Eductional Achievement，IEA)举办的，其英文名称为“Progress in International Reading Literacy Study(PIRLS)”。该调查主要测试小学四年级学生的阅读能力，每三年进行一次。根据调查设计，学生成绩的国际均值被标准化为500分，标准差为100分。

⑤ MAAZ K, BAUMERT J, CORTINA K S. Soziale und regionale Ungleichheit im deutschen Bildungssystem[M]// CORTINA K S. Das Bildungswesen in der Bundesrepublik Deutschland. Reinbek bei Hamburg: Rowohlt, 2008: 231.

层、父母的教育水平（以毕业证书来衡量）和家庭中存在的图书具有很大的影响。它们共同解释了17.9%的不同社会阶层子女之间的差异[①]。

在德国教育体制中，教育参与方面的不公平主要出现在小学升入中学这一环节。因为德国中学分为不同的类型，不同类型中学的选择对于学生将来的教育生涯乃至就业具有决定性的影响。例如，如果想让子女将来上大学，那么最好选择文法中学，如果只想让子女进入职业教育体系，那么也可以选择上实科中学或主体中学。在德国，小学升入中学没有统一的录取考试，除了巴登-符腾堡州和巴伐利亚州由学校负责推荐之外，在其他的联邦州都是由父母根据学校的推荐最终决定子女上哪一类中学[②]。因此，教师的推荐和父母的选择会决定子女的择校。调查表明，家庭出身对于教师的推荐和父母最终的选择都有明显的影响。在学生具备相同的能力和认知基础能力的情况之下，来自社会上层家庭的学生被学校推荐上文法中学的概率要大于来自社会下层家庭的学生。同时，与社会下层家庭的父母相比，社会上层家庭的父母更加倾向于让自己的子女上文法中学。表5-2展示了来自不同社会阶层的学生从教师那里获得上文法中学的推荐的可能性以及其父母偏爱选择文法中学的可能性。

① SOLGA H, DOMBROWSKI R. Soziale Ungleichheiten in schulischer und außerschulischer Bildung. Stand der Forschung und Forschungsbedarf［M］. Düsseldorf: Hans-Böckler-Stiftung, 2009: 13.

② SOLGA H, DOMBROWSKI R. Soziale Ungleichheiten in schulischer und außerschulischer Bildung. Stand der Forschung und Forschungsbedarf［M］. Düsseldorf: Hans-Böckler-Stiftung, 2009: 23.

表5-2　教师有关学校类型的推荐以及父母对文法中学的偏爱

家庭所处的社会阶层	教师的推荐			父母的偏爱		
	文法中学			文法中学		
	模型1	模型2	模型3	模型1	模型2	模型3
上层职务等级(I)	3.97	3.25	2.64	5.51	4.55	3.83
下层职务等级(II)	2.30	2.05	1.67	2.15	2.01	1.66
贸易和行政部门等例行公事性工作者(III)	1.25	1.31	—	—	—	—
独立工作者(IV)	1.45	1.41	1.29	1.89	1.179	1.63
主管技工和雇员(V,VI)	对比群体(odds ratio为1)					
非技术工人和半熟练工人(VII)	0.56	0.57	0.59	0.59	0.63	0.67

资料来源：SOLGA H, DOMBROWSKI R. Soziale Ungleichheiten in schulischer und außerschulischer Bildung. Stand der Forschung und Forschungsbedarf [M]. Düsseldorf: Hans-Böckler-Stiftung, 2009: 14.

☆这里比较的是上文法中学而非其他类型学校的概率。对比群体是主管技工和雇员的子女。如果值是1的话，表示该阶层的子女与主管技工和雇员的子女具有同样的概率；如果值小于1，则表示其概率更低；如果值大于1，表示其概率更高。

☆☆表中包括三个结算模型：在模型1中仅仅考虑到了学生的社会阶层；在模型2中，除了社会阶层还考虑了认知方面的基本能力；在模型3中，除了社会阶层、认知方面的基本能力之外还考虑了阅读能力。

从表5-2可以看出，在具备同样的阅读能力和认知方面的基本能力的前提下（模型3），来自社会最高阶层（I）的学生从教师那里获得上文法中学的推荐的可能性是来自主管技工和雇员家庭（V、VI阶层）的学生的2.64倍，是来自社会最低阶层（VII）的学生的4.47倍。对于自己的子女是否上文法中学，不同社会阶层的父母表现出不同的教育期待：在具备同样的阅读能力和认知方面的基本能力的前提下（模型3），社会最高阶层（I）的父母期望自己的子女上文法中学的概率是主管技工和雇员父母的3.83倍，是社会阶层VII的5.7倍。这表明，来自社会下层的学生不仅在其能力发展和促进方面处于不利的境地，而且即使是在具备同样能力的前提下，他们还是受到了不平等的待遇，没能将其能力转化为等值的教育路径和证书。

此外，不同社会阶层的父母在对待学校的推荐方面也表现出不同的态度，并由此影响到自己子女的择校。一项在汉堡市的调查表明（见表5-3），对于社会上层的父母而言，在其子女获得了学校方面推荐上普通中学或实科中学时，仅有21%的父母会听从这一推荐；而52%的社会下层父母则会完全听从学校方面的推荐，将自己的子女送至所推荐的学校，甚至是在教师推荐其子女上文法中学时，仍有11%的社会下层父母最终没有选择文法中学。这说明他们基于自身的教育经历，对于子女获得比自己更高层次的教育并不总是抱有期待和信任。

表5-3 教师推荐和父母对学校类型的选择（按照社会出身分析）

社会阶层	在教师推荐上以下学校的情况时	父母最终对学校类型的选择		
		普通中学/实科中学	文法中学	总合中学
上层职务等级	普通中学/实科中学	21%	40%	39%
	文法中学	0%	95%	5%
非技术工人和半熟练工人	普通中学/实科中学	52%	14%	35%
	文法中学	4%	89%	7%

资料来源：BOS W. KESS 4 - Lehr- und Lernbedingungen in Hamburger Grundschulen[M]. Münster: Waxmann, 2007: 156.

受以上因素的影响，文法中学成为社会上层及中层家庭的子女占多数的学校，而社会下层家庭的子女则更多地集中在主体中学。PISA 2000的调查结果表明，选择上文法中学的学生有50%来自社会上层家庭，随着所属的社会阶层的逐渐降低，这一比例也在下降，来自非技术工人和半熟练工人家庭的子女只有10%上文法中学。对于主体中学而言，这一比例结构正好反过来，来自社会上层家庭的子女只有10%上主体中学，而来自非技术工人和半熟练工人家庭的子女则有40%上主体中学。PISA 2003的调查结果再度证实了这一情况：主体中学的学生有45%来自社会下层家庭，而52.8%的文法中学的学生来自社会上层家庭①。PISA 2006的调查结果表明，在文法中学中，52%的15岁的中学生来自社会上层家庭，只有14%的学生来自社会下层家庭②。这说明，在6年之间，这种情况没有发生根本的改变。事实上，不只是过去6年，在过去近半个世纪的时间里，这一基本模式都没有发生根本的变化。普罗伊斯早在40年前便发现了这一问题（见表5-4）。

表5-4 小学毕业生按照测试成绩、教师评价和父母报名进入文法中学的情况

社会阶层	根据测试具备资格	根据教师的评价具备资格	父母报名
管理人员、公务员和自由职业者	40%	59%	71%
非技术工人和半熟练工人	15%	8%	5%

资料来源：PREUß O. Soziale Herkunft und die Ungleichheit der Bildungschancen [M]. Weinheim: Beltz，1970：42.

从表5-4可以看出，对于管理人员、公务员和自由职业者的孩子而言，有40%的孩子根据测试具备上文法中学的资格，59%的孩子得到了教师上文法中学的推荐，71%的孩子最终被其父母送往文法中学。而对于非技术工人和半熟练工人的孩子而言，15%的学生就测试成绩来看具备上文法中学的资格，但是仅有8%的孩子获得教师上文法中学的推荐，最终仅有5%的孩子被其父母送去文法中学。对这两个社会阶层的分析表明，对于来自社会上层家庭的孩子而言，教师倾向于给予他们高于其实际成绩的推荐，父母对其子女也有高于其实际成绩的期待，而且为此完全忽视教师的评价。而对于来自社会下层家庭的孩子而言，情况正好相反。教师倾向于不给推荐，而父母也倾向于避免文法中学这一类

① MAAZ K,BAUMERT J,CORTINA K S. Soziale und regionale Ungleichheit im deutschen Bildungssystem[M]// CORTINA K S. Das Bildungswesen in der Bundesrepublik Deutschland. Reinbek bei Hamburg: Rowohlt, 2008: 218.

② PRENZEL M. PISA 06. Die Ergebnisse der dritten internationalen Vergleichsstudie [M]. Münster: Waxmann, 2007: 329.

型，尽管就考试成绩来看，孩子完全具备这个资格[1]。

以上主要分析的是择校方面的社会阶层差异。在普通义务教育阶段，学生能否取得好的学习成绩也受到家庭背景的很大影响。PISA 2006的调查结果表明学习成绩和社会出身之间的关联性，就阅读成绩而言，来自社会上层家庭的学生的成绩高出来自社会下层家庭的学生的成绩达83分（国际均值为500分）。这种差距在所有参加PISA测试的OECD国家中是最高的[2]。这表明，没有任何一个OECD国家像德国那样，学生的学习成绩受到自己社会出身的决定性影响。

不过，也有研究表明，造成社会差异和不平等的原因并非是学校，而是学校之外的因素，例如，父母的教育期待和知识资源及其为子女提供的学习和发展环境[3]。只不过通过对不同学校类型的选择，这一社会差异被进一步放大了。因此说，德国学校教育的失败不是在于其生成了教育不公平，而是在于没有有效地平衡家庭资源所造成的教育起点的不均衡，实质上再生产了社会的不均衡和不公平。

四、性别维度

在20世纪60年代，女生在文法中学高中阶段的比例仅为36%，进入20世纪80年代，女生在文法中学中的比例开始持续上升，到2000年时，已经超过了男生的比例，达到了56%[4]。

从所获得的学校毕业证书来看，德国女学生在20世纪60年代明显处于不利的境地。经过教育改革，不但改变了德国女学生处于劣势的境地，而且还在许多方面超越了男学生：2008年，在所有没有拿到学校毕

① ACKEREN I V,KLEMM K. Entstehung, Struktur und Steuerung des deutschen Schulsystems. 2. Auflage[M]. Wiesbaden: VS Verlag für Sozialwissenschaften, 2011: 90.

② ACKEREN I V,KLEMM K. Entstehung, Struktur und Steuerung des deutschen Schulsystems. 2. Auflage[M]. Wiesbaden: VS Verlag für Sozialwissenschaften, 2011: 90.

③ MAAZ K,BAUMERT J,CORTINA K S. Soziale und regionale Ungleichheit im deutschen Bildungssystem[M]// CORTINA K S. Das Bildungswesen in der Bundesrepublik Deutschland. Reinbek bei Hamburg: Rowohlt, 2008: 222.

④ BAUMERT J, CORTINA K S, LESCHINSKY A. Grundlegende Entwicklung und Strukturprobleme im allgemeinbildenden Schulwesen [M]// CORTINA K S. Das Bildungswesen in der Bundesrepublik Deutschland. Reinbek bei Hamburg: Rowohlt, 2008: 92.

业证书而辍学的学生中，多数是男生，女生仅占38%；在仅获得最低一级中学毕业证书（主体中学毕业证书）的毕业生中，女生占41%；在获得实科中学毕业证书的学生中，女生占50%；在获得文法中学毕业文凭（普通高校入学资格）的毕业生中，女生的比例甚至超过了男生，达到了52%[①]。总的来说，女生比男生更顺利地完成学校教育，更多的女生选择上文法中学，较少的女生选择主体中学，没有拿到主体中学毕业证书便离开学校的女生要少于男生。

在小学阶段，女生和男生的成绩还没有明显的差距。但是，男生比女生更少获得上文法中学的推荐，更多地获得上主体中学的推荐。只不过因为男生的父母倾向于不听取教师的推荐而送孩子上文法中学，所以，若以最终的选择而论，男女生之间的不平衡并没有按照教师推荐的那样大。

PISA 2006的调查结果表明，女生在阅读理解方面的平均成绩比男生高42分，但是在数学方面比男生低19分，在自然科学方面比男生低7分。因此，总的来看，在PISA 2006的调查中，女生的平均成绩要高于男生[②]。

尽管从学习成绩来看，女生要好于男生。不过，这一能力优势并没有让女生在双元制职业教育培训岗位申请中获得优势。在义务教育阶段结束之后，男女生的优劣势出现了反转。尽管女生的学习成绩好于男生，但是，在寻找培训岗位方面，她们受到了不公平的待遇。男生比女生更容易找到报酬好的双元制的培训岗位，而多数女生则进入了全日制的职业学校接受培训。这种性别不平等在就业市场上得到延续，女生在工资报酬和职业升迁方面受到更多的歧视[③]。

---

① ACKEREN I V,KLEMM K. Entstehung, Struktur und Steuerung des deutschen Schulsystems. 2. Auflage[M]. Wiesbaden: VS Verlag für Sozialwissenschaften, 2011: 86.

② ACKEREN I V,KLEMM K. Entstehung, Struktur und Steuerung des deutschen Schulsystems. 2. Auflage[M]. Wiesbaden: VS Verlag für Sozialwissenschaften, 2011: 86-87.

③ SOLGA H, DOMBROWSKI R. Soziale Ungleichheiten in schulischer und außerschulischer Bildung. Stand der Forschung und Forschungsbedarf[M]. Düsseldorf: Hans-Böckler-Stiftung, 2009: 19.

五、移民背景维度

德国在2008年共有1 570万人（占德国总人口的19%）并非是在德国出生或者其父母双方至少有一方是在国外出生的，也就是说，德国大约每5个人当中就有1个人具有移民背景。在1—15岁的儿童中，有31%的儿童具有以上定义的移民背景[①]。具有移民背景的儿童在德国教育体制中相对而言处于不利的境地。从学前教育开始一直到大学毕业，人们几乎可以在每一个教育阶段都能观察到具有移民背景的儿童所面临的教育不公平问题。

在小学阶段，德国学生与具有移民背景的学生之间的成绩差异便已显现出来。IGLU 2000和IGLU 2003的调查结果表明，具有移民背景的小学四年级学生在阅读方面的成绩要比德国学生差很多。IGLU 2006的调查结果表明，就阅读理解能力而言，德国学生的学习成绩要比具有移民背景的学生高出48分[②]。即便考虑到社会出身的影响，即在两组学生来自同一社会阶层的情况下，德国学生的平均成绩仍然高出具有移民背景的学生27分。这表明，在德国的教育体制中，具有移民背景的学生在能力发展方面处于劣势。在上述调查中，只有4%的具有移民背景的学生能够达到最高能力水平层次Ⅴ，而14%的德国学生能够达到这一最高能力层次。另一方面，20%具有移民背景的学生最高只能达到能力水平层次Ⅱ（这类学生被研究者视为是“风险学生”），这一比例在德国学生那里是6%。国际比较表明，虽然在所有参加调查的国家中，没有移民背景的学生的能力都要高于具有移民背景的学生，只不过在德国这一差别尤其明显[③]。这表明，德国教育体制在融合具有移民背景的学生方面做得要比其他国家的教育体制差一些。

具有移民背景的学生在小学升初中的环节上也处于不利的境地。在小学毕业时，具有移民背景的学生更多地从教师那里获得上主体中学而

① 移民背景与国籍无必然关系。有些孩子包括其父母虽然是德国籍，但是若他们自己或父母中有一方是在国外出生的，便属于是具有移民背景的孩子。

② BOS W. IGLU 2006. Lesekompetenzen von Grundschulkindern in Deutschland im internationalen Vergleich[M]. Münster: Waxmann, 2007: 265.

③ SOLGA H, DOMBROWSKI R. Soziale Ungleichheiten in schulischer und außerschulischer Bildung. Stand der Forschung und Forschungsbedarf[M]. Düsseldorf: Hans-Böckler-Stiftung, 2009: 16.

不是上文法中学的推荐。而且，他们更多地被转到为学习障碍者开设的特殊学校①。即使是在具有同样的学习成绩和认知能力的情况下，德国学生比具有移民背景的学生更容易获得上文法中学的推荐②。

表5-5　15岁学生在不同类型中学的分布

移民背景	主体中学	实科中学	总合中学	文法中学	总计
没有移民背景的学生	16.6%	38.6%	11.6%	33.2%	100%
有移民背景的学生	31.8%	29.7%	13.9%	24.6%	100%

资料来源：SOLGA H, DOMBROWSKI R. Soziale Ungleichheiten in schulischer und außerschulischer Bildung. Stand der Forschung und Forschungsbedarf［M］. Düsseldorf: Hans-Böckler-Stiftung, 2009: 17.

如表5-5所示，多数德国学生进入了实科中学或文法中学，只有少数人进入主体中学，而近三分之一的具有移民背景的学生都进入了主体中学。

如果进一步按照学生的来源国进行区分，48%的土耳其学生进入了主体中学，而来自西班牙、俄罗斯和希腊的学生的成绩相对好一些③。

在进入中学以后，具有移民背景的学生在能力发展方面一样处于劣势。PISA 2006的调查结果表明，德国学生在自然科学方面的成就高出有移民背景的学生达73分（国际均值是500）④。

从学生所获得的毕业证书来看，15%具有移民背景的学生没有获得主体中学毕业证书而从中学辍学，这一比例在德国学生那里是7%。另

① SOLGA H, DOMBROWSKI R. Soziale Ungleichheiten in schulischer und außerschulischer Bildung. Stand der Forschung und Forschungsbedarf[M]. Düsseldorf: Hans-Böckler-Stiftung, 2009: 17.

② ACKEREN I V,KLEMM K. Entstehung, Struktur und Steuerung des deutschen Schulsystems. 2. Auflage[M]. Wiesbaden: VS Verlag für Sozialwissenschaften, 2011: 98.

③ SOLGA H, DOMBROWSKI R. Soziale Ungleichheiten in schulischer und außerschulischer Bildung. Stand der Forschung und Forschungsbedarf[M]. Düsseldorf: Hans-Böckler-Stiftung, 2009: 17.

④ PRENZEL M. PISA 06. Die Ergebnisse der dritten internationalen Vergleichsstudie [M]. Münster: Waxmann.2007: 329.

一方面，获得普通高校入学资格的比例在两类学生群体中也是不同的：34%的德国学生获得了这一资格，而在具有移民背景的学生当中仅有11%获得了这一资格[①]。在职业教育领域，具有移民背景的学生也没有德国学生那么成功。56%的具有移民背景的学生进入了过渡体系[②]，这一比例在德国学生那里是32%[③]。

由此可见，具有移民背景的学生就其所上的学校类型、成绩水平以及最终所获得的毕业证书而言，都处于不利的地位。

综上所述，尽管德国自20世纪60年代以来的教育扩张和改革改善了各个社会阶层和群体的教育参与情况，但是，仍然没有能够完全达到《基本法》规定的机会公平的要求。教育机会在地区之间、特别是在不同社会阶层以及种族背景的学生之间的分布是不均等的，而这种不均等进一步导致了学生日后在成功机会方面的差距，造成社会不公平的问题。

第三节　德国促进义务教育均衡发展的改革对策

为了解决以上提到的问题，德国自进入21世纪以来采取了一系列的改革举措[④]。在此重点介绍以下五项改革，即：取消主体中学；资助全日制中小学的设立和扩建；制定国家教育标准，实施全面的教育监测；统一教师教育标准；扶助教育薄弱群体。由于联邦制的原因，德国各个联邦州的具体情况在有些方面存在着细节上的区别，在没有对此进行区

---

① Autorengruppe Bildungsberichterstattung. Bildung in Deutschland 2010. Ein indikatorengestützter Bericht mit einer Analyse zu Perspektiven des Bildungswesens im demographischen Wandel[M]. Bielefeld: wbv, 2010: 270.

② 这个体系是为那些没有找到双元制职业培训位置的中学生设置的，目的是帮助他们将来可以找到这样的位置，以及帮助那些没有获得任何中学毕业证书的学生补修证书。

③ Autorengruppe Bildungsberichterstattung. Bildung in Deutschland 2010. Ein indikatorengestützter Bericht mit einer Analyse zu Perspektiven des Bildungswesens im demographischen Wandel[M]. Bielefeld: wbv, 2010: 99.

④ 这一部分内容请参见：孙进. 变革中的教育体制: 新世纪德国普通中等教育改革[J]. 比较教育研究, 2010(7): 36-40.

分分析的地方，这里所描述的主要是主流的发展变化。

一、取消主体中学，由多轨制中等教育转向双轨制

在德国当前的中等教育体制中，主体中学被证明是“薄弱学校”。因为它担负着保证义务教育的任务，必须接收所有那些不能进入其他类型中学的学生。因此，主体中学常常被称作是“剩余学校”。此外，因为德国学生的学习成绩受到家庭背景的决定性影响，那些学习成绩不好的学生大多来自社会下层家庭及移民家庭。所以，主体中学就成为社会下层家庭及移民家庭子女的“专有学校”，带来教育不公平的问题。正因为如此，撤销主体中学成为消除这一教育不公平现象的首要选择。近年来，各联邦州都已经开始在自己的内部对中等教育体制进行调整，撤销或合并主体中学，从现在的多轨制的中学教育体制（文法中学、实科中学、主体中学、总合中学 + X[①]）向两轨制（文法中学+X）转型，具体做法是将文法中学之外的不同的学校类型（主要是主体中学和实科中学）整合成一种学校类型[②]。当然，进行这种合并除了学校本身的问题之外，还有人口发展方面的原因。因为有许多学校找不到足够的学生来维系学校的存在[③]。

二、资助建立和扩建全日制学校

在改革之前，德国的绝大多数中小学都是半日制学校，学校授课的时间为7：30到13：30[④]。采用半日制学校的一个基本的出发点是，除了学校之外，家庭对儿童而言同样是重要的成长空间，家庭在教育儿童方面承担着至少是与学校同样重要的责任。PISA的研究结果表明，半日

① “X”在这里代表其他居于此间的变体形式，形式多种多样。

② FUCHS H W. Strukturen und Strukturreform im allgemein bildenden Schulwesen der deutschen Bundesländer[J]. Die Deutsche Schule, 2009(1): 8.

③ FUCHS H W. Strukturen und Strukturreform im allgemein bildenden Schulwesen der deutschen Bundesländer[J]. Die Deutsche Schule, 2009(1): 13.

④ KMK(Hrsg.). Das Bildungswesen in der Bundesrepublik Deutschland 2009[M]. Bonn: KMK, 2010: 91.

制学校为教育不平等的社会再制创造了条件。因为有些父母的教育水平低，不能为自己的子女提供高质量的家庭辅导，因此，这样的学生在学习中处于劣势的地位。而那些本身教育水平高的父母则可以为子女提供更好的家庭教育。

在“PISA 冲击”之后，德国的教育决策者将资助设立全日制幼儿园和中小学列为教育改革的中心任务之一。2003年，德国联邦政府和各州政府签订了一个协议，决定实施一项名为“未来的教育和照管”的资助项目。按照协定，联邦政府在2003至2009年间，向各州提供40亿欧元用于全日制中小学及幼儿园的建立或扩建，目的是为了改善学校的教学质量，通过增加学生在学校接受教育的时间，减少不利家庭出身对学生能力发展的消极影响①。

三、制定国家教育标准，实施全面的教育监测

为了解决国际学生测验所表明的德国在教育领域存在的问题，特别是教育水平不均衡的问题，同时也为了保证各地、各类学校教育水准的可比性及其所颁发的教育证书的等值性，德国决定引入国家教育标准。2003年12月，德国文化教育部部长联席会议做出决议，提出了用于“中等学校毕业资格”（第十年级）的国家教育标准，包括德语、数学和第一外语（英语、法语）三个科目。这些标准在2004/2005学年得到了各州的采用。2004年10月，文化教育部部长联席会议公布了用于小学教育（第四年级）的国家教育标准（包括德语和数学两个科目）以及用于“主体中学毕业资格”（第九年级）的国家教育标准（包括德语、数学和第一外语三个科目）。2004年12月，文化教育部部长联席会议又通过了用于“中等学校毕业资格”其他三个科目（生物、化学、物理）的国家教育标准。2004年通过的各类国家教育标准在2005/2006学年得到了实施。在2007年10月，文化教育部部长联席会议通过决议，决定将文法中学毕业考试的统一考试要求进一步发展成用于“普通高等学校入学资格”的国家教育标准，首先，是在德语、数学和第一外语这三个科

① KMK (Hrsg.). Das Bildungswesen in der Bundesrepublik Deutschland 2009 [M]. Bonn: KMK, 2010: 122.

目，之后又将自然科学科目（生物、化学、物理）包括进来[①]。预计的实施时间为2011/2012学年[②]。这样一来，国家教育标准就覆盖了从小学直到高中整个基础教育阶段。

引入国家教育标准的目的是为了提升学校的教育质量，保证在德国不同地区、不同学校中学习的有着不同家庭背景的学生能够达到一个相同的最低的标准[③]。国家教育标准明确规定了学生在修完特定的年级时应该达到的最低能力水平，首次为各联邦州提供了一个教育质量发展方面的统一标准[④]。国家教育标准不仅可以为学生学习、教师教学、学校安排和组织教学活动提供一个明确的参照体系，而且便于通过对学生学习结果的测评检查教育活动的目标在多大程度上得到了实现。通过比较不同州以及不同学校的教育效果，还可做到对教育体系的监测和对学校的评估[⑤]。

目前，国家教育标准构成了德国教育监测总战略的一个核心组成部分。这一总战略在2006年由德国文化教育部部长联席会议通过，全称为“文化教育部部长联席会议关于实施教育监测的总战略”，包括以下四项程序和工具：（1）参加国际学生成绩测评调查；（2）就是否达到教育标准进行集中测验并进行跨州比较；（3）与教育标准相结合进行比较考核，目的是在州内以及州与州之间检查学校的效能；（4）联邦和各州共同完成教育报告[⑥]。国家教育标准以及教育监测总战略的实施将有助于缓解教育层面的发展不均衡问题。

---

① KMK(Hrsg.). Das Bildungswesen in der Bundesrepublik Deutschland 2009[M]. Bonn: KMK, 2010: 255.

② Ulrich Trautwein, Marko Neumann. Das Gymnasium[M]// CORTINA K S. Das Bildungswesen in der Bundesrepublik Deutschland. Reinbek bei Hamburg: Rowohlt, 2008: 493.

③ STAMM M. Bildungsstandardreform und Schulversagen[J]. Zeitschrift für Pädagogik, 2008(4): 482.

④ ACKEREN I V,KLEMM K. Entstehung, Struktur und Steuerung des deutschen Schulsystems. 2. Auflage[M]. Wiesbaden: VS Verlag für Sozialwissenschaften, 201: 157.

⑤ Bundesministerium für Bildung und Forschung(BMBF)(2007). Zur Entwicklung nationaler Bildungsstandards. Eine Expertise[R]. Berlin, Bonn: BMBF, S. 10.

⑥ ACKEREN I V, KLEMM K. Entstehung, Struktur und Steuerung des deutschen Schulsystems. 2. Auflage[M]. Wiesbaden: VS Verlag für Sozialwissenschaften, 2011: 156.

四、统一教师教育标准，提高教师的教育诊断能力

教师的质量是学校质量的一个重要组成部分。因此，统一各州教师教育的要求，保证各州教师教育质量的一致性，是促进教育均衡发展的关键。为此，德国文化教育部部长联席会议于2004年和2008年先后通过了《教师教育标准》和《各州通用的对于教师教育的专业学科和专业教学法方面的内容要求》[①]。考虑到当前学生群体的异质性，文化教育部长联席会议强调教师应该通过培训提高其教育诊断方面的能力，以便更好地应对异质性学生群体的挑战，争取做到针对不同学生的情况和特点提供个性化的促进和帮助方案[②]。

五、扶助教育薄弱群体，实现个性化的促进和帮助

来自社会下层家庭和移民家庭的学生是德国学校中的弱势群体，因此教育均衡发展的政策首先是对他们进行资助和促进。在PISA 2000的调查结果公布之后，德国各州政府采取了一系列的措施，加大了对以上两类教育薄弱群体的帮助和促进。例如，进行小学入学诊断，以更好地了解每一个学生的特点，并通过引入社会教育学及特殊教育学的措施来为学生提供个性化的培养[③]。对于那些学习方面遇到困难的学生，学校会以小的群体为单位通过提供额外的课程为每个学生提供帮助[④]。

针对具有移民背景的儿童和青少年，德国各州政府也采取了一些专门的资助和促进措施：所有具有移民背景的儿童和青少年，如果在德语方面存在不足，都应该获得语言上的帮助，以便于让他们可以公平地学习课程。这被视为是所有教师和所有学科的共同任务。对于那些具有很

① KMK(Hrsg.). Das Bildungswesen in der Bundesrepublik Deutschland 2009[M]. Bonn: KMK, 2010: 32.

② KMK(Hrsg.). Das Bildungswesen in der Bundesrepublik Deutschland 2009[M]. Bonn: KMK, 2010: 129.

③ ACKEREN I V, KLEMM K. Entstehung, Struktur und Steuerung des deutschen Schulsystems. 2. Auflage[M]. Wiesbaden: VS Verlag für Sozialwissenschaften, 2011: 65.

④ KMK(Hrsg.). Das Bildungswesen in der Bundesrepublik Deutschland 2009[M]. Bonn: KMK, 2010: 125.

高移民学生比例的学校，政府还提供额外的资金，让学校雇用具有移民背景的教师，加强德国教师的跨文化交流的能力，开设德语作为外语课，或者雇用社会教育学方面的专业人士来辅助教师的教学，以及强化父母与学校之间的合作[①]。

六、其他促进义务教育均衡发展的政策

德国学校在义务教育阶段（即自第一至第十二或十三年级）是免费的，包括注册或学校证书都不收取费用[②]。为了让学生在使用课程所需的学习用品方面不因自己的家庭和社会地位而处于不利的境地，多数联邦州都有有关学习用品补助或学习用品免费的规定。根据这些规定，学生完全不需要或者仅仅需要承担部分学习用品的成本。成本主要由学校的承办者，即社区或州政府负担。在多数联邦州，公立学校向学生出借教材和其他学习用品（如计算机）。如果学生想要完全获得这些学习用品，则需要由父母支付部分成本。在需要由学生父母支付部分成本的情况下，往往也会根据父母的收入和子女数量来确定所需承担的份额[③]。这么做是为了能够照顾到收入低、子女多、负担较重的家庭。

此外，在普通义务教育阶段，政府会承担学生使用公共交通工具的成本。在有些情况下（如残疾儿童），还会专门提供运输服务。通过这种方式在不同的社会阶层之间、城乡之间、健康的儿童和残障儿童之间保证机会公平。对学生的运输成本由地方政府负担，州政府通常会给地方政府相应的拨款。对交通费用的承担并非在所有的联邦州都意味着免费的学生运输。在有些州，是否支付成本视父母的需要而定，在有些州还会根据父母的收入来定[④]。

除了以上提到的政策以外，德国各州文化部负责保证在全州范围内

① KMK (Hrsg.). Das Bildungswesen in der Bundesrepublik Deutschland 2009 [M]. Bonn: KMK, 2010: 125.

② KMK (Hrsg.). Das Bildungswesen in der Bundesrepublik Deutschland 2009 [M]. Bonn: KMK, 2010: 118.

③ KMK (Hrsg.). Das Bildungswesen in der Bundesrepublik Deutschland 2009 [M]. Bonn: KMK, 2010: 89.

④ KMK (Hrsg.). Das Bildungswesen in der Bundesrepublik Deutschland 2009 [M]. Bonn: KMK, 2010: 90.

形成一个合理的学校布局。每个州都须通过学校发展规划来确定当前及未来一段时间对学校及其地点的需求。在有些州，这一任务得到《学校法》的规定。地区、区县、市镇作为公立学校的承办者也有义务在自己的区域内保证提供均衡的教育供应[①]。

最后，加大教育投入是落实各类教育均衡发展政策的关键。为此，德国政府决定大幅度提高教育投入。德国在2006年对教育和科研的总投入占国内生产总值的8.5%。到2015年，将教育投入提高到国内生产总值的10%[②]。

第四节　总结与启示

通过分析表明，德国作为社会经济发展比较均衡的西方发达国家同样也面临着教育发展不均衡的问题。不过，与我国相比，德国在教育投入和资源配置等教育起点层面的问题已经不再突出，其突出的问题主要是体现在教育结果层面，如不同社会阶层的学生在学业成绩方面的不均衡问题。德国半个世纪以来促进教育均衡发展的努力表明，教育起点层面的均衡发展问题（如教育资源配置不均衡）会随着社会经济的发展而逐渐得到解决。不过，不同社会阶层的学生在教育结果方面的不均衡问题不仅在过去而且在未来一段时期仍将是德国所面临的一项艰巨任务。

事实上，消除不同社会阶层在教育参与，特别是在教育结果方面的不均衡现象是教育均衡发展所面临的一个长期的历史性挑战，因为这里仅仅做到教育资源的均衡配置是不够的，影响教育参与及教育结果的决定性因素主要还是学生家庭所拥有的文化资本、经济资本和社会资本[③]，它们影响到父母的教育期待，决定着父母能否以及可以在多大程度上为子女提供有助于其潜力得到充分发挥的学习环境和条件。因为不

① KMK (Hrsg.). Das Bildungswesen in der Bundesrepublik Deutschland 2009 [M]. Bonn: KMK, 2010: 88.

② KMK (Hrsg.). Das Bildungswesen in der Bundesrepublik Deutschland 2009 [M]. Bonn: KMK, 2010: 67.

③ 有关各类资本的定义请参见：孙进. 德国大学教师偏爱科研的职业行为倾向——一种资本理论的分析视角[J]. 比较教育研究, 2007(4): 56-62.

同社会阶层的家庭所持有的各类资本是不同的，而且，从社会再生产理论的视角来看，社会上层家庭总是会通过不同的方式和途径[1]来维护和延续它们的优势地位，获取更多有价值的教育资源，并借此生成和维系自身与社会下层家庭的区隔[2]。所以，消除不同社会阶层在教育结果方面的不均衡，实质上就意味着消除社会阶层本身的存在。这不仅远远超出了教育系统的影响范围，而且在现有的社会分层的社会形态下也是不大现实的。教育均衡发展的努力最终可能只会达到一种“电梯效应”，在整体得到提升和改善的情况下，社会阶层之间的差异结构将不断得到再制。从这个意义上来说，教育均衡发展固然不尽如法国社会学家布迪厄所宣称的那样，只是一个“机会均等的空想”[3]，不过，倒也确乎只是一个具有广泛共识的社会理想，始终保持着与现实的张力，也正因为如此而不断激励着人们在现实层面对这一理想的追求。

---

① 例如，社会上层的父母通过将子女送到国外精英学校，让其掌握额外的能力，利用现有的社会关系网络，保持自己的社会等级优势，以便可以将这一优势传给下一代。类似地，我国目前择校难的问题固然与优质资源紧缺有关，但是社会中上层家庭的父母通过选择优质学校为自己的下一代创造区隔的努力以及因无法让下一代延续已获得的社会优势而带来的恐慌无疑放大了对这一问题的感知。

② DITTON H. Wie viel Ungleichheit durch Bildung verträgt eine Demokratie [J]. Zeitschrift für Pädagogik, 2010(1): 64.

③ 这是法国社会学家布迪厄作品的德译本书名：P. Bourdieu, J.-C. Passeron. Die Illusion der Chancenglei- chheit. Untersuchungen zur Soziologie des Bildungswesens am Beispiel Frankreichs. Stuttgart: Klett, 1971.

第六章 俄罗斯义务教育均衡发展

第一节　义务教育均衡理念的演变

一、苏联时期：均等化、统一化的教育均衡

在俄罗斯，“义务教育”（обязательное образование）一词最早出现于苏联时期，最开始为“обязательное обучение”，出现在1917年国家教育委员会颁布的《告人民书》中。1917年11月9日，政府成立国家教育委员会，着手拟定建设新国民教育体系的原则。教育人民委员卢那察尔斯基发表了《告人民书》，提出了政府在国民教育方面的基本原则和任务：普及初等义务教育，各级学校向大众开门，学校绝对脱离宗教，提高国民教育预算，国民教育民主化，考虑地方特点和民族特点等。

在苏联，义务教育一诞生，就先天带着普及、平等的思想。因为其催生的主导思想是列宁的共产主义教育学说。当时指导教育发展的理论是列宁的关于共产主义教育和教养的学说。该学说认为，教育问题必须同安排国民经济和社会主义建设、发展科学和文化的任务紧密联系起来解决。列宁一开始就主张，“过去，全部人类的智慧、全部人类的天才创造，只是让一部分人独享技术和文化的一切成果，而另一部分人连切

身需要的东西——教育和发展也被剥夺了。然而现在，一切技术奇迹、一切文化成果是全国人民的财产”。由此可见，教育改革的指导思想强调统一、平等，与此相应，“教育均衡”也表现为一视同仁的朴素的统一化、均等化。甚至不用提及具体规定，我们从苏联初期出台的主要教育政策文件的名称就可见一斑，如1918年，国家教育委员会同时颁布了两个文件《统一劳动学校基本原则》和《统一劳动学校规程》。这两个文件强调了学校的民主性质，规定实行免费教育，尽快实施普及初等义务教育。直至70年后的1988年，在苏共中央二月全会关于教育改革的专题报告中仍然阐明，苏联学校的性质仍是统一的，该报告还强调，必须正确理解这种统一性，它是教育目的和任务的统一性，应当与教学多元化、教学计划和教学大纲的灵活性有机结合起来。另一方面，苏联时期教育领域的每次重大决定都是由苏共代表大会的党纲做出规定的，苏联共产党的代表大会也无一例外地关注苏联学校发展的迫切问题。可以说，党是将教育作为一个类似政治性的问题来重视的，因而教育的决策或规定不可避免地呈现严格的统一化与标准化。

苏联的义务教育均衡思想具有统一化、管制化的倾向。在苏联的教育发展环境中，一直存在避免差异，追求均等的理念。而为了达到这种平等，苏联采取的解决办法多是由政府统一包办。面对教育的不平等现象，苏联采用了很多办法解决这一问题，如学龄前教育扩充计划，其主要措施是在农村为学龄前儿童提供接触书籍、电影等文化作品的机会。又如，为农村青少年和某些少数民族语系的青少年设立附属于大学的专科，优先录取此类学生入学等。再比如，苏联大力开办的寄宿学校，在20世纪20年代，为了安置在第一次世界大战、国内战争等长期而残酷的战争中失去家庭的儿童，寄宿学校曾是一种有效的解决办法。当时许多苏联教育家提出，为达到提高农村儿童受教育水平的目的，把儿童送进寄宿学校是打破富贵贫贱周期性循环的理想途径。但是普通的儿童家长不喜欢寄宿学校，不愿意把子女从小就交给公立机构，使得寄宿学校一度成为学生来源及教学不均衡的场所。20世纪50年代末期，赫鲁晓夫做了很大努力，试图重新推行寄宿学校计划，但在一个日益稳定的社会里，父母都希望自己照料子女，他的努力没取得什么成效。1960年2月15日，苏共中央和苏联部长会议批准设立“长日制学校”。这类学校负责照管学生的全天生活，除安排上课外，还负责组织学生的课后教养和教育工作，安排学生的饮食、娱乐、休息等活动，对一、二年级的小学生和体弱的学生还要负责安排午睡。设立这种学校旨在改进少年儿童的社会教育，帮助双职工家庭解决子女课余生活的安排问题。在普通学校也设立了长日制班组。由此可见，苏联时期义务教育均衡的观念是平等化，为了达到这种均衡需要的措施是统一化、管制化，这势必会带来一些问题。

二、俄罗斯时期：多样化、个性化的教育均衡

苏联时期，政府追求统一的教育均衡，人民追求受教育机会的平等，对结果是否均衡关注不足。正如美国学者苏珊·雅各比所说，“学校被看作是用以补救在苏联式的社会主义中明显存在的经济和社会不平等的手段；只要努力学习，中学毕业又进了大学，就没有令人感到束手无策的障碍了。没有人向普通的苏联公民提出过：机会的均等并不总是保证获得均等的成果。”进入20世纪90年代，俄罗斯的教育理念与苏联时期相比则更具进步性，教育均衡的方式更加多样化、个性化，教育均衡更加考虑到结果的均衡与否。这种思想从苏联末期就初见端倪，苏联国家教委主任雅戈金一直强调，普通教育的普及化必须贯穿以个别化、区别化、人道化和人文化。1988年年底，雅戈金在全苏联教育工作者代表大会上做了“通过人道化和民主化达到教育的新质量”的报告，报告中指出：“所有儿童各不相同，他们的真正平等只体现在一点上，即每个人都有权利最大限度地发挥和充分实现自己的能力和天赋，而社会应当平等地尊重每一个人。”由此，教育开始从关注国家的发展落到关注每一个儿童的发展，因而俄罗斯的义务教育均衡理念开始趋于差异化、多样化的公平。从普通教育高年级逐步向侧重式教学体系过渡以满足学生的个性化教育需求这一点就可以看出。

采取多样化的均衡方式。俄罗斯教育学者И·Д·付鲁明指出，教育公平可以区分为消极的教育公平与积极的教育公平。消极的教育公平即指提供平等的教育机会；积极的教育公平是指每个人都享有与自身需求相适应的、获得任何知识和自我发展的可能性。苏联时期，义务教育的均衡发展政策多为消极的教育公平措施，如，建立寄宿学校保证所有

儿童具有同样的教育条件。追求教育现代化的俄罗斯时期，采取的推进义务教育均衡发展的方式则变得多样化，既包括消极性的教育公平，如，国家统一考试，给所有的学生以同样参加考试进入高等教育的机会；也包括积极性的教育公平，如拨款政策向农村落后地区倾斜，启动农村校车计划，为农村的学生提供更多的教育补偿。

指向个性化的均衡目标。义务教育均衡的内涵不再仅仅局限于为受教育者提供均等的受教育机会和均等的受教育条件，而是开始从学生个体的视角出发，选择有利于每个受教育者获得最大限度发展的方式。对于不同的个体来讲，最好的方式未必是相同的。因而，俄罗斯为高智商儿童创建“天才儿童计划”，为残疾儿童设立远程教育中心，尽量做到义务教育的个性化均衡，使每个学生获得最大限度的发展。

第二节　俄罗斯义务教育均衡发展的历史沿革

俄罗斯义务教育的发展按教育公平的视角可以分为三个阶段：（1）1917年苏维埃政权创立至1945年卫国战争结束，这段时期为苏联教育的初创时期，也是义务教育体系的初创期，此时可以称为义务教育的前均衡时期，以追求教育的统一化、均等化为主要特征。（2）1946年卫国战争结束至1991年苏联宣布解体，这段时期是教育的复兴与平稳发展阶段，义务教育的年限不断延长，此阶段为义务教育的基本均衡时期，以追求义务教育的年限、学校数量、学生数量等量化指标为特征。在本质上，仍以标准化、统一化为均衡的旨归。（3）1992年俄罗斯联邦成立至今，此阶段俄罗斯的社会发生了翻天覆地的变化，教育领域以去统一化、个性化、现代化等为发展方向，俄罗斯已建立统一的教育空间，以追求高质量的义务教育为目标。此阶段为义务教育的均衡发展期，以追求教育的优质化、差异化为基本特征。

一、义务教育体系的初创阶段（1917—1945年）：教育的去宗教化、统一化、均等化

在18世纪中期以前的俄国，受教育是贵族阶层的特权，18世纪下

半期，普通学校体系开始形成。1786年，通过国民学校法，省城设立四年制的中心学校，县城设立两年制的县立小学。1802年，设立国民教育部，规定俄国的学校由四类学校组成，即教会学校、县立学校、文科中学、大学。19世纪下半期，在进步的教育思想的推动下，沙俄政府颁布了1864年的《初等国民教育法》和1863年的大学令，允许社会团体和个人合办学校、大学自治等民主教育政策。但平民子女受教育的机会很小。根据1897年的调查，俄国人口中70%的男性和90%的女性为文盲。普及义务教育的思想早在19世纪的俄国就已出现，但在当时，教育仍然是贵族子女、官僚子女享有的特权。

十月革命前，初等教育由各级各类三至四年制的一级初等学校和五年制的二级初等学校组成。在初等学校的基础上还有初等技工、技术和商业学校、中等师范学堂等。但小学和中学并不衔接。中等和高等学校里大多是贵族和官吏的子女，还有许多特殊的贵族学校、士官学校只接收贵族和官僚的子女。为宗教界子弟服务的有专门学校、教会学校、神学堂等。此时，教育具有宗教与世俗的分离，男女分校，贵族阶级与平民阶级有天壤之别等特征。直至1911年，儿童的入学率仍然很低，人们的识字率也很低，农村学龄儿童的入学率只有23.8%。

（一）建立义务教育体系

十月革命消灭了旧的剥削制度，苏维埃政权开始对整个社会生活，包括国民教育进行根本性的改造和变革。1917年11月9日，政府成立了国家教育委员会，着手拟定建设新国民教育体系的原则。教育人民委员卢那察尔斯基先后发表了《告人民书》《告教师书》和《告学生书》。这些报告指出了政权在国民教育方面的基本原则和任务：普及初等义务教育，各级学校向大众开门，学校绝对脱离宗教，提高国民教育预算，国民教育民主化，考虑地方特点和民族特点等。明确了以上的原则和任务，政权沿着去宗教化、统一化的道路，采取了一系列措施初创义务教育体系。

1917—1918年，自苏联国家教育委员会提出普及初等义务教育目标以后，陆续发布了教育消除宗教限制、消除等级限制、消除民族限制、消除男女不平等限制等诸项命令，主要可以归纳为以下几个方面：(1) 在义务教育去宗教化方面，1917年11月21日，政府通过了《教育人民委员部关于教育和教育事业从宗教部门移交给人民委员部管理》的法令，规定将先前由教会管理的一切学校改为非宗教学校，转归人民委员部管理。1918年1月20日，政府通过了列宁签署的《关于信仰自由、教会和宗教团体》的法令，宣告教会同国家分离，学校同教会分离。法令不允许在一切讲授普通课程的国立、公立和私立学校里讲授宗教教义，至此，学校首次成为真正的非宗教学校。（2）在增强教育统一性方面，1918年6月5日，人民委员会通过了《关于把各部门的教学和教育机关移交给教育人民委员部管理的法令》。原先隶属不同部门主管的各级各类学校，包括社会和私人开办的学校等一切普通学校和职业学校集中由教育人民委员部管辖，保证了学校改革的统一性。1918年8月至9月的全俄教育工作第一次代表大会上，批准了统一的两级学校制度：第一级为五年，第二级为四年，合起来构成九年制普通中学，消除了以前普通学校类型多的状况。（3）在义务教育的免费性方面，1919年3月，俄共（布）八大通过的党纲规定了“对17岁以下的所有儿童实行免费的义务的普通教育和综合技术教育”的方针，并规定由国家供给全体学生以膳食、服装、鞋袜、教材及文具。（4）在教育的性别平等方面，1914—1915年，小学阶段女童数量仅占学生总数的32.9%，小学以上女童只占25.4%。1918年5月31日，按照教育人民委员部的命令，所有学校开始实行男女学生同校。1927—1928年，学校里女童数量占入学儿童总数的40.7%，其中，一至四年级女童占学生总数的39.6%，五至七年级女童占学生总数的46.6%。

通过政府的努力，义务教育的体系初步形成。1914/1915学年，普通学校只有105 524所，学生只有789.6万名；到1920/1921学年，普通学校数量已增至118 398所，学生增至976.1万名。在以后的几年里学校数量及学生数量均有大幅度增加。至1929/1930学年前，普通学校共有133 197所，而学生增加到1 206.8万人。学校数量的增加，使得全国各大城市的全部学龄儿童几乎都进入了小学，而十月革命前只有50%—60%的学龄儿童进入小学。

（二）普及初等义务教育

1928年，苏联共产党开始实施“一五”计划（1928—1932年），将普及初等义务教育作为计划的一项重要内容。1930年，联共（布）十六大又将普及初等义务教育作为一项战斗任务。1930年8月14日，苏联中央执行委员会和人民委员会通过了《关于普及初等义务教育的决定》，规定：苏联各地实行普及义务教育，年龄为8—10岁的儿童都应接受不低于小学四年级的教育；对年龄为11—15岁的教育程度低于小学四年级的儿童实行义务教育，为其设立一年或两年制的快速专修班和学校附设年级（视其程度而定）；在工业城市、工厂区、工人城镇，对儿童实行普及七年制义务教育；在其他地区，尤其是实现了全盘集体化的农村地区，也可以实施七年制义务教育；个别文化落后地区可以延期普及初等义务教育，但延长时间不得超过2年。

此文件发布后的5年期间，教育经费增加了5倍多。在此期间，农村中等学校人数增加尤为迅速，1929年至1933年间，学生人数增加34倍。非俄罗斯民族的中小学发展速度更是十分惊人，1930/1931学年至1933/1934学年，乌克兰民族学生人数增长达214%，塔什干民族学生人数增长达381%（全国学生总数增长74.2%）。至1934年，普及初等义务教育的目标已基本完成，所有儿童得以接受不低于小学四年级的义务教育，即在农村普及了四年制初等义务教育，在城市和工业地区普及了七年制义务教育。

1934年，联共（布）十七大召开，通过了“二五”计划（1933—1937年），下达了完全普及初等义务教育的指令，提出在“一五”计划期间，城市、工业区普及七年制义务教育的基础上，进一步在农村地区普及七年制义务教育。1939年，联共（布）十八大召开通过“三五”计划（1938—1942年），对教育的指令包括：在城市实行中等普及教育，在农村和一切民族共和国地区实行七年制普及义务教育。

正当苏联义务教育体系的发展初见起色之际，卫国战争爆发了，1941—1945年，苏联经受了战争的考验，苏联人民经历了卫国战争的洗礼，尽管最终取得了胜利，但战争重创了苏联的物质与精神实力，阻碍了普及七年制义务教育的实施。战争毁坏了基辅的940座国家级建筑和社会公共设施、6 000多幢民房、800多个企业；列宁格勒在德军900天的封锁与轰炸下变成了一片废墟。战后，苏联的石油产量相当于战前的60%，煤产量相当于战前的90%，播种面积减少了近四分之一，农业产量仅相当于战前水平的60%。战争使苏联物质方面的损失达到2.6万亿卢布。苏联人民在战争中丧失了两千多万条生命，许多家庭家破人亡。卫国战争时期，许多青年由于各种原因没有读完中学或七年制学校的课程就去参加了工作。苏联的教育在战争中蒙受了巨大的损失。8.4万所各类学校和科研机构被摧毁和洗劫，4.3万个图书馆和许多文化教育设施毁于战火。

二、义务教育的普及化与平稳发展阶段（1945—1991年）：义务教育年限延长、学校及学生数量增长

从第二次世界大战结束至苏联解体期间，苏联处于稳定的自我发展时期，此时的教育结构不断扩大、义务教育年限不断延长，义务教育的均衡化体现在量的积累。这一阶段，是苏联义务教育年限逐渐延长的时期。从最开始的扫除文盲、铲除愚昧、普及小学义务教育，到后来接连普及了七年制、八年制义务教育，最后一直过渡到对青年普及中等教育，苏联用了十个五年计划的时间，在国内基本上完成了对青年普及中等教育的过渡。

从教育观念上看，这是一个儿童论、学校消亡论同正统的教育教学理论争论的年代，在苏联人的思想里，公平和均衡还未上升到影响国家制定政策的价值观念中，国家制定政策统一的思想，致力于绝对平等共同发展的追求。从经济水平上看，国民经济受到战争重创，主要致力于恢复与发展，因而追求整体的量的积累与增长。教育领域内也只能关注到学校总数、学生总数、学生受教育率等初级的普及目标，还未能达到真正考虑到人人接受公平教育，处处教育均衡的目标。

（一）普及七年制义务教育

卫国战争时期，学校最重要的任务是照顾学生的健康，注重学生的体格训练和农业基础训练，知识讲授具有很大的思想政治倾向性。战争阻断了普及七年制义务教育的实行，妨碍了普及教育的开展。战争末期，政府采取一切措施扩展学校网，恢复学校建设。1944年，国家拨款10亿卢布用于建设新校舍。1944—1945年，规定儿童的义务教育从7岁开始，消除了幼儿园和小学之间的脱节。1946年，苏联最高苏维埃大会通过了关于恢复和发展苏联国民经济的“四五”计划（1946—1950年），致力于恢复并发展苏联的工农业。“四五”计划中关于教育的规定包括：恢复和扩大中小学和高等学校网，在城市和农村实施7岁入学，普及七年制义务教育，增设各种文教机关，将小学、七年制学校、完全中学总数发展至19.3万，学生总数发展至3 180万，同时，提高学校的

教学质量。1949年，全国着手实行普及七年制义务教育，依靠政府和社会各界的共同努力，1950/1951学年，中小学的学校数量已经达到22万，中小学学生总数达到3 500万。至1952年，苏联基本上完成了普及七年制义务教育的任务。

1952年，苏共十九大召开，并通过了“五五”计划（1951—1955年），要求在各共和国的首都和直辖市、在各省和边疆区的中心城市以及各大工业中心，把七年制教育改为十年制中等普及教育。至“五五”计划末，大城市基本实现了十年制中等普及教育。

（二）实施八年制义务教育、十年制普及教育

1958年，最高苏维埃主席团通过了教育领域内的重要法令《关于加强学校同生活的联系和进一步发展苏联国民教育制度的法律》。该法规定，1959/1960学年，开始实施八年制普及义务教育取代七年制普及义务教育。法令的第二条规定，小学、八年制学校和普通中学均设立普及教育基金，对一至八年级生活困难的学生以物质帮助（免费供给膳食、服装、鞋靴和课本等）。随后不久，苏联部长会议还专门出台了《普及教育基金条例》规定了基金的来源和使用规则，为保障八年制义务教育的普及提供了物质保障基础。至1963年，此任务基本完成，7—16岁的儿童都被纳入八年制义务教育的范围。

1961年，苏共二十二大的报告及新党纲规定在最近十年内，将对所有学龄儿童实行十一年制的普通和综合技术的中等义务教育。1964年，苏共中央和苏联部长会议通过《关于改变兼施生产教学的劳动综合技术普通中学的学习期限的决议》，规定在综合技术普通中学里，学习期限在八年制学校的基础上由三年改为两年，即将十一年制的普及中等教育改为了十年制。1966年，提出在“八五”计划（1966—1970年）时期基本完成向普及十年制义务教育过渡的要求。随后，苏联部长会议通过的《普通中学章程》中规定，“为保证苏联公民享有受教育的权利，实施八年制义务教育和普及中等教育……普通中学的教学年限为十年，对于不用俄语进行教学的学校，经苏联部长会议批准，教学年限可定为十一年”。

但是，到了1970年，八年级毕业生升入普通中学九年级的只占60.2%，原定普及十年制义务教育的任务远未完成。普及十年制义务教育在大城市可以实现，但在小城镇或在乡村地区还存在很大差距，农村

地区和少数民族地区受教育率低下，是造成义务教育普及率低下的主要原因。因而在1973年，苏共中央和苏联部长会议出台了《关于进一步改善农村普通学校工作条件的措施的决议》，规定为改善农村学校宿舍的生活条件，“从1974年起，学生宿舍实行标准定员制，并明确宿舍床上用品和日用品的标准；从1975年起，为25%的农村学校住宿生提供免费三餐热食，其余的住宿生只需交一半伙食费”。同年，政府还公布了实行义务教育的法令，新法令规定了对不让子女上学的父母实行硬性的罚款，主要针对退学率最高的两类人群：一类是集体农庄庄员和农村居民，他们往往急于让孩子尽早参加劳动，以补贴家用；另一类是少数民族，他们的民族传统妨碍女孩继续深造。

到1981年，苏共二十六大决议中申明，对青年人普及中等教育的目标已经实现。为普通学校一至五年级的学生免费提供教科书已经实现，计划到1985年实现为所有年级学生免费发放教科书。也就是说，苏联至此终于达到了使所有17岁以下的正常儿童接受完全的十年制普通中等教育的目标，但仍未达到八年制义务教育的目标。

（三）实施九年制义务教育，十年制普及教育

1976年，苏共二十五大召开，出台“十五”计划（1976—1980年），规定在“十五”计划期间，拟将进一步发展普通中学网，基本结束对职业技术学校的改造，使其能提供完善的中等教育。次年，苏共中央通过了《关于进一步完善普通学校学生的教学和教育并使他们做好从事劳动的准备的决议》，首次给“普及中等教育”再冠以“义务教育”的限定词。该决议指出，普通学校的主要任务就是“彻底实现苏共二十五大决议和苏联新宪法关于发展普及中等义务教育和进一步改善教学过程的条款。”苏共中央和苏联部长会议为此还通过了《关于普通学校学生向免费使用教科书过渡的决议》，规定“从1978至1983年完成普通中学学生向免费使用教科书过渡。”1984年，苏联最高苏维埃通过《普通学校和职业学校改革的基本方针》，方针规定完成向青年普及职业教育的过渡，并且将普通学校由原来的十年制改为十一年制。

1985—1991年，苏联社会大背景是不断演变的，教育政策也是不断演变的，1989—1990年，颁布了一系列规范化文件，如《苏联普通中等教育学校暂行条例》《关于作为连续教育统一体系之基础的普通中等教育的构想》。在此期间，不同派别的教改构想中，对“普及”与“义务”两个词含义的认识产生了分歧：（1）有人认为“普及”和“义务”

是同一个意思，有人则坚持二者含义不同。(2) 有人主张仍以完全中等教育为义务教育，有人则主张以不完全初等教育为义务教育。1989 年 7 月，苏联国家教委通过了《苏联普通中等教育学校暂行条例》，标志着“普及”与“义务”的争论以折中的形式告一段落。该条例规定，九年基础中学教育是义务教育，又明确要普及十一年制完全中等教育。

三、义务教育的均衡化阶段（1992 年至今）：义务教育的多样化、个性化

1991 年 12 月 26 日，苏联正式宣布解体，俄罗斯继承了大部分主权。在由计划经济向市场经济的转变中，俄罗斯的政治、经济、文化等都发生了深刻的变化。在这些来自社会各领域的诸多因素的影响和制约下，俄罗斯联邦教育的主要发展方向就是非党化、非政治化、非意识形态化。随之而来，俄罗斯义务教育的投资体制、管理体制和办学体制都出现了一系列新的变化。

1992 年 7 月，俄罗斯联邦政府颁布《俄罗斯联邦教育法》，强调教育的人道化、个性化、自由化、民主化。法令的第一章第五条第一款规定，“居住在俄罗斯联邦境内的俄罗斯联邦公民，不受种族、民族、语言、性别、年龄、健康状况、社会地位、财产状况、职位、社会出身、居住地点、宗教态度、信仰和党派以及是否受过司法审判等的限制，均享有受教育的机会”，以保障公民平等的受教育权利。第二章第十九条第三款规定，“普通基础教育是义务教育，公民必须获得国家颁发的普通基础教育毕业证”，显示了义务教育比普及教育的强制性。同时，法律又充分保障了公民教育的自主选择权。如，第五章第五十条规定，“俄罗斯联邦成年公民有权选择教育机构和接受教育的方式”。第五十二条规定，“学生家长有权在家中对儿童实施初等普通教育、基础普通教育、中等普通教育”。

随后，俄罗斯联邦政府先后颁布《俄罗斯联邦教育发展纲要》（1997 年）、《俄罗斯联邦国民教育要义》（2000 年）、《2010 年前俄罗斯教育现代化构想》（2001 年）、《国家教育优先发展方案》（2005 年）、《我们的新学校》（2008 年）等重要法律法规。宣布教育领域为俄罗斯优先发展的领域，并将教育的人道主义性质、教育的自由与多元化、教育管理的民主化与自主性等规定为国家制定教育政策的基本原则；将促进俄

罗斯教育的现代化进程、提高俄罗斯教育的整体质量作为教育发展的总目标，致力于提高义务教育的质量、普及性和有效性，以求达到不分地域、性别、民族的所有儿童都能接受优质的义务教育。

虽然1992年《俄罗斯联邦教育法》已经明确将义务教育年限规定为九年，将普及免费教育规定为十一年，但之后的数年间，俄罗斯教育界关于修改学制、向十年制义务教育和十二年完全中等教育过渡的呼声此起彼伏。1999年，俄联邦普通和职业教育部以及俄罗斯教育科学院主席曾大规模酝酿一个十二年学制的改革方案，拟将现行的十一年制普通教育学制改为十二年学制，并陆续出台一些改革草案。建议改革后一至十年级为义务教育阶段，后面的两年学生根据自己对未来大学选择的方向实行侧重专业式教学，有侧重地按大的专业方向安排这一阶段的课程。这套方案曾于2001年先在小范围内实验，每年推进一个年级并逐步扩大范围，利用十年的时间过渡到全面实现十二年学制，但由于国家经济条件、社会舆论等众多方面的因素，向十二年制过渡的试点已经停止。事实上，俄罗斯的十一年制普及免费教育已实施多年，但一直没有在法律上被规定为义务教育，直至2007年7月12日，俄罗斯联邦通过第194号联邦法令《关于贯彻实施联邦相关法令中普通义务教育相关规定的改变》，规定俄罗斯的十一年普通教育都属于义务教育。鉴于欧洲多数国家实行十二年普通中等教育学制，俄罗斯仍然无法与之全部接轨，所以俄罗斯教育界向十二年制义务教育过渡的呼声一直存在。

第三节　俄罗斯义务教育均衡发展面临的问题及解决方向

一、俄罗斯义务教育均衡发展面临的主要问题

教育公平是全世界所有国家所追求的一种社会理想，俄罗斯也不例外。自苏联开始，无论是领导人、知识分子，还是工人、农民，人人都相信教育对于人的自身发展的重要作用，都希望得到均等的受教育机会。长期以来，俄罗斯的教育公平一直受到三个因素的影响：社会等级、地理位置、民族或种族。至今，俄罗斯教育的不均衡发展仍然面临

这几方面的重要问题。社会等级的教育不均衡不是俄罗斯独有的社会现象。处于社会上层的人们的子女往往有更充足的资金、优越的文化环境等有利的教育条件，他们获得更高质量的教育的可能性远远大于普通家庭的子女。这种教育不均衡会一直传递下去，除非社会的等级被打乱或不复存在。地区的差异方面，经济发达地区的教育设施相对完备，教育资源丰富，教育质量也相对较高，因而许多成绩好能力强的学生争相前往，使得连生源质量都比经济落后的地区好。除此之外，这些因素之间又存在着错综复杂的交互作用，共同影响着教育质量的均衡发展，如，处于社会上层的居民更倾向于住在经济发达地区而非经济落后的农村。

目前，俄罗斯教育的不均衡发展突出表现在如下几个方面：城乡差异巨大、民族不均衡、群体差异大。

（一）城乡教育不均衡

在俄罗斯这样领土面积广大的国家，义务教育的不均衡表现之一就是地区间的差异，而地区之间差异最明显的就是城市和农村的差异。例如，在学校的硬件设备（楼房、体育馆、教学设备等）方面，其老化损坏的速度远远超过其修缮更新的速度。如，2000年统计资料显示，超过三分之一的学校处于待修状态，有32%的学校处于两班或三班轮流工作制中。在所有处于危房状态的教学楼中，仅有46.5%的学校有足够的资金来修缮。如图6-1所示，2000年，莫斯科和圣彼得堡等大城市的学校硬件水平达标率（55%）约为农村地区（5%）的10倍。

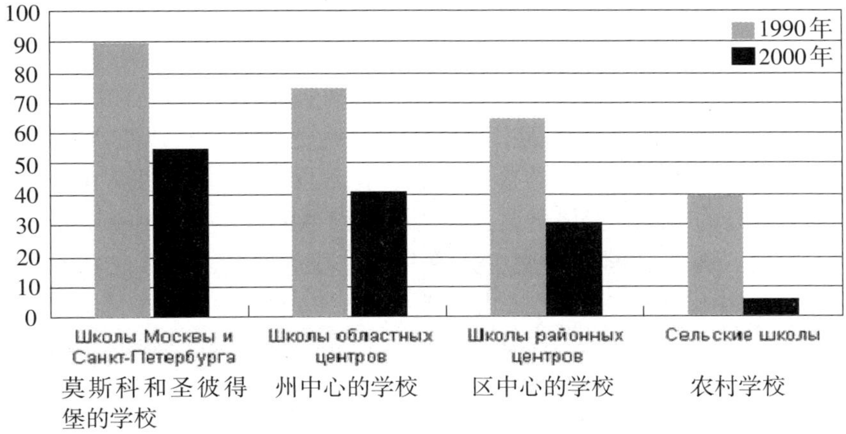

图6-1　学校的硬件设备水平达到标准要求的百分比

俄罗斯教育的不均衡现象在城乡地区差异方面尤为严重。其主要原因是俄罗斯城乡经济、社会环境差异巨大。在俄罗斯，农村的经济与社会环境相较于城市一直处于劣势，存在经济发展落后、人口密度低、基础设施差、交通不便等诸多问题。城乡教育的差异主要表现在：

第一，城乡学校数量与规模的差异。由于农村地广人稀，因而农村学校本身就具有分布广、规模小的特征，2000/2001学年，俄罗斯农村小学共有13 067所，其中学生数量低于10人的有5 604所，100人以上的仅有79所。俄罗斯农村地区的人口数量占全国人口总量的26.7%，农村学校数量占全国普通学校数量的69%。在2006/2007学年，俄罗斯的学校共有5.85万所，在校学生共有1 430万人，其中农村学校有3.86万所，在校生440万人。近几年来，随着俄罗斯人口数量的急速下降，农村学生减少尤为明显。

第二，城乡学校的教学条件不均衡。俄罗斯教育统计数据表明，2002年，城市地区小学一至三年级中具有高等教育文凭的教师占总数的60.3%，而农村地区仅有41.9%。在城市中，安装计算机设备的学校占学校总数的68.9%，而在农村中安装计算机设备的学校仅占学校总数的37.3%。因此，农村学校面临一系列的问题：学校学生数量不足；设备和基础设施陈旧；管理人员和教师队伍水平低下；财政保证不足；现代化通信工具和交通工具严重缺乏。这些无疑都造成了农村学校的教育质量低下。

（二）群体教育不均衡

苏联时期的基础教育由政府统一管理和提供保障，因此群体差异不大。除学前教育外，其他的普通中小学教育、职业技术教育、中学专业教育以及高等教育，一律实行免费制。每到假期，全国约有160多万青少年开始夏令营的度假生活，他们中多数是免费度假，即使自己掏钱，也只是父母承担五分之一的费用，余下全由国家和工会分担。但苏联解体后，政局的动荡、经济的衰退使得无人照顾的残疾儿童和孤儿的数量逐年递增。截至1994年年底，残疾儿童总数达到34.3万，比1992年增长5.8万。全国共有50万名孤儿，其中只有5%的儿童因双亲故去成为孤儿，其余的95%均为弃儿。全国约有174个收容中心，每年有10万名无依无靠、衣食无着的儿童和青少年被送了进去。据俄罗斯政府2002年的统计，当时的流浪儿总数已达100多万。俄罗斯教育部在对7—17岁的青少年进行大范围调查时发现，其中有36.8万人没有按照官方规定的标准正常上学。

尽管苏联时期的特殊教育形成了比较完整的体系，但是苏联解体后由于社会动荡及经济不稳定等因素所导致的残疾儿童、处境不利儿童数量的增多，还是使群体教育不均衡的问题凸现出来。对此，俄罗斯政府一直试图解决，制定各种保护处境不利儿童的政策、出台相关措施，以保护弱势群体的基本权利，也包括平等接受教育的权利。如2004年，俄罗斯联邦教育部制定的《处境不利儿童精神、道德、智慧发展规划》对处境不利儿童做了界定和分类，并规定了一系列的保护与发展措施。

二、俄罗斯义务教育均衡发展政策的主要原则

基于独特的教育环境和社会文化环境，俄罗斯推进义务教育城乡均衡发展的政策也有其独特之处，包括力求兼顾政策的效率与公平，注重向农村的政策倾斜，力求多样化的教育均衡等。

（一）追求高质量的教育均衡

在教育现代化的框架下，俄罗斯追求教育均衡，注重教育质量的提升和教育均衡发展并举，力图兼顾效率与公平。21世纪以来，俄罗斯的教育均衡发展政策主要体现在《2010年前俄罗斯教育现代化构想》和《国家教育优先发展方案》两个大型方案中，这两个方案的主要目标都是为了促进俄罗斯教育的现代化进程，提高俄罗斯教育的整体质量。而保障每个儿童都有接受高质量教育的均等机会是其目标之一，这也是直接促进教育均衡发展的基本理念。只有高质量的教育均衡才是真正的教育均衡，因而在提高教育质量的进程中保障教育均衡发展是明智的选择，特别是对于一直受平均主义文化传统影响的俄罗斯尤其具有重要意义。

（二）侧重教育公平的补偿原则

教育均衡发展的指导理念是教育公平，教育公平包括三个合理性原则：平等原则、差异原则和补偿原则。补偿原则就是罗尔斯提出的差别原则，即有利于社会之最不利成员的最大利益。俄罗斯推进义务教育城乡均衡发展的政策主要集中在对农村地区和弱势群体儿童的补助方面，主要体现了教育公平的补偿原则。俄罗斯教育学者И·Д·付鲁明指

出，教育公平可以区分为消极的教育公平与积极的教育公平。消极的教育公平即指提供平等的教育机会；积极的教育公平，是指每个人都享有与自身需求相适应的获得任何知识、教育和自我发展的可能性。而俄罗斯的大多数城乡教育均衡政策体现了有利于农村地区的倾斜，指向积极的教育公平。

（三）体现多样化的教育均衡

义务教育均衡发展至少包含三方面内涵：第一，为受教育者提供均等的受教育机会。即为每所学校提供大致相当的师资、校舍、教科书与相关资料、生均经费，以及公共的、统一的义务教育课程。第二，为受教育者提供获得学业成功机会均等的受教育条件。第三，促使每个受教育者获得最大限度的发展。俄罗斯的一系列促进义务教育均衡发展的政策包括以上三个方面，比如，实施统一的免费午餐政策，保证全俄罗斯的儿童享有均等的接受教育的机会；保障农村学校的信息环境建设，缩小农村学校与城市学校的物质环境差距，从而为所有学生提供均等的受教育条件；在小型农村学校开展个性化的教学大纲，致力于使每个受教育者获得最大限度的发展。

第四节　俄罗斯时期义务教育均衡发展的主要政策分析

俄罗斯推动义务教育城乡均衡发展的政策以《俄罗斯联邦教育法》为宗旨与基础，主要包括2001年俄罗斯联邦政府出台的《2010年前俄罗斯教育现代化构想》，2005年普京总统提出的《国家教育优先发展方案》，以及2008年梅德韦杰夫提出的国家教育创新计划《我们的新学校》。政策体现两个方面的公平理论，同质化公平与补偿性公平。同质化的公平表现为给所有个体以同样的支持和条件。补偿性公平表现为给予弱者更多的补偿。政策主要包含三个方面：义务教育城乡均衡政策、义务教育民族均衡政策和义务教育群体均衡政策。

一、义务教育城乡均衡政策

（一）构建农村学校网络体系，优化资源配置

2001年，俄罗斯联邦政府出台了《2010年前俄罗斯教育现代化构想》，提出了多项具体措施对农村地区教育的政策倾斜，致力于保障城乡教育均衡发展，保障优质教育的可及性及儿童获得优质教育的机会均等。针对当时农村学校存在的人口数量持续减少、学龄儿童数量不足的问题，为实施资源的优化配置、保障充足的物质资源、满足发展的教育需求，俄罗斯联邦采取的主要措施是实施农村学校的结构改革，建立农村学校系统网络。2001年12月，俄罗斯联邦政府批准并颁布《俄罗斯农村学校网络结构改革》，提出在2002—2010年期间对农村地区的普通学校实施结构改革。保证在普通教育机构集中和合作的基础上，更有效地利用物质技术、人才、经费和资源管理，使得居住在农村地区的公民同样享有高质量的普通教育。优化农村区域教育系统结构，保障提高教育质量的具体措施包括：建立基本的农村学校网，保证期望获得中、高级职业教育的学生获取足够的科学文化知识；在自然条件恶劣、交通不发达的农村地区建立远程教育中心；建立将普通学校与初级、中级职业学校、与补充教育机构及农村其他社会机构相联系的学校综合体；把学生人数极少的小学改为初中和完全中学的分校。

据俄罗斯国立大学——高校经济研究中心的评估与预测，俄罗斯联邦在实施《俄罗斯农村学校网络结构改革》计划的3—5年内将节省10%—20%的预算支出。该计划的实施能够更有效地利用学校的不动产，能够提高农村学校的教育服务质量，使学校成为农村地区的文化中心，使得农村的学生能够接受高质量的教育，提高其在继续求学和工作中的竞争力。

2005年，为了保障俄罗斯教育发展的优先地位、保障学生不分居住地获得高质量普通教育的机会，俄罗斯总统普京批准了《国家教育优先发展方案》。该方案规定，2007—2009年，俄罗斯联邦政府拨款4亿卢布，致力于保障普通中小学的发展，继续贯彻实施农村地区普通学校的网络化改革。

（二）优先发展农村学校信息化，保障教育环境

2001年，俄罗斯联邦教育部同时启动了《2010年前俄罗斯教育现代

化构想》与《发展统一的教育信息环境（2001—2005年）》联邦专项纲要，为农村学校的教育信息化的优先发展提供了保障。该纲要核心内容包含四个部分：硬件配置、教学资源开发、师资培训和建立信息化环境及技术保障体系。纲要分三个阶段建立统一的教育信息环境，第一阶段的任务，即为在2001年给农村的30 000余所中小学和15 000余所小型学校提供硬件设备和相应的应用软件，同时组织农村中小学教师进行信息技术培训。该纲要总计投入560亿卢布开展教育信息化工作，2001年，俄联邦和区域预算拨款20多亿卢布用于教育体系计算机化，为农村中小学购置约5.5万台计算机、1万台打印机、7 000台调制解调器、3 500多套网络设备。此后，国家逐年加大了对教育信息化的投资力度：2002年拨款26亿卢布，2003年猛增到144亿卢布，2004年达到近200亿卢布。2003年12月29日，俄罗斯联邦教育部签署第4828号令，发布了《俄联邦农村学校计算机化——2004》的文件，计划到2004年前，每年投入20亿卢布用于农村中小学的软硬件资源建设。

经过俄罗斯政府的一系列努力，全俄教育信息化初见成效，农村地区尤为显著。2000年年底，只有5%的农村中小学校配有信息技术设备，许多农村缺少基本的电话设施，难以保障中小学使用最普遍和最普通的电信手段，如，电子邮件。到2004年年底，俄罗斯农村中小学的计算机供应已接近全部完成，每一所农村学校配置了4—5台计算机，还开办了65个地方计算机网络中心用于教师培训等。在2005年年底，普通教育机构中的生机比达到80∶1（1999年初的生机比为500∶1）。该纲要的实施促进了农村地区教学环境的优先信息化，完善了农村地区的教育过程的物质技术基础。

2005年的《国家教育优先发展方案》规定，从2006—2008年，国家联邦预算每年投入30亿卢布，支持教学设备完善及教学环境的信息化。2008年，梅德韦杰夫批准的国民教育创新计划《我们的新学校》中要求，学校组织实施活动需要完备的基础设施，包括设计有吸引力的学校建筑，符合卫生标准的现代化餐厅，新的礼堂和体育馆，媒体中心和图书馆，舒适的学习环境和医疗服务，成套的高科技设备，保障全球信息网络的访问，能够获取本地和国外的文化、科学和艺术的宝贵资源，满足高质量的补充教育、自我实现和创造性发展的条件。这些都为优先发展农村学校的教育环境提供了物质保障。

（三）启动农村学校的校车计划，提高优质教育可及性

农村地区教育质量低下的一个主要原因是农村地广人稀，有许多不足10人的小型学校，还有许多村庄附近没有学校。在没有学校的那些村庄里，学生必须每天花几个小时的时间到最近的学校去上学，所以连出勤率都无法得到保证。俄罗斯约有6 000所学生数量少于10人的小型学校，在这样的学校里，一个老师通常要教不同的科目甚至不同的年级，这常常使得教学质量得不到保证。鉴于这种小型学校的运行存在多方面的问题和困难，俄罗斯在20世纪90年代末期对农村学校进行了结构性改革，将许多小型学校合并。这就导致许多学生必须到更远的地方去上学，而不便利的交通使更多的学生花费更多的时间在上学的路上。针对此种情况，为了提高全俄学生尤其是农村地区学生优质教育的可及性，2005年，普京在《国家教育优先发展方案》中提出，2006—2008年，联邦预算每年拨款10亿卢布，三年共拨款30亿卢布，启动农村学校的校车计划。农村校车计划的目标是保证农村所有学生能够免费乘车上学和放学。

根据俄罗斯联邦政府决议，由国家出资购置的校车将全部归各联邦主体所有，由其自主分配。为了保障儿童上学的便利和安全，农村校车计划购置的所有校车均应符合在农村地区运送儿童的标准，此标准对校车的要求共有40余项，包括必须配备特殊的座椅和安全带；在22个地区校车上还为残疾儿童设置专门座位，要求车内通道的宽度必须能够容纳两辆轮椅同时通过；除此之外，还要考虑到具体地区的气候特征，例如，在北部地区，为更好地达到御寒效果，还专门设计了带有防寒设备的校车。

此计划的实施，使俄罗斯联邦主体用联邦拨款购置了4 800多辆汽车，用联邦主体拨款购置了5 000多辆校车，受惠的学生达136 000余人。例如，仅仅在卡卢日斯克州基础学校就有5 000名学生受益；在鞑靼斯坦共和国普通学校共有208辆市属校车，分286条线路承担184所基础学校的7 000多名学生运送任务。总之，农村校车计划使得许多偏远农村的学生得以到中心学校去上学，与当地学生一样享受那里先进的教学设备和强大的教师队伍，从而在很大程度上消除了偏远农村地区和市中心地区教学质量的差异，提高了农村地区高质量教育的可及性。

（四）修改教育法案，增加农村教师福利待遇

以《联邦教育法》为主导，俄罗斯制定了许多政策为农村教师提供更多的额外保障与优惠。1992年的《联邦教育法》第五十五条规定，远离市中心的教育机构的工作者以及由国家权力机关和管理机关认定的同类机构的教育工作者有权享受当地为农业专家提供的优惠；为农村教育机构的教师提供用以购置家具什物的一次性补助。1996年，《联邦教育法》进行第一次修改，除保留了以上的优惠条件外，还规定在农村地区的教师享有带有供暖和照明设施的免费住宅，并具有优先获得住宅的权利。2004年，联邦政府对《联邦教育法》再做修改时又规定，应给农村地区的教育工作者以生活条件和公共服务方面的优惠，并采取资金的方式予以补贴。

一直以来，农村教师的社会保障措施经费由各联邦主体承担，但实施过程中出现了推卸责任等问题，因而，引出国家杜马讨论由联邦政府保障经费的议题。为改善农村教师的生活条件，俄联邦国家杜马在2010年1月14日讨论通过《关于教育工作者社会保障措施》的俄罗斯联邦法案修正案，进一步完善农村教师社会保障制度。该法案明确规定：（1）在农村地区生活和工作的教师，享有免费的住房照明及供暖等社会保障。（2）各项措施将惠及教师的所有家庭成员，不论其劳动能力如何。（3）各项措施的经费支出由俄联邦政府保障，在任何情况下，各俄罗斯联邦主体都不能降低为农村地区的教师所提供的福利待遇。（4）在农村地区工作不少于10年的教师将获得联邦政府发放的养老金。

由此可见，转型过程中的俄罗斯，虽然经济状况一波三折，教育拨款落实存在困难，但在改善农村教育条件方面，还是力求根据现实情况的变化，通过对法案的不断修改，保障教师的福利与优惠。

（五）改变教师工资制度，促进农村教师工资的增加

俄罗斯一向重视提高教师地位、保障教师权利。自1992年起，俄罗斯《联邦教育法》的第五章“实现公民受教育权利的社会保障”中，就专门列入了教育工作人员的待遇规定，以法律的形式确保教育工作者的待遇。具体规定为：（1）教育机构工作人员的最低工资额和职务工资，按高于俄罗斯平均工资额确定。（2）教育机构工作人员的平均工资额和职务工资不低于俄罗斯联邦工业部门工作人员的平均工资。（3）教育机构可在其现有的劳动报酬资金范围内自主确定支付劳动报酬的方式和系列以及附加工资、补贴、奖金及其他鼓励性酬金的幅度。为筹措用于此

目的的资金而给教师强加超额教学工作量是不允许的。(4) 为了有助于向教育机构的教育工作人员提供图书和期刊，每月可发给他们相当于职务工资（或工资）10%的补贴。按政府规定，从2001年12月1日起，教师工资提高一倍。为保证中学教师工资的发放，将由地方财政拨款改为联邦财政拨款，这尤其对农村教师的收入保障更为有利。

但是，由于联邦教育经费有限，农村地区的经济落后，农村地区的教师工作量很大、但工资却很低，一般教师每周18节课，工资在150美元左右。退休教师只有大约80美元的退休金。因此，俄罗斯年轻人不愿当教师，教师流失和匮乏的现象相当严重。许多教师，尤其是男教师工作2—3年就转到别的行业。这样，原本女性人口就高于男性的俄罗斯，教师性别比例差距就更为悬殊，俄罗斯150万名中小学教师中，女性比列高达85.3%。这就导致农村教师中很多是拿退休金和（返聘、延聘）教学课时补助的老年女教师。

长期以来，俄罗斯普遍实施的教师薪酬制度是一种固定的、一成不变的等级工资体系，主要依据教师的课时量计算。而农村学校的教育大纲具有独特性，教师的工作具有特殊性。在农村，学校是村里的文化中心，所以教师与学生家庭、与家长的联系更密切，教师的社会责任更大，教师利用科学技术需付出的劳动更多，教师的课外负担更重。许多教师除了承担教学工作外，还担任校长、总务主任等职能。根据当时的教师薪酬制度，教师只能按照其课时量取得相应的工资。因此这种工资体系对于农村教师来说十分不公平。2002年，俄罗斯曾试图进行教师工资改革，将教师薪酬制度由统一的工资表制度向行业工资体系过渡，使教师的工资除了取决于其学历、教学科研工作年限和教学课时量，还取决于其技能的高低。但是由于种种原因，这一计划无果而终。

2007年10月22日，在《国家教育优先发展方案》的框架下，联邦政府出台了新的教师薪酬制度以代替现行的统一工资表制度。新的教师薪酬制度规定，教师的工资包括基础工资和激励工资两部分：基础工资由课内外的教学活动构成，占总额的60%；激励工资主要取决于劳动的质量、数量和成果，占总额的40%。实行新的教师薪酬制度的目的是提高教师的工资水平，提高教师的社会地位，吸引年轻的人才进入教育领域工作。这标志着教师劳动报酬标准的改变，对于农村地区的意义尤为重大，许多农村教师是多学科的教学能手，除了教学还兼任教务、管理等工作，新的薪酬制度保证了教师所从事的各种工作活动都劳有所得，有利于农村教师工资收入的提高。各地引进新的教师薪酬制度之后，教师的工资的确有所增加，甚至在一些地区教师的工资超过了当地的平均工资水平。

二、义务教育群体均衡政策

俄罗斯所提倡的教育现代化的基本任务包括：提高教育的可及性，提高教育的质量，提高教育的效率。提高教育的可及性就是保障每一个儿童不论性别、家庭、民族、健康状况等因素都有平等地接受教育的机会。为了保障义务教育的可及性，促进义务教育的群体均衡，俄罗斯出台了各方面的保障政策。

（一）扩展免费午餐制度至私立学校

从苏联时期开始，俄罗斯的公立学校一直有为学生提供免费午餐的制度。为了保障所有儿童都能够公平地、高质量地获得免费午餐，2005年，《国家教育优先发展方案》提出建立现代化的综合性俄罗斯学校午餐体系的计划。2008年和2009年联邦政府分别划拨500万卢布用于提高学校食堂运作的有效性，利用现代化的设备制作、储存与运输食物，力求在2010年前使所有俄罗斯学生都可以吃到符合卫生标准、符合儿童身体发展需求、优质且营养平衡的午餐。

2010年3月，俄罗斯国家杜马一读通过了《关于私立学校有权获得学生午餐费用补贴的俄罗斯联邦教育法修正案》，法案中规定：通过国家认证的私立学校有权在学生午餐费用方面获得国家财政补贴。对于给予私立学校补助金的范围、数量，应当由联邦各地方政府的最高执行机构从联邦主体预算中安排与划拨。这一修改意向体现了对受教育权作为天然权利的尊重，保障了学生及家长按自身需要选择教育机构的自由。

（二）保障处境不利儿童的受教育权

在俄罗斯，有一个庞大而特殊的儿童群体，即处境不利儿童。他们在苏联时期就已存在，在苏联解体后的社会转型时期数量剧增。2004年，俄罗斯联邦教育部制定的《处境不利儿童精神、道德、智慧发展规划》中描述了处境不利儿童的概念：是指那些因不利环境以及社会、政治、经济的某些原因，使部分儿童处于不利地位，这些儿童在经济上贫困，生活质量低下，生理上脆弱，心理有创伤，需要国家和社会给予支持和帮助，具体包括孤儿、残疾儿童、流浪儿童、有轻度犯罪行为的少年儿童、吸毒儿童和贫困地区的儿童。保证这些处境不利儿童平等的受教育机会、优质的教育质量是俄罗斯义务教育领域中一个十分困难的问题。俄罗斯联邦一直有针对性地出台对处境不利儿童的专门政策，以保证其更好地接受教育，促进义务教育的群体均衡。

自苏联时期起，处境不利儿童的教育问题一直受到关注。苏维埃政权刚刚建立时期，苏联政府就主张设立“儿童之家”，照顾与教养无人照管的儿童。1921年，全国已有5 000多所儿童之家，其中照管的儿童达26万名。苏联解体后的转型时期，由于政治局势动荡、经济发展缓慢等因素，处境不利儿童数量激增，许多儿童的温饱和健康都成问题，接受教育的权利更难以得到保障。基于此，1992年出台的《俄罗斯联邦教育法》第五章第五十条第九款规定，“教育机构中的孤儿和无父母照顾的儿童，其抚养费和教育费完全由国家承担”。在1996年，俄罗斯联邦出台了《关于孤儿和无父母照顾儿童社会支持方面的额外保障的联邦法》，赋予孤儿和无父母照顾儿童在教育领域内一系列的特殊权利。这些法律将照顾处境不利儿童的责任归于国家，虽然在立法上保障了其受教育的权利，但由于经费限制，效果并不理想。莫斯科人权中心1998年3月的报告中显示，俄罗斯有近60万名孤儿和200万名流浪儿，他们中95%是社会孤儿，即其父母还健在但被剥夺了监护权或者自行放弃了对子女的监护，而政府无力承担起对他们的责任和提供起码的生活保障。

2001年，俄罗斯教育部全体会议上通过了《俄罗斯教育系统培养纲要》，2004年5月，俄罗斯政府制定了《俄罗斯联邦儿童培养国家纲要》，2002—2005年，《俄罗斯联邦儿童、青少年的体育与健康计划》开始实施。这些纲要与计划都提出将处境不利儿童的教育作为重要任务之一，并规定：（1）在地区一级和市一级建立对家庭困难儿童和贫困儿童的资助机构，保证其能够接受高水平的普通教育和补充教育。（2）制定法律法规，发展新形式的特殊教育机构，包括教育中心、教育综合体、儿童之家、教学—教养机构等，为流浪儿童、孤儿、无人照管儿童提供受教育机会，并在联邦一级和地区一级委任专人保护这些儿童的权益。

2002年，俄罗斯联邦政府通过《俄罗斯儿童》联邦专项纲要（2003—2006），该纲要包含了五个亚纲要：《健康孩子》亚纲要，《天才儿童》亚纲要，《预防未成年人的无人照管现象及其违法行为》亚纲要，《孤儿》亚纲要和《残疾儿童》亚纲要。纲要的目的就是改善儿童的生活和健康质量，解决儿童的处境不佳问题，包括儿童的无人监管和无人照顾问题。其中《孤儿》亚纲要和《残疾儿童》亚纲要分别提出投入约23亿卢布和84亿卢布，用于改善处境不利儿童的生活及学习状况。

2009年12月，俄罗斯提出了该纲要的修正案，旨在为孤儿和无父母照顾的儿童接受教育提供更多额外的保障权利。法案明确了孤儿和无父母照顾儿童所在教育机构的名录。在此学校名录内就读的未满18岁的孤儿和无父母照顾的儿童享有以下权利：由国家经费全额保障完成学业；在国家额外补助金的支持下接受补充教育，如，免费的培训课程或接受第二个初等职业教育。18—23岁的孤儿或无父母照顾的青少年享有以下权利：由国家经费全额保障完成学业；在毕业前获得职业教育等额外的社会支持；获得超出其他学生50%的助学金；获得每学年用于购买教材和文具的补助金，全额的生产学习以及实习期间的工资。通过不断完善法律，给孤儿或无父母照顾的青少年以免费接受教育的机会，并且通过职业教育等赋予其自主生活的能力。

2005年，《国家教育优先发展方案》提出，为残疾儿童建立远程教育中心，以保障残疾儿童通过计算机技术接受教育。为了给残疾儿童建立远程教育中心，2009年，仅赤塔一市一年就获得联邦政府预算拨款达1 060万卢布，并且政府计划2010年再拨款340万卢布。2008年，俄罗斯总统梅德韦杰夫提出的国民教育创新计划《我们的新学校》指出，应特别注重创造条件保障下列儿童接受教育和完成社会化：残疾儿童、问题儿童、孤儿、难民或被迫迁移家庭的儿童、贫困家庭儿童和其他生活困难儿童等。

（三）实施天才儿童培养计划

天才儿童被视为社会发展的重要资源，能对国家和地区的发展起到巨大的推动作用。自21世纪以来，俄罗斯十分注重寻找天才儿童与青少年并支持其发展的工作。2002年，俄罗斯联邦政府通过《俄罗斯儿童》联邦专项纲要（2003—2006年）中的《天才儿童》亚纲要，明确提出要形成发现、支持与发展天才儿童的体系。该纲要实施的主要目标包括：增加由国家提供支持的天才儿童的数量；完善天才儿童培养的工作体系；提高天才儿童培养专家的质量；从装备和物质技术上支持培养天才儿童的专门教育机构；每年发放120份奖学金以奖励在教育活动、文化工作、体育运动诸领域有成就的天才儿童；每年支持10项全俄奥林匹克竞赛和4项国际奥林匹克竞赛；实施儿童美术创作联展的综合规划措施；支持暑期创作学校和专题交流活动；每年实施10项措施以便保证天才儿童有空闲的时间；建立包括借助大众传媒的方式进行天才儿童培养工作的宣传体系。为实施此亚纲要，联邦预算投入资金约1.5亿卢布，加上各联邦主体和预算外资金共投入约2亿卢布，用于支持天才儿童的培养。国家每年在全国各地甄选的天才儿童在5 350名左右，将其纳入天才儿童培养体系，促使其达到自己最大限度的发展。2008年，国家教育创新计划《我们的新学校》在天才儿童的培养方面又提出了相关规定：为生活困难的天才儿童提供专门的实践活动机构；提供措施支持天才儿童在智力和创造性活动等不同领域的交流、相互作用和长远发展；开办夏季或季节性专门学校为儿童的自我实现和自我发展提供创造性实践活动；扩大奥林匹克竞赛、创作比赛及其他创造性竞赛的系统；发展远程教育、函授教育等多样化的教育模式；保障对侧重专业式教学的咨询与方法方面的支持，其中包括实现儿童个性化教育大纲和网络互动教育模式的教育机构。

除了采用专门的计划保障天才儿童的发展外，俄罗斯还为某方面具有特殊才能的儿童提供进入高校的特殊途径。自2009年国家统一考试在全俄范围内推行以来，若想进入高校就读，则必须通过国家统一考试。可以免试或者被高校优先录取的途径之一，就是参加中学生奥林匹克竞赛。俄罗斯中学生的奥林匹克竞赛种类很多，其中，在高考招生时有优惠资格的主要包括全俄中学生奥林匹克竞赛和各高校组织的高校奥林匹克竞赛。

全俄奥林匹克竞赛包括21个学科的独立竞赛，分为学校、市级、州级、联邦级四个等级的阶段。竞赛最后阶段的获奖者可以免试进入俄罗斯的任何一所高校的相关专业。2007年，俄罗斯教育科学部颁布的《全俄奥林匹克竞赛实施规则》的第六十一条规定，对于全俄中学生奥林匹克竞赛的最后阶段的获胜者和得奖者，其该科目的毕业考试成绩可以被认定为“优秀”；他们可以免试进入高校的相关专业，至于相关专业具体所指由各高校拟定；如果毕业生选择进入其他专业学习，则竞赛科目的成绩等同于国家统一考试的100分。并且，全俄中学生奥林匹克竞赛获胜者和得奖者的优惠资格是无期限限制的。

高等学校中的学生奥林匹克竞赛是由各个高校主办的，主要针对十一年级的中学毕业生，为高校选拔各专业能力突出的人才。每所高校的竞赛科目不同、数量不等，高校中学生奥林匹克竞赛总体数量多、水平参差不齐。因此，2007年，俄罗斯教育科学部联合大学校长委员会成立了专门的奥林匹克竞赛管理组织——奥林匹克竞赛委员会，并且颁布了《中学生奥林匹克竞赛条例》，将高校的奥林匹克竞赛按照参赛学生和参赛地区的数量分成三个等级：第一层级（联邦水平）的竞赛应该具有不少于30个地区的3 000名参赛者，第二层级不少于15个地区的1 500名参赛者，第三层级不少于3个地区的300名参赛者。从此，国家每年对高校中学生奥林匹克竞赛进行一次认证，只有进入教育部指定名录的竞赛才能在高校招生中享有优惠条件。进入名录的要求是，竞赛要有悠久的历史，竞赛性质不是检测性的而是创造性的。由此可见，俄罗斯联邦为各方面具有特殊才能的儿童提供了进入高校的另一种途径，充分保障了“偏才”不被统一的大众化标准埋没，为天才儿童的个性化发展开拓了道路。

三、促进义务教育类型与内容的多元均衡的政策

进入21世纪以后，建立适应市场经济发展、促进人的个性形成和完善且与世界接轨的多元化教育结构，成为俄罗斯教育改革的必然趋势。曾任俄罗斯总统叶利钦教育顾问的第聂伯罗夫，对自20世纪80年代中期以来包括整个90年代的俄罗斯教育改革起过重要作用。他认为：“教育的多样化是当今俄罗斯教育改革的关键原则之一和主要方针之一。这不仅仅是教养内容和施教工艺的多样化，还是教育机构的形式及其种类的多样化，是接受教育的渠道的多样化。这是学校内部制度、目的、方法、生活安排等方面的多样化的结构，这是施教工作、教育管理的手段、方法、方式、模式、体系的选择上的一种宽泛的可能性，总之，是教育的发展和自我发展及其民主化的奠基性机制。”

俄罗斯的义务教育均衡发展离不开义务教育机构和内容的多样化和个性化。每个学生的能力与个性特点不同，发展的需要是多种多样的，因而只有为儿童创造尽可能多的自我发展的途径和方式，才更有利于每个儿童在适合自己的环境中获得最大限度的发展。俄罗斯教育的多元化

特点突出表现在以下两个方面：类型的多元化——普通中等教育学校的多样化；内容的多元化——侧重专业式教学的实施。

（一）教育类型多元化：百花齐放的普通中等学校

20世纪80年代以前，普通中等教育学校类型主要有普通中等学校、寄宿学校、全日制学校、业余学校和为盲、聋、哑学生开设的特殊学校。1992年，《俄罗斯联邦教育法》等法规改变了苏联时期教育机构的单一国家所有制形式，教育不再是国家和政府的特权，承认并鼓励社会、团体和个人等合法参与教育办学，对政府预算外的各种教育投资给予相关优惠政策，这些新规定从办学主体、投资主体上都体现了多元化趋势，因此，自20世纪90年代以来，俄罗斯出现了许多新型的普通中等教育机构。

目前，在俄罗斯实施普通中等教育的学校主要有四种：（1）一至十一年级一贯制的传统型学校；（2）特科学校；（3）文科中学；（4）实科中学。在现有的近70 000所普通学校中，有近500所实科中学，800所高级文科中学，近7 000所特科学校，以及2 000所夜校和近30 000万个教学咨询点。除了传统学校外的其他三种类型学校特点各异：（1）文科中学实施的是英才教育，在完成中等普通学校教育大纲的同时，偏重对学生进行人文学科教育。学校要求学生学习2—3门外语、若干门古代语以及古希腊和罗马等外国文学和艺术史等。文科中学包括一至十一年级一贯制学校和六至十一年级中等教育学校两种类型，以后者居多。文科中学实行竞试入学的办法，招收6—11岁儿童。许多文科中学是以大学附属学校的形式出现的。一些文科中学的毕业生可以不需要考试直接进入大学深造。（2）实科中学多偏重自然科学和技术学科教育，也有少量偏重文科，所偏重的科目在深度和广度上都高出普通学校很多。同时，还对学生实施旨在进行职前培训的普通中等教育。因此，许多从十年级开始的实科中学俨然已成为高等学校的预备科。实科中学包括六至十一年级中等教育学校和九至十一年级中等教育学校两种类型。其招生在考试基础上进行，录取的多是一些最有才华和天资的学生。附属于高校的实科中学毕业生可以免试升入所属高校。（3）特科中学是为加深学习某些科目而设置的普通中等学校，设置加深一门或几门科目的普通教育大纲，如外语、数学、物理、经济等科目。除此之外，还有为生理、心理发展有障碍的学生开设的专门教育机构，以及为学有余力并具有特殊爱好和专长的学生开设的补充学习学校等。

文科中学和实科中学拥有较强的师资队伍和较高的教学质量，具有一定的办学特色，毕业生升入高等学校的比例很高。文科中学和实科中学一般直接归市领导，学校经费可在原有基础上增加15%，教师工资也较高。学校类型的多样性打破了普通中等教育结构单一的格局，学生可以不再受制于传统型学校，可以根据家庭条件和个人兴趣与能力选择学校，为学生个性化的自身发展提供了现实基础。

（二）教育内容多元化：侧重专业式教学兼顾升学与就业

升学与就业是义务教育阶段出口所面临的最重要的抉择，不同的学生会根据自身条件做出不同的选择。但是，俄罗斯时期之前的教育体制并未给这种选择提供有效的途径，升学与就业在义务教育阶段并不能兼得。近年来，持续升温的普通中等教育侧重专业式教学改革比较好地解决了这一困境，侧重专业式教学既保证了升学与就业的兼顾，又满足了学生的个性化需求。

俄罗斯教育部于2002年7月公布了几经讨论和修订后的《普通教育高级阶段实行侧重专业式教学的构想》，侧重专业式教学在普通学校的高中阶段逐步试行。侧重专业式教学的基本目标包括：（1）保证深入学习完全中等普通教育大纲的一门或几门科目；（2）为实现高年级学生教学内容的区别化创造条件，同时加大和拓宽建立个别教育大纲的可能性；（3）在保证受教育机会平等的情况下，尽可能满足学生不同的个性需求；（4）保证普通教育和职业教育之间的衔接性，拓宽学生社会化的可能性，使中学毕业生对高等职业教育大纲的内容有更多的了解。与此目标相适应，侧重专业式教学采用了独有的课程结构。全部课程被分为基础性普通教育课程、侧重专业式课程和可选择课程三部分，其比例为5∶3∶2。其中，基础性普通教育课程是所有高中生必修的课程，侧重专业式课程是选择该专业的学生的必修课程，可选择课程是侧重专业式教学的重要组成部分，它具有两个职能：一是帮助专业科目的学习达到专业教育标准规定的水平；二是为本专业内教学的进一步专业化服务。

侧重专业式教学政策是依据一定的教育理论和教育对象的发展水平，为实现教育目标，从社会生活、科学知识以及科学活动领域选取不同门类的教学科目，为促进学生发展而以科别的形式组织的教学活动。侧重专业式的课程在强调大众性、普及性的基础上，主张学生个体的自我发展。这些都很好地符合了义务教育均衡发展的理念。

四、结语

总而言之，在推进教育现代化进程的总目标下，俄罗斯采取了诸多促进义务教育均衡发展的措施，以保证每一个儿童都能获得优质的教育。与苏联时期的教育均衡理念及措施相比，俄罗斯时期有了明显的更为具体化、实效性的变化。主要体现在以下几个方面：

（1）在义务教育均衡目标方面，苏联时期只注重量的增长，只希望达到标准化的统一。而俄罗斯时期，开始注重高质量的教育均衡，力求教育质量与教育可及性双重目标的统一。

（2）在义务教育均衡理念方面，苏联时期将教育均衡理解为同质化的均等，也就是说，是给每个群体每个人提供同样的机会和保障。而俄罗斯时期开始注重同质化的教育均衡与异质化的教育均衡相结合，也就是说，除了考虑在最低水平上为每个人提供同样的机会和保障外，还要考虑到这些同样的条件是否是对每个人最有利的选择。此时，教育均衡的理念就从整体的视角降落到个人的视角，考虑为每个人选择最合适的而不是最“好”的途径。例如，在为残疾儿童选择学校时，要充分考虑为其提供和普通学生一样的教育环境、同样的教育标准好，还是为其提供独特的教育方式好。而为天才儿童提供与普通人同样的条件和标准是否是对他们的一种不公平。

（3）在义务教育均衡实施方式方面，苏联时期往往采取包办替代的方式，建立标准化、统一化的教育环境。俄罗斯时期，促进教育均衡除采取这种标准化的供给方式之外，还采取积极的补偿方式，即对处于不利地位的群体给予更多的补偿和政策方面的倾斜，使其有可能得到比处于有利地位的群体更大程度的发展，以期达到缩小两者差距的目标。

当然，义务教育均衡是一种理想的状态，非一朝一夕可以实现。俄罗斯在城乡教育均衡方面仍存在诸多未解决的问题。如，小型农村学校设备不完善、师资力量弱，致使教育质量不能得到充分保证；政府实施的农村学校网络结构改革措施是将许多小型学校合并，让农村的学生尽量集中到城镇的中心学校读书，虽然为了保障交通便利启动了农村学校校车计划，但事实上，由于路途遥远，仍有许多学生缺课甚至辍学，这使得缩小差距促进均衡的理想未能完全实现。故而，与世界各国一样，俄罗斯仍在认清本国教育现状与问题、更新教育公平理念、探索促进教育均衡发展的路上前行。

第七章
日本义务教育均衡发展

日本从1872年开始建立现代教育制度，1886年，首次正式提出“义务教育”的概念。从正式提出“义务教育”开始，日本用了约21年的时间普及六年制义务教育，用了62年的时间普及九年制义务教育，用了一个世纪的时间提高了义务教育发展的均衡性。但20世纪80年代中期以后，日本一方面肯定了义务教育均衡发展在历史上所发挥的积极作用，另一方面，又对义务教育均衡发展有所反思，从而又走向放松管制的新的改革道路。

本章在梳理日本义务教育均衡发展的历史过程和相关政策的基础上，总结日本义务教育均衡发展的主要经验，分析日本义务教育均衡发展中存在的若干问题，揭示日本义务教育均衡发展在理论上和实践上存在的种种矛盾，展望当前日本教育改革对义务教育均衡发展所带来的新的冲击与挑战。

第一节　日本义务教育发展的基本过程

日本义务教育的发展大体经历了三个阶段。第一阶段是从明治维新到第二次世界大战结束，日本义务教育制度得以建立，六年制义务教育得到普及，但发展很不均衡；第二阶段是第二次世界大战后至20世纪

80年代中期，九年制义务教育迅速普及，义务教育的发展趋于均衡；第三阶段是20世纪80年代中期至今，日本在对战后教育的平等理念加以反思的基础上，对义务教育的均衡发展也进行了反思与修正。

一、第二次世界大战前日本义务教育制度的建立与初步发展

自1868年明治维新至1945年第二次世界大战结束的77年间，是日本从农业社会（或传统社会）开始进入工业社会（或现代社会）的阶段。这一阶段日本全面吸收了西方的现代政治、经济与社会发展的经验，包括义务教育在内的现代教育制度也在这一阶段建立起来。

1872年，明治政府颁布了建立现代教育制度的法令——《学制》。《学制》虽然没有明确提出“义务教育”的概念，但它提出了“邑无不学之户，家无不学之人”的普及教育的思想。《学制》在各级教育的分段上模仿美国的单轨制，分小学、中学、大学三个阶段；在教育行政上则模仿法国的中央集权制和学区制，将全国分为8个大学区，每个大学区各设1所大学；每个大学区下设32个中学区，每个中学区各设1所中学；每个中学区下设210个小学区，每个小学区各设1所小学。也就是说，按计划应建8所大学、256所中学、53 760所小学。显然，这是一个注重均衡的庞大计划。这一计划严重脱离了日本的实际情况，不仅校舍、师资等各方面条件均不具备，而且国民也无力承受儿童就学所带来的沉重负担，于是《学制》不得不在颁布7年之后宣布废除。但这次改革对建立日本现代学制和促进教育的普及具有重要的历史意义。

1879年，日本颁布了《教育令》，参考美国地方分权的经验废除了学区制，负责地方教育行政事务的“学务委员”由居民公选，鼓励私立学校发展，同时放宽了就学方面的要求。如，小学8年，只要求学生至少学习4年，每年至少学习4个月，这样实际上小学阶段只需学习16个月。过于宽松的《教育令》被称为“自由教育令”，它的实施也导致了教育的停顿和倒退。1880年，日本政府修改了《教育令》（史称《改正教育令》），加强了政府的督学，扩大了文部省和各府县在办学与课程方面的审批权限，“学务委员”也改为任命制。小学分初等科、中等科和高等科，采取“三三二”分段，最短学习年限为3年。中学分初等科和

高等科，采取“四二”分段。《改正教育令》颁布后，各地就学状况好转，还出现了实业学校、高等女学校等新型学校。但不久，随着经济下滑，日本教育再度陷入停顿。为减缩经费，1885年日本进一步修改《教育令》，再次放宽了办学要求。

1886年，在首任文部大臣森有礼的主导下，日本废除了《教育令》，颁布了《小学校令》《中学校令》《帝国大学令》《师范学校令》和《诸学校通则》，整顿了学校体系，确立了以小学为基础的连贯的学校系统。小学、中学和师范学校均有“寻常”和“高等”两个阶段，根据上述法令，各市町村必须设立寻常小学（4年），为“义务教育”；各郡设1—2所高等小学（4年）；各府县设1所寻常中学；全国共设5所高等中学；学制顶端设1所帝国大学。与此同时，各府县设1所寻常师范学校，全国设1所高等师范学校。虽然森有礼时期确定的学制后经多次调整，但成为此后近半个世纪日本学制的基础。

19世纪90年代以后，日本的学制开始逐步完善，义务教育也有了较大发展。1890年，男子就学率由全国平均65%上升到85%，毕业率由42%上升到77%，两个比例之差也有了缩小。但是，女子的就学率仍然不高。1892年，女子的就学率停留在34%，1900年才勉强超过70%。

进入20世纪以后，日本教育发展非常迅速。1900年，日本公布了市町村立小学教育费国库补助法，确立了四年制免费义务教育，1902年的男女平均就学率超过了90%。

到1907年，义务教育入学率迅速提高到97.3%，基本实现了普及四年制初等义务教育的目标。同年，考虑到汉字学习的负担并参考欧美国家义务教育制度的情况，日本的义务教育年限又延长到6年[①]，确立了义务教育费国库负担制度。小学就学率从1873年的28.13%提高到1909年的98.1%，这标志着日本义务教育得到普及。此后，日本的义务教育发展很快，到1920年，六年制小学的儿童入学率已达99.3%[②]。到第二次世界大战结束以前，日本的中等教育虽然仍不属于义务教育，但发展速度很快，从1910年年末开始，日本的中等教育和高等教育规模也迅速扩大，1945年与1917年相比，中学的学校数增加2倍以上，学生数增加4

① 文部省.学制百二十年史[EB/OL].[2010-10-24]. http://www.mext.go.jp/b_menu/hakusho/html/hpbz199201/hpbz199201_1_002.html.

② 滕大春.外国教育通史:第五卷[M].济南:山东教育出版社,2005:408.

倍以上；高等女学校的学校数则为原来的5倍，学生数为原来的10倍[①]。但从经费、师资、设施设备以及学业成绩等各方面来看，各地义务教育的差异很大，远远未达到均衡发展的状态。

二、第二次世界大战后义务教育发展的均衡化

第二次世界大战后，日本根据美国的建议，建立了“六三三四”学制，并将小学（6年）和初中（3年）都作为义务教育阶段。1948年，日本中小学入学率很快就达到了99.27%。

但在战后初期，日本的义务教育仍是不均衡的。从教育经费上看，这种不均衡表现得非常明显。表7-1表明，1949—1952年小学人均教育经费最高的地方与最低的地方数额差距通常为2倍，初中的差距虽然没有小学那么大，但离散度也非常高（见表7-2）。造成各地教育经费巨大差异的原因是各地财政状况不均衡，当时教育经费约占地方财政的30%，教育经费中80%为义务教育经费[②]。

表7-1 小学人均学校教育经费的离散度

年度	最高额（单位：日元）（地名）	最低额（单位：日元）（地名）	平均额（单位：日元）(A)	标准差(B)	变异系数 B/A×100
1949年	7 558(福井)	3 630(埼玉)	4 912	863	17.57
1950年	9 526(东京)	4 624(茨城)	6 097	986	16.22
1951年	11 905(东京)	5 944(茨城)	7 766	1 317	16.96
1952年	14 421(东京)	7 661(茨城)	9 932	1 500	15.10
1953年	16 421(东京)	9 723(茨城)	12 248	1 663	13.58

资料来源：伊藤和衛『教育の機会均等——義務教育費の財政分析を中心として』、世界書院、1965年、466頁。转引自苅谷剛彦『教育と平等——大衆教育社会

① 文部科学省.学制百二十年史[EB/OL].[2010-10-24]. http://www.mext.go.jp/b_menu/hakusho/html/hpbz199201/hpbz199201_2_018.html

② 市川昭午，林健久.教育财政[M].东京：东京大学出版会，1972: 328.

はいかに生成したか』、中公新書、2006年、149頁。

表7-2 初中人均学校教育经费的离散度

年度	最高额（单位：日元）（地名）	最低额（单位：日元）（地名）	平均额（单位：日元）（A）	标准差（B）	变异系数 B/A×100
1949年	12 733（静冈）	7 445（三重）	9 166	1 245	13.58
1950年	14 094（东京）	8 702（枥木）	11 166	1 189	10.65
1951年	17 543（鸟取）	9 932（枥木）	13 451	1 741	12.94
1952年	19 010（滋贺）	11 139（枥木）	15 095	2 236	14.81
1953年	20 581（鸟取）	12 302（鹿儿岛）	16 650	2 062	12.38

资料来源：伊藤和衛『教育の機会均等——義務教育費の財政分析を中心として』、世界書院、1965年、466頁。转引自苅谷剛彦『教育と平等——大衆教育社会はいかに生成したか』、中公新書、2006年、149頁。

这种状况，必然导致义务教育的质量也存在很大差异。如，根据文部省在1953—1954年所进行的调查，19.2%的小学每年授课的天数在200天以下，授课天数在200—210天的小学占10.9%，211—220天的小学占11.9%，221—230天的小学占14.4%，231—240天的小学占23.3%，241—250天的小学占10.4%，另有1.8%的小学授课天数则在250天以上[①]。当时各校拥有教师资格的“正教员”的比例差异更为悬殊，有的学校的“正教员”高达90%以上，而有的学校这一比例不足10%[②]。从各地班额的情况来看，岛根县规定小学一年级班额在50人以下，是班额最小的，但有18个县的班额在60人以上，其中有两个县为64人[③]。在这种情况下，学生的学习成绩也表现出明显差异，文部省认为，导致教育质量差异的一个重要因素是经费不均衡，并下结论说：

① 文部省. わが国の教育水準[R]. 1959: 42-43.

② 文部省. 昭和31年全国学力調査報告書[R].1957: 270-271.

③ 植竹丘. 義務教育標準法の成立と地方への影響[J]. 東京大学大学院教育学研究科紀要, 2006(46): 417.

“除了少量例外，人均教育支出越增加，则学生的学力也越高。”[①]

基于上述情况，从20世纪50年代，日本政府开始密切关注义务教育均衡发展问题，制定了一些非常重要的法律。如1952年，恢复并完善了一度中断的义务教育费国库负担制度，提升了中央财政对义务教育的支持力度，明确提出中央财政将负担地方义务教育教师工资的一半；1954年，制定《学校午餐法》；1956年，制定《关于对就学困难者所使用的教科书给予补助的法律》《公立养护学校整备特别措施法》；1958年，制定《学校保健法》；1959年，制定《学校安全法》；1962年，制定《关于义务教育诸学校学科用图书无偿措施法》；1963年，实行中小学教科书免费供应制度，保障教育公平，使所有孩子都能上学；1958年，制定了具有强制力的《学习指导要领》（此前仅为试行），作为教育内容上的国家标准，同时制定了《义务教育学校班额与教师编制标准法》，作为班级规模、人员编制以及财政拨款标准。此外，日本还制定了针对处境不利群体的特别扶持制度，即对残疾儿童的特别扶持制度、对偏僻地区儿童的特别扶持制度（1954年的《偏僻地区教育振兴法》）、对家庭经济困难儿童的特别扶持制度（《关于国家扶助就学困难儿童就学的法律》）。

上述这些措施促使日本义务教育在进入20世纪70年代以后基本上达到了均衡发展的目标。

三、20世纪80年代中期以来对义务教育发展的反思与重构

第二次世界大战后日本教育在教育机会均等的理念下，虽然极大地推动了义务教育的均衡发展，但是过分均等和一致的教育也带来了一些问题。主要表现为教育制度的僵化，学校间的差距依然显著；忽视儿童个性，应试教育现象严重；学校教育成了私塾教育的补充；忽视文化体育活动，严重影响儿童身心健康；校园暴力非常严重，逃学、欺侮等问题频繁发生。于是，日本义务教育又进入了一个新的阶段。这场改革的理念本来在1971年中央教育审议会提交的咨询报告《今后学校教育综合扩充与整顿的基本措施》中就已经体现，但因石油危机等多种原因直到1984年临时教育审议会的成立才正式付诸实施。这场改革与20世纪之

① 文部省.昭和31年全国学力調査報告書[R].1957: 255.

交开始的日本行政改革密切关联，它使义务教育的各种支撑性体制开始瓦解，传统的学区制被打破，义务教育费国库负担制度被修改，全国统一的“六三”学制遭到质疑，县级义务教育管理权被下移，甚至出现了公司办学的现象……这些变化，有的尚处于实验或研究阶段，但有些则作为政策已付诸实施。

由于这场改革重在效率，因此，在它影响之下的日本义务教育改革的重点也就不可能放在平等上，相反，它是对平等的某种反动，其重点是促进义务教育领域的地方分权，以期增加自由度、激发活力、提高质量。这一重点转移打破了义务教育均衡发展的若干传统缺口，但又因强大的阻力而未能如愿以偿。之后的事态如何发展，还取决于日本经济发展状况、财政状况以及政治等多种因素，但去均衡化必将是一个耗费时日的过程。

从上述日本义务教育发展的历史进程中可以看出，日本致力于实现义务教育发展的均衡化，主要是在第一阶段和第二阶段，特别是在第二次世界大战后的第二阶段。因此，下面将要论及的日本义务教育均衡发展的理念基础与相关措施，主要是指日本在义务教育发展的第二阶段所秉持的理论与所采取的措施。当然，由于第一阶段与第二阶段在某些方面存在连续性、继承性，因此，在某些内容上还将联系第一阶段。

第二节　日本义务教育均衡发展的主要措施

一、国家财政支持促进义务教育均衡发展——以《义务教育费国库负担法》为例

与其他发达国家一样，日本的义务教育也实行免费制度（日本称“无偿”）。这一制度的建立经历了较长的历史过程，而国家与地方对义务教育经费的共同负担，保障了这一制度的实施。

义务教育毕竟是一项以巨大的经费投入为条件的制度，在资本主义尚未充分发展的19世纪晚期，日本的财政能力根本无法保证对义务教育的大规模投入，因此，政府只好向人民公开宣扬“受益者负担”原则，大谈接受教育可以为个人带来好处，并以此让学生家长为义务教育买

单。当时的法令从一开始就明确规定义务教育是征收学费的，甚至规定学费和捐赠款是义务教育经费的主要来源，不足部分则由市町村各级地方财政补助。以新潟县为例，当时不仅向学生收取学费，而且该县还规定，根据学生的家庭经济收入确定学费的多少，寻常小学校的学费是每月5钱至30钱不等，高等小学校的学费是每月20钱至70钱，而当时（1886年）1升米（约合现在的1.8升）的价格是5钱5厘。学费给农民带来了沉重的经济负担，一些农民不堪其苦，到学校打、砸、抢、烧以表达愤怒和不满。

与“受益者负担”原则相配合的是“设置者负担”原则，也就是说，市町村各级地方政府有义务举办学校，同时，它们作为“设置者”也必须负担相应的费用。因此，虽然名义上义务教育主要依靠学费，但经费的主要部分实际上还是由地方财政负担的。当时，地方官员为普及义务教育还想了很多从民间吸引资金的办法，比如，通过居民集资的方式建立“基金”，然后以利息充当教育经费等。此外，不少地方的开明乡绅慷慨解囊，一些能够理解义务教育意义的农民也通过积极缴纳学费支持义务教育的发展。1900年，日本颁布了第三次《小学校令》，宣布原则上停止征收学费，到1907年颁布第五次《小学校令》时，小学就学率已达到97%，但各地对学费的征收仍然没有完全杜绝，直到1941年，政府才不允许以“贫困”为由免除就学义务。这样，日本的六年义务教育总算真正实现了免费。

第二次世界大战后，日本继续坚持义务教育的免费制度，并以宪法确认了“无偿”原则。1947年制定的《日本国宪法》第二十六条规定：“所有国民负有使其所保护之子女接受普通教育之义务，义务教育为无偿。”同年制定的《教育基本法》和《学校教育法》将义务教育的年限延长到九年。根据宪法规定的“无偿”原则，《教育基本法》第五条第四款明确规定：“国家与地方公共团体设置的学校，义务教育阶段不征收学费。”此处并未言及其他费用，但很显然，儿童在接受义务教育时必然会产生教科书、交通、午餐、校服、修学旅行等方面的费用，这些费用无疑也成为监护人的经济负担。

随着经济的高速增长，日本开始考虑在政策层面扩大政府负担的范围。1962年，日本制定了《关于义务教育诸学校学科用图书无偿化的法律》，规定义务教育阶段的教科书一律免费。与此同时，根据1950年制定的《生活保护法》，政府对贫困家庭子女的学习用品费、交通费、学校午餐费等予以补助或全免。在修学旅行费方面，低收入家庭的子女也可获公费资助；在参观旅行方面，某些费用也可以免除。除此之外，根据《关于盲学校、聋学校及养护学校就学奖励的法律》，特殊教育对象在接受义务教育时，也享受学费之外的各种费用减免。根据《偏僻地区教育振兴法》等其他法律，偏僻地区的儿童也将获得一定的补助。需要注意的是，上述各种费用的减免与宪法规定的“无偿”在性质上还是不同的。早在1964年，日本最高法院大法庭就已经裁定，宪法规定的“无偿”仅指国立和公立学校免除学费（私立学校则不受此限），学费以外的一切其他教育费用均不属于“无偿”范围。但最高法院同时认为，国家应当采取措施减轻监护人的经济负担。也就是说，虽然宪法并不承诺免除学费以外的费用，但日本通过制定其他各种法律实际上扩大了免费的范围。

从一开始，日本的义务教育就由地方举办，地方政府有为此负担经费的义务。但考虑到地方财政的窘迫状况及地区间的差异，日本在19世纪末就有了“义务教育费国库负担制度”的雏形，由中央财政提供部分义务教育经费。义务教育费国库负担制度虽然在历史上几经挫折与改革，甚至险些遭遇被废除的命运，但一直坚持到现在。根据1952年制定的《义务教育费国库负担法》，义务教育阶段国立学校的所有费用均由国库直接负担；同时，国家将负担地方举办的公立学校教师工资（实际上包括其他各种津贴等人头费）的二分之一（现已改为三分之一），还负担公立学校新建校舍所需经费的二分之一，负担危房改建所需费用的三分之一。目前，义务教育费国库负担费占文部科学省向地方拨付的中央财政款的90%以上，占文部科学省年度预算的40%。

中央财政补充地方义务教育经费的另一途径是总务省划拨的“地方交付税”。所谓“地方交付税”名义上是“国税”，但其性质是国家代地方征收的“地税”，这部分税收由国家征收以后，再根据一定的标准返还地方，但返还后如何使用由地方自主决定，因此，不属于教育的专用经费。但实际上，地方交付税成为义务教育经费的重要来源。

根据日本文部科学省2008年度统计，2005年度，日本全国的教育费总额为30兆1 158亿日元，占GDP的6%，其中公共教育经费为23兆1 230亿日元，占教育经费总额的76.78%，占GDP的4.6%。在教育经费中，义务教育的经费为11兆609亿日元，占教育经费总额的36.73%。在义务教育经费中，公共经费占97.56%（其中，中央财政支出占义务教育经费总额的20.95%，地方财政支出占76.61%），非公经费占2.44%。公共财政负担的义务教育经费占整个公共教育经费的46.67%，占全国财政支出的7.30%。

2001年，小泉内阁开始大力推行结构改革，以实现“小政府”的改革目标。为了减轻中央财政的负担，同时扩大地方财政的自主权，财务省、总务省以及地方政府要求改革甚至废除义务教育费国库负担制度，但遭到了各方的强烈反对，2005年，中央教育审议会提出报告，对此下结论说：“现行的国库负担制度是一种优越的义务教育保障方法，今后也应继续坚持。”

日本义务教育的免费制度体现了国家对义务教育的高度重视，一直为世界各国所称道。但同时也应看到，其相应的财政制度与日本的经济发展水平、财政状况以及行政制度是紧密相关的，因此，它也在不断变化。

二、通过“标准化”促进义务教育的均衡发展——以《义务教育标准法》为例

20世纪50年代，日本开始密切关注义务教育均衡发展问题，制定了一系列义务教育学校的统一标准。其中，最重要的标准是班额与教师编制的标准——《公立义务教育诸学校的班级编制和教职员定数标准法》（简称《义务教育标准法》）和学习内容的标准——《学习指导要领》。这里重点分析《义务教育标准法》在义务教育均衡发展中的作用。

（一）《义务教育标准法》的基本内容

从《公立义务教育诸学校的班级编制和教职员定数标准法》的法律名称就可以了解，这里所说的标准，仅指班额标准和教职员编制标准。

从班额上看，日本在历史上有过为提高教育质量而下调班额的经历。在明治时期，日本曾规定寻常小学的班额为70人，但实际上容忍到100人；高等小学的班额为60人，实际上容忍到80人。1941年以后，日本将小学初等科的班额下调至60人，小学高等科的班额下调至50人。第二次世界大战结束后，为了确保教育质量，《学校教育法》施行规则

将小学与初中的班额统一调整为50人，但是战争导致的财政匮乏以及第一次出生潮的到来，使日本班级人数超员的情况普遍存在，社会把这种人满为患的班级形容为“捏寿司式的班级”。《义务教育标准法》的出台正有解决这一问题的意图。该法再次明确了50人班额的基本标准（复式班级的班额根据年级跨度的不同为20—35人不等，特殊教育班级的班额为15人），但考虑到当时的现实情况，法律又允许这一目标可根据政府规定的暂定标准渐次达成。因此，实际上根据文部省颁布的关于义务教育班额与教职员编制的五年计划（后来统称为《教职员配置改善计划》），从1958年开始，小学班额由60人逐年下调，1959年为58人，1960—1961年为56人，1962年为54人，直到1963年达到法律所规定的50人目标；而初中则从1958年的55人开始下调，1959—1960年为54人，1961年为53人，1962年为52人，到1963年下调至50人。也就是说，在5年内实现了《义务教育标准法》规定的50人班额的目标。

从教职员编制来看，《义务教育标准法》提供了以班级数为基础的法定算式。根据这一算式，当班级数确定后，学校所需的教职员编制就可以随之确定，各县可以据此再计算出全县的教职员编制数。根据该法的第七条规定，各县公立小学的法定教职员数为以下各项之和：（1）班级总数乘1所得之数。（2）不同规模的学校数乘相应系数所得之数（规模在6—17个班的小学，系数为2；18—30个班的小学，系数为4；31—42个班的小学，系数为5；43—54个班的小学，系数为6；55个班以上的小学，系数为7）。（3）5个班及以下的学校数乘政令所定之系数。（4）儿童总数乘1/1500所得之数（小数计为1）。第八条规定各县公立初中的教职员数为以下各项之和：（1）班级总数乘4/3所得之数（小数计为1）；（2）不同规模的学校数乘相应系数所得之数（2个班以下的初中，系数为1；3—8个班的初中，系数为2；9—20个班的初中，系数为3；21个班以上的初中，系数为4）；（3）学生总数乘1/2000所得之数（小数计为1）。如果略做解释的话，在关于小学教职员数的规定中：（1）是计算包班教师数。由于小学通常实行包班制，有多少班级，便有多少包班教师；（2）是计算包班教师以外的教师、职员和校长的人数；（3）是对小规模学校的特殊规定；（4）是计算特殊教育教师数。在关于初中教职员数量的规定中：（1）是算定学科教师数。初中通常实行分科制，按每3个班需要4个学科教师的标准计算；（2）是计算所需辅助教师、职员、校长的人数；(3) 是计算特殊教育教师的人数。可见，当时所定的这个计算标准还是很苛刻的，即使达到这个标准，教职员编制也很少。

此后，《义务教育标准法》在各个时期又被多次修改，一方面，不断下调法定班额，如，从1964年开始推行45人班额，从1980年开始推行40人班额。另一方面，关于教职员编制的算式也在不断调整，如，不同班级数量的学校系数的规定更加细致；如，对寄宿的情况加以特别规定等，算式的调整也使教职员编制数不断增加。

由此可以看出，《义务教育标准法》的内容相当简单，仅仅是规定了法定班额和各县教职员编制。那么，这样一部非常简单的《义务教育标准法》如何起到促进义务教育均衡发展的作用呢?

(二)《义务教育标准法》促进义务教育均衡发展的机制

正是由于《义务教育标准法》的内容相当简单，因此，它如何促进义务教育均衡发展这一问题，多年来被认为并无多少讨论的空间。但近年来，日本学界逐步揭开了它的面纱。

班额的标准化是各县义务教育趋于均衡的重要手段。《义务教育标准法》把班额作为衡量教育质量的重要标准，以此制约班级人数超员。在法律颁布前的1957年，有18个县的小学班额高达60人以上，而有4个县的初中班额在60人以上，到了法律颁布的第二年（1959年），只有2个县小学班额仍然超过58人的暂定标准（北海道为60人，长崎为59人），只有8个县的初中班额超过54人的暂定标准（其中岛根县为56人，其余7个县为55人），60人以上的超大班级从此消失。从表7-3可以看出，1958年以来，日本义务教育阶段的生师比持续下降，教育质量得到明显改善。除了经济发展、人口下降等其他因素，《义务教育标准法》不断下调班额的作用是不容忽视的。

表7-3　教职员配置改善计划的效果

年度	学生数（千人）		平均班级规模（人）		生师比	
	小学	初中	小学	初中	小学	初中
1958年	13 492	5 209	44.34	44.53	37.07	27.80
1963年	10 471	6 963	37.68	44.06	30.78	28.31
1968年	9 383	5 043	33.43	37.93	26.36	21.88
1973年	9 816	4 779	32.70	36.99	24.98	20.59
1978年	11 146	4 048	33.27	37.34	25.00	20.38
1979年	11 629	4 966	33.66	37.16	25.30	20.18
1991年	9 157	5 188	29.19	34.13	20.58	18.08
1992年	8 947	5 036	28.99	33.95	20.30	17.81
2000年	7 366	4 103	27.11	32.40	18.07	15.93

资料来源：岡田典子、山崎博敏、田中春彦「戦後における小中学校の学級規模の縮小一教職員配置改善計画の政策効果分析一」、『広島大学教育学部紀要』第三部第49号、2000年、47頁。

《义务教育标准法》降低了义务教育阶段的班级规模，特别是制约了超员现象，但这似乎还不能说明这部法律与“均衡”的关系。实际上，《义务教育标准法》起到了出人意料的作用，那就是促进了各地义务教育经费的均衡化。

为了说明这一问题，还需提到1952年制定的《义务教育费国库负担法》，该法规定国家将负担义务教育学校的教职员实际工资（包括津贴）的一半。《义务教育标准法》的颁布为国库负担提供了一个可操作的标准。也就是说，中央财政对各地的拨款是基于各地教师数量的，而各地的教师数量是根据《义务教育标准法》以班级数为基础计算的。在理论上，如果各地的班级规模均能与法定班额一致，那么，国家负担的生均消费性教育支出（主要是教师工资）也应该趋于接近。

但更加出乎人们意料的一个结果是，在日本各地财力普遍增长、出生潮过后学龄人口下降以及落后地区人口偏少等各种因素交织作用下，越是落后地区所获得的中央财政转移支付就越多。根据苅谷刚彦教授的研究，《义务教育标准法》颁布以后，各地财力指数与人均消费性教育支出之间的关系就开始发生变化，1970年以后，这两者之间开始由正相关变为负相关，即财力指数越高的地方，人均消费性教育支出就越少；而财力指数越低的地方，人均消费性支出就越多。他还以2005年的数据为例，指出小学生均教育经费最多的5个县，如，岛根、高知、鸟取、山形、岩手都是财力指数的弱县。

出现这种情况，与1963年《义务教育费国库负担法》发生的重要变化有关。1963年，日本决定将拨款方式由原来的"实员实额制"改为"定员实额制"。所谓"实员实额制"是指按各地实际教师人数和实际支付工资的一半拨款；而"定员实额制"是指，如果教师实际人数超过了法定的教职员编制，那么超出部分完全由地方负担；反之，如果地方的实际教师人数低于编制人数，则按实际教师人数负担。这一重大措施的目的，一是遏制相对富裕的地区通过增加教师以获取更多的国库支持的倾向；二是鼓励财力相对较弱、教师数量偏少的地区尽量增加教师，以获得更多的中央财政的支持。这一措施显然对于义务教育经费的均衡化分配具有有利影响。

但这一措施还不足以解释越是弱县生均教育经费越多的问题。要解释这一问题，还需回到《义务教育标准法》的相关规定上来。需要注意的有两点：第一，《义务教育标准法》只规定实际班级规模不得超过法定班额，但对于低于法定班额的情况未作规定；第二，该法所规定的教师编制不是以法定班额为基础的，而是以实际的班级数为基础的。换言之，实际班级规模的大小与教师编制数关系不大。这样一来，如果班级越多，则教师越多；教师越多，则所获国家支持的人头费就越多。那么，如果每班的实际学生数越是低于法定班额，则生均所获得的中央财政转移支付就越大。实际上，正是相对落后的地区班级规模偏小，导致了生均教育费偏高的结果。落后地区一般人口偏少，人口密度较低，从学区制的角度看（日本规定原则上小学通学范围在4千米以内，初中通学范围在6千米以内），这些地区的学校数偏多，但班级规模普遍偏小，大大低于法定班额。相反，那些经济相对发达的地区，如，埼玉、千叶、静冈、福冈、爱知、东京、大阪、京都等大都市圈的班级规模偏大，与法定班额较为接近，表7–4大体上反映了这一情况。

表7–4　1999年各县公立小学与初中平均班级规模

平均班级规模（人）	公立小学	公立初中
21	高知	—
22	岛根	—
23	—	—
24	岩手、和歌山、德岛、大分	—
25	北海道、青森、秋田、山形、鸟取、鹿儿岛	—
26	新潟、三重、奈良、冈山、山口、香川、爱媛、熊本	—
27	宫城、福岛、富山、石川、福井、山梨、广岛、长崎、宫崎	—
28	茨城、枥木、长野、滋贺、京都、佐贺	—
29	群马、岐阜、兵库	北海道、和歌山、岛根
30	千叶、大阪、冲绳	岩手、奈良、山口、德岛、鹿儿岛
31	东京、神奈川、静冈、爱知、福冈	青森、秋田、长野、山梨、三重、大分
32	埼玉	宫城、山形、新潟、岐阜、滋贺、京都、鸟取、冈山、广岛、爱媛、佐贺、长崎、宫崎、冲绳
33	—	福岛、茨城、枥木、群马、东京、神奈川、大阪、香川、熊本、富山、石川、福井、兵库

（续表）

平均班级规模（人）	公立小学	公立初中
34	—	千叶、埼玉、静冈、爱知
35	—	福冈

资料来源：岡田典子、山崎博敏、田中春彦「戦後における小中学校の学級規模の縮小ー教職員配置改善計画の政策効果分析ー」、『広島大学教育学部紀要』第三部第49号、2000年、46頁。

“标准化”是日本义务教育均衡发展的重要途径，它包括办学条件的标准化、教育内容的标准化、教师资格的标准化等一系列内容，《义务教育标准法》与《义务教育费国库负担法》相配合，为中央财政拨款提供了可操作的标准，在颁布不到20年的时间里，形成了日本各地生均教育经费趋于平衡，甚至落后地区生均教育经费偏高的局面。在经济水平发展、人口数量下降等诸多因素影响下，生师比也在不断下降，义务教育在实现均衡发展的同时，也提高了质量，实现了《义务教育标准法》第一条所提出的“以资义务教育水平的维持与提高”的目的。

三、实行“广域人事”，促进义务教育均衡发展

教师定期流动有利于平衡各学校的师资，从而促进各学校教育水平的均衡发展。日本公立学校的教师流动始于第二次世界大战后初期，根据旧《教育委员会法》，当时教师的人事管理权限在市町村教育主管部门，其管辖范围很小，难以推动教师的交流，效果也不理想①。1956年6月，《地方教育行政组织运营法》出台，第三十七条规定，市町村义务教育学校的教师任命权在都道府县教育委员会。教师的人事管理权限集中在都道府县这一级的教育委员会。这使得教师的人事流动在更大范围内得以顺利开展。

《地方教育行政组织运营法》第一条第二款指出，该法的基本理念是遵循《教育基本法》，促进教育机会均等、提高教育水平、振兴因地

① 彭新实. 日本的教师培训和教师定期流动[J]. 外国教育研究，2000(5)：49-52.

制宜的地区教育，公正并且恰当地使地方公共团体的教育行政与国家教育行政相互配合、相互合作。第三十八条规定，为了都道府县内教师的合理配置和融洽交流，县费负担教师需按照都道府县教育委员会设定的在同一市町村的标准在职年限以及其他任用基准，调动到别的市町村。

该法颁布后各都道府县教育委员会制定了各自的人事管理制度，规定了本县定期人事流动的年限以及其他流动规则。逐渐形成了公立学校教职员每隔几年便调动的独具特色的日本教师人事流动制度①。

1970年以后，许多县在教师人事行政上，制定了偏僻地区与非偏僻地区的有计划的人事交流计划，原则上避免将刚毕业的教师分配至复式班级，鼓励中坚教师到偏僻地区任教，在校长、教头、指导主事的升任上重视偏僻地区执教经验②。

四、对偏僻地区的支持

第二次世界大战以后，日本实行九年制义务教育和义务教育免费制度，以尊重所有国民的教育权，保证教育机会均等为理念实行了一系列教育改革。但是一开始，这些理念和措施尚未辐射至边远地区，日本的山村、海滨、孤岛等偏僻地区的教育状况与国家倡导的教育相去甚远。1952年，偏僻地区的教师借助全国性复式教学（一个班级多个学年）教育研究大会的机会成立了“全国偏僻地区教育研究联盟”，由2 000多名来自全国偏僻地区的教师组成。1953年，又成立以北海道知事为中心的官方性质的“全国偏僻地区教育振兴促进会”，在两个联盟的努力下，文部省也参与其中，积极推进振兴法的制定，1954年，《偏僻地区教育振兴法》得以公布和实施，奠定了解决偏僻地区教育问题的法律基础③。同年，内阁通过了《偏僻地区教育振兴法施行令》，1959年，文部省又发布了省令《偏僻地区教育振兴法施行规则》，明确了偏僻地区的

---

① 国際協力機構JICA研究所. 日本の教育経験-途上国の教育開発を考える[M]. 国際協力機構国際協力総合研修所,出版社, 2003: 44-45.

② 斉藤泰雄. へき地教育振興のための政策と取り組み－日本の経験－[J]. 広島大学教育開発国際協力研究センター『国際教育協力論集』, 2004(2): 35.

③ 吴晓蓉. 日本偏僻地区教育优先发展经验研究——以《偏僻地区教育振兴法》为鉴[J]. 当代教育与文化, 2009(4): 100-104.

划分和具体支援、补助的标准，另外，还有其他法律规定了对偏僻地区教育的补助、偏僻地区班级设置和教师配置规则等，共同形成了偏僻地区教育支援制度。由于偏僻地区多位于市町村级行政区，而该行政区内的学校教育以义务教育为主，所以，该制度支援的多数为偏僻地区的义务教育学校。

《偏僻地区教育振兴法》第一条指出，该法的目的是以教育机会均等理念为基础，根据偏僻地区教育的特殊情况，明确指示国家或地方公共团体为振兴偏僻地区教育、实施的提高偏僻地区的教育水平各种措施政策。第二条以及施行令和施行规则明确了“偏僻地区”的定义，并根据交通、自然、经济、文化等要素将偏僻的程度划分为5个等级。根据学校的偏僻等级给予支援，支援制度的具体实施措施如表7-5。

表7-5　偏僻地区教育振兴支援制度的具体措施

1. 发放偏僻地区教师津贴	按偏僻地区等级，为当地工作的教师发放额度在工资与抚养津贴总额的25% 以内的偏僻地区月津贴。另外，为在2级以上偏僻地区学校工作1年以上、且业绩好的教师发放特别增加津贴；对于因人事调动调职到偏僻地区而变更住所的教师，在调职之日起，3年内发放额度在工资与抚养津贴总额的4%以内的月津贴
2. 充实教职工福利、医疗保险（其待遇据都道府县情况和偏僻地区指定学校标准的不同而各异）	每年向偏僻地区发放医药品；对偏僻地区学校教师和家属发放偏僻地区医疗及交通费；对偏僻地区教师配偶中35岁以上的妇女，实施免费健康检查；在一定时期对在偏僻地区工作的教师和配偶发放旅行补助；修建教师住宅或给予补助等
3. 保证偏僻地区教师的进修	因偏僻地区教育状况的特殊性，召开分校经营研究会、复式教学研究会、偏僻地区教育研究会和全国偏僻地区教育研究会时，从这些学校派遣教师可得到国家补助的一半的培训经费，补助金额逐年扩大；为弥补偏僻地区有资格教师的不足问题而建立临时教师培训机构

（续表）

4. 改善教育和受教育环境	改善偏僻地区教育环境，如：补助购置电视接收器设施、设备费用；购入校车、校艇；设置偏僻地区集会室；修建学校浴室；补助供水设施、设备费用；配置教材、教具和学校供餐物资
5. 对偏僻地区儿童的对策	对在指定偏僻地区学校上学的儿童，由政府负担其学费和住宿费；发放为这些儿童实施健康检查、咨询、进行学校卫生检查而派遣医师、牙科医师、药剂师等的经费补助；发放给学生寄宿设施、设备等费用补助；发放远距离儿童上学交通费补助
6. 改善学校条件	发放购置供水设施、设备费用补助；发放学校购置发电设施、设备补助
7. 学校供食、医疗对策	发放偏僻地区学校保健、管理费用补助（为实现偏僻地区学校定期健康检查、健康咨询派遣医生）；发放儿童学校用餐费用补助（学校供应牛奶的设备补助）；发放特级偏僻地区面包、牛奶供给补助；免费发放医疗药品等

资料来源：吴晓蓉.日本偏僻地区教育优先发展经验研究——以《偏僻地区教育振兴法》为鉴［J］.当代教育与文化，2009.（7）.

同时《偏僻地区教育振兴法》第三条、第四条、第五条明确了市町村、都道府县、文部科学大臣的职责任务，使偏僻地区的教育管理成为体系。该管理体系仍是以地方为主要力量，但是该法第六条明确了国家对地方的执行任务，也就是筹措设备时的补助。补助额度为费用的一半，通过其他法律规定给予补助的部分除外。

此外，《偏僻地区教育振兴法》规定，文部大臣的任务中包括对偏僻地区教育进行调查研究、资料整理以及提供指导、建议和协调。据此，文部省制定了教师参考资料，并免费发放至学校和地方教育委员会。1956—1966年共编辑发行了11种复式教学指导资料。与此同时，文部省1963年开始筹划复式学级教科书的编辑，1968年，复式学级教科书开始投入使用，但1977年，学习指导要领的新一轮修订以后复式学级教科书也就没有再版。1980年，文部省再次发行了算数、理科、家庭的《复式学级指导资料》。

偏僻地区教育支援制度作为解决偏僻地区教育问题的制度，可以说是世界上独一无二的，历来被世界各国所称道。它不仅责权分明，管理完善；对偏僻地区补助的具体标准也很明确；通过不断改善偏僻地区的教育环境、保障教师权益，使越来越多的教师自愿赴任，教师的数量和质量得到保证。

五、对特别儿童的支持

1947年，《学校教育法》确定了小学六年、初中三年的义务教育，同时，也提出了实施6—14岁特殊儿童的义务教育。1952年，文部省在初等、中等教育局设置了特殊教育室，当时，面临的两大课题一个是盲、聋儿童的义务教育就学率低，一个是面向精神薄弱、肢体障碍、身体虚弱儿童的特殊教育落后。1952至1980年左右，主要实施了以下一系列支持特殊教育的政策措施：

1. 实施就学奖励，减轻监护人的经济负担

由于认识到盲、聋学校就学率低的一个原因是监护人的经济负担比在普通中小学就读要大，1954年，日本制定了《盲学校、聋学校以及养护学校就学奖励法》，强化了就学奖励和援助方针。

2. 明确特殊教育的对象，把握现状

为了振兴盲儿童、聋儿童以外的特殊教育，首先，必须明确特殊教育的对象范围，1953年6月，日本颁布了《教育上需要特别对待的儿童、学生判别基准》，开展特殊儿童、学生的实况调查，把握特殊儿童的类别、人数。

3. 奖励设置特殊学级和养护学校

经过实况调查，发现当时有超过100万人次的精神薄弱、肢体残障、体弱的学龄儿童需要特殊教育。文部省便积极推进特殊学级（在普通中小学设立的特殊班级或年级）和养护学校（为精神薄弱、肢体残障、体弱儿童等设立的学校的总称）的设置。1956年，制定了《调整公立养护学校特别措施法》，规定对于公立养护学校的建筑费、教师薪资、教材费等给予与其他公立义务教育学校同样的补助。1957年，开始对新设立特殊学级的市町村发放设备费补助，尤其鼓励肢体残障儿童医疗机构附近的中小学设置特殊学级。

4. 设置特殊教育推进地区、指定学校针对在家的残障儿童实施家庭访问和指导

根据残障儿童的新情况，1965年，开始设置了特殊教育推进地区，主要进行身心残障儿童的判别和恰当的就学指导。1969年，开始指定学校对在家的残障儿童进行家访和指导。

5. 养护学校中的义务教育

由于第二次世界大战前的发展以及第二次世界大战后的重视，1956年，盲学校、聋学校的义务教育最终实现，但养护学校的义务教育还未普及。文部省为实施养护学校中的义务教育，制定了1972—1978年“完备养护学校七年计划”使所有特殊教育对象的学龄儿童有学校可上；1979年，发布政令规定养护学校教育为义务教育，并对政令发布后，原先未设置养护学校的县拨付三分之二的新增或新建设施费用；1974至1978年间还拨付了养护学校教育义务化准备活动费补助、特殊教育访问指导费补助；1974至1984年间还发放了护理职员经费补助。

6. 设立国立特殊教育综合研究所

1971年10月，设立了国立特殊教育综合研究所，并于1973年全面开展特殊教育调查研究，带动了许多相关设施和机构的设立，提供政策咨询等。

以上政策措施都是在实况调查研究的基础上制定的，并且国家给予的支持力度极大，在很大程度上推动了特殊教育的发展和义务教育的全面普及。

7. 其他弱势群体的支持制度

其他弱势群体还有部落民、回归之初的冲绳居民、归日中国残留孤儿等。对弱势群体的教育支援是保障日本义务教育均衡发展的重要措施之一。这些支持措施主要有以下方面：

第二次世界大战后冲绳一度由美军统治，1952年和平条约起效后，日本本土政府开始对冲绳实施教育援助。将冲绳的教师引入本土进行培训，向冲绳的在职教师派遣再教育讲师团等。1955年以后，开始拨付政府财政援助金，实施育英奖学事业费援助、义务教育教科书费援助等。1965年，开始实行义务教育教职员薪资半数国家担负、义务教育学校设施费补助等。1972年，冲绳回归日本，当时学校设施的完备水平与本土还有一定的差距，为了消除教育差别，在《冲绳振兴开发特别措施法》

的基础上实施完备学校设施的振兴措施，发放高比例的国库补助，无偿供应在校用餐等。

为保障所有国民享有基本人权，对于因历史、社会原因在改善生活环境等方面有障碍的地域，日本于1969年制定了《同和对策事业特别措施法》支援当地居民的生活、经济发展等。后来由1982年新制定的《地域改善对策特别措施法》取代。该法的支援措施中包括对相应地区学校教育的充实、提供升学奖励等。该法第七条指出，政令另行规定的部分除外，对于支援内容中所需的经费补助额为费用的三分之二，但不能超过规定的最高额。这一法令对于部落民的教育起了一定的支持作用。

对于从其他国家归国的儿童，1965年日本开始在国立大学附属学校中设置了归国子女教育班级，1967年，开始设置了归国子女教育研究合作学校，完善了归国子女公立学校、私立学校的入学机制。1972年，中日邦交正常化以后，留在中国的日本孤儿陆续回国。日本政府认识到这部分人在日语运用、生活、学习方面都需要特别支援，为保障孤儿相应的教育机会，指定了研究合作学校，并让日语指导教师定期巡回指导。

六、关注特殊群体的政策措施

20世纪50年代开始，日本就意识到残障儿童的特殊教育问题、冲绳儿童的教育问题、私立学校儿童的教育问题等，并着手实施了部分政策法规。20世纪60年代以后，日本加强对以上群体的支持力度，并扩大了特殊群体的范围，例如，加入了对部落民和海外归国子女的同和教育、关注教师群体的待遇问题等，尤其是1971年，中教审的“四六答申”以后，改革内容包括养护学校义务制（1979年）、改善教师待遇（1974年）、私学助成（1975年）等。可以说20世纪60年代是日本义务教育均衡策略在建立统一标准之后，进行巩固强化和补缺补漏的时期。

第三节　日本对义务教育均衡发展的反思与重构

日本的九年制义务教育在第二次世界大战后较快地实现了全国范围内相对均衡的发展，因此广受赞誉。但是，自20世纪之交开始的义务教育改革出现了新的动向，特别是21世纪初，义务教育结构改革施行以来，这些支撑性的体制似乎开始瓦解——传统的学区制被打破，义务教育费国库负担制度被修改，全国统一的“六三”学制遭到质疑，县级义务教育管理权被下移，甚至出现了公司办学的现象……这些变化，有的尚处于实验或研究阶段，但有些则作为政策已付诸实施。

一、就近入学原则的破坏

虽然法律上并无规定，但日本与其他很多国家一样，其义务教育长期以来采用按学区就近入学的体制，这一体制不鼓励竞争，在与其他配套体制的相互作用中，起到了促进义务教育均衡发展的作用，当然这一体制还有方便儿童就学、确保儿童安全等其他目标。但是，就近入学原则在20世纪中曾根康弘内阁时期就以无法保障家长自由选择的权利、无法促进学校间的竞争、不利于提高教育质量等理由而遭到了攻击，1987年，临时教育审议会的第三次咨询报告明确地提出应自由择校。此后，随着日本行政改革的不断深入，1996年行政改革委员会的《关于推进放宽规制的意见（第二次）》、2000年的《教育改革国民会议报告——改变教育的17个提案》、2005年内阁的《关于经济财政运营与结构改革》等重要改革文件，都提到学区制改革的问题，特别是2005年的“阁议决定”还明确提出要将择校制度普及全国。这些委员会多是关于行政改革、财政改革的政府委员会或直属于首相的教育改革咨询委员会，提出的报告也多关乎综合改革，可见择校制的推进主要不是出自教育领域内部的需要。

三重县纪宝町于1998年在全国率先实行择校制①，后实行择校的地方开始逐渐增多。2006年，文部科学省对那些拥有两所以上小学或初中的自治体（指市区町村）进行了调查，发现有14.2%的自治体在小学阶段、13.9%的自治体在初中阶段实施了择校制度。从形态上看，在实施小学择校的自治体当中，有45%实施特定区域选择制（只允许特定区域居民择校），36.7%实施特定学校选择制（只允许自由选择特定学校），

① 笔者曾把东京都品川区和日野市误作为日本最早实施择校制的地区，并将其开始实施择校制的2000年误记为1999年。高益民. 日本教育改革的新自由主义侧面[J]. 清华大学教育研究, 2002(6): 51.

18.8%为相邻学区选择制（只可选择相邻学区），10%是自由选择制（市区町村内的任何学校均可选择），5%实施学区分片选择制（自治体内划为若干片区，只允许在片区内择校）；初中的情况是，55%实施自由选择制，35.7%的自治体实施特定区域选择制，22.2%实施特定学校选择制，19.5%实施相邻学区选择制，1.1%实施学区内分片选择制。可见小学阶段的择校相对限制较多，这或许反映出各自治体基于安全性、方便性以及必要性等方面的考虑对小学阶段择校所抱有的审慎态度。

但择校制的推行并未大获全胜，虽然与1999年相比，实行择校的地方有所增多，但尚不足15%，远远谈不上内阁会议所期望的“普及全国”，此外，近年来也有部分已经实行择校制度的地方又废除了这一制度，理由主要集中在“学校与社区的纽带遭到破坏”“学校间的差距固定化”“不利于学生安全”等方面。尽管如此，可以说，择校制的推行是向义务教育均衡发展的传统体制最早提出的挑战之一。

二、义务教育费国库负担制度的修改

与部分国家将义务教育的责任归于地方不同，日本为保证义务教育的均衡发展，在发展义务教育方面由国家（中央政府）高度负责，其具体体现之一就是第二次世界大战前既已建立的义务教育费国库负担制度。根据1952年颁布的《义务教育费国库负担法》，中央财政负担公立学校教职员工资的一半；根据1953年颁布的《公立学校设施灾害修复费国库负担法》，中央财政负担学校设施灾害救济的三分之二；根据1958年颁布的《义务教育诸学校设施费国库负担法》，中央财政负担新建学校设施经费的一半，负担改建设施所需经费的三分之一；根据1962年颁布的《关于义务教育诸学校教学用图书免费的法律》，中央财政全额负担义务教育阶段的教科书经费，等等。在这种情况下，中央财政对公共教育经费的负担额早在1960年就占48.4%，地方占51.5%（其中县占30.3%，市町村占21.3%）。但是，这一制度在进入21世纪以后也被修改。

从2001年开始，为了实现财政改革配合地方分权的“结构改革”目标，日本实施了削减国库补助金、由中央向地方倾斜税源、重估转移支付金的“三位一体”财税制度改革。这一改革不仅指向增加地方财政收入，同时也将扩大地方财政自主权，因而受到地方的广泛欢迎。在这种情况下，出现了义务教育经费国库负担制度存废的争论。地方长官普遍要求废除这一制度，而是将财源转给地方并由地方自主决定经费用途。而以文部科学省为代表的文教势力与社会舆论则总体倾向于基本坚持以前的制度，理由是如果废除专款专用的义务教育费国库负担制度，则转移给地方的经费并不能保证用于义务教育，从而导致义务教育经费的减少；同时，因地方财政状况不均衡所引发的义务教育不均衡发展也将在所难免。在这种情况下，作为一种妥协，义务教育费国库负担制度被保留下来，但自2004年开始实行“总额裁量制”①，2006年，国库所负担的教职员工资由原来的二分之一降至三分之一。

势如破竹的地方分权化与“三位一体”财税制度改革未能最后消灭义务教育费国库负担制度，这一制度最终得以坚持，但国库负担金支付方式的变化与负担比例的下降，说明这一支撑日本第二次世界大战后义务教育均衡发展制度的财政体制在这一过程中发生了动摇。

三、学制的多元化

日本第二次世界大战后义务教育得以均衡发展的另一制度性因素，是在坚持单一学制（“六三制”）的前提下、执行全国统一的《学习指导要领》《公立义务教育诸学校的班级编制和教职员定数标准法》等教育标准。但2004年出台的《义务教育改革案》（俗称“河村计划”）明确提出要实现“六三制”的弹性化。

与上述两项改革不同，文部科学省对学制弹性化改革表现出了较大的积极性。实际上，关于学制改革的实验早在“河村计划”以前就已开始。2002年5月，文部科学省指定了4所学校作为“研究开发学校”②进

① 该制度旨在给予地方在教师工资及教师配置等方面更大的自主权，在义务教育费国库负担金总额的范围内，不再根据工资、津贴（如期末津贴、教职调整津贴、义务教育教师特别津贴、管理岗位津贴、特别津贴、住房津贴、通勤津贴）等细目拨付义务教育费国库负担金，而是拨付根据法定教师数量算定的工资额的三分之一，而实际如何支出则由地方决定。

② “研究开发学校”制度始建于1976年，由文部省指定的学校，在一定期间内（一般为3年）尝试开发或实施与新情况、新问题相适应的教育课程与教学方法开发，在实验期间内可以不拘于《学习指导要领》等国家标准。

行实验。东京都品川区第二日野小学与日野中学合作进行“四三二制”实验，将九年义务教育分为小学一至四年级、五至七年级、八至九年级等三个阶段，并尝试进行分层教学；香川县直岛町立直岛小学与直岛中学则进行了“五四制”实验。该校从小学即开设英语，在小学六年级至初中一年级这两年中，超越年级进行数学分层教学；高知县田野町的町立田野幼儿园、田野小学和田野中学把幼儿园的最后一年加上九年义务教育统合为十年，又将这十年分为三个阶段，实验进行一贯的英语教育；宫崎大学教育学部附属幼儿园、附属小学、附属中学也将提供连续的教育课程与指导。在初中阶段，将进行跨学年的分层教学。

但是，在学制弹性化改革起重大推动作用的还是来自教育外部。或因受到中国经济改革特区政策的启发，2002年，日本制定了《结构改革特别区域法》，该法第一条规定，“本法的目的在于，通过设立最大程度的尊重地方公共团体积极性的结构改革特别区域，使地方公共团体可以根据当地特点适用规制上的特例措施，实施或促进实施特定项目，推进教育、物流、研究开发、农业、社会福利等各领域经济社会的结构改革，提高国民生活水平、贡献国民经济的发展”。该法为各地通过采取法律规定以外的“特例”推动地方经济与社会发展提供了法律依据，包括学制改革的种种新的教育实验也应运而生。

2003年8月，日本政府批准了东京都品川区将全域建设成为“小中一贯特区”的申请，品川区较之“研究开发学校”时期有了更大的自由度。从2006年开始，品川区所有的义务教育学校都实施“小中一贯教育”，它主要采取两种形式。一是“一体校”的形式，即开办九年一贯制学校，品川区先后开办了日野学园（2006年）、伊藤学园（2007年）年、八潮学园（2008年）、荏原平塚学园（2010年）、品川学园（2011年）等5所“小中一贯校”；二是“合作校”的形式，即所有的小学都将与初中合作，根据品川区的“小中一贯教育要领”开展“四三二制”教育。

目前，实行“小中一贯教育”的特区已经很多，如果数量继续增多且多数特区取得成功经验的话，“小中一贯教育”将以弹性化学制在全国推广，可以想见，届时多种学制并存的现象将更加普遍，由此带来的非均衡化等新的问题也将出现。

四、县级义务教育管理权的下移

日本义务教育均衡发展的另一支撑体制是，各县对义务教育的实施具有主要的管理权，如，所谓的“广域人事”就是由县对全县教师进行统一调配，使教师得到均衡配置，进而确保义务教育在县内得到均衡发展的重要体制。但这一体制在小泉纯一郎内阁以后也发生了动摇。2005年发表的中央教育审议会的咨询报告《创造新时代的义务教育》认为：“有人指出，在文部科学省、都道府县教育委员会和市町村教育委员会之间形成了上意下达式的中央集权行政，这阻碍了地方的创意及努力”，“今后义务教育分权改革的重点在于由都道府县向市町村分权，由教育委员会向学校转让权限。在地方，应推进向义务教育直接实施主体的市町村和学校转让权限，应使市町村可以作为举办者根据地方状况，自己设定教育方针与基准，开展与地方实际相适应的教育。”咨询报告重点提出，应向市町村转让教职员人事权，同时，强调义务教育标准亦应灵活适应地方实际。

从人事权的下放过程来看，其实相当周折。起初，下放人事权曾一度被认为将有利于开展有地方特色的教育，也有利于培养能够真正扎根地方的教育人才，更何况人事权中的培训权已经下放至中核市①，效果也不错。但各县教委后来普遍认为如果广域人事不复存在，将导致县内义务教育的地区差异，因此表示强烈反对，其中31个都道府县还联合发表了反对宣言。而各市町村原来苦于不能对所属学校的教师进行人事管理，由县教委安排流动来的教师只是过客，无法长期扎根在地方，因此也一度欢迎人事权下放。但后来市町村发现，如果获得了人事权，则很可能同时增加财政负担；而且一旦人事权下放，那么那些中核市等财力较好的地方更容易获得高质量的师资，市町村将处于更为不利的地位，因此，市町村的立场又转为反对下放。由于意见分歧，到2007年，中央教育审议会仍未对人事权下放做出具体结论，只是表示要继续听取意见，慎重而行。

2010年，大阪府决定从第二年开始落实公立义务教育学校教师的人

① 以人口规模为标准，分别在50万人、30万人和20万人以上并得到总务省指定的城市，分别称为“政令指定都市”“中核市”和“特例市”，它们在不同程度上可以拥有都道府县的部分行政权限。

事权下放问题（此时，因教育改革等问题尖锐对立的大阪府与大阪府教育委员会的矛盾已经公开多年），但因反对声音强烈，又拖至2012年实现。大阪府采取的是步步为营的办法，暂将教师的任命、升迁、流动、处分等人事权下放到丰中、池田、箕面3市和丰能、能势等2町，同时要求这些地方形成较小范围的“广域人事”，使教师在这几个地方之间能够保持一定程度的流动。如果2012年大阪府的这一计划能付诸实施，那么大阪府将是全国教师人事权下放的第一例。

从讨论过程看，虽然包括“广域人事”在内的教育管理权的下放问题始终没有定论，这一支撑第二次世界大战后日本义务教育均衡发展的体制也没有遭到完全否定，但瓦解县级义务教育管理体制的因素已经获得了现实的增长。

五、公司办学的出现

根据日本《学校教育法》第二条的规定，学校的举办主体只能是国家、地方公共团体（即地方政府，亦称地方自治体）和学校法人，相对应的学校则分别是国立学校、公立学校和私立学校。但是，进入21世纪以后，随着日本政治经济改革的推进，学校的举办者开始出现特例。

2007年3月，日本政府批准神奈川县相模原市将该市全域建成国际教育特区的申请，作为特区的具体计划，该市提出由一家长期经营私塾教育的公司举办一所用英语授课的小学，并以该所小学作为实验学校，进行小班教学等方面的研究与开发。2008年4月，一家名为LCA的企业开办的“LCA国际小学”正式开学，从而成为日本第一所公司举办的小学。该校的特色是除了“国语”和四年级以上的算数与部分“社会科”以外，其他学科内容均用英语进行教学，以培养学生具有实践性的语言能力和国际交往能力。该校每学年各两个班，每个班18人，学生共216人。教师共18人，其中11人为外国人。学费包括一次性入学金100万日元，学费每月9万日元。LCA公司经理兼任该校校长。

就初中而言，日本第一所由公司举办的学校是朝日塾中学。2003年8月，日本政府批准冈山县御津郡御津町提交的将该町全域建设成为“御津町教育特区”的申请。起初，该町只是希望在一所废弃的公立小学校址上建一所私立初中，以使该地区存在一公一私两所中学，促进两校竞争，增加居民选择机会，提升地方活力。此后，该町又复交申请，请求学校由公司举办，这一申请于两个月后得到政府批准。根据御津町的计划，一家名为“株式会社朝日学园”的企业举办初中，三年后续办高中。该公司举办的学校主要有三大特点：第一，在课程设置上设“讨论科”，通过演讲、讨论和辩论三个阶段，结合实地调查、收集资料、研究体验等训练学生的学习能力与交流能力；第二，深度学习。该校的教科书学习进度较其他学校要快，余下的时间进行更深内容的教学；第三，英语教学。2011年，初中与高中合并为六年一贯制中学，称为朝日塾中等教育学校。

与高中阶段相比，公司办学的情况在义务教育阶段还很少，未来也不会发展成为主流，但从已经出现的公司办学的情况看，它们的教育实验在不同程度上偏离了传统义务教育的轨道，或服务于特殊人群，或提供特殊服务，收费高昂，成为导致教育不均衡的因素之一。

综上所述，日本义务教育均衡发展的支撑体制主要是：强调国家责任，减轻地方负担；强调全国统一，防止各行其是；强调广域协调，缩小地区差异；强调整齐划一，避免自由竞争，以使全国义务教育最终达到“铁板一块”的局面（虽然并不可能达到。有研究表明，日本义务教育在20世纪70年代依然存在明显的不均衡问题）。但是，目前这场改革使上述支撑体制普遍发生了松动，而这种松动对义务教育均衡发展构成了不同程度的威胁。

应该说，日本义务教育改革的主要动因来自教育领域之外，它是20世纪80年代以来新自由主义改革的产物。为解决国家（特别是中央政府）过度干预所带来的发展活力丧失和财政恶化等问题，日本一方面大力鼓吹放松政府管制，一方面改革政府自身，通过精简机构、优化职能、缩减开支，实现“小政府、大社会”的目标，这种改革虽然在不同时期被赋予不同的名称，但都给教育带来了深刻的影响。本文提到的五个方面的改革均与旨在促进地方分权的财政改革、特区实验等密切相关。

由于文教领域感受到了改革给义务教育均衡发展所带来的威胁，因此在不同程度上对这种改革进行了抵制，从而使上述体制的松动暂时被限制在一个较小的范围内，原有体制也没有遭到根本否定，从择校的地方仅占15%以下、义务教育费国库负担制度得以保留、学制改革和公司办学仅在特区进行、教师人事权等迟迟未能真正下移等方面都可见一股强大的抵制力量的存在。作为文教系统的利益代表，文部科学省通过明确反对废除义务教育费国库负担制度，通过慎重对待下放广域人事权等，往往也站在了反对改革的立场。推动改革的各地行政当局与教育委员会也形成了正面冲突的局面，如，大阪府教育委员会与大阪府在媒体等公共场合公开对抗；很多县级教育委员会也与中核市等行政当局公开对立。在某种程度上，可以说教育领域内对改革的抵制与教育领域外对改革的推动之间的角力，形成了相持不下的局面。

那么，就日本义务教育本身而言，是否真的不需要改革呢？情况也并非如此。以《义务教育费国库负担法》为例，这一制度长期以来被指效率不高，造成了一定程度的浪费，抑制了地方自主管理和调控的积极性，而文部科学省年度预算中仅41.5%用于核拨人头费，调控作用也极为有限①。再如，广域人事虽然有助于县内均衡配置师资力量，但城市来的教师往往只是偏僻地区的过客，通常熬过3年左右的流动期以后就迅速返回原派遣地区，对落后地区的支援作用也有限。此外，日本全国统一的严格教育标准在执行过程中也存在脱离实际的情况，市町村当局由于不掌握重要管理权，对发展义务教育的积极性不高，学校则非常被动，缺少改革创新的活力，等等。

总体而言，由于新自由主义改革重在效率，因此，在它影响之下的日本义务教育改革的重点也就不可能放在公平上，相反，它是对公平的某种反动，其重点是促进义务教育领域的地方分权，以期增加自由度、激发活力、提高质量。这一重点转移打破了义务教育均衡发展的若干传统缺口，但因强大的阻力而未能如愿以偿。今后的事态如何发展，取决于日本经济发展状况、财政状况以及政治版图的变化等多种因素。

---

① 日本首相官邸官方网站. 岡山県御津郡御津町『構造改革特別区域計画』[EB/OL]. [2011-01-01].http://www.kantei.go.jp/jp/singi/kouzou2/kouhyou/030908/038.pdf.

第八章 韩国义务教育均衡发展

第一节　韩国义务教育均衡发展问题及政策

1948年，韩国宣布正式成立独立政府时，小学入学率只有64%，而到2009年，韩国18—20岁适龄人口的高等教育入学率高达83.4%。韩国的教育发展不仅体现在量的增长上，在PISA 2003和PISA 2006中，韩国分别获得“解决问题”第一名和“读解”第一名的好成绩，向全世界展示了韩国义务教育在质和量两个方面的巨大成就。这与韩国政府在不同的历史时期内对义务教育秉承不怠的“均衡和卓越”两大原则是分不开的。当然，作为外部环境，也有两大因素：一是建国以来韩国民众高涨不衰的教育热不断推动政府改革义务教育制度，完善教育环境；二是历届执政政府都将教育作为显示其政绩、获得民心的重要手段，积极进行教育改革，本章拟梳理韩国义务教育发展的各个阶段，并对义务教育制度现状进行分析，以究明韩国义务教育的经验与教训。

一、韩国教育概况

韩国采用中央集权和地方分权相结合的教育行政管理制度。最高行政机构是教育部，负责各级各类教育经费的分配，制定各级各类教育政策，制定幼儿园到中小学的教育课程标准，对市、道教育厅的教育进行评估……下属教育行政部门是由16个市（特别市和广域市）、道、特别自治道教育厅组成的地方教育厅。地方教育厅除了执行教育部的教育政策外，还负责公立学校教育的管理、当地教育的发展和学校评估。

1991年，韩国修订的《地方教育自治法》指出，为使教育保持政治中立而不被特定政党左右，也为促使教育行政部门更加关注民众的受教育需求，实施地方教育行政自治制度。地方的教育相关事务均由地方教育行政部门管理，即教育行政独立于一般行政，不受市、道议会的管辖。

地方教育厅的议事、决策机构是“教育委员会”，委员会负责制定地方教育法规、掌管社会体育事业、教育机构的设置或搬迁、对教育厅的财务进行审计等。地方教育厅的教育行政事务执行机构是“教育监”。教育委员会与行政管理机构的教育监相互牵制，教育委员会对教育监的工作具有监督权。

地方教育委员会和教育监由选举产生。教育委员会由学校管理委员会直接选举。教育委员不得属于任何政党，一经选出也不得兼任议员、其他公务员、私立学校教师等职业。教育监经直接选举产生，这恐怕是韩国最具特色的制度之一。教育监的条件是：具有15年以上的教育或教育行政工作经历，不得属于任何政党，一经选出，也不得兼任国会、地方议会和总统任命的其他职位。

韩国的学前儿童教育（保育）机构可分为教育部掌管的幼儿园和保健福利家族部（相当于卫计委）掌管的“儿童之家”等保育设施。幼儿园的教育功能突出，以3—5岁儿童为主要教育对象，保育设施则以0—6岁儿童为对象，代理保育（托管）功能突出。两者在教师资格、经费来源、收费、管理模式、教育保育内容等方面都存在差异。保育设施的儿童入园率占44.3%，幼儿园的儿童入园率占38%。韩国的幼儿园分公立、私立，公立幼儿园占53.7%，比私立幼儿园多7%，但是在园儿童数是公立占22.2%，私立占77.8%，因为人口稀少地区的幼儿园主要是公立的。

义务教育学校分为国立、公立和私立，但国立中小学只是部分国立大学附属学校，因此数量较少。韩国实施九年制免费义务教育，但由于高中普及率高，政府对高中的投入也很高，因此，往往将小学到高中都通称为基础教育。

表8-1 义务教育阶段学校及学生数量和比例

学校	类型	学校数量和比例	学生数量和比例
小学	国立、公立	5 738(98.7%)	3 627 103(98.7%)
	私立	75(1.3%)	45 104(1.3%)
初中	国立、公立	2 427(78.9%)	1 669 273(81.8%)
	私立	650(21.1%)	371 403(18.2%)

资料来源：한국교육개발원.한일교육조사연구문제. 2009, p4.

韩国的高中包括75%的普通高中和25%的职业高中。普通高中再分为普通高中、特殊目的高中、自立型私立高中、产业高中（职业高中）、自律型私立高中、自律高中等。普通高中适用标准化政策，在同一学区内进行随机分配，其他高中则通过考试筛选入学，高中教育由地方教育厅全权负责。

韩国的高等教育（职业技术教育）机构分为大学、产业大学、教育大学、专科大学（2—3年制，147所）、广播电视大学、技术大学等各种学校。2008年，韩国设有2所国立大专和39所国立大学，8所公立大专和2所公立大学；141所私立大专和176所私立大学。可见私立高等教育机构的比例很大。

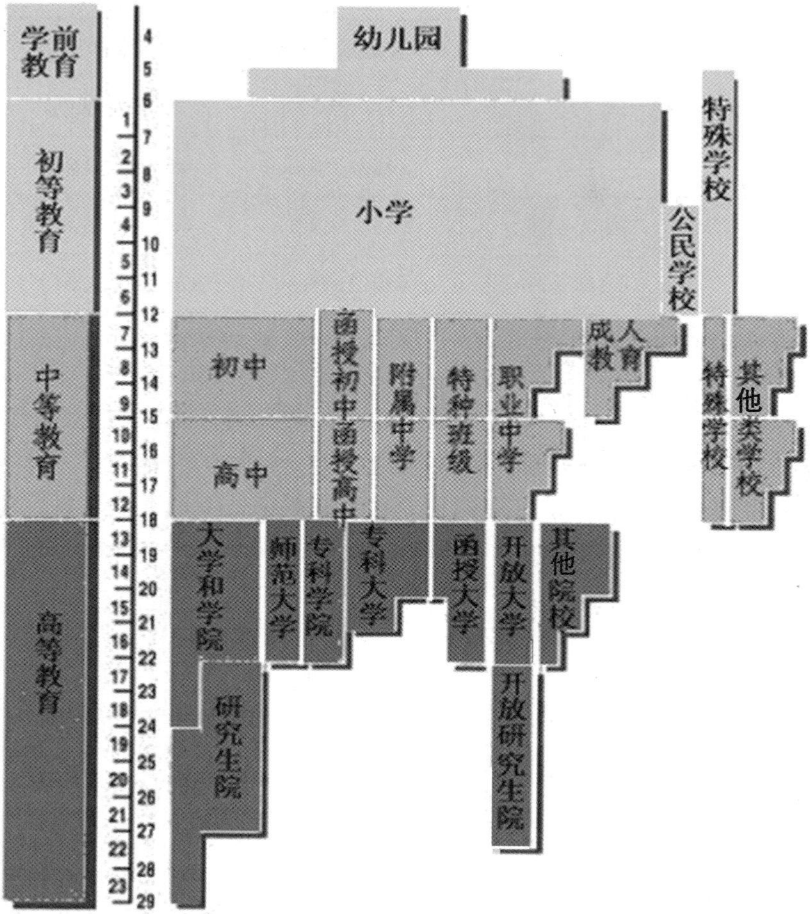

图8-1 现代教育体制图

二、义务教育的发展历程

不少学者将第二次世界大战后韩国的经济高速增长归功于义务教育的迅速普及。正如前文所述，1948年，韩国第一次颁布义务教育法令之时，小学生的入学率只有64%，而今天的韩国不仅完全普及九年制义务教育，更在PISA中获得优异成绩，向全世界展示了堪称一流的义务教育质量。但是另一方面，根据韩国教育开发院2003年的统计，中小学生包括校外补习费在内的"私人教育费"高达13.65兆韩元，该数字相当于当年教育总预算24.9兆韩元的55%。另外，83.1%的小学生和75.3%的中学生在上各类补习班和兴趣班，其中92.8%的小学生和87.8%的中学生在校外补习班接受学校课程的补习。出现如此矛盾的现象，正是韩国“均衡”原则下的义务教育制度与“追求卓越”为目标的国民个人发展需求之间的紧张关系所致。为了解决这样的问题，目前，韩国的义务教育正经历向“均衡前提下的卓越”转型的过程。以下将韩国义务教育的发展阶段总结如下：

（一）义务教育均衡发展原则的确立与教育环境的低水平均衡时期

1945年8月，随着日本投降和第二次世界大战的结束，韩国开始重建独立国家。美国对韩国实施3年的“军政”，帮助韩国建立新的社会制度，教育则由被称为“学务局”的军政部门所担任。学务局在1945年9至11月间相继成立韩国教育委员会和韩国教育审议会，制定了包括韩国的教育理念与教育方针、学制在内的各种教育制度草案。有关义务教育，韩国教育审议会于1946年1月提出并于4月颁布了《义务教育实施计划》。该计划规定，在中央及各道、郡、邑等行政区域内设立义务教育实施促进委员会，根据各地条件逐步实施6—12岁儿童的义务教育。但是由于学校设施、教师、经费的严重不足，该计划的实施面临着极大的困难。与此同时，殖民时代被长期遏制的国民受教育需求却出现了爆发性增长，就学儿童的增长率以1945年100%、1946年132%、1947年152%、1948年148%的速度飙升，学务局不得不采取二部制、三部制等形式，并培养大量的临时教师，但是仍然无法满足适龄儿童的受教育需求。

1948年，韩国政府正式成立并制定了《大韩民国宪法》。该宪法确立了“机会均等”与“免费”为主干的义务教育均衡发展原则。在此基础上，韩国先后于1949年和1952年颁布《教育法》和《教育法实施令》初步奠定了义务教育的法律基础，并规定：义务教育年限为6年（即小学阶段）；义务教育教师的工资由国库全额负担；地方政府可征收“教育税”和“特别附加税”来确保义务教育的财源。但是，正当韩国准备大力发展义务教育之时，1950年爆发的内战使韩国的教育发展进入停滞时期。战争结束后文教部 颁布《义务教育完成六年计划（1954—1959年）》大力推进义务教育。当时文教部年教育预算的75%用于义务教育，足见政府普及义务教育的决心。六年计划完成那年即1959年，韩国适龄儿童的96%进入当时被称为“国民小学”的小学，该计划在满足国民受教育需求的同时奠定了韩国经济高速增长的基础。

该阶段韩国义务教育发展的最大成就是颁布相关法律确立“平等”与“免费”的义务教育均衡发展原则。但是，当时由于韩国独立不久，百废待兴，义务教育经费严重不足，其发展过程中伴有学校设施不完善、教学环境恶劣、教师严重不足等亟待解决的问题。

（二）义务教育制度保障与教育环境改善时期

1961年5月，朴正熙发动军事政变掌握韩国政权，并在韩国实施了长达20年的军人政治。朴正熙将“国民改造”作为国家建设的重要前提，更将义务教育视为“国民改造”的重要手段，强有力地推行了义务教育制度改革。

1. 确保义务教育财源，全面改善教育环境。文教部为确保义务教育的财源，曾在1958年实施《义务教育财政交付金法》将义务教育的相关税源依赖于所得税与入场税。但是，由于这两税的来源并不稳定，因此，实际的交付款项与实际需求之间存在较大差异，无法满足义务教育发展的需要。朴正熙政府自1962年开始逐步修改该法，分阶段增加义务教育的税源，直至1968年时，曾将国内税收总额的11.5%充为义务教育经费。1971年，朴正熙政府又将该法案与中等教育财源相关的《地方教育交付金法》进行合并，重新制定了《地方教育财政交付金法》，奠定了稳定的义务教育财政基础。

2. 在制定“经济发展五年计划”的同时制定“义务教育设施扩充计划”，试图尽快改善义务教育环境问题。20世纪60年代初，正当朴正熙准备恢复由于内战一度中断的学生入学计划时，随着战争结束激增的出生率导致第二个入学高峰，强烈地冲击了本来就疲于应付的韩国义务教育。受其影响，学校不足、教室不足、教师紧缺等现象成为20世纪60年代义务教育的重要特征，出现了二部制、三部制等办学模式，不少地区出现了1个班级学生多达90—100名的“豆芽教室”。为改善恶劣的教育环境，教育部分别在1963—1966年、1967—1971年实施了第一次、第二次“义务教育设施扩充计划”。这两个计划与国家经济发展五年计划是同步进行的，计划结束的1971年，韩国基本解决了教室不足的问题，除了极少部分地区外，全国都取消了二部制的办学模式。1961年，文教部还将全国的中等师范学校升格为两年制大专，力图提高教师质量。另外，实施义务教育教科书的免费供应政策，自1979年开始向全国所有小学生免费发放义务教育教材。

3. 为体现义务教育的均衡发展原则，韩国政府于1967年颁布了《岛屿、僻地教育振兴法》，力图缩小义务教育实施过程中的地方差异。该法规定：各地方政府必须优先保障岛屿、偏僻地区义务教育发展所需的经费，即确保学校占地面积、完善教室等设施、配备教材和教具、免费供应教科书、提供通勤所需的交通手段、提供教师住宅、聘任适当的教师等所需的经费。韩国的偏僻地区义务教育得到该法保障这一事实本身，就充分体现了韩国义务教育均衡发展原则的实在含义。

此外，为了缓解小学义务教育的普及导致的初中升学热，韩国从1968年开始实施初中免试入学制度。这个制度的实施自然会导致初中入学高峰，韩国的初中入学率自1970年的50.9%激增至1975年的71.6%、1980年的95%。

20世纪60—70年代是韩国政府通过义务教育财政保障法案、私立学校相关法案以及“义务教育设施扩充计划”等来完善义务教育各种制度的时期。受其影响，韩国的义务教育得到了令人瞩目的发展。1966年，韩国义务教育普及率达到98.1%，由于逾龄学生入学增多，1970年，义务教育入学率达到100.7%。为了确保基础教育的均衡发展，朴正熙政府先后出台了1968年的初中面试入学政策和1973年的高中平准化①政策。

（三）全面提高义务教育质量时期

20世纪80—90年代是韩国经济的高速增长期，该时期韩国频繁地进行教育改革以适应韩国经济发展的需要。随着1980年7月30日《教育正常化及消除课外补习过热现象法案》的颁布，韩国拉开了新时代教育改革的大幕。在这期间，作为总统直属的教育改革咨询机构先后设立了教育改革审议会、教育政策咨询会、教育改革委员会等机构，与教育部直属机构——中央教育审议会一起进行了涉及教育各领域的改革。受其影响，该时期的义务教育从数量的扩张阶段迈入质量的提高阶段，实施了不少相关教育改革，但其“均衡发展”的原则未变。

① 高中平准化政策：在全国范围内实施平等、标准理念下的高中入学政策，即将全国的国立和公立高中划入各地的大学群，初中毕业生通过相对简单的高中会考后在所属学群内被随机分派升入高中。

1. 教育设施和教育环境的进一步改善。教育设施和教育环境改善的主要内容是降低班级人数，减少超大型学校，彻底消除二部制的办学模式等。仅在1982年至1986年间，韩国就为消灭“豆芽班级”增设7 637间教室，为消除二部制教育增设3 340间教室，为分离超大规模学校增设2 134间教室。但是，即使教育部的滴水之功持续到20世纪90年代，仍然未能完全解决这些教育问题，教育环境的改善成为韩国的义务教育在20世纪未能完成的作业。

2. 义务教育年限的延长。韩国曾在20世纪80年代初，在小学义务教育完全普及、初中升学率普遍提高的背景下试图延长义务教育年限。文教部在下设的普通教育局新设了义务教育课，试图改革相关制度，扫清障碍，为实施中学阶段义务教育做准备。例如，于1984年改革《教育法》，加入了“所有国民有权接受6年的初等教育和3年的中等教育”条目，为中学阶段义务教育的实施提供了法律依据。1985年，颁布了总统令《关于实施初中义务教育的规定》，率先在全国的岛屿、偏僻地区实施了初中阶段的免费义务教育。此后，初中义务教育的实施范围逐渐扩大，1994年，全国中学生的25.4%，即约64万人成为免费义务教育的实施对象。但是，负责义务教育经费拨款的财政经济院提出了反对意见，认为1995年的初中入学率已达到99.3%，因此，实施初中阶段义务教育只会增加政府的负担。受其影响，全面扩大初中阶段义务教育的计划全面搁浅。

3. 实施义务教育课程改革。1995年5月31日，作为总统咨询机构的教育改革委员会颁布了《建构主导全球化、信息化时代的新教育体制——教育改革方案》（以下简称《“5・31”教育改革方案》）该方案在“教育立国”的口号下，力图改善教育环境，提高教育的国际竞争力，将“建设‘开放型教育的社会、终身学习的社会’，使任何人在任何时间、地点都能接受理想的教育”作为其教育目标。本次改革将从小学一年级到高中一年级的十年设定为国民共同基础教育课程，建构十年一贯制的教育课程内容。1996年2月，教育改革委员会向总统提交的题为“确立新教育体制——教育改革方案（Ⅱ）”的咨询报告，提出为了建构学生中心的教育课程体系，应改革初中等教育课程。教育部根据这个提案开发了第七次教育课程，并从2000年开始在全国的中小学实施。

(四)“均衡”前提下的“卓越发展”时期

韩国以均衡发展为主线的义务教育原则，在20世纪遇到诸多困难。1998年，东南亚金融危机导致韩国经济长期低迷、失业率增加，这些因素使韩国基础教育的升学竞争愈演愈烈。20世纪60年代围绕小学升初中肇始的升学竞争在20世纪70年代因初中免试入学制度的导入转向了高中阶段，再因1974年的高中平准化制度的实施转向大学入学考试。因此，实际上韩国虽然实施了义务教育的均衡发展，但并没能完全解决考试竞争带来的非均衡化的局面。全国范围内各种课外补习班林立，成为“学校教育之外的学校教育”，数十年来学生的补习费有增无减。教育部为了缓解课外补习给学生所带来的家庭负担，降低升学竞争的热度，曾在1980年7月颁布法令全面禁止课外补习，但是仍然未能煞住考试竞争的热度。2003年，韩国私人教育费用达到该年总教育预算的55%，体现出国民对“平均主义”的“平等原则”所表示出的不信任，要求政府做出回应。另外，进入21世纪以来，韩国确立了教育兴国的目标。教育部于2001年改称为“教育人力资源部”，实施大刀阔斧的教育改革。同年，韩国政府的18个部、厅联合开发了《第一次国家人力资源开发基本计划（2001—2005年）》和《第二次国家人力资源开发基本计划（2006—2010年）》，将计划目标设定为：“认识到在知识社会国家竞争力的核心就是人才，教育人力资源部的部长升格为副总理，作为国家的重点课题来思考人力资源开发的宏观战略”。可见，国内矛盾和国际竞争压力促使韩国的义务教育出现了方向性的转变。

1. 从“均衡发展”到“均衡前提下的追求卓越”。1996年，韩国加入OECD（经济合作与发展组织）被看作是进入发达国家行列的重要标志，但是与OECD成员国之间的教育环境差异一直是韩国遭受诟病的问题，也是韩国在历次改革之中强调“进入发达国家之行列”的原因。而韩国在2003年PISA中的“解决问题”领域获得第一名，TIMSS中数学成绩获得第二名、科学成绩获得第三名被视为巨大的成就。教育人力资源部甚至发表了题为《我国学生的学业水平是世界最高水平》的报告，强调在国际竞赛中获胜的关键原因是《“5·31”教育改革方案》及此后推进的一系列初等和中等教育改革。例如，改变背诵为主的划一的教育，形成培养学生个人素质与想象力的，以人格培养为中心的多样化教育模式；从以施教者为中心的教育到以教育消费者为中心的教育；

从以管制为中心的教育到以专项自律、义务为中心的教育；教育制度的实施过程中注意调整平等与卓越之间的平衡等。其中，教育人力资源部认为特别有效的改革措施有《“5·31”教育改革方案》后期以“追求卓越”为目的的教育改革，比如，包括减少必修课目，扩大选修课目；按照学生水平设置移动教室；开发探究型、讨论型授课模式；建构多样化的评价制度体系等。教育人力资源部认为，正是由于这些改革举措韩国的学生才能拥有世界最高的学力。“追求卓越”的教育理念在学力评价中也得到贯彻。2000年开始实施的第七次教育课程，在全国范围内定期实施学生学力评价、教育机构评价、教育课程设置与管理评价，对小学六年级、初中三年级、高中一年级的学生实施国语、社会、数学、科学、英语科目的学业评价。总之，上述义务教育阶段的诸多改革政策表明，韩国义务教育的发展方向已从“均衡”转向“追求卓越”。

2. 义务教育年限的延长。韩国《宪法》第三十一条规定：(1) 所有国民具有根据其能力均等地接受教育的权利。(2) 所有国民有义务使其子女至少接受初等教育以及法律规定的教育。(3) 义务教育为免费教育。另外，《教育法》第八条规定：(1) 所有国民有权利接受6年（提前入学或提前毕业时，应从6年减去相应年限）的初等教育和3年的中等教育。(2) 国家及地方自治团体必须设置和管理实施其教育所必要的学校。(3) 所有国民有义务令其子女接受上述教育。但是，九年的义务教育年限规定留于纸面，初中义务教育自1994年以来一直在25.4%的范围内实施。进入21世纪，韩国决定逐步实施九年制义务教育政策。为了避免因经费缺口再次出现流于纸面的结果，韩国规定义务教育年限延长所带来的增额部分由国库和地方财政共同负担。另外，韩国延长义务教育年限是从偏僻地区、农村地区到城市的顺序逐步实施的。韩国于2002年对全国的初中一年级学生、2003年对初中二年级学生、2004年对初中三年级学生实施了义务教育。2005年，韩国又改革《地方教育财政交付金法》和《地方教育自治相关法律》，奠定了初中义务教育的法律基础，确定了地方教育财政支付结构的单一化和初中教师工资由地方教育财政交付国库负担的原则。

3. 义务教育评价改革——实施全国学力评价。2009年，韩国政府第一次对全国的小学六年级、初中三年级和高中一年级（2010年为高中二年级）所有在校生实施学力考试（被称为“学业成就考试”），以此作为掌握全国教育情况、减少学力的地方差异的方式。义务教育阶段考试科目为国语、社会、数学、科学、英语，高中则考数学、国语、英语。评价成绩以分为四个等级的形式通知学生个人，各地区成绩则按照超出普通水准、达到基础学力、未达到基础学力三个等级进行公布。对于那些未达到基础学力的学生，教育人力资源部将提供教育援助，而对于未达到基础学力的学校比较集中的地区则通过公开招募校长和教师、增加校长的决策权并进行评估等形式提高学业水平。

4. “放学后学校”与“放学后保育”制度的实施。为了减少由于课外补习给学生及其家庭带来的负担，以多样化、高质量的教育恢复国民对公共教育的信赖，教育人力资源部自2007年积极推行“放学后学校”。该学校是为了解决学生及其家长的实际需求而设立的正规教育课程以外的学校教育活动。从某种意义上说可将“放学后学校”看作是学校经营的课外补习学校。教育人力资源部特设“放学后学校政策课”，并在各地方教育行政机构中也下设相应的部门，确保放学后学校管理所需要的人员及经费。

在2007年，教育人力资源部指定全国80所学校为示范校，对小学一年级、初中二年级和高中一年级实施“放学后学校”政策。在偏僻地区则由市、道教育厅派遣巡回教师实施“放学后学校”政策。

“放学后学校”实施的是校长负责制。校长根据学校管理委员会的审议自行选聘教师进行教育，一些个别的教育科目或教育活动也可委托校外的非营利团体和机构实施。另外，“放学后学校”的教师除了本校在职教师之外还可聘请外部讲师、社区志愿者来担任，具有管理灵活性强、最大限度地利用社区资源等特点。教育对象则不仅限于本校学生，其他学校学生或辍学青少年和社区居民也可参加这些教育项目。费用基本遵循学生付费的原则，但是对于低收入人群则实施援助政策。

与“放学后学校”并行的有“放学后保育”教育项目。该项目是为了解决低收入家庭和双职工家庭子女放学后的看管问题而设立的。“放学后保育”主要以低年级学生为实施对象，除了具备适于保育的教室环境外，还根据学生的不同发展阶段指定专题指导、游戏指导、咨询、素质开发等多样化的教育项目。“放学后保育”教师由本校教师、保育师、社区志愿者等担任。基本遵循学生自费原则，但是对低收入家庭的支援也是比较多的。

5. 加强英语教育。为了在国际竞争中立于不败之地，英语能力是不可或缺的。韩国在2005年提出《促进英语教育5年综合对策》，2006年提出《英语教育革新方案》，这些方案都有力地促进了韩国的英语教育。而在《第二次国家人力资源开发基本计划（2006—2010年）》中，韩国再次强调英语教育的重要性，并提出了旨在提高英语教育水平的具体方案。例如，加强英语教师的在职培训；制定《中等英语教师聘用实验改革方案》，并从2009年开始实施该方案；2008年主要探讨英语教育范围扩大方案；英语教育的实施阶段下调至小学一、二年级；2010年，在所有中学配置英语为母语的英语辅助教师。通过这些计划的实施，韩国力图使全国义务教育阶段的英语教学水平有飞跃性的提高。

三、韩国义务教育均衡发展的政策特征

（一）义务教育经费的主要负担方为中央政府

中央财政是义务教育经费的主要来源。韩国自建国第二年（1949年）就颁布《教育法》，规定义务教育阶段教师工资由中央财政全额负担。韩国于1954年颁布《义务教育完成六年计划（1954—1959年）》大力推进义务教育时，文教部年经费预算的75%用于义务教育。朴正熙政府自1962年开始逐步修改义务教育财源保障相关法令，并制定《义务教育财政交付金法》，分阶段增加义务教育的税源，1968年甚至将国内税收总额的11.5%充为义务教育经费。

（二）优先发展农村、偏僻地区的义务教育

为了保证那些偏僻地区的义务教育质量，韩国政府于1967年颁布《岛屿、僻地教育振兴法》，根据该法第二条，所谓“岛屿、僻地”是指：因地处山间、僻岛、收复地区、近敌地区（边疆）、矿山地区等，无法纳受地理、经济、文化、社会之惠泽的地区，也是由教育部令所规定的地区。

第三条规定：国家为了岛屿、僻地义务教育的振兴，必须优先支付经费妥善解决以下教育条件：（1）确保学校面积、教室、保健室及其他必要的教育设施；（2）提供教材、教具；（3）教科书的免费发放；（4）通勤所必要的措施；（5）提供教师住宅；（6）合理配备教师。

此外，该法还规定地方教育厅必须提供符合岛屿、僻地教育需要的

各类学习资料，优先赋予教师研修机会并给予充分的经费保障；向教师支付“岛屿、僻地”特殊津贴。

2008年，韩国指定1 024所“岛屿、僻地”学校。这类学校的学生可按照地区级别享受午餐费补贴和教科书的免费发放，教师则可获得“岛屿、僻地”特别津贴、医疗保险半免和评估加分等优待。

在教育经费不足的情况下，韩国直到1985年都只实施小学阶段的义务教育。1985年，韩国颁布《中学义务教育的实施规定》，率先在岛屿、僻地实施九年制义务教育，然后逐渐扩大其范围，2002—2004年才分年级逐步完成了九年制义务教育。

（三）公立学校教师流动制，保障各学校之间的教育水平均衡

在韩国，公立学校教师必须以4—6年为间隔在本学区同级别学校范围内流动（称“教师循环勤务制”）。流动范围、流动时间、流动方式由各地方教育厅自主规定。该制度由首尔教育厅于1957年率先实施。

（四）保障义务教育阶段教师的身份、待遇

韩国的教师受到全社会的尊重，这除了传统文化原因外，现行制度也是十分重要的因素。相关教育法令明确规定了韩国教师的身份和地位。

所有义务教育阶段的公立学校教师都是国家公务员，称为“教育公务员”。除了《国家教育公务员法》保障教师身份外，韩国还颁布了《为提高教师地位的特别法令》《为提高教师地位的交涉、协议相关法令》。

《为提高教师地位的特别法令》第二条第一款规定：“国家、地方自治团体及其他公共团体为了使教师在社会上受到尊重并带着自豪感与使命感从事教育活动创造条件。”第三条第一款规定：“国家或地方自治团体必须特别优待教师的报酬。”第二款规定：“私立学校的经营者必须将本校教师的报酬维持在教育公务员的报酬水平上。”第六条规定：“教师除了服刑、惩戒处分或其他法律规定的相关事项以外，不得违背个人意志被停职、降职或免职。”第七条规定：“为了处理各级各类学校违反教师本人意愿的、不利于教师的处分事件，教育部特下设教师惩戒再审委员会重新审理这些事件。”

《为提高教师地位的交涉、协议相关法令》规定教师团体可以依法与教育部和地方教育厅进行旨在保护教师利益的交涉和协商。

（五）规范教师的资格授予和聘任制度

韩国的教师资格按级别分为一级正教师、二级正教师和准教师。幼儿园、小学为全科教师，由班主任担任所有课程，因此资格种类少，但是，中学、职业中学各科目教师都有相应的资格种类。韩国的小学、幼儿园教师主要由教育大学培养，中学教师由师范大学和综合大学的教职课程培养，这些教育机构的毕业生可免试获得二级正教师资格。一些专科大学培养部分教师（准教师），也需通过认证考试等形式获得二级正教师资格。

韩国1964年颁布、2007年修订的《教师资格检定令》规定，可通过教师资格认证考试和免试两种途径获得教师资格。考试认证的主要对象为已具有准教师资格的各级各类教师，考试分为：笔试、面试、实际操作三大部分。笔试科目与相应的资格科目一致，其成绩必须在单科40分以上，平均60分以上才能获得相应资格。实际操作和面试应在40分以上。

免试对象为师范大学的毕业生，但要求在学习期间必须修满相应学分。从这些规定中也可得知，韩国对教师的准入制度是严格把关的。所有公立学校教师的资格为国家公务员，其聘任、奖惩也由中央教育行政机构统一管理。

表8-2　获得免试教师资格所需学分

资格种类	专业课学分要求	教育类课程学分要求
幼儿园二级正教师	共50学分以上，包括专业课程7个科目21学分；教科教学法3个科目8学分以上	共22学分，其中：教职理论与素养课程（4学分以上）18学分；教育实习4学分（可包括教育志愿者活动2学分）
小学二级正教师	教科教育和专业领域课程共50学分以上，其中包括基础课程7个科目21学分	
中等学校二级正教师	共50学分，包括资格科目的专业课程7个科目21学分以上，单科教学法3个科目8学分	
特殊学校二级正教师	共80学分，包括专业基础课程7个科目21学分在内的特殊教育相关课程42学分以上；幼儿教育、初等教育，以及资格科目的38学分，其中包括基础课程7个科目21学分和教学法3个科目8学分以上 教育研究生院特殊教育相关学分共30学分，其中包括基础课程7个科目21学分以上	
二级保健、营养、图书、咨询教师	职务有关科目共50学分，包括基础课程7个科目21学分以上	
准教师	教科教育科目共50学分，包括基础课程2个科目6学分以上	教职科目5科10学分以上
实验教师	教科教育有关科目共50学分	教职科目2科4学分以上
备注：可令大学学生负担实习相关费用；大学必须制定教育实习标准		

获得二级正教师资格后有3年以上工作经验，并通过教师培训机构的培训要求（参加当地培训获得15学分，平均成绩60学分以上，或参加国家教师培训180小时以上培训后平均成绩为60学分以上者），即可获得一级正教师资格。

获得一级正教师资格的小学教师在职满3年、中学教师满6年即可申请教导主任。任职教导主任3年以上并参加规定培训的，即可申请校长资格。

获得教师资格并不意味着可以当教师。各地方教育厅根据本地区教师需要实施教师聘任考试，通过考试的才可被聘为教师。由于韩国教师身份稳定、待遇良好，教师聘任考试竞争比较激烈。

自韩国政府成立以来，或者自韩国的公共教育存在以来，韩国一直秉承“均衡”的义务教育发展原则。在一穷二白的20世纪50年代，韩国甚至将文教部预算的80%用在义务教育上，即使是高喊“卓越”的今天，韩国也并未放弃“均衡”这个法宝，追求的是“均衡的卓越”，韩国这样的发展历程是很值得我国借鉴的。

第二节　韩国的基础教育质量保障体系

韩国教育部于1998年开始在全国的中小学进行统一的学业水平考试，试图了解各地中小学生的学业水平，掌握其受教育状况。俗称“学力考试”的这类统一考试虽然自诞生之日起就招致各种批评，但似乎并未影响韩国教育部对它的青睐，十余年来统一测试学业逐渐成为韩国中央乃至地方教育部门把握基础教育质量的重要手段。但是，韩国社会对学业水平测试的反映是十分复杂的，一方面，认为统一的学业水平测试便于及时了解本地区在全国教育中的地位，另一方面，则又忧虑测试结果会被反利用，成为中央给地方、学校给教师、家长给学校施加压力的依据。在我国，建构有效的质量保障体系是现阶段基础教育的重要议题，韩国在这方面的经验无疑是值得借鉴的。

韩国的“学业水平测试”（原文为“学力考试”）一词，是学业掌握和应用程度的相关测试、课程考试、知识技能水平测试的总和。为陈述的方便，本书仍采用韩语语境下的“学业水平测试”一词来囊括那些把握基础教育质量为目的的各种评估活动。

一、韩国基础教育阶段学业水平测试制度的实施背景

20世纪90年代以来，在全球化导致的国际竞争愈演愈烈、国内高

等教育普及率已达84%的形势下，韩国的基础教育开始追求质的飞跃，其政策理念也由过去的“平等”转向“卓越”，要求政府向所有国民提供更高质量的基础教育。1995年5月31日，作为总统咨询机构的教育改革委员会颁布了《建构主导全球化、信息化时代的新教育体制——教育改革方案》，该方案在“教育立国”的口号下，提出要改善教育环境，提高教育的国际竞争力，注重每个国民的受教育质量，宣布以“建设开放型教育的社会、终身学习的社会，使任何人在任何时间、地点都能接受理想的教育”为教育目标。该方案决定从小学一年级到高中一年级设定为国民共同基础教育课程阶段，建构十年一贯制的教育课程内容，允诺向所有国民提供优质的基础教育。1996年2月，教育改革委员会向总统提交的题为《确立新教育体制——教育改革方案（Ⅱ）》的咨询报告，也提出韩国应致力于提高基础教育水平，建构以学生为中心的教育课程体系。教育部根据这个报告制定并实施了一系列基础教育改革，其核心是迅速提高基础教育质量。为达到这个目标，教育部制定并颁布了第七次教育课程，将小学一年级到高中一年级确定为国民共同基础教育课程阶段，在课程设置上，扩大选修课目，按照学生水平设置流动教室，开发探究型和讨论型授课模式；在教育方法上，改变背诵为主的、统一的教育模式，建构培养学生个人素质与想象力的以人格培养为中心的多样化教育模式等。在这些改革过程中，“评估”被认为是检验改革有效与否的重要法宝。

1998年，韩国教育部正式委托韩国教育课程评价院开发学业水平测试系统，并于翌年抽选全国3%的中小学生实施了数学、社会科目的预评价。2000年，韩国正式拉开学业水平测试的序幕，抽选全国0.5%的小学六年级、初中三年级、高中一年级学生进行国语、数学、社会、科学、英语科目的学业水平测试。2001年，韩国将抽查范围扩大至1%，2008年扩大至全体学生。一年一度的学业水平测试成为韩国了解基础教育效果的重要依据。

受全国学业水平测试的影响。韩国基础教育阶段的各种学力评估纷纷出台，有中央政府组织的，也有地方政府组织的，更有各类民间教育咨询机构组织的。韩国试图用这些学力评估来检验基础教育的实施效果，同时将竞争机制引入基础教育系统，从而有效地控制基础教育质量。

二、韩国基础教育学业水平测试的制度环境及其种类

韩国在近十余年形成的学业水平测试系统比较复杂。由教育部主管，以基础教育阶段学生为对象的测试有“全国小学三年级基础学力诊断评价”和“全国学业水平测试”。除此以外，还有各地方教育厅为了掌握本地区的课程实施效果而实施的“课程学习诊断评价”，也有为了让高中学生逐渐适应高考而由各地方教育厅组织、学校自主参加的“全国联合学力评价”（参见表8-3）。而且，这些测试由于实施时间不长，制度不够完善，因此，正在不断进行改革和调整。

韩国在频频张罗学力测试的同时，还要面对民间团体、学校、学生、家长的阻力，因此，在开始实施学业水平测试之前，韩国首先修订《初、中等教育法》及实施规则，从法律上确保了学业水平测试的合法性。新《初、中等教育法》第九条第一项明确规定教育部可对在校学生实施以检测学业水平为目的的评价，在韩国1998年颁布的第七次教育课程中也申明：“为了教育课程的质量管理，国家定期实施学力评价、教育机构评价、教育课程设置和管理评价。”

在这些法律法规的保驾护航下形成的韩国中小学学业水平测试种类如表8-3所示。

表8-3　韩国基础教育学业水平测试的种类

<table>
<tr><th>种类</th><th>实施性质</th><th>普查/抽查</th><th>评价周期</th><th>评价时期</th><th>评价年级</th><th>评价科目</th><th>目的</th></tr>
<tr><td>全国小学三年级基础学力诊断评价</td><td rowspan="2">全国性学力测试，由教育部委托韩国教育课程评价院进行</td><td>普查，3%抽样</td><td>1年</td><td>10月</td><td>三年级</td><td>读、写、基础数学</td><td>诊断小学三年级学生的基础学力水平，通过政策调整保障基础学力</td></tr>
<tr><td>全国学业水平测试</td><td>普查，1%抽样</td><td>1年</td><td>10月</td><td>六、九、十年级</td><td>国语、数学、社会、科学、英语</td><td>诊断教育目标的达到与否并掌握变化趋势</td></tr>
<tr><td>课程学习诊断评价</td><td colspan="2">地方教育厅自主决定和实施，用于考查教育效果</td><td>1年</td><td>3月</td><td>四至九年级</td><td>上学期教育课程内容</td><td>了解学生的课程掌握程度，及时筛选和帮助学习困难生，切实保障基础学力</td></tr>
<tr><td rowspan="2">全国联合学力评价</td><td colspan="2" rowspan="2">地方教育厅出题，学校自主参加，类似中国的高考模拟考试</td><td colspan="2">每年4次</td><td>十年级</td><td rowspan="2">语言、数理、外语、科学探究、社会探究</td><td rowspan="2">提高学生对高考的适应能力</td></tr>
<tr><td colspan="2">每年7次</td><td>十一、十二年级</td></tr>
</table>

鉴于地方政府组织的课程学习诊断评价和全国联合学力评价与我国地区范围内的期末统考、高三模拟考试比较相似，因此，以下主要分析教育部组织的两种学业水平测试。

三、全国基础教育学业水平测试制度

（一）全国学业水平测试

自2000年开始，每年在全国范围内实施的“中小学生学业水平测试”是目前韩国基础教育阶段实施范围最广、影响最大、最受社会关注的学业水平测试。该测试的实施目的在于：（1）系统、科学地诊断中小学生的学业水平，通过年度间的比较分析，把握学力水平的整体变化；（2）根据教育课程所规定的教育目标，分析全国的学生是否基本达到该目标，及时了解教育课程本身的问题及实施效果，为教育课程改革提供基础资料；（3）通过文本分析及学力和学生背景之间的关系，为改善教育教学方法和建立奖学政策提供基础资料；（4）开发和利用有效评价工具，指导教育一线的评估方法；（5）探索新的学力研究方法（诸如学力水平变化的测量相关研究设计和技法、学力水平的测量方法、背景因素的相关分析等），并普及这些方法，从而客观全面地把握基础教育质量。

全国学业水平测试由韩国教育部主管，委托韩国教育课程评价院出题，再由各地方教育厅负责实施，并将测试结果返回韩国教育课程评价院进行测试结果的最终分析。

由于小学一年级到高中一年级为国民共同教育课程阶段，因此以小学六年级、初中三年级、高中一年级学生为对象，考查基础教育的效果。如表8-4所示，学业水平测试的评价标准分为优秀、普通、达标、未达标4类，分析结果的用途大致分为以下几方面：（1）对参与测试的学生提供个人评价指标，有利于对学生学习和升学方面的个别指导；（2）评价结果以报告的形式公布，其中的建议部分作为国家和地方教育部门制定教育政策的依据，也成为个别学校改革教育教学方法、进行升学指导的参考。

表8-4　全国学业水平测试的内容与范围

科目		内容	题量	答题时间	评价方式
笔试	语文	听力、阅读与理解、国语知识、文学知识	40道题	360分钟	优秀、普通、达标、未达标
	社会	地理、历史、社会一般问题	43道题		
	科学	物理、化学、生物、地球科学	40道题		
	数学	数和演算、概率与统计、测量、图形、文字理解与公式、规则与函数	36道题		
	英语	听、说、读、写	42道题		
问卷调查		分为学校因素、教师因素、学生因素，主要内容包括对学生学习环境的了解		40分钟	了解学生的学习环境

全国学业水平测试实施至今已十余年，而在此期间针对该测试的争议从未间断，反映出韩国学业水平测试中普遍存在的矛盾和问题。

首先，国家对国民实施这样大范围的学业水平测试是否影响受教育权是这些争议的核心。2000年测试开始时，只是在全国的小学六年级、初中三年级、高中一年级选取1%的学生进行学业水平测试，对公众的解释也只是说为了了解基础教育中存在的问题，以便改善基础教育。但是从2006年开始，韩国将此比例增加至3%，2008年对全国的小学六年级、初中三年级、高中一年级的所有在校学生进行了学业水平测试，并将其中5%的学生成绩选定为采样对象，那些非采样学生只是无须提交调查问卷而已。虽然，韩国教育部再三表明考试结果将只用于把握质量，不会公布各学校的成绩，但在测试结果公开的过程中，人们仍可以了解各地区的学业差异。地方政府和学校是否会因学业水平测试的压力形成以应试为中心的教育？学校和学生是否有权不参加这类学业水平测试？家长是否有权脱离学业水平差的地区，或要求地方政府采取措施提高教育水平？这些都是至今悬而未决的问题。

其次，教育部会不会用测试结果向地方教育厅和学校施压，从而导致中央政府的教育行政权力过大，是韩国社会普遍担心的。2009年，教育部公布学业水平测试中未达标比例较高的1 660所学校名单，宣布进行重点支援，并将其中的92%扭转成为达标学校，这种做法导致韩国社会的不满和争论。2010年7月，教育部再次对全国11 485所中小学的1 939 000名学生进行学业水平测试，将小学六年级和初中三年级以全国180个地方教育厅为单位、高中一年级以16个都级教育厅为单位，公布测试结果，并宣布将逐步实现网上公布全国中小学的学业水平测试结果。看来围绕全国学业水平测试的争议在短期内是很难偃旗息鼓的。

（二）全国小学三年级基础学力诊断评价

2002年，韩国705 853名小学三年级学生参加了“全国小学三年级基础学力诊断评价”，其中约占10%的72 063名学生被纳入抽样分析对象。尽管教育人力资源部再三表明非抽样范围的学校和学生参加测试与否由各地方教育厅决定，考试评价也由教育厅各自负责，但测试在全国范围内引起了很大争议，来自民间团体、家长、学生的反对之声迭起，一时间成为韩国社会关注的焦点。但是，虽然抽样比例有所变化，小学三年级学业评价制度本身却从此在韩国扎下了根。

全国小学三年级基础学力诊断评价是教育部委托韩国教育课程开发院来开发试卷并对评价结果进行分析的。教育部认为这里所说的“基础学力”是指：“将来持续接受学校学习，进行社会生活所必要的语言及数理能力中，作为小学三年级学生必须掌握的内容。”在韩国看来，小学三年级是基础学力形成的时期，也是学生之间因基础学力的习得与否逐渐拉开差距的时期。如果这个时期未能形成扎实的学习基础，将对此后的学习失去兴趣，进而无法很好地适应学校生活。因此，该评价的目的在于：由国家用统一的标准诊断小学三年级学生的基础学力。

与其他学力测试相比，该测试具有以下特征：（1）测试目的不在于给学校、学生排序或考查学习效果，而是诊断学生在学习过程中遇到的问题；（2）主要考查学生将来进行学习所必要的能力；（3）考试设计以解决问题的内容为主，例如，在商店买东西的场景设计，对某种现象的评价等；（4）根据测试结果开发出有效的教育方法，促进学生基础学力的提高。

小学三年级诊断评价的题型分为创意类和读写算类两大部分，创意类以解决问题相关题目为主，读写算类另分为读、写、算三部分。

表8-5　2002年全国小学三年级基础学力诊断评价结果分析内容和分析方法

领域	分析内容	分析方法
基础学力分析	题目分析	测试的难易度、可辨别度分析
	对领域、性别、分布地区的分析	答题内容分布情况分析
		各领域成绩分析
		各组群分数差异分析(达标、未达标等)
	标准分的测定	线性变化—群组分类尺度开发
	根据标准分,进行领域、性别、地区的分析	未达标群的分数分布
背景原因分析	学生调查问卷分析	对调查内容的分析
		调查内容与基础学力之间的关系分析
		未达标群的特征分析
	校长、教师的问卷分析	对问卷应答的内容分析

韩国在摆脱殖民地桎梏，建设独立国家以后短时间内迅速实现经济腾飞和国家富强，义务教育功不可没。韩国采用的是“先均衡、后卓越”的义务教育发展模式，培养了数量合理、质量较高的劳动力，同时形成了强烈的民族凝聚力。进入21世纪以来，韩国提出“科技建国、幸福教育”的基础教育发展理念，为迎接个性化、多元化的新时代的到来奠定了基础。

第九章
印度义务教育均衡发展

印度是一个多种民族、多种语言和多种文化的国家。英国比较教育学家埃德蒙·金曾在《别国的学校和我们的学校——今日比较教育》一书中描述了印度在经济、社会及教育领域所遭遇的挑战[①]。虽然面对着历史传统和社会现实的种种难题，但印度也一直在努力追求包括教育在内的整个社会生活的平等、公平和正义，尤其是印度政府在促进义务教育持续均衡发展方面的探索、举措和实践具有典型性，值得广大发展中国家借鉴。

印度的学校教育系统承袭了英国的学制结构，其中初等教育阶段包括初级小学（一至五年级，6—11岁）和高级小学（六至八年级，11—14岁），中等教育阶段包括初中（九至十年级，14—16岁）和高中（十一至十二年级，16—18岁）。但实际上印度各地根据不同情况采取了多样的学制，如“5+3+2”学制、“4+3+3”、学制、“5+2+3”学制、“4+4+2”学制[②]。印度1950年《宪法》提出要实现面向6—14岁适龄儿童的免费普及教育。因此，印度的八年制义务教育主要指的是初等教育，即初

① 金.别国的学校和我们的学校——今日比较教育[M].王承绪，译，北京：人民教育出版社，2001：429.

② Government of lndia. lndian National Report on the Development of Education[C]//The Forty-seven Session of the lnternational Conference on Education, September 8-11, 2004, Geneva：LBE, c2004：10-11.

级小学和高级小学这两个阶段。

第一节　制约印度义务教育均衡发展的社会文化因素

在印度，人们普遍认为，由于历史原因和发展过程中出现的问题导致经济剥削和社会歧视，而且，按照阶级、地区、宗教、性别等将人们划分为不同的类别，如今，这些都使得印度面临着纷繁复杂的现实。而在教育上同样如此，当贫困群体儿童达到入学年龄，他们的种姓、居住地和经济背景都成为决定其能否获得相应机会和服务的重要因素[①]。

一、人口爆炸

印度是仅次于中国的世界第二人口大国。自独立以后，由于公共卫生和医疗设施的改善，以及婴儿死亡率的降低，印度人口一直保持快速增长的势头。1921年，印度人口年均增长率为-0.03%，1951年则飙升到1.25%，1981年更是达到2.22%，2001年上升势头虽有所减缓但仍达到1.93%[②]。1921—1931年，印度总人口增长11%，而1961—1971年，则增长25%，也就是说仅仅10年时间，人口总量就增长了四分之一。印度学者推测，按照这种发展趋势，用不了30年，印度人口就会翻一番。“人口爆炸”加剧了教育领域的矛盾和负担。例如，1971—1981年，印度扫除了7 760万文盲，但此间新增的文盲也达到3 320万。1947年，印度政府预测，未来新增的初级小学入学人数将达到5 000万，但经过35年的发展和扩张后，20世纪80年代初期，印度政府发现要在第六个五年计划时期末实现普及初等教育的目标，仍需要为5 000万名新增适龄

① RAMACHANKRAN V. Democratic Inequalities: The Dilemma of Elementary Education in India[M]//COWEN R, KAZAMIAS A M. International Handbook of Comparative Education, London and New York: Springer,2009:672.

② Ministry of Human Resource Development, Government of India. Selected educational statistics: 2000-2001[EB/OL].[2010-10-21]. http://www.educationforallinindia.com/selected-educational-statistics-2000-2001.pdf.

入学儿童提供学校教育设施，因此，印度政府要想为新增的学龄儿童提供初等教育以及其他各阶段教育，就得不断增加教师、校舍和其他设备、设施[①]。

二、种姓制度

种姓制度产生于吠陀时代，当时，随着社会分工的出现和阶级社会的形成，印度出现婆罗门（僧侣贵族）、刹帝利（军事贵族）、吠舍（一般平民）和首陀罗（被征服的奴隶）四个不同等级。历经3 000多年的发展和延续，种姓制度已成为印度特有的一种社会制度，并在很大程度上影响着教育的发展[②]。历史上印度教育就是一种精英主义的教育。传统的印度教育主要是满足婆罗门阶层子女的需要，由婆罗门教师教授读写。这种精英主义教育早在莫卧儿王朝时期就已形成，当时的教育主要是服务于高种姓阶层，此后，直到英国殖民统治时期，这种精英主义教育的趋势得到不断加强。而处于种姓制度最底层的群体，尤其是表列种姓、表列部落和其他落后阶层[③]则被长期排斥在正规教育之外。其中，表列种姓群体主要是受到封建社会种姓阶层的压迫，而表列部落则由于地理空间上的隔离、文化上的差异而受到统治阶级的边缘化。这种状况造成两类群体在社会经济地位上的巨大差异，沦为社会中的弱势群体。落后阶层的教育仍远远落后于其他阶层，“平等的教育权利”的实现还很遥远[④]。一些针对印度独立初期几十年教育发展情况的研究指出，20

① MOHANTY J. Modern Trends in Indian Education[M]. New Delhi: Deep and Deep Publications Pvd. Ltd,2004:396.

② 王长纯.印度教育[M].长春:吉林教育出版社,2000:249.

③ 在现代印度,富人和中产阶级基本上都是有种姓者,他们被划分入高的阶层,其他的是低阶层。低阶层分三种:第一种是表列种姓(SC),主要包括所谓的不可接触的贱民;第二种是表列部落(ST),包括那些不接受种姓制度而居住在丛林、森林和山地的远离人群的印度人,这些人也被叫作土著(Adivasi);第三种是其他落后阶级(OBC),包括许多首陀罗种姓的人以及从印度教改信其他宗教的原本的印度教种姓结构中的贱民,此外还包括流浪者和以犯罪行为为生的部落。表列种姓和表列部落都是印度最穷困、最落后和最受歧视的人民,其人口分别占到印度总人口的16.2%和8.2%。

④ 王长纯.印度教育[M].长春:吉林教育出版社,2000:249.

世纪80年代中期以前，印度的教育发展是缓慢而不均衡的[①]。印度政府在一份有关落后阶层教育的文件中也承认，尽管在数量的发展上取得了可喜的成绩，但排斥表列种姓和表列部落儿童教育的状况是一个令人沮丧的特征[②]。据2001年印度人口普查显示，在全部文盲人口中表列种姓和表列部落群体所占比例非常高[③]。

三、性别歧视

印度的历史传统和高生育率使得整个社会和家庭对女童的教育存在严重的偏见。影响农村地区女童教育发展的重要原因之一就是女童在很小的年龄就要做各种家务，尤其是在贫困地区，女童要打饮用水，给在田野里耕作的父母送饭，照看年幼的弟妹，等等。有些女童还要作为童工从事一些有偿和无偿的工作，其收入主要用来贴补家用。因此，父母都不愿送女童去读书，有些女童即使上了学也不是每天都去，甚至有些读了不久就辍学[④]。结婚也是影响女童教育的决定性因素。在北方邦、中央邦、比哈尔邦、拉贾斯坦邦和古吉拉特邦，女童的早婚使其失去了上学的机会[⑤]。在北方邦，女童结婚的平均年龄仅为13岁，卡纳塔克邦

---

① National Council of Educational Research and Training. National Focus Group on Problems of Scheduled Caste and Scheduled Tribe Children[EB/OL]. [2010-09-12].http://www.ncert.nic.in/new_ncert/ncert/rightside/links/pdf/focus_group/position_ paper_on_sc_st.pdf8.

② National Council of Educational Research and Training. National Focus Group on Problems of Scheduled Caste and Scheduled Tribe Children[EB/OL]. [2010-09-12]. http://www.ncert.nic.in/new_ncert/ncert/rightside/links/pdf/focus_group/position_ paper_on_sc_st.pdf8.

③ GOVINDA R. Education for All in India: Assessing Progress towards Dakar Goals [J]. Prospects, 2008(38):435.

④ MOHANTY J. Modern Trends in Indian Education[M]. New Delhi: Deep and Deep Publications Pvd. Ltd, 2004:440.

⑤ MOHANTY J. Modern Trends in Indian Education[M]. New Delhi: Deep and Deep Publications Pvd. Ltd,2004:440-441.

和安得拉邦为15岁[①]。数百万的女童在10多岁结婚后就沦为了文盲。但现在形势有所变化，早婚变得不像以前那么普遍，特别是上层社会和中产阶级婚姻观的转变对女童教育也产生了一些积极的影响[②]。此外，对于一般家庭来说，由于缺乏使所有子女接受高质量教育所需的资源，因此，家长往往将有限的资源投入到男童身上，他们通常认为男童受教育的收益率要远远高于女童。据估计，在每100名就读于印度农村学校的女童中，有40名能读到四年级，18名能读到八年级，9名能读到九年级，而读到十二年级的只有1名[③]。印度《基础教育公开报告》的调查也指出，98%的受访家长认为要让男童接受教育，同时，89%的家长表示要让女童接受教育。另有研究表明，在初等教育和中等教育阶段，家长普遍带有歧视性的想法，认为女童教育应该是一种公共性的而非私人性的开支。因此，家长更多地将私人支出用在男童而非女童身上[④]。

四、贫困问题

贫困也是影响教育发展不容忽视的一个因素。在印度，由于长期的贫困，大部分年轻妇女都存在贫血和虚弱的问题。大部分6—36个月的婴儿都得不到营养补充，有相当一部分儿童患有重度或中度的营养不良。由于营养不良，儿童经常生病，而且即使感冒和咳嗽都会影响他们的健康状况。很多贫困家庭在日常生活中都摄取不到脂肪。印度的一项调查令人震惊，北方邦大部分贫困家庭的儿童都没有获得全面的脊髓灰质炎防疫。而在全国范围内，虽然大多数儿童都接种了脊髓灰质炎疫苗，但卡介苗的接种率只有约40%，白喉和麻疹等其他疫苗的接种则更少。尽管印度实施了旨在预防贫困家庭儿童营养不良的“儿童综合发展

---

① RAMACHANDRAN V. Democratic Inequalities: The Dilemma of Elementary Education in India[M]//COWEN R, KAZAMIAS A M. International Handbook of Comparative Education. London and New York: Springer, 2009: 673.

② MOHANTY J. Modern Trends in Indian Education[M]. New Delhi: Deep and Deep Publications Pvd. Ltd, 2004: 440.

③ Mini Shrinivasa. Why are children not in school[EB/OL]. [2010-11-17]. http://infochangeindia.org/ 2010-11-17.

④ KAPUR D, MEHTA P B. Indian Higher Education Reform: From Half-Baked Socialism to Half-Baked Capitalism[J]. CID Working Paper, 2004(9): 10-11.

服务计划”，但据负责实施该计划的社区服务中心反映该计划却没有确诊重度营养不良并提供补充营养的体系，而且，能否获取该计划的支持主要取决于儿童家庭的种姓以及服务中心所处的位置。对北方邦和安得拉邦的调查结果显示，大多数家庭都没有获得政府提供的补充营养支持服务。鉴于以上情况，很多活下来而且长到6岁的贫困儿童都存在不同程度的虚弱、营养不良和无力的问题，尽管如此，很多儿童在6岁的时候就已从事放牧、砍柴、打水等各种杂务[①]。

五、语言问题

印度是一个多语言国家，印度《宪法》第八修正案确定了22种主要民族语言，但是实际上印度拥有200多种语言以及约1 600种地方方言[②]。其中，印地语是印度的官方语言之一，其使用者占总人口的30%左右。其他主要使用的语言还包括孟加拉语、乌尔都语、旁遮普语、古吉拉特语、泰米尔语和泰卢固语等。此外，由于印度曾是英国的殖民地，英语也是印度普遍使用的语言。《今日印度》早在1997年的调查结果就显示，印度约有三分之一的人口可以用英语进行日常交流。

第二节　印度义务教育均衡发展面临的困境

长期以来，印度中央政府和各邦政府一直非常重视学校教育设施的扩充和适龄儿童入学覆盖面的扩大。但是，这种需求导向型的义务教育发展方式在通过努力促进教育系统扩张来满足所有儿童入学的同时，也不可避免地忽视了地区平衡和社会平等等一些重要问题，尤其是在男童与女童、表列种姓与非表列种姓、表列部落与非表列部落、城市与农

① RAMACHANDRAN V. Democratic Inequalities: The Dilemma of Elementary Education in India[M]//COWEN R, KAZAMIAS A M. International Handbook of Comparative Education. London and New York: Springer, 2009: 673.

② National University of Educational Planning and Administration. Status of Education in India[EB/OL]. [2010-12-23]. http://www.ibe.unesco.org/National_Reports/ICE_2008/india_NR08.pdf.

村、发达的邦与落后的邦，以及邦内不同地区的义务教育均衡方面存在诸多的问题。

一、区域发展不均衡

印度各邦在义务教育的发展速度、普及程度等方面存在很大的差距。早在殖民地时期，特拉凡哥尔[①]和巴罗达等土邦地区[②]的教育在一些富有远见的领导者的推动下获得良好的发展。巴罗达甚至在100多年前就开始实施义务教育[③]。而北方邦、比哈尔邦、西孟加拉邦、拉贾斯坦邦、中央邦和安得拉邦等6个教育落后邦的发展则比较滞后，上述地区的文盲约占印度文盲总数的60%[④]。1981—1982年，印度全国6—14岁适龄儿童入学率的平均水平为68.5%，低于全国平均水平的有奥里萨邦（47.0%）、中央邦（52.1%）、拉贾斯坦邦（52.4%）、阿萨姆邦（55.1%）、比哈尔邦（58.0%）、北方邦（50.9%）、安得拉邦（63.1%）、西孟加拉邦（64.0%）等8个邦，其他邦的比例则在69%—100%之间。从进一步分析的情况来看，印度6—11岁适龄儿童一至五年级入学率的平均水平为83.7%，但阿萨姆邦、中央邦、比哈尔邦等3个邦都低于全国水平；同时，11—14岁适龄儿童六至八年级入学率低于全国平均水平（41.9%）的则更多，其中包括拉贾斯坦邦、安得拉邦、比哈尔邦、奥里萨邦、西孟加拉邦、中央邦、卡纳塔克邦和北方邦等[⑤]。

与各邦之间的差异相比，很多邦内不同县域的差异更为显著。据印度第三次教育普查结果显示，奥里萨邦巴拉索尔县6—11岁适龄儿童入

---

① 包括现在的喀拉拉邦南部地区和泰米尔纳德邦南部地区。

② 土邦是英国殖民时期由印度世袭的土王统治的区域，土王承认英国的宗主权，而换取对内的自治。各土邦大小不一，最大的海得拉巴邦（Hyderabad State）人口逾千万，而迷你型的土邦只有很少的人口。

③ GOVINDA R. Education for All in India: Assessing Progress towards Dakar Goals [J]. Prospects, 2008(38):434.

④ GOVINDA R. Education for All in India: Assessing Progress towards Dakar Goals [J]. Prospects, 2008(38):435.

⑤ MOHANTY J. Modern Trends in Indian Education [M]. New Delhi: Deep and Deep Publications Pvd. Ltd. 2004:57-58.

学率高达98%，而卡拉汉迪县只有36%。在11—14岁适龄儿童入学率方面，该邦的克塔克为34%，而甘詹仅为7%。同样，在第四次教育普查中，拉贾斯坦邦科塔县6—11岁适龄儿童入学率为69%，而那格浦尔县仅为11%；在11—14岁适龄儿童入学率方面，该邦的甘加纳加达到41%，而巴尔梅尔只有13%①。

同时，城乡发展不均衡也是印度义务教育发展中的一个重要问题。印度城乡教育发展的不均衡反映出印度规划系统对农村的偏见，同时，也为制定均衡发展的教育规划提出新的要求。尽管印度政府决定要在学生1千米步行范围内建立初级小学，在3千米步行范围内建立高级小学，但实际情况是直到今天印度很多农村的村庄仍没有学校。尤其是在高级小学阶段，一般家长都不愿让女童走很长的路上学，有的学生甚至还要翻山过河，穿越森林或农田。学校的条件简陋也妨碍了学生的入学。据调查结果显示，在6—11岁适龄儿童初级小学入学率方面，农村明显低于城市。这种差距在安得拉邦、奥里萨邦、比哈尔邦、中央邦和拉贾斯坦邦等地区更为显著。而在11—14岁儿童高级小学的入学率上，所有教育落后邦农村的数据也毫无例外的都低于城市②。另外，从农村和城市学生接受优质教育资源尤其是私立学校教育的情况来看，农村学生就读于私立学校的比例远远低于城市学生的比例。

表9-1　2007/2008学年印度农村与全国义务教育阶段毛入学率比较

	初级小学	高级小学	初等教育阶段合计
全国毛入学率	113.97%	78.06%	100.28%
农村毛入学率	111.81%	69.99%	96.26%

资料来源：MHRD，GOI.Selected educational statistics: 2007-2008 New Delhi: MHRD，GOI，2010. pp. D 83，92.

① MOHANTY J. Modern Trends in Indian Education[M]. New Delhi: Deep and Deep Publications Pvd. Ltd,2004:58.

② MOHANTY J. Modern Trends in Indian Education[M]. New Delhi: Deep and Deep Publications Pvd. Ltd,2004:59.

表9-2　印度义务教育阶段农村和城市学生就读于私立学校的比例

		1993年 官方数据	1993年 调查数据	2002年 官方数据	2006年 调查数据
初级小学	农村	2.8%	10.1%	5.8%	19.5%
	城市	25.7%	26.2%	28.9%	—
高级小学	农村	6.5%	7.9%	11.1 %	20.4%
	城市	18.8%	15.4%	39.1%	—

资料来源：Geeta Gandhi Kingdon. The progress of school education in India. Working Paper of Global Poverty Research Group of Economic and Social Research Council (ESRC). 2007. p.19.

二、校际发展不均衡

印度中小学在性质和规模上存在很大的差异，既有以方言为教学语言的学校，也有以英语为教学语言的学校；有政府举办的学校，也有私立学校；有正规的学校，也有替代性学校；有只有一名教师的学校，也有每个班级都有一名教师的学校。而且令人遗憾的是，这种差异不断加深了既有的社会和社区身份认同。正如印度专家所指出的，印度教育的发展轨迹在很多方面反映出后殖民社会的性质，即不平等的殖民体系的烙印①。

首先，从学校的结构和类型来看，由于印度还没有建立起“统一学校系统”，因此，学生主要是根据支付能力和社会阶层进入私立学校、政府资助的私立学校以及政府开办的学校。在印度学校体系中，处于最顶端的是隶属于中央中等教育委员会、印度学校证书考试委员会和国际文凭组织的以英语为教学语言的学校，这些学校都按照国际认可的教学大纲和课程开展教学。处于中间的是政府资助的隶属于各邦考试委员会的以英语为教学语言的学校，很多读不起私立学校的学生都进入了这一

① RAMACHANDRAN V. Democratic Inequalities: The Dilemma of Elementary Education in India[M]//COWEN R, KAZAMIAS A M. International Handbook of Comparative Education, London and New York: Springer, 2009: 671.

类学校。处于底层的是缺乏有效管理的政府学校或地方学校，这些学校主要面向占人口绝大多数的贫困阶层的儿童。

表9-3　2007/2008学年印度义务教育阶段各类学校的数量及比例

	政府学校		地方学校		私立公助学校		私立无资助学校		合 计
	数量	比例	数量	比例	数量	比例	数量	比例	
初级小学	458 892	58.25%	224 382	28.48%	45 404	5.76%	59 149	7.51%	787 827
高级小学	181 376	55.78%	57 953	17.82%	30 254	9.30%	55 591	17.10%	325 174
合 计	640 268	57.53%	282 335	25.37%	75 658	6.80%	114 740	10.30%	1 113 001

资料来源：MHRD，GOI.Selected educational statistics: 2007-2008 MHRD，GOI，New Delhi，2010. pp. D 4-5.

其次，从学校的资源和设施来看，上述各类学校无论是在学校基础设施和教学设备，还是在教师和学生等方面都存在相当大的差异。面向下层民众的政府学校的办学条件尤为落后。据20世纪80年代中期印度联邦政府教育部的文件显示，44%的初级小学没有固定的永久性的校舍，59.5%的初级小学没有饮用水。同时，在农村地区，89%的初级小学、70%的高级小学以及27%的初中没有厕所[①]。1996年，对比哈尔邦、中央邦、拉贾斯坦邦、北方邦和喜马偕尔邦等5个邦242个村庄的调查也印证了初级小学的学校设施的落后：26%的学校教室中没有黑板，52%的学校没有操场，59%的学校没有饮用水，89%的学校没有厕所，59%的学校没有地图和图表，75%的学校没有教具，77%的学校没有图书，85%的学校没有乐器[②]。有些邦由于人口的快速增长还出现教室短缺的现象。例如，1993年，北方邦如果要想容纳全部6—10岁儿童

① MOHANTY J. Modern Trends in Indian Education[M]. New Delhi: Deep and Deep Publications Pvd. Ltd,2004:441.

② PROBE Team. Public Report on Basic Education in India[M], New Delhi: Oxford University Press, 1999:42.

入学的话需要新建28.4万间教室①。各类学校的差异还突出体现在师资方面，据调查显示，私立学校通常拥有更充分的教师资源，其生师比普遍低于政府学校，而且这种状况在比哈尔邦、中央邦、北方邦和拉贾斯坦邦等落后地区更为显著（如表9-4所示）。另外，政府学校学生的辍学率远高于私立学校②。

表9-4　印度部分邦各类学校的生师比

邦	学校类型	农 村	城 市	平 均
安得拉邦	政府学校	45	25	34
	私立公助学校	20	30	28
	私立无资助学校	25	17	18
阿萨姆邦	政府学校	28	28	28
	私立公助学校	21	37	32
	私立无资助学校	13	27	26
中央邦	政府学校	41	27	31
	私立公助学校	27	24	25
	私立无资助学校	19	18	18
拉贾斯坦邦	政府学校	56	45	50
	私立公助学校	0	32	32
	私立无资助学校	35	27	27

① SINGH R. Rural Education in India[M]. New Delhi: Adhyayan Publishers & Distributors. 2009:8.

② MEHROTRA S, PANCHAMUKHI P R. Private provision of elementary education in India: Findings of a Survey in Eight States[J]. Compare, 2006,36(4):433-437.

（续表）

邦	学校类型	农 村	城 市	平 均
北方邦	政府学校	63	39	51
	私立公助学校	51	36	39
	私立无资助学校	54	27	34

资料来源：Santosh Mehrotra and Parthasarthi R. Panchamukhi. Private provision of elementary education in India: Findings of a Survey in Eight States. Compare. 2006. Vol. 36，No. 4，p.432.

三、群体发展不均衡

尽管印度《宪法》已为所有儿童接受教育提供了法律保障，而且，目前大部分人也能够享受到教育资源，但是，印度青少年、儿童根据其家庭财富和社会背景所接受教育的质量却存在极大的差距[①]。不同群体所处的不平等经济社会地位也决定了其子女接受义务教育状况的不平衡。

就传统而言，印度的社会边缘群体包括表列种姓、表列部落和其他落后阶层。印度政府规划委员会曾认定，印度80%的穷人来自上述群体[②]。印度《宪法》第四十六条规定，各地区应采取专门措施促进弱势群体尤其是表列种姓和表列部落群体的经济和教育发展。虽然印度独立后，表列种姓和表列部落儿童的入学率有了快速增长，超过其他各类群体入学增长的平均水平，但这部分儿童义务教育的普及仍面临很大的困境。首先，从入学情况来看，据印度政府规划委员会的报告显示，表列种姓和表列部落儿童的毛入学率普遍低于所有群体的总体水平（如表9-5所示）。1967/1968至1981/1982学年期间，在表列种姓群体集中的地区，尤其是哈里亚那邦、卡纳塔克邦、比哈尔邦、西孟加拉邦、拉贾斯坦邦和北方邦等地区6—14岁表列种姓儿童入学不均衡的状况非常突出。在北方邦、西孟加拉邦、哈里亚那邦、拉贾斯坦邦、奥里萨邦、比

① LALL M. The Challenges for India's Education System［M］. London: Chatham House (The Royal Institute of International Affairsp). 2005:4.

② HARMA J. Can choice promote Education for All? Evidence from Growth in Private Primary Schooling in India［J］. Compare, 2009,39(2):155.

哈尔邦和卡纳塔克邦等7个邦，6—11岁表列种姓儿童的入学率相当低。在喜马偕尔邦、哈里亚那邦、北方邦、西孟加拉邦、旁遮普邦、比哈尔邦、拉贾斯坦邦和中央邦等8个邦，11—14岁表列种姓儿童的入学率也非常低。同时，在西孟加拉邦、特里普拉邦、中央邦、拉贾斯坦邦和奥里萨邦等5个表列部落人口集中的邦，6—11岁表列部落儿童的入学率非常低，中央邦、古吉拉特邦、特里普拉邦、西孟加拉邦和奥里萨邦，11—14岁表列种姓儿童的入学率非常低[①]。其次，从巩固情况来看，表列种姓和表列部落儿童的义务教育阶段辍学状况非常严重。据最新统计，两个群体的辍学率分别达到52.47%和62.48%，均高于全国总体水平（42.68%）（如表9-6所示）。

表9-5　1980/1981与2003/2004学年印度表列种姓与表列部落儿童义务教育阶段毛入学率

	初级小学		高级小学	
	1980/1981学年	2003/2004学年	1980/1981学年	2003/2004学年
所有群体	80.5%	98.2%	41.9%	62.4%
表列种姓	82.2%	88.3%	29.1%	71.8%
表列部落	70%	91.3%	19.5%	75.7%

资料来源：Government of India, Planning Commission. Working Group Report of the Development of Education of SC/ST/Minorities/Girls and Other Disadvantaged Groups for 11th Five Year Plan (2007-2012). 2006. pp.15-19.

表9-6　2007/2008学年印度表列种姓与表列部落儿童义务教育阶段辍学率

	初级小学（一至五年级）			初等教育阶段（一至八年级）		
	男生	女生	合计	男生	女生	合计
总体水平	25.70%	24.41%	25.09%	43.72%	41.34%	42.68%
表列种姓	34.37%	24.52%	30.09%	53.56%	51.12%	52.47%
表列部落	31.04%	31.68%	31.34%	62.62%	62.31%	62.48%

资料来源：MHRD, GOI.Selected Educational Statistics: 2007-2008. New Delhi: MHRD, GOI, 2010. pp. D 101-103.

① MOHANTY J. Modern Trends in Indian Education[M]. New Delhi: Deep and Deep Publications Pvd. Ltd, 2004: 60.

同时，女童群体也是受教育不均衡的一个重要群体。印度独立后采取了一些措施努力缩小男童和女童在入学比例上的差距，女童在初级小学和高级小学阶段的入学率分别从1950/1951学年的28.1%和16.1%上升到2000/2001学年的43.7%和40.9%，但是，女童教育的发展仍比较缓慢，女童入学人数和入学率都明显低于男童[①]。尤其是在一些落后地区女童入学率仍很低，例如，拉贾斯坦邦、中央邦、比哈尔邦和北方邦女童初级小学阶段的入学率都未达到50%，比哈尔邦、拉贾斯坦邦和安得拉邦女童高级小学阶段的入学率甚至不到20%。拉贾斯坦邦（75.6%）、比哈尔邦（67.6%）、中央邦（66.0%）、北方邦（63.8%）、哈里亚纳邦（56.2%）、阿萨姆邦（50.1%）、安得拉邦（50.0%）和奥里萨邦（49.6%）的6—14岁女童中未入学的比例都高于全国平均水平[②]。

表9-7　印度义务教育阶段男童和女童的入学人数（单位：百万）

学年	初级小学（一至五年级）		高级小学（六至八年级）	
	男童	女童	男童	女童
1950/1951	13.8	5.4	2.6	0.5
1960/1961	23.6	11.4	5.1	1.6
1970/1971	35.7	21.3	9.4	3.9
1980/1981	45.3	28.5	13.9	6.8
1990/1991	57.0	40.4	21.5	12.5
2000/2001	64.0	49.8	25.3	17.5

资料来源：MHRD，GOI.Selected Educational Statistics: 2000- 2001. New Delhi: MHRD, GOI, 2001.

① Ministry of Human Resource Development, Government of India. *Selected educational statistics*: 2000-2001[EB/OL].[2010-10-21]. http://www.educationforallinindia.com/selected-educational-statistics-2000-2001.pdf.

② MOHANTY J. Modern Trends in Indian Education[M]. New Delhi: Deep and Deep Publications Pvd. Ltd, 2004:59.

第三节　印度义务教育均衡发展的基本理念与政策支撑

自独立后，认识到数个世纪以来在不平等社会制度基础上形成的各种歧视，印度政府在坚持推进公平和社会正义的思想，保障所有人都能够获得和享受到平等机会的同时，还高度强调以补偿性的、积极的反歧视作为一种基本理念，并通过在教育机构和政府机关采取保留措施应对社会排斥和经济剥削问题。上述思想和理念在印度《宪法》、重大教育政策以及相关的教育法律中都得到贯彻和体现。目前，印度社会各界普遍认为，上述政策至少在形式上体现了民主和机会均等的精神[①]。

一、印度《宪法》

1949年11月26日，制宪会议通过并于1950年1月20日生效的印度《宪法》，是印度独立后在政治、经济、文化等各方面对其社会、民族等方面政策所进行的一次调整，也是依据《宪法》对人民各种权利给予法律上的保障。印度《宪法》中有关义务教育均衡发展的内容主要体现在以下几个条款。第十五条“禁止宗教、种族、种姓、性别或出生地的歧视”中的第四款规定：国家应采取各种专门措施促进社会和教育落后阶层以及表列种姓和表列部落群体的发展[②]。第四十五条“向儿童实行免费义务教育”规定：国家应在《宪法》实施起的十年内致力于为所有儿童提供免费的义务教育直至达到14岁[③]。第四十六条“增进表列种姓、表列部落和其他弱小阶层的教育和经济利益”规定：国家应特别关照薄弱群体尤其是表列种姓和表列部落群体的教育和经济利益，保护他们不

---

① RAMACHANDRAN V. Democratic Inequalities: The Dilemma of Elementary Education in India[M]//COWEN R, KAZAMIAS A M. International Handbook of Comparative Education, London and New York: Springer, 2009: 670.

② 第十五条第四款系1951年《宪法》第一修正案所加。

③ 第四十五条在2002年《宪法》第八十六修正案中修订为第21A条：国家应依法采取措施为所有6岁至14岁儿童提供免费义务教育。

受社会的不公待遇与一切形式的剥削[①]。从上述规定可以看出，第四十五条确立了向所有儿童提供八年普遍免费义务教育的目标，实际上也为实现初等教育的普及提供了法律依据。而第四十六条则提出通过采取反歧视措施来维护弱势阶级的教育权益。

二、《1968年教育政策》

印度独立伊始，为重新确定国家教育系统的发展方向，印度政府建立了数个委员会来检讨存在的问题并为教育结构与战略的改革提出建议。其中教育委员会提出，要在整个国家范围内赋予教育法定的地位，各邦和中央直辖区应通过教育法，中央政府应制定国家教育政策并以此作为各邦和地方政府的指导。此后不久，印度中央政府采纳了教育委员会的建议推出《1968年教育政策》。

《1968年教育政策》指出，应竭尽全力争取早日落实《宪法》第四十五条规定的指导原则，实现为所有14岁以下儿童提供免费义务教育。应通过提供教育设施缩小地区间的不平衡，以及通过建立统一学校系统来促进社会团结和民族融合，努力实现教育机会均等。应努力保护少数民族的受教育权，同时激发他们对教育的兴趣[②]。印度政府在《1968年教育政策》中承诺要下大气力促进教育机会的平等，尤其是强调要采取以下几方面的措施：（1）消除教育设施提供上的地区差异，特别是要向农村和其他落后地区提供良好的教育设施；（2）应采取科萨里委员会关于建立统一学校系统的建议，促进社会的融合和国家的团结。应努力提高学校的教育标准，为品学兼优的学生提供充足的奖学金促进其入学，以防止社会的割裂；（3）应加强女童教育，以维护社会正义，加速社会转型；（4）应进一步采取措施加强弱势阶层特别是部落群体的教育；（5）应扩展生理和心理缺陷儿童的教育设施，采取措施促进一体化项

① Government of India, Ministry of Law and Justice. Constitution of India.2007[EB/OL].[2010-12-10]. http://lawmin.nic.in/coi/coiason 29july08.pdf.

② MOHANTY J. Modern Trends in Indian Education[M]. New Delhi: Deep and Deep Publications Pvd. Ltd, 2004:4-6.

目，使残疾儿童能够融入普通学校[①]。

1979年，随着印度中央政府职能的变化，教育政策也做出新的调整，但其基本目的仍与《1968年教育政策》一致。1979年以前，举办各级教育的责任在于各邦和地方政府，中央政府只负责技术教育和高等教育的协调与决策等方面的事务。1979年通过的《宪法》修正案使得教育成为中央政府和地方政府共同的责任。

三、《1986年教育政策》及1992年修正案

1985年1月，印度政府宣布要推出新的教育政策，并展开对原有教育政策措施的评估和反思以及全国性的大讨论。同年8月，印度教育部发表题为《教育挑战：政策展望》的政策文件。该文件的主旨是建立一种国家教育系统，使所有学生不论种姓、宗教信仰、居住地及性别，都能够接受一定程度和相当质量的教育。新政策高度关注消除不平等，以及实现教育机会均等，为女性、表列种姓、表列部落、残疾人、少数民族等遭受不平等待遇的群体提供特殊措施的问题。新政策提出，初等教育方面的新举措着重强调两个方面的问题：一是实现14岁以下儿童的普遍入学和保留；二是大力改善教育质量。新政策还强调，应对辍学者、居住地附近无学校的儿童以及无法就读全日制学校的儿童实施大规模的和系统的非正规教育项目，应更积极而有效地实施“三语言模式”，促进语言的发展[②]。

在1985年政策文件的基础上，经过一年多全国性的辩论、讨论和研究，印度政府制定并推出《1986年教育政策》。《1986年教育政策》开篇便指出：“自人类历史发端以来，教育就在不断发展，日益多元化，并逐步扩大覆盖的范围。各国都在建立与自身独特社会文化背景相协调并适应时代发展要求的教育制度。历史反复表明，旧有的发展进程中不断

① MOHANTY J. Modern Trends in Indian Education[M]. New Delhi: Deep and Deep Publications Pvd. Ltd, 2004:114-115.

② MOHANTY J. Modern Trends in Indian Education[M]. New Delhi: Deep and Deep Publications Pvd. Ltd, 2004:9-11.

地需要新方向的指引。而这正是我们今天所要做的。”[①]该文件认为，印度经济和技术发展已进入一个新阶段，现在是该采取措施从业已创造的财富中汲取最大的收益，使变革的成果惠及所有人民的时候了。文件指出，“使所有人接受教育已成为我国的基本认识。而且这是我们物质生活和精神生活全面发展的根本所在。”[②]

《1986年教育政策》非常关注教育发展中数量和质量不均衡问题。文件提出，“新政策应着重强调消除不平等以及为遭受不平等待遇的人提供特殊帮助使其获得平等教育机会的问题。”[③]《1986年教育政策》明确阐明：“国家教育系统的基本理念是，使所有学生不论种姓、宗教信仰、居住地及性别，都能够接受一定程度的教育……必须遵循1968年政策提出的统一学校系统的发展方向采取切实的措施。”[④]

《1986年教育政策》中强调的国家教育系统具有如下几层含义：（1）使所有学生都享有接受具有相当质量和成功条件的教育的平等机会。具体而言，机会均等包括在儿童步行的距离内开设学校，为儿童提供住宿设施，所有社区的儿童均可入学，降低辍学率，通过各种措施提高保有率，为无法就学的儿童提供非正规教育中心等。（2）实行共同的学制结构。在“10+2+3”的学制结构得到全国各地区普遍接受的基础上，进一步的突破在于完善前十年的学制结构，即建立起五年初级小学教育、三年高级小学教育、两年初中的初等教育体系。（3）建立国家课程框架。该框架的基本目的是实现国家教育目标，使所有学生接受广泛的通识教育，提供共同的学习计划，提供共同的核心课程，建立最低学业标准，开展持续的、形成以儿童为中心、以活动为基础的教学过程，以及全面和科学的评估。（4）达到每个教育阶段的最低学业标准。这主要是保证各领域和各门课程的学习具有可比的标准。最低学业标准可以

① MOHANTY J. Modern Trends in Indian Education [M]. New Delhi: Deep and Deep Publications Pvd. Ltd, 2004: 16.

② MOHANTY J. Modern Trends in Indian Education [M]. New Delhi: Deep and Deep Publications Pvd. Ltd, 2004: 17.

③ MOHANTY J. Modern Trends in Indian Education [M]. New Delhi: Deep and Deep Publications Pvd. Ltd, 2004: 57.

④ MOHANTY J. Modern Trends in Indian Education [M]. New Delhi: Deep and Deep Publications Pvd. Ltd, 2004: 17.

成为编制教学资料、选择适当教学策略和评价学习过程的参考。同时，这也有助于在全国范围内保持合理的教育标准。[①]

《1986年教育政策》颁布实施后，印度政府成立专门委员会对政策的实施进行评估，并在1992年做出新的修改。修改后的《1986年教育政策》在第四部分中专门阐述了“教育平等”的问题。新政策一如既往地强调要把消除不平等和实现教育机会均等化放在特别重要的位置。

在女性教育方面，新政策提出要把教育作为改变女性社会地位的基本途径。国家教育系统应在女性赋权中发挥积极的和干预性的作用。国家教育系统要通过课程和教科书的修订，教师、决策者和管理者的培训，以及教育机构的积极参与，推动各种新价值观念的发展。新政策还认为，要消除女性文盲，解决女性入学和保留的问题，就必须把初等教育放在首要的优先发展的位置，并通过提供特殊支持服务、设定时间表和开展有效的监测加以落实[②]。

在表列种姓教育方面，新政策提出，要鼓励贫困家庭送其子女上学直至14岁；以拾荒、剥皮和镀锡等为业的家庭的儿童可从一年级起申请奖学金；通过开展持续性的微观规划和检查确保表列种姓儿童就学、巩固并成功完成学业，同时，为希望继续接受教育和就业的学生提供补救课程；从表列种姓群体中选聘教师；采取分步实施的方式，在县政府所在地为表列种姓儿童提供宿舍；校舍的选址要有利于促进表列种姓学生的全面入学；要充分利用“扶贫计划”资源为表列种姓儿童提供充分的教育设施[③]。

在表列部落教育方面，新政策提出，要优先在部落地区设立初级小学；部落地区拥有独特的语言，因此，在早期教育阶段要以部落语言开发课程和修订教学资料；鼓励和培训部落地区受过教育的青年人从事当地的教育工作；在学生相对集中的地区建立包括贫民学校在内的各种寄宿制学校；开设特殊的补救课程和其他项目，帮助表列部落学生消除社

① MOHANTY J. Modern Trends in Indian Education [M]. New Delhi: Deep and Deep Publications Pvd. Ltd, 2004: 17-19.

② AGGARWAL J C. Education Policy in India: 1992 and Review 2000 and 2005 (Third Enlarged Edition) [M]. Delhi: Shipra Publications, 2009: 18.

③ AGGARWAL J C. Education Policy in India: 1992 and Review 2000 and 2005 (Third Enlarged Edition) [M]. Delhi: Shipra Publications, 2009: 18-19.

会心理障碍，改善他们各门课程的学业表现[①]。

在教育落后群体和地区方面，新政策提出，应适当鼓励向所有教育落后的社会群体，尤其是农村地区、山区、荒漠地区、偏远地区的群体提供充分的教育基础设施[②]。

在少数民族方面，新政策强调，为实现平等和社会正义，应更加重视少数民族群体的教育。因此，应按照《宪法》的规定，保障其建设和管理教育机构的权力，保护其语言和文化。同时，促进少数民族教育发展的各项目标也要反映在教材和各种学校活动之中，应采取积极措施在国家共同目标和理想的基础上实现各民族的融合[③]。

四、《国家最低共同纲领》

2004年5月，印度国大党在第十四届议会人民院[④]选举中获胜，并联合其他14个左翼政党共同组建以曼莫汉·辛格为总理的团结进步联盟政府。新政府成立后，于5月27日公布《国家最低共同纲领》，阐述了团结进步联盟政府以维护社会弱势群体的权益、推行人性化的经济改革、强调社会和谐与地区平衡发展为核心的施政原则和基本政策。

该纲领中与教育相关的内容主要包括：（1）团结进步联盟政府将修改《宪法》，建立少数民族教育机构委员会，并由其对附属于各中央大学的少数民族专业院校提供直接指导；（2）团结进步联盟政府将促进所有少数民族社区的现代技术教育，并将教育和就业作为向少数民族群体进行更加系统的社会和经济赋权的优先工作；（3）团结进步联盟政府将向东北部各邦提供特别援助用以更新和改造基础设施；（4）团结进步联盟政府将推动制定反家庭暴力和性别歧视的法律；（5）团结进步联盟政府将确保女性在各方面获得完全的法律上的平等，并通过制定消除性别

① AGGARWAL J C. Education Policy in India: 1992 and Review 2000 and 2005 (Third Enlarged Edition)[M]. Delhi: Shipra Publications, 2009:19.

② AGGARWAL J C. Education Policy in India: 1992 and Review 2000 and 2005 (Third Enlarged Edition)[M]. Delhi: Shipra Publications, 2009:19-20.

③ AGGARWAL J C. Education Policy in India: 1992 and Review 2000 and 2005 (Third Enlarged Edition)[M]. Delhi: Shipra Publications, 2009:20.

④ 印度议会由上院联邦院(Rajya Sabha)和下院人民院(Lok Sabha)两部分组成。

歧视的法律以及赋予女性平等享有在房屋和土地等方面的财产所有权的立法使之得到切实落实；(6) 团结进步联盟政府保证提高公共教育开支，使之占国民生产总值的比例不低于6%，同时将至少一半的支出用于初等教育和中等教育。团结进步联盟政府将从所有的国税中提取一定比例的税款用于普及有质量的基础教育；(7) 团结进步联盟政府将确保所有人都能接受专业教育；(8) 团结进步联盟政府将保证由中央政府出资在小学和中学阶段实施国家营养午餐计划，并建立相应的质量检查机制；(9) 团结进步联盟政府将广泛实施“儿童一体化发展服务计划”，在每个居住区设立“儿童保育中心”，并使之覆盖所有儿童。①

五、《儿童免费义务教育权利法》

印度独立后颁布的首部《宪法》中就提出要向所有6—14岁儿童提供免费义务教育。2002年，印度《宪法》第八十六修正案进一步将义务教育确定成为公民的一项基本权利。随后，印度政府据此开始起草《儿童免费义务教育权利法》，2009年8月，该法案在印度议会获得通过，并于2010年4月1日开始在印度正式实施。

该法在第二章“儿童免费义务教育权利”部分规定：每个6—14岁儿童都有权就近接受免费义务教育直至完成初等教育②。在第三章“各级政府及家长的责任”中，该法规定：中央政府和各邦政府共同负有为落实本法的有关规定而提供经费的责任，其中，中央政府应为落实本法的有关规定安排资本性支出和经常性支出预算，中央政府在与各邦政府协商的基础上应经常向各邦政府提供一定比例的财政补助款。同时，中央政府还应制定国家课程框架，制定和实施教师培训标准，并为各邦政府推进义务教育的革新、研究、规划和能力建设提供技术支持和资源③。此外，中央政府和各邦政府还负有如下责任：(1) 应向所有儿童

① Government of India. National Common Minimum Programme of the Government of India[EB/OL].[2010-09-27] .http://pmindia.nic.in /cmp.pdf.

② Right of Children to Free and Compulsory Education Act[Z]. The Gazette of India Extraordinary. 2009. No.39. p.3.

③ Right of Children to Free and Compulsory Education Act[Z]. The Gazette of India Extraordinary. 2009. No.39. p.4.

提供免费义务教育；（2）确保所有儿童能够就近入学；（3）确保弱势阶层和处境不利群体不受歧视和阻碍，接受和完成初等教育；（4）提供包括校舍、教职员工和学习设备在内的基础设施；（5）确保满足有关标准和规定的高质量初等教育①。在第四章“学校和教师的责任”中，该法规定：（1）由各级政府举办、所有和控制的学校应向所有的儿童提供免费义务教育；（2）全部或部分接受各级政府资助和补助的学校应按年度所接受资助和补助占年度经常性开支的比例向相应比例的儿童提供免费义务教育，其最低比例不得低于25%；（3）指定类型的学校以及不受各级政府资助和补助的学校，应在其一年级就近招收不少于25%的弱势群体和处境不利群体儿童，并向其提供免费义务教育，同时各邦政府应按照实际的生均开支向这部分学校支付提供免费义务教育的经费②。

自独立后提出实施免费义务教育以来，印度直至2010年才正式颁布《儿童免费义务教育权利法》。尽管是一个迟来的法律，但它仍为印度的义务教育发展提供了重要的法律保障，并使印度成为世界上将教育作为每个儿童基本权利的国家之一。印度总理曼莫汉·辛格在该法颁布后的讲话中指出，“我们承诺保证所有儿童不论性别和社会背景都可以接受教育。教育是培育负责任和积极的印度公民所必需的知识、技能、价值和态度的重要途径。”③

① Right of Children to Free and Compulsory Education Act[Z]. The Gazette of India Extraordinary. 2009. No.39. p.4.

② Right of Children to Free and Compulsory Education Act[Z]. *The* Gazette of India Extraordinary. 2009. No.39. pp. 5-6.

③ Prime Minister's Address to the Nation on The Fundamental Right of Children to Elementary Education[EB/OL].[2010-09-01] . http:// www.pib.nic.in/release/release.asp?relid=60001.

第四节　印度推进义务教育均衡发展的对策与措施

一、义务教育区域均衡发展保障机制

印度政府促进义务教育区域均衡发展的举措集中体现在“县域初等教育计划”和“普及初等教育计划”之中。其中，前者是印度独立后首次推出的以县为基本实施单位的大规模义务教育发展计划，而后者作为推进义务教育发展的新的旗舰性计划在区域均衡发展方面也提出很多新的举措。

1. “县域初等教育计划”

20世纪90年代，印度教育发生了很多系统性变革，这其中包括：确定了所有儿童所需达到的最低学习标准，通过乡镇资源中心建立了教师探讨教育问题的平台，开展教师在职培训的县级教育培训学院纷纷建立起来。但质量问题仍未得到有效解决。为此，印度于1994年推出中央政府资助项目“县域初等教育计划”。该计划主要是为了促进地方能力建设，提升教育管理的水平，使整个教育教学工作焕发生机，进而实现初等教育普及化的目标。其具体目标是：（1）通过正规的初级小学或其他替代途径使所有儿童都接受小学教育；（2）将初级小学阶段的辍学率降低到10%以下；（3）使学生学业成就比基准水平提高25%以上；（4）将不同性别和社会群体间的入学差异缩减到5%以下[①]。

该计划提出，投入到每个县的每个具体项目在5—7年实施周期内的经费总额不超过4亿卢比，其中，用于基本建设的费用不超过经费总额的三分之一，管理费不超过6%，其余部分则全部用于提升教育教学质量的活动。该计划所需经费的85%由中央政府承担，15%由各邦政府承担。中央政府的份额主要通过国际社会的外部援助来筹集。该计划自实施以来，获得外部援助总额达693.8亿卢比，其中，513.7亿卢比来自国际开发协会，其余180.1亿卢比来自欧盟委员会、英国国际发展部、联合国儿童基金会以及荷兰政府等国际援助[②]。该计划从1994年的7个邦

① VARGHESE N V. DPEP: Logic and Logistics[J]. Journal of Educational Planning and Administration, 1994, 8(4):449-455.

② Government of India. District Primary Education Programme[EB/OL].[2010-11-16]. http://india.gov.in/sectors/education/district_prim ary.php.

42个县发展到高峰时期的18个邦273个县[①]，而后期主要在奥里萨邦和拉贾斯坦邦的17个县实施，并在2008年完成[②]。

该计划通过分权化手段、强调社区参与以及提供全面经费支持在促进幼儿保育与教育、非正规教育中心、乡镇资源中心、社区资源中心、女童教育的发展等方面发挥了积极的作用，因而给学校教育带来巨大的变革。该计划取得的主要成就包括：（1）设立超过16万所新学校，其中包括8.4万所替代性学校教育中心。替代性学校教育中心覆盖了约350万儿童，另外，其他各种“衔接课程”也覆盖了20万儿童；（2）学校基础设施得到显著改善，在该计划的支持下新建了5.2万所新校舍、5.8万间教室和1.6万个资源中心，完成2.9万项维修改造项目，建设了6.4万所卫生间和2.4万套饮用水设施；（3）该计划第一阶段所涉邦的毛入学率达到93%—95%，此后各阶段所涉县的毛入学率超过85%；（4）42万名残障儿童入学，占该计划所涉邦残障儿童总数的76%；（5）在几乎所有的项目实施村、居住地和学校都建立了村教育委员会或学校管理委员会；（6）新聘用包括“合同教师”和“代课教师”在内的17.7万名教师；（7）在乡镇和村庄两级分别设立约3 380个和近30 000个用以提供学生学习支持和教师培训设施的资源中心[③]。

2. 普及初等教育计划[④]

印度政府于2001年发起“普及初等教育计划”。该计划的主要目的是到2010年为所有6—14岁适龄儿童提供有效而适切的初等教育，以及缩小社会各群体和男女两性的入学差距。

该计划的主要目标是：（1）到2003年，使所有儿童进入学校、教育保障中心、替代性学校；（2）到2007年，使所有儿童都完成5年初级小学教育；（3）到2010年，使所有儿童完成8年初等教育；（4）使初等教育具有令人满意的质量，强化为生活而教育；（5）到2007年和2010

---

① Government of India. Indian National Report on the Development of Education. Forty-seven Session of the International Conference on Education[R]. Geneva, 2004(9):39.

② Planning Commission, Government of India. Tenth Five Year Plan 2007-2012: Social Sector (Volume II)[M]. New Delhi: Oxford University Press, 2008:7.

③ Government of India. District Primary Education Programme[EB/OL].[2010-11-16]. http://india.gov.in/sectors/education/district_prim ary.php.

④ 该计划为印度促进初等教育发展的旗舰计划，其中还包括很多具体项目的子计划，本章只对与义务教育均衡发展相关的若干子计划在不同的部分加以详细阐述。

年，分别在初级小学阶段及整个初等教育阶段缩小男女性别差距和各社会群体差距；(6) 实现学生的普遍保留。①

该计划的主要特点是由中央和地方共同实施，其中，中央政府负责制定目标、规范和规划，各邦政府负责具体的管理、规划以及筹集社会有关方面的资源。该计划所需的经费也由中央和地方共同承担。在“九五”期间，中央和各邦之间的分摊比例为85∶15，“十五”期间分摊比例为75∶25，而“十一五”期间除东北部8个邦外分摊比例为50∶50②。除了印度各级政府的投入外，世界银行、英国国际发展部和欧盟等国际援助机构也为该计划投入了一定比例的经费③。

该计划采取的主要策略包括以下几个方面：(1) 开展体制改革。中央政府和各邦政府要通过改革来提高教育系统的办学效能。各邦政府应对邦教育法的落实、监督与评估，教师聘用，处境不利群体教育状况，以及有关私立学校和幼儿保育政策等问题进行客观的评价。(2) 制定县域初等教育规划。按照该计划的框架，每个县都要以整体和集中的方式制定反映所有投资安排和初等教育部门需求的县域初等教育规划。每个县还需制定实现普及初等教育的远景规划，以及体现年度重点活动的年度工作方案和预算。同时，该计划还要求以居住区为基本单位采取以社区为基础的方法进行规划，居住区规划成为制定县域规划的基础。(3) 改善教育管理。该计划要求通过采取经济高效的新方法加强机构建设，尤其加强国家教育规划与管理学院④、国家教育研究与培训委员会、国家教师教育委员会、各邦教育研究与培训委员会、各邦教育管理与培训学院、县教育与培训学院等国家、邦和县级机构的建设。(4) 建立社区监测系统。该计划将建立以社区为基础的教育管理信息系统，该系统通过微观调查和规划将学校层面的数据信息与社区信息关联起来。(5) 聚焦特殊群体。该计划强调表列种姓、表列部落、少数民族群体、城市贫困儿童等处境不利群体，以及有特殊需求儿童的入学和就学问

① SINGH R. Rural Education in India[M]. New Delhi: Adhyayan Publishers & Distributors, 2009:123.

② AGGARWAL J C. Education Policy in India: 1992 and Review 2000 and 2005 (Third Enlarged Edition)[M]. Delhi: Shipra Publications, 2009:208.

③ India: World Bank to Support India's Goal Of Achieving Elementary Education [EB/OL].[2010-11-23]. http://web.worldbank.org/WB SITE/EXTERNAL/PROJECTS/ .

④ 现已升格为国家教育规划与管理大学(NUEPA)。

题，而且，还将表列种姓、表列部落、少数民族女童作为关注的重点。（6）重视教育质量。该计划强调通过改革课程、开展以儿童为中心的活动、采取有效的教学策略来改善儿童初等教育的有用性和适切性。（7）促进教师发展。该计划认为教师在普及初等教育过程中发挥着重要的作用，因此，非常关注教师发展的需求。该计划提出的教师人力资源开发包括建立乡村资源中心，聘用合格的教师，通过参与课程资料开发提供教师发展机会，加强课堂教学过程以及组织学习访问，等等[①]。

表9-8 “普及初等教育计划”的教育干预措施及标准（部分）

	干预措施	标准
1	学校/替代学校设施	• 每个居住区1千米范围内 • 按照各邦标准设立新学校或在学校未覆盖到的居住区建立教育保障计划中心
2	高级小学	• 根据初级小学毕业生人数来规划，上限为每2所初级小学对应1所高级小学
3	教室	• 每所初级小学要有2间带外廊的教室，至少要有2名教师，每名教师要有1个房间 • 高级小学的校长要有1个房间
4	教育保障计划中心升级为常规学校或按照邦标准设立新的初级小学	• 按照每校10 000卢比的标准为其配备教学设备 • 成功开办2年以上的教育保障计划中心方有资格升级为初级小学 • 要提供相应的教师和教室
5	学校补助	• 每所初级小学和高级小学每年2 000卢比用于更新学校设备

① Department of School Education and Literacy, Ministry of Human Resource Development, Government of India. Sarva Shiksha Abhiyan: A Programme for Universal Elementary Education Framework for Implementation[EB/OL].[2010-11-20]. http:// www.education.nic.in/ssa/ssa_1.asp.

（续表）

	干预措施	标准
6	免费教科书	• 为初级小学和高级小学阶段所有女童、表列种姓和表列部落儿童提供免费教科书，上限为每人150卢比 • 各邦从各自的规划中提供免费教科书经费
7	教师	• 初级小学和高级小学每40名学生配备1名教师 • 初级小学至少要有2名教师 • 高级小学每个班级要有1名教师
8	教师补助	• 每人每年500卢比
9	教师培训	• 向所有教师提供每年20天的在职培训课程，向已聘用的未培训的教师提供每年60天的进修课程，向经培训 的新聘用教师提供30天的始业教育 • 在现行的教师教育计划下对邦教育研究与培训委员会、县教育与培训学院提供支持
10	各邦教育管理与培训学院	• 一次性提供不超过3 000万卢比的补助

资料来源：Department of School Education and Literacy，Ministry of Human Resource Development，Government of India. Sarva Shiksha Abhiyan: A Programme for Universal Elementary Education Framework for Implementation[EB/OL].[2010-11-20]. http://www.education.nic.in/ssa/ssa_1.asp.

“普及初等教育计划”的推出与实施对促进印度义务教育的均衡发展起到重要的作用，其主要经验可归结为以下几个方面：第一，印度中央政府在制定国家总体目标及分阶段目标、消除性别不平等、促进处境不利群体的入学、普及初等教育以及建立各邦最低经费投入标准等方面发挥了强有力的领导作用。而且，该计划得到印度跨党派政治力量的支持，为表示对该计划的重视，印度总理还亲自担任了普及初等教育计划国家委员会的主席。第二，为落实各项目标，印度中央政府不仅提供了大量的转移支付，而且，还要求各邦政府通过配套经费机制提供配套的资源。第三，该计划将中央统一领导与地方分散规划与执行相结合，使地方政府在制定具体的实施策略方面具有充分的灵活性。该计划还鼓励政府部门与非政府组织建立合作伙伴关系共同合作推进计划的落实，并要求社会各方面加强监督检查以确保该计划实施的透明度和可持续性。第四，该计划对学校膳食方面的投入改善了贫困学生的营养状况，也有助于扩大学生的入学和巩固学生的保留。第五，在该计划快速推进的过程中，各方面还非常强调促进学校的发展和能力建设，这种方式既鼓励创新，也为计划的推广提供了很多成功的案例[①]。

二、义务教育群体均衡发展保障机制

印度政府促进义务教育群体均衡发展的措施重点围绕表列种姓和表列部落儿童以及女童这两大类的群体展开。

1. 表列种姓和表列部落儿童义务教育举措

印度政府尚没有制定促进表列种姓和表列部落儿童义务教育发展的专门性计划，而是将此方面的主要措施渗透在相关的各种计划之中。例如，“普及初等教育计划”提出向表列种姓和表列部落儿童免费提供教科书、加强教师性别敏感培训、创造平等学校机会等措施。“县域初等教育计划”也针对表列种姓和表列部落儿童采取了很多特殊的措施，而且该计划受益的群体中超过60%的学生来自表列种姓和表列部落群体[②]。

具体而言，印度政府在相关计划中推出的促进表列种姓和表列部落义务教育发展的措施主要集中在如下一些方面：（1）免费提供各阶段学校教育的教科书和文具；（2）为就读于政府批准的寄宿学校和贫民学校的学生提供免费校服，有些邦也为就读于普通学校的学生提供免费校服；（3）提供所有层次的免费教育；（4）为表列种姓和表列部落的学生提供宿舍和住宿设施；（5）建立面向部落儿童的贫民学校以解决偏远地区教育提供的难题。此外，有些邦还出台了私立学校表列种姓学生奖学金、优秀学生奖学金、女生出勤奖学金、特殊学校出勤奖、报销旅费、

① WU KB, KAUL V, SANKAR D. The Quiet Revolution: How India Is Achieving Universal Elementary Education[J]. Finance and Development, 2005, 42(2).

② Government of India, Planning Commission. Working Group Report of the Development of Education of SC/ST/Minorities/Girls and Other Disadvantaged Groups for 11th Five Year Plan (2007–2012)[R]. 2006:20.

提供午餐等措施[①]。

除上述措施外，印度政府还在一些精英学校为表列种姓和表列部落儿童保留了相应比例的学额。例如，中央学校[②]按照15%和7.5%的比例为表列种姓和表列部落儿童预留入学额，学生可以免费读到十二年级。新星学校[③]按照各县表列种姓和表列部落人口的比例来预留学额，一般不低于这两类群体所占全国人口的平均比例，即22.5%（表列种姓15%、表列部落7.5%），最多不超过50%。在此基础上，印度政府还提出，“十一五”计划期间大力扩充中央学校和新星学校。印度政府要求，为了使这类学校能够覆盖处境不利群体，所有新的中央学校和新星学校必须设立在处境不利群体集中的地方[④]。

2. “国家女童初等教育计划”

作为“普及初等教育计划”的一个子项目，印度政府于2003年7月推出“国家女童初等教育计划”。该计划的目的是为初等教育阶段处境不利的女童提供特殊的支持措施，其主要内容包括：在每个村落建立“模范学校”，动员社区力量监督女童的入学；增强教师的性别敏感性，编制具有性别敏感性的学习资料，向女童提供学习所需的文具、作业本、校服以及提供护送服务等。

该计划主要针对在农村女性识字率低于全国平均水平和性别差距高于全国平均水平的教育落后乡镇，拥有5%以上表列部落和表列种姓人口以及表列部落和表列种姓人口中女性识字率低于10%的乡镇。目前，该计划已扩展到24个邦的3 272个教育落后乡镇。2008—2009年，该计划的经费投入达到57.8亿卢比。截至2009年1月，该计划建立了40 187

---

① National Council of Educational Research and Training. National Focus Group on Problems of Scheduled Caste and Scheduled Tribe Children[EB/OL].[2010-09-12]. http://www.ncert.nic.in/new_ncert/ncert/rightside/links/pdf/focus_group/position_ paper_on_sc_st.pdf8.

② 中央学校(Kendriya Vidyalayas)是指为满足中央政府雇员的需要而开办的学校。

③ 新星学校即Navodaya Vidyalayas，在印地语中“Navodaya”意为新星，“vidyalaya”意为学校。新星学校是一种寄宿制的男女合校学校，其主要目的是培养聪慧而富有天赋的天才儿童，这些学校的学生多来自农村地区且为有可能失去良好教育机会的儿童。

④ Government of India, Planning Commission. Working Group Report of the Development of Education of SC/ST/Minorities/Girls and Other Disadvantaged Groups for 11th Five Year Plan (2007-2012)[R],2006:22.

所模范学校，向38 626个幼儿保育中心提供了支持，对21万多名教师进行了性别敏感方面的培训，对114万多名女童进行了辅导教育[①]。

表9-9　"国家女童初等教育计划"的实施情况

	2004—2005年	2005—2006年	2006—2007年
覆盖的乡（个）	2 157	3 164	3 112
覆盖的村（个）	19 575	28 917	38 748
投入资金（百万卢比）	65 393	68 654	81 336

资料来源：R. Govinda and Madhumita Bandyopadhyay. Access to Elementary education in India: Country Analytic Review. Briton: Centre for International Education，University of Sussex，2005，p.16.

3. "女生寄宿学校计划"

该计划于2004年8月启动，主要面向的是教育落后地区，这些地区有文化的农村女性低于全国平均水平（46.13%），而且有文化的男性和女性群体之间的差距也高于全国平均水平（21.59%）。因此，该计划的主要目的是在教育落后乡镇设立寄宿学校，确保高级小学阶段表列种姓、表列部落、其他落后阶层和少数民族等处境不利群体中的女童能够上学读书并接受有质量的教育。2007年4月后，该计划并入"普及初等教育计划"之中。

该计划的主要内容包括：（1）为50名以上来自表列种姓、表列部落和少数民族社区的女生集中设立寄宿学校，使其能够接受初等教育；（2）为这些寄宿学校提供基础设施；（3）为这些学校提供必要的教学资料和援助；（4）采取适当措施为女生提供必要的学习支持；（5）鼓励并创造条件使女生家庭能够送其就读寄宿学校。在实施上，该计划根据寄宿学校的规模将学校划分为三种类型并据此提供资助（具体资助项目和标准如表9-10所示）。另外，在名额分配上，该计划将75%的入学机会优先预留给表列种姓、表列部落和少数民族群体女生，其余25%的配额

① Ministry of Human Recourse Development. National Programme for Education of Girls at Elementary Education（NPEGEL）[EB/OL].[2010-12-06]. http://ssa.nic.in/girls-education/npegel/brief_NPEGEL_12Mar07.pdf/view .

则开放提供给贫困线以下群体中的女生[①]。

目前，该计划已覆盖到印度27个邦和联邦属地。印度政府为该计划投入的资金从2004年的9.256亿卢比上升到2008年的122.784亿卢比，5年间累计投入超过235亿卢比[②]。截至2009年7月，该计划已批准的项目为2 573个，其中已实施的达2 511个，惠及的各类处境不利女生达19.11万人[③]。

表9-10 “女生寄宿学校计划”资助项目和标准（单位：万卢比）

	资助项目	资助标准		
		容纳100名女生的校舍和宿舍	容纳50名女生的校舍和宿舍	女生达到50名而无宿舍的学校
	非经常性费用			
1	房屋建设	360.5	273.0	231.0
	界墙	15.0	15.0	15.0
	手压泵	10.0	10.0	10.0
	电费	2.0	2.0	2.0
2	家具/设备(包括厨房设施)	30.0	20.0	25.0
3	教学资料与设备(包括图书)	35.0	30.0	30.0
4	寝具	7.5	3.75	3.75
	合 计	460.0	353.8	316.8

① Revised Guidelines for implementation of Kasturba Gandhi Balika Vidyalayas (KGBVs)[EB/OL].[2010-12-06]. http://www.indg.in/ primary-education/women-and-education/guidelines-for-implementation-of-kasturba-gandhi-balika-vidyalaya/.

② Ministry of Human Recourse Development. Ksturba Gandhi Balika Vidhayalaya (KGBV) Scheme Detail[EB/OL].[2010-12-10]. http:// ssa.nic.in/girls-education/kasturba-gandhi-balika-vidyalaya/kgbv-scheme/.

③ Ministry of Human Recourse Development. Overall Progress of KGBV as on 15th July, 2009[EB/OL].[2010-12-10]. http://ssa.nic.in/ girls-education/kasturba-gandhi-balika-vidyalaya/.

（续表）

	资助项目	资助标准		
		容纳100名女生的校舍和宿舍	容纳50名女生的校舍和宿舍	女生达到50名而无宿舍的学校
	经常性费用			
1	生活补贴（每人每月750卢比）	90.0	45.0	45.0
2	助学金（每人每月50卢比）	6.0	3.0	3.0
3	补充性教学资料、文具等	6.0	3.0	3.0
4	考试费	0.2	0.1	0.1
5	工资： 1名管理员 4名全职教师 2名乌尔都语教师 3名兼职教师 1名全日制会计 2名辅助人员 1名主厨、1—2名帮厨（50—100人宿舍）	120.0	120.0	60.0
6	职业技能培训	5.0	3.0	3.0
7	水电费	6.0	3.6	3.6
8	医疗及不可预见费用（每人750卢比）	7.5	3.8	3.8
9	维修费用	4.0	2.0	2.0
	杂项费用	4.0	2.0	2.0
10	预备营费用	1.5	1.0	1.0

（续表）

	资助项目	资助标准		
		容纳100名女生的校舍和宿舍	容纳50名女生的校舍和宿舍	女生达到50名而无宿舍的学校
11	学校运行费用	1.5	1.0	1.0
12	房屋租金（8个月）	48.0	40.0	40.0
13	能力建设	3.0	3.0	3.0
	合 计	302.7	230.5	170.5
	总 计	762.7	584.3	487.3

资料来源：Ministry of Human Recourse Development. Revised Guidelines for implementation of Kasturba Gandhi Balika Vidyalayas （KGBVs） [EB/OL]. [2010-12-06]. http://ssa.nic.in/girls-education/6_FCEED7DF.pdf/view.

三、义务教育资源均衡配置保障机制

1. “操作黑板”计划

20世纪80年代，印度就已实现规划者所制定的普遍提供学校设施的目标，也就是说绝大部分儿童（除流动人口子女外）都实现了“便利入学”，即儿童步行最多1.5千米就可以上学，同时，超过80%的儿童就读于所在村庄开设的学校。因此，入学已不再是普及初等教育的一个主要障碍。但是，如何使学生留在学校却成为学校系统面临的新问题。据1986年开展的第五次全国教育调查结果显示，超过一半的学生在入学不到5年就辍学。是什么原因使学校系统失去吸引力，导致学生辍学？在各种影响因素中，学校基础设施的落后不能不说是其中一个重要的因素。据当时的调查结果显示，超过三分之一的小学只有1间教室和1名教师，53%的学校没有操场，51%的学校没有自来水，83%的学校没有厕所，40%的学校甚至连1块黑板都没有①。

① DYEY C. Operation Blackboard: Policy Implementation in Indian Elementary Education[J].International Journal of Educational Development，2002，22(6)：697-698.

对此，《1986年教育政策》提出“操作黑板”计划，并从20世纪80年代末期开始实施。该计划的主要目的是提升初等教育的质量，确保各小学配备有必备的设备设施，即物质设施以及学习设备。“操作”一词意味着该计划的紧迫性，其目标是明确而清晰的，体现出政府和人民在既定的时间内实现这些目标的决心[①]。“操作黑板”计划的基本要求是每所学校都要配有：（1）2间以上在各种天气条件下都可以使用的、足够大的、带有外廊的教室，以及男女生独立的厕所；（2）2名以上教师，其中尽可能有1名女教师；（3）包括黑板、地图、图表、玩具和手工器材在内的必要的教学设备[②]。

该计划推出和实施后，经外部评估发现，缺乏对教师使用教学材料的培训，统一化的设备设施无法适应当地的需求，以及损坏设备的补充等问题。为了更好地落实修改后的《1986年教育政策》，印度政府对“操作黑板”计划也进行了相应的调整，新计划的内容主要体现在以下三个方面：（1）该计划将进一步向所有未辐射到的初级小学，特别是表列种姓和表列部落地区的学校推进；（2）加大该计划的实施力度，向有需要的初级小学提供3名教师和3间教室；（3）将该计划向高级小学阶段延伸，即向每所学校提供1间校长办公室，每个年级至少1间教室，男女生独立的厕所，包括图书室在内的必要的教学设施，每个年级至少1名教师，以及用于设备补充、消耗和维护的应急经费。

此外，为了提升该计划实施的质量，印度政府又推出如下措施：（1）设立专门的教师培训计划，为教师有效运用“操作黑板”计划中各种教学资料进行培训；（2）各邦政府要为设备的更新和维护提供支持；（3）为购置适应课程和当地需要的教学资料提供足够的灵活性；（4）为提高女生的入学率，在所有聘用的教师中至少50%应为女教师；（5）各地在制定地方规划项目时应将“操作黑板”计划纳入地方规划之中；（6）各地应因地制宜开展校舍建设，并尽可能节约建设成本。同时，应将校舍建设与居住中心和地方技术学院结合起来。

① MOHANTY J. Modern Trends in Indian Education[M]. New Delhi: Deep and Deep Publications Pvd. Ltd,2004:66.

② AGGARWAL J C. Education Policy in India: 1992 and Review 2000 and 2005 (Third Enlarged Edition)[M]. Delhi: Shipra Publications, 2009:123.

表9-11 "操作黑板"计划的实施情况（1987/1988—1991/1992学年）

	1987/1988学年	1988/1989学年	1989/1990学年	1990/1991学年	1991/1992学年
投入资金（千万卢比）	110.61	135.73	126.98	150.09	168.44
各邦投入到学校建设的资金（千万卢比）	300.00	340.00	64.60	140.00	140.00
覆盖到的邦/中央直辖区（个）	27	22	22	25	15
覆盖到的乡（个）	1 703	1 795	578	343	1 000
覆盖到的学校（万所）	11.3	14.0	5.2	3.9	7.6
覆盖初级小学的比例	21.00%	26.40%	9.90%	7.35%	9.22%
批准的初级小学教师岗位（个）	36 891	36 327	5 274	14 379	22 032

资料来源：AGGARWAL J C. Education Policy in India: 1992 and Review 2000 and 2005 （Third Enlarged Edition）[M]. Delhi: Shipra Publications，2009：124.

该计划推出后运行良好，在1987/1988至1990/1991学年期间，该计划在印度69%的乡得到了实施，共涉及64%的初级小学。印度联邦教育部为此提供了52.341亿卢比的财政支持[①]。从1993/1994学年"操作黑板"计划开始向所有学校推进。印度政府预计到"八五"计划末拓展的"操作黑板"计划将为30%符合要求的学校提供3名教师和3间教室，并在2000年覆盖其余所有学校。同时，在"八五"计划期间覆盖一定数量的高级小学，并根据资金的情况在2000年覆盖所有高级小学[②]。"十五"计划期间，52.3万所初级小学和12.7万所高级小学获得用于基础设施建

① AGGARWAL J C. Education Policy in India: 1992 and Review 2000 and 2005 (Third Enlarged Edition)[M]. Delhi: Shipra Publications, 2009: 124.

② Operation Blackboard [EB/OL]. [2010-12-10]. http://www.educationforallinindia.com/page72.html.

设和教学资料发展的经费。为单一教师初级小学新增15万个教师岗位，为高级小学新增7.6万个教师岗位，同时为符合要求的学校提供8.3万个"第3名老师"的岗位[①]。

然而，该计划的实施效果也遭到有些学者的质疑。据研究者对古吉拉特邦巴罗达县30所初级小学的实地调查和教师访谈后认为，"操作黑板"计划在很大程度上被认为是一项代价高昂而不成功的计划，而且该计划也未能实现为小学建立基本设施标准的目标。该计划的主要问题在于高度集中的、自上而下的实施方式。有案例研究显示，这种实施方式无助于引发教育的变革。由于政策讨论中其他层面的利益相关者的缺席，中央指令遭到积极的反对或消极的抵制。

2. "教育保障及替代与创新教育"计划

"教育保障及替代与创新教育"计划是"普及初等教育计划"的重要组成部分，其主要目的是使失学的儿童得以接受初等教育。该计划主要通过两个途径对失学儿童提供支持：其一是在缺乏学校的居住区设立学校；其二是为失学儿童提供各种干预措施。

具体而言，该计划的实施策略包括以下几个方面：（1）在半径为1千米的范围内没有正规学校且至少有15—25名6—14岁儿童的偏远居住区以及有10名以上儿童的偏远山区居住区建立教育保障计划学校、替代学校、合同学校等不同类型的学校。这种学校通常为单一教师学校，教师为同一居住区的教育志愿者。这类学校在有些邦只设有一年级和二年级，一般是作为正规小学的预备学校。（2）为流动儿童提供干预措施，其中包括当父母流动时为其子女重返学校和继续上学建立季节性社区宿舍，为流动家庭和儿童配备流动教师，在流动工人集中的地区设立学校（如糖厂学校、砖窑学校、盐场学校等），为流动期间未能上学的儿童在其返乡后提供各种补偿教育。（3）开设"衔接课程"或"返校营"，主要通过强化课程使失学儿童达到与其年龄相适应的能力水平，为其接受相应年级的正规学校教育做准备。（4）为街头儿童、火车站儿童、父母坐牢的儿童、生活在贫民窟和建筑工地的儿童以及从事餐饮、家政等工作的儿童提供衔接课程、补习教学中心、寄宿营、就学中心等各种具有针对性的灵活的干预措施。（5）为年长儿童开设长期寄宿营，主要是为

① Government of India. Tenth Five Year Plan 2002-2007: Sectional Polices and Programmes(Voiume II)[M]. New Delhi: Planning Commission, 2003:26.

12—14岁儿童提供为期12—24个月的寄宿教育，使其完成初级小学及高级小学教育。同时，为6—8岁儿童提供短期的夏令营或暑期学校，在新学期开始前为这些儿童提供补习教育。(6) 为失学的青春期少女设立学习中心、短期的激励和扫盲中心，这些中心不仅引导少女进入正规教育系统，而且还向她们提供生活导向教育及性别敏感教育。少女在接受读写教育的同时，还可以获得有关法律救助、卫生保健、环境及女性问题的信息①。

表9-12 "教育保障及替代与创新教育"计划的经费投入标准

	项 目	初级小学阶段中心	高级小学阶段中心
1	学生经费	每人每学期845卢比	每人每学期1 200卢比
2	教育志愿者酬金	每人每月1 000卢比	每人每月2 000卢比
3	培训教育志愿者	每年(30天)1 500卢比	每年(40天)4 000卢比
4	学生学习资料	每人100卢比	每人150卢比
5	教学资料/设备	每个中心1 100卢比	每个中心1 200卢比
6	其他开支	每个中心468.75卢比	每个中心500卢比

资料来源：Department of School Education and Literacy, Ministry of Human Resource Development, Government of India. Handbook for Education Guarantee Scheme and Alternative and Innovative Education[EB/OL].[2010-11-15]. http://www.education.nic.in/edu_guarantee.asp.

印度各邦对该计划表现出很大的热情，并积极参与到该计划之中。2005/2006学年期间，印度人力资源部初等教育与扫盲司批准了600个县的实施计划。2006/2007学年，该计划帮助1 000多万名儿童接受了初等教育，其中，生活在无学校地区的477万儿童通过10万所教育保障计划中心接受初等教育，319万失学儿童通过衔接课程和各类学习营接受

① Department of School Education and Literacy, Ministry of Human Resource Development, Government of India. Handbook for Education Guarantee Scheme and Alternative and Innovative Education[EB/OL].[2010-11-15].http://www.education.nic. in /edu_guarantee.asp.

教育[①]。

3. “营养午餐计划”

印度的“营养午餐计划”具有悠久的历史。早在1925年，马德拉斯市政当局就开始为处境不利儿童提供午餐。到20世纪80年代中期，古吉拉特邦、泰米尔纳德邦和中央直辖区庞迪切里已利用自身资源面向初级小学阶段的学生普遍实施营养午餐计划。此后，营养午餐计划得到广泛实施，到1990/1991学年已有12个邦实施这个计划。

为提高初级小学的入学率、巩固率和出勤率，以及改善学生的营养状况，1995年8月，印度政府在全国范围内发起“国家初等教育营养支持计划”。起初，该计划在2 408个乡镇开始实施，1997/1998学年推广到全国所有乡镇。在该计划中，中央政府根据每人每天100克的标准向学生提供粮食，同时，提供每公担[②]最多50卢比的粮食运输补贴，各邦政府负责提供烹饪午餐的基础设施。

2001年，印度最高法院要求各邦都要执行“营养午餐计划”，向就读于政府举办的初级小学和政府资助的初级小学的每个学生提供每餐不少于300卡的热量和8—12克蛋白质的午餐，而且，每年提供午餐的时间至少为200天[③]。据此，2004年9月，该计划得到重新修订，并且在政府学校和政府资助学校的一至五年级以及各“教育保障及替代与创新教育”计划中心普遍推广。除提供粮食外，在修改后的计划中，中央政府还提出：（1）提供每生每天1卢比的午餐烹饪费用；（2）在一些特定的邦将原来每公担50卢比的粮食运输补贴上调到每公担100卢比，其他邦上调为每公担75卢比；（3）提供占粮食、运输补贴和烹饪费用总额2%的经费用于该计划的管理、监督和评估；（4）向暑期遭受旱灾地区的学生提供营养午餐[④]。

2006年6月，该计划得到进一步修订，将每人每天最低伙食费提高到2卢比，而且每天的午餐中要含有450卡的热量和12克蛋白质。修订

① AGGARWAL J C. Education Policy in India: 1992 and Review 2000 and 2005 (Third Enlarged Edition)[M]. Delhi: Shipra Publications,2009:209.

② 公制单位,等于100千克。

③ KINGDON G G. The progress of school education in India[J]. Oxford Review of Economic Policy.2007(23):168-195.

④ Ministry of Human Recourse Development. Mid Day Meal Scheme[EB/OL].[2010-12-19]. http://education.nic.in/Elementary/mdm/in- dex.htm.

后的计划还提出以分步实施的方式按照每校6万卢比的标准兴建带有仓库的厨房，并按照每校5 000卢比的标准购置厨房用具。除了提供免费粮食、烹饪费用、交通补贴以及管理监督外，9.45万所学校还获得厨房工作棚，26万所学校获得厨房设备。

2007年，该计划又得到新的修订并延伸到3 479个教育落后乡镇的高级小学，约有1 700万高级小学学生被纳入新的计划。至此，该计划已覆盖就读于政府和地方举办的、政府资助的初级小学和高级小学以及各“教育保障及替代与创新教育”计划中心的所有学生。同时，新计划确定高级小学阶段营养午餐的标准为每生每天150克粮食，其中热量要达到700卡以上，蛋白质为20克。

2009年，印度政府对“营养午餐计划”进行了新的补充和完善。（1）为确保高级小学学生的饮食平衡和营养，将豆类食物的摄取量从25克提高到30克，蔬菜的摄取量从65克提高到70克，同时，将脂肪的摄取量从10克减少到7.5克；（2）初级小学的生均伙食费用从1.68卢比提高到2.50卢比，高级小学从2.20卢比提高到3.75卢比；（3）向学校厨师提供每人每月1 000卢比的工资，在厨师的设置上，25人以下的学校为1名，26—100人的学校为2名，100人以上的学校再增加1名厨师。

“营养午餐计划”的评估表明，很多邦缺乏适当的管理机构。报告甚至显示，提供午餐的学校上课日的统计数字差别都很大。例如，国家教育规划管理大学报告称每年提供午餐的天数为209天，而人力资源开发部在国家层面上的统计则达到230天。在有些邦还未建立起有效监督该计划实施情况的邦级或县级指导委员会。而且，城市地区的“教育保障及替代与创新教育”计划中心也缺乏有关该计划覆盖和设施情况的详细资料。印度国家规划委员会已在2006/2007学年开展了有关该计划的影响的评估研究。总的来说，虽然一些好的举措已得到推广，但绝大部分邦仍缺乏管理和监测该计划实施透明度的系统措施。

尽管存在上述问题，该计划覆盖的学生数从1995年32.2万所学校的3 340万人增长到目前的126万所学校的1.2亿人，成为世界最大的校餐计划。营养午餐已成为印度绝大部分学校的常规工作，这本身就是一项重大的成就。有些邦还超越了该计划要求的标准，例如，喀拉拉邦和泰米尔纳德邦贫民和老人也可享受营养午餐，而在古吉拉特邦该计划的实施还在一至五年级的学生的基础上拓展到六至七年级[①]。而且，“营养午餐计划”对于提高学生上课出勤率和学生营养状况起到了积极的作用。据几项小型调查研究结果显示，该计划实施后，拉贾斯坦邦的巴尔梅尔县和中央邦的入学率立即分别提高了23%和36%，另外卡纳塔克邦的入学率也有很大的提高[②]。第61轮全国抽样调查就将“营养午餐计划”和“安纳布尔纳儿童发展综合服务计划”纳入其中。调查结果显示，“营养午餐计划”使8.1%的农村人口和3.2%的城市人口受益。四个项目覆盖11%的农村地区和4.1%的城市地区。此外，“营养午餐计划”也基本满足城市和农村低收入家庭学生的营养需求[③]。

四、义务教育教师素质均衡发展保障机制

1. “代课教师计划”

20世纪90年代中期开始，印度很多邦陆续实施了以低成本聘用未受过专门培训的教师的“代课教师计划”[④]。这类计划的主要目的是：以低成本的方式将学校教育推进到正规政府学校未能覆盖的小村庄，增加单一教师学校的教师数量，以及降低生师比。实际上早在1987年，拉贾斯坦邦就率先实施了“教育工作者计划”。受此影响，在20世纪90年代，其他一些邦也先后推出自己的“教育工作者计划”。例如，中央邦在教育保障计划下，以1994/1995学年非政府团体发起的“替代学校计划”为基础，制定实施了相关的计划，北方邦也推出类似的计划。从2002年开始，在中央政府的资助下，印度各邦都聘用合同教师。2002年，印度代课教师达到22万人，2004年则达到50万人[⑤]。在上述计划

① KINGDON G G. The progress of school education in India[J]. Oxford Review of Economic Policy.2007(23):168-195.

② KINGDON G G. The Progress of School Education in India[J]. Oxford Review of Economic Policy.2007(23):168-195.

③ Government of India. Tenth Five Year Plan 2007-2012: Social Sector (Volume II)[M]. New Delhi: Oxford University Press,2008:7-8.

④ 在这类计划中“代课教师”(Para teacher)通常泛指为满足基础教育的需求由社区以合同形式聘用并自愿支付一定酬金的教师。

⑤ KINGDON G G. The Progress of School Education in India[J]. Oxford Review of Economic Policy.2007(23):168-195.

中，各邦聘用的“代课教师”在教育资格要求上一般都低于政府举办的初级小学的正规教师，其工资也只有正规教师的20%—50%。

在各邦的计划中，拉贾斯坦邦的“教育工作者计划”最为典型。该计划于1987年在瑞典国际开发署的援助下在拉贾斯坦邦开始实施，其主要目的是实现拉贾斯坦邦偏远、干旱和经济落后村庄初等教育的普及和教育质量的提高。该计划认为教师缺乏是实现普及初等教育的一个重要障碍，因此，提出在只有一名教师的学校中由当地居民中受过教育的人组成教师组来充当小学教师。该计划第一阶段为1987—1994年，第二阶段为1994—1999年。该计划90%的经费从印度中央政府的计划预算中支出，而后由瑞典国际开发署付还经费，其余10%的经费由拉贾斯坦邦政府承担。

该计划在实施机制上主要由邦政府和很多非政府组织建立伙伴关系共同开展工作。非政府组织与该计划负责人共同设计、组织和实施对培训人员的培训，并且对教师培训工作进行监督指导。该计划非常重视向担任小学教师的教育工作者提供培训和支持。教育工作者需经过37天的教育培训，而后每年秋（寒）假和暑假再分别接受为期10天和30天的培训，此外，每月还要进行两天的检查，召开两次计划会议。

截至1993年9月，该计划在拉贾斯坦邦64个乡约740所学校得到实施，共聘用了1 650名教育工作者，其中，包括女教师124名。6—11岁儿童入学人数超过9万，其中，约有2万名学生就读于非正式课堂。1996年9月，该计划发展到拉贾斯坦邦28个县、94个乡及1 590个村。建立了1 590个中心和3 534个非正式课堂，聘用了3 860名教育工作者（其中男性3 457人，女性403人），使15万余名儿童接受了教育。2000年，该计划扩展到拉贾斯坦邦所有32个县的146个乡及2 697个村，并通过2 700所日间学校、4 335个非正式课堂、97所庭院学校，使20多万名儿童接受了教育[①]。

该计划在取得积极进展的同时，也引发了人们对聘用正规教师和代课教师两类不同标准的教师的伦理、法律和政治等方面问题的关注。有些人对这些不具有任教资格的教师所提供的教学的质量提出质疑。但是也有人指出，由于教师基本上来自其所在的社区并且签订了短期合同，这些都使得代课教师展现出更大的责任感。有印度学者认为，现在来评

① RAMACHANDRAN V,SETHI H. Rajasthan Shiksha Karmi Project: An Overall Review[M]. Stockholm: Education Division at Sida,2001:7.

价“代课教师计划”优劣与否还为时尚早。尽管政府还没有对该计划开展正式的评估，但是，据一些小规模的研究结果显示，代课教师和正规教师在教学质量上尚未表现出太大的差异[①]。

2.“县教育和培训学院”计划

1987年10月，印度中央政府推出教师教育改革与重组计划，其中一个重要内容就是建立县教育和培训学院。县教育和培训学院的主要任务是，为成功实现初等教育领域业已制定和实施的各项战略和计划在基层层面上提供学术和资源支持。

县教育和培训学院开展培训的对象主要包括小学教师（职前和在职教育）、校长、乡镇教育部门官员、非正规教育机构的教师、县教育委员会和村教育委员会成员、社区负责人、从事教育活动的青年和其他志愿者等。

县教育和培训学院的职能主要有三项：一是开展各层次的培训和继续教育活动；二是提供资源支持；三是开展行动研究。其提供学术和资源支持的主要途径是：具体领域的经验交流与互动；为教师提供资源服务和学习中心；开发与当地实际情况相适应的教学资料、教具和评价工具；成立小学评估项目的中心。此外，在解决具体问题上还采用行动研究和实验等方法[②]。县教育和培训学院培训的内容包括：教育学基本理论与教学法；小学阶段所涉及的语文（2—4门语言）、数学、环境研究（社会科学/自然科学）等学科。

五、义务教育教学质量均衡发展保障机制

印度为保障义务教育阶段教学质量均衡发展而采取的举措主要是建立底线性的“最低学业标准”，其主要政策意图是强调公平以及减少既有的不平等现象。

“最低学业标准”构想源于对最低教育标准以及教育的数量、质量与公平等基本问题的关注。《1986年国家教育政策》指出，“出于对各种

① KINGDON G G. The Progress of School Education in India[J]. Oxford Review of Economic Policy.2007(23):168-195.

② District Institute of Educational Training (DIETs)[EB/OL].[2010-11-30]. http://www.educationforallinindia.com/page112.html#_ DIET s:_Pace-setting_Role.

姓、宗教、地域和性别等方面的考虑，有必要制定最低学业标准，所有儿童都应接受具有可比标准的教育。”印度政府在随后出台的《行动计划》中提出制定最低学业标准的基本策略和主要特性。

“最低学业标准”具有如下一些特点：（1）可实现性，即所设定的学习目标必须是所有学生都能够达到的。从实践的角度而言，应使80%以上的学生至少掌握规定学习程度的80%；（2）可交流性，即最低学业标准不仅是可实现的，而且，对所有教师来说是可沟通的和有意义的，尤其是要在语言和形式上使在农村偏远地区工作、缺乏外部帮助和指导的教师能够明了易懂，同时，也要使非正规教育机构中的教师以及家长和社区清楚；（3）可评估性，即有助于有效开展持续而全面的评估；（4）学习连贯性，即从一年级开始按照递进的顺序规定了每个年级所应掌握的能力；（5）认知与非认知学习，即不仅规定了语文、数学和环境研究等认知领域的要求，而且对体育、工作实践以及音乐与艺术教育等非认知领域也做出了规定①。

1990年印度政府制定了建立“最低学业标准”的行动方案。方案提出，“最低学业标准”以分阶段实施的方式在初级小学和非正规教育中心施行，而方案的全部实施则需要三个或以上阶段。在第一阶段，该计划仅在2—3个邦为数不多的一些县和乡加以实施。第一阶段的主要目的是了解“最低学业标准”在正规和非正规教育系统中的运行情况，以及为使学生达到学业标准需要对教师进行哪些帮助，应采取哪些教学和管理措施来提高学生的学业成绩等。编制不同课程领域的《教师手册》，根据“最低学业标准”要求向教师提供开展有效教学和测验的全面翔实的解释说明。在各阶段启动以前，应在既有最低学业标准、教材、手册、习题集的基础上，对教师进行适当的培训，同时，为管理者和其他相关人员举办研讨活动，针对该计划实施的情况展开持续和全面的评估，要通过教学和测验的交替进行加强质量控制②。

---

① MOHANTY J. Modern Trends in Indian Education[M]. New Delhi: Deep and Deep Publications Pvd. Ltd, 2004:405-407.

② MOHANTY J. Modern Trends in Indian Education[M]. New Delhi: Deep and Deep Publications Pvd. Ltd, 2004:410-412.

第五节 印度义务教育均衡发展的经验与问题

一、印度推进义务教育均衡发展的主要经验

1. 注重非政府机构的参与

在印度努力实现义务教育均衡发展的进程中，很多非政府组织开展了大量的教育工作。非政府组织的活动不仅限于普通民众的教育工作，更体现在宏观层面上通过发起国家教育讨论以及引发社会关注教育机会与质量问题等来推动教育发展。例如，非政府组织“粮食权利运动”就通过在微观和宏观层面上调动公众舆论以及施加社会压力从而为各邦加快实施“营养午餐计划”发挥了重要的作用。又如，以“使每个孩子都能读上书和读好书”为宗旨的非政府组织“普拉森”，在印度509个县开创性地开展了小学学龄儿童学业成就测验工作，并发表了公开报告。此举促使印度初等教育阶段低学业水平和低教育质量的问题成为公众和媒体讨论的热点，而且还推动了政府主要教育研究机构的信息开放，印度国家教育与培训委员会随后也公开了官方开展的学生学业测验的情况。

此外，很多非政府组织还开展了大量小规模的教育现场试验，这些试验为检验特殊教育干预措施的成本效益提供了重要的信息，从而为政府采取以最低活动成本、最大影响的教育政策和革新举措提供了决策参考。例如，拉贾斯坦邦的“教育工作者计划”就是在非政府组织社会工作与研究中心前期在三所小学试点取得成功的基础上而全面推出的。“普拉森”发起大规模的“义务教育教学补偿计划”，通过提供辅助教师为政府学校中的弱势儿童开展补习教学。另有非政府组织在拉贾斯坦邦的部落村庄开办了很多由一名教师开展教学活动的非正规教育中心，并设立出勤奖来激励教师的工作，着力解决教师高缺勤率的问题[①]。非政府组织的活动还包括为辍学儿童重返学校而实施的“衔接课程”，帮助街头流浪儿童寻找领养父母以及安排其上学，组织女童和童工学习营，等等。

---

① Planning Commission, Government of India and Human Development Resource Center, UNDP. Successful Governance Initiatives and Best Practices: Experiences from Indian States[M]. New Delhi: Academic Foundation, 2003:91.

2. 重视开展非正规教育

非正规教育并不是在严格的正规学校系统框架之外开展的随意性和无系统性的教育活动，而是正规学校教育的有力补充，是在经济、社会条件受到限制的情况下普及初等教育，扫除文盲和适应民主社会发展的现实需要。它使学生在有限而僵化的正规学校系统之外有了新的选择，为学生提供了改善生活质量和发展职业能力的机会。非正规教育是在学生自身所处生活环境中提供的，但不干扰其本土的生活方式、经济追求和文化模式。

虽然印度在普及初等教育方面取得了很大的成就，但是，正规学校系统仍不能满足所有的需求，政府采取的吸引儿童入学的措施也并未完全奏效，因此，非正规教育系统成为加速扩大入学、巩固就学的替代性措施。遍及印度的非正规教育中心，为所有不能接受正规学校教育的儿童提供了学习机会。印度从第六个五年计划就开始重视为初等教育阶段儿童提供非正规教育。尤其是在一些教育落后的邦，非正规教育更是受到高度重视。同时，印度建立的非正规教育中心超过6.8万所，就读于非正规教育中心的学生达147万人，其中，92%为小学阶段的学生。就读于非正规教育中心的儿童主要有三类：一是落后地区的失学儿童；二是对正规学校现行课程不感兴趣的6—14岁女童；三是为补贴家用而从事各种经济活动的6—14岁儿童。

不少印度学者认为，开展非正规教育的重要意义在于，它使数百万辍学儿童重新接受教育，节省了大量人力、物力和财力资源，成为推进教育民主化的有效模式。同时，非正规教育的课程内容、教师、教学方法、学习媒介与资料也更加贴近学生，不同社会、文化和组织有效地参与到非正规教育体系中[①]。但也有人认为，非正规教育只是一种权宜之计，非正规教育不应固化成为一种双轨教育体系，也不应成为包治正规教育系统各种弊病的灵丹妙药[②]。

① MOHANTY J. Modern Trends in Indian Education[M]. New Delhi: Deep and Deep Publications Pvd. Ltd, 2004:88-89.

② MOHANTY J. Modern Trends in Indian Education[M]. New Delhi: Deep and Deep Publications Pvd. Ltd, 2004:90.

3. 强化建立公私合作伙伴关系

由于印度政府所提供的义务教育在数量和质量方面都还难以适应和满足不断增长的教育需求，因此，印度政府在大力发展公立学校教育的同时，也非常重视私立学校在教育发展中的作用，特别是强调通过间接提供经费资助或直接购买学额等方式建立公私合作伙伴关系，从而更好地发挥私立学校教育在扩大优质教育资源供给方面的作用。虽然，在初等教育阶段公私合作伙伴关系发展方面还远不及中等教育和高等教育阶段，但这种发展已呈现出向初等教育蔓延的态势，截至2005年，在初级小学和高级小学阶段公私合作伙伴关系的比例已分别达到3.4%和10.1%。从表9-13也可以看出，自1978年以来，印度义务教育阶段中政府学校的在校生人数增长率一直呈现放缓的趋势，而同期私立学校的在校生人数增长率则获得更快的发展。

印度颁布的《儿童免费义务教育权利法》也重申要建立新型公私教育合作伙伴关系。该法提出通过公私合作伙伴关系等计划，以“教育券”的形式向私立学校提供资助，家长可不受学校性质限制在公立或私立学校使用“教育券”，同时要求所有私立学校拿出25%的学额给处境不利家庭的学生。此举成为政府直接向私立学校购买教育服务最直接的体现。印度中央教育咨询委员会的下属委员会在起草《儿童免费义务教育权利法》时将该规定视为民主平等社会的重要前提条件。而实际上，印度政府中的一些人士曾有过更为激进的方案，法律委员会最初在起草该法案时甚至提出私立学校要预留50%的学额给贫困家庭的学生[①]。

公私合作伙伴关系的发展无疑在缩小校际差距和促进学校均衡发展等方面发挥了积极的作用。有分析指出，受资助的私立学校已越来越像政府学校，目前，这些学校教师的工资按照政府学校教师的标准直接由邦政府财政发放，教师的聘用也是由政府任命的聘用委员会而非学校来进行，而且，受资助学校在收费政策上也与政府学校一致，因此，政府学校学生与受资助私立学校学生在学业成绩上的差距正在不断缩小（但仍明显劣于在招生上进行严格控制和选择的私立精英学校）。尽管如此，公私合作伙伴关系的发展也招致一些不同的意见和声音，全印度教

① S. Seethalakshmi Centre buries Right to Education Bill[J]. The Times of India, 2006(7):14.

育权利论坛就批评国家通过这种方式来推卸提供初等教育的法定义务[①]。

表9-13 1978—2002年印度义务教育阶段各类学校在校生人数增长率

	学校类型	1978—1986年	1986—1993年	1993—2002年
初级小学	政府学校	77.6%	63.9%	57.9%
	私立公助学校	8.9%	0.8%	3.2%
	私立无资助学校	13.5%	35.3%	38.9%
高级小学	政府学校	67.7%	56.8%	42.5%
	私立公助学校	17.3%	21.8%	19.7%
	私立无资助学校	15.0%	21.4%	37.8%

资料来源：Geeta Kingdon. Public Private Partnerships in Education in India[EB/OL].[2010-12-16]. http://siteresources.worldbank.org/ INTINDIA/Resources/Kingdon.ppt.

二、印度推进义务教育均衡发展中存在的若干问题

1. 发展目标的适切性问题

义务教育的均衡发展是一个长期的、渐进的和动态的发展过程，愿景固不可少，但如何使目标的制定更加科学，使之立足于现实，契合发展则更为重要。印度在确定实现普及初等教育的期限目标时急于求成，未能从实际情况出发，忽视了资源不足、人口增长迅猛、国民贫穷、抵制女童教育的传统势力、落后地区的惰性等不利因素。印度在制定义务教育发展目标上屡屡出现的不切实际的问题值得警醒和注意。

印度政府在独立之初就制定了在十年内实现新《宪法》所确定的普及初等教育的目标。但是，随着最后期限的日益临近，印度政府认识到，实现确定的目标远比预想的难得多。正如20世纪60年代印度中央邦公共教育部副主任帕利哈尔所指出的，中央政府和邦政府在重新规划教育时要想获得成功，必须考虑到印度当前的物质条件和社会经济条件。没有理想固然不行，但理想成分过多只会造成目标与结果之间的不

① Infochange India. India to Notify Right to Education Act[EB/OL].[2010-09-01]. http://southasia.oneworld.net/todaysheadlines/india-to -notify-right-to-education-act.

平衡[①]。这导致印度政府此后不得不多次调整实现目标的时间表。而对于目前所提出的时间表，联合国开发计划署亚洲地区中心高级政策顾问桑托斯·迈罗塔在文章中指出，如果印度政府不投入更多的资源，以及提升公共支出的公平与效率，那么，印度要想实现2007年普及初级小学教育、2010年普及初等教育的目标依然是很渺茫的[②]。联合国教科文组织连续发布的《全民教育全球监测报告》也一再警告，印度很可能无法实现包括普及义务教育在内的所有全民教育目标[③④]。

2. 经费投入的充裕性问题

印度义务教育均衡发展经费保障方面的问题体现在经费投入总量和初等教育经费所占比例这两个方面。

一是教育经费投入总量的问题。教育经费占GDP的比例是衡量一个国家在推动教育发展上所付出努力的最重要的标杆性指标，同时，它也反映了教育相对于其他部门在国家经济中受到重视的程度。早在1968年，印度政府就在教育委员会的建议下提出，到1986年实现教育经费达到国民收入的6%的目标，此后，尽管印度政府反复重申这一目标，但一直未能实现。从过去的情况来看，实际上始终徘徊在4%左右。按照印度学者的观点，这种教育经费投入显然无法满足教育发展的需要：第一，无法满足向6—14岁儿童提供八年制普及初等教育的要求，从广泛的意义而言，普及初等教育包括普遍提供资源，普遍入学以及普遍巩固；第二，无法满足教育系统向全部在校生提供具有适当质量的教育的要求；第三，无法兑现教育委员会1966年提议的《1968年国家教育政策》的规定，《1986年教育政策》及其修正案重申的，教育经费达到

① PARIHAR P S. Need for Realistic Thinking in Education[J]. The Education Quarterly, 1966(6):26.

② MEHROTRA S. Reforming elementary education in India[J]. International Journal of Educational Development, 2006, 26(3):270.

③ 国际社会在2000年4月的达喀尔世界教育论坛上承诺，到2015年实现全民教育。为此应实现六个目标：(1)发展幼儿保育和教育；(2)使所有儿童都能免费接受初等义务教育；(3)为青壮年提供受教育和获得日常生活所需基本技能的机会；(4)促使成人文盲人数减少50%；(5)实现初等教育和中等教育中的性别平等；(6)提高教育质量。

④ GOVINDA R. Education for All in India: Assessing Progress towards Dakar Goals[J]. Prospects, 2008(38):442.

GNP的6%的目标；第四，低于包括非洲国家在内的很多发展中国家教育经费占GNP的比例，更不用说发达国家[①]（如表9-14所示）。

表9-14　全部公共教育支出占GNP比例的国际比较

	1998年	1999年	2002年	2006年	2007年
印度	3.2%	4.5%	4.1%	3.3%	3.2%
泰国	5.2%	5.1%	4.7%	4.3%	4.0%
巴西	5.3%	4.0%	4.4%	4.1%	5.2%
南非	6.2%	6.2%	5.4%	5.5%	5.5%
世界平均	4.3%	4.6%	4.6%	4.9%	4.9%
转型国家平均	3.8%	3.7%	3.3%	3.9%	3.5%
发达国家平均	5.0%	4.9%	5.5%	5.3%	5.3%
发展中国家平均	4.0%	4.5%	4.5%	4.4%	4.5%

资料来源：UNESCO. EFA Global Monitoring Report 2006: Literacy for Life[R]. Paris: UNESCO，2005：376-382. UNESCO. EFA Global Monitoring Report 2009: Overcoming Inequality: Why Governance Matters[R]. Oxford: Oxford University Press，2008：364-370. UNESCO. EFA Global Monitoring Report 2010: Reaching the Marginalized[R]. Oxford: Oxford University Press，2009：404-410.

二是教育经费中初等教育经费的比重问题。半个多世纪以来，印度公共教育经费在教育部门内部的分配也存在问题。在印度中央政府规划的发展战略中，"一五"时期农业优先，从"二五"时期开始则是在"马哈拉诺比斯-菲尔德曼"模式的基础上转向重工业，优先发展资本密集型重工业，而后才转向人力资源规划采取发展教育战略。由于印度政府要求教育系统要为国有产业的快速发展培养大批的工程师、科学家和管理者，因此，符合这些产业人力资源发展需求的大学、工学院、技术学院、管理学院和医学院获得大量投入。在资源有限的条件下，公共初

① JANDHYALA B G. Tilak. Financing Elementary Education in India. in R. Govinda. India Education Report: A Profile of Basic Education[M]. New Delhi: Oxford University Press,2002:267-273.

等教育系统的发展必定会遭到挤压。1956至1992年期间，印度初等教育经费仅占教育经费总投入的38%，尤其是在1966至1969年期间，初等教育经费的比例甚至减少到24%（如表9-15所示），而高等教育和技术教育经费则分别占24%和25%[①]。在1990年以前的40多年中，印度中央政府和各邦政府的教育经费有25%—30%投向高等教育。这种过度强调高等教育所造成的后果，是使印度背负上拥有全世界三分之一文盲和全世界三分之一以上失学儿童的负担[②]。有印度学者也指出，如果最初20年对初等教育的经费投入保持稳定的话，那么印度今天存在的初等教育入学率低和大规模文盲的状况就很可能会避免[③]。

表9-15　印度“一五”计划至“十五”计划期间初等教育经费的情况

时期	初等教育经费占各级教育经费总额的比例	初等教育经费支出金额（百万卢比）
第一个五年计划(1951—1956年)	58%	870
第二个五年计划(1956—1961年)	35%	950
第三个五年计划(1961—1966年)	34%	2 010
1966—1969年	24%	750
第四个五年计划(1969—1974年)	50%	3 743
第五个五年计划(1974—1979年)	52%	5 913
第六个五年计划(1980—1985年)	32%	8 414
第七个五年计划(1985—1989年)	37%	28 494

① AGGARWAL J C. Education Policy in India: 1992 and Review 2000 and 2005 (Third Enlarged Edition)[M]. Delhi: Shipra Publications, 2009:207.

② MEHROTRA S. Reforming elementary education in India[J]. International Journal of Educational Development, 2006,26(3):267.

③ TILAK J B G. Financing of Elementary Education in India[M]. New Delhi: Ministry of Human Resource Development, Government of India, and National Institute of Educational Planning and Administration, 2000.

（续表）

时期	初等教育经费占各级教育经费总额的比例	初等教育经费支出金额（百万卢比）
1990—1992年	37%	17 290
第八个五年计划（1992—1997年）	48%	103 940
第九个五年计划（1997—2002年）	66%	163 696
第十个五年计划（2002—2007年）	65.6%	287 500

资料来源：AGGARWAL J C. Education Policy in India: 1992 and Review 2000 and 2005 （Third Enlarged Edition）［M］. Delhi: Shipra Publications，2009：207.

3. 教育分权的合理性问题

印度学者普遍认为，印度之所以一直未能实现普及初等教育的基本目标，主要是因为各种规划形成于较高的层级，即国家和邦的层级，距离基层现实太遥远，在规划制定者（国家和邦层面）与执行者（地方层面）之间存在很大的差距。因此，人们提出要降低规划的层级，以便于规划的执行和落实。

印度现行的是三级教育规划管理体制。在国家层面上，国家规划委员会负责包括教育在内的所有经济部门的规划，而执行则通过人力资源部来进行。在邦层面上，各邦规划委员会负责制定规划，并交由各邦教育部执行。但是，在县层面上，至今仍未明确建立负责制定规划的机构。虽然，《1986年教育政策》指出要建立县教育委员会开展和协调县级层面上的规划活动，但是由于种种原因，至今任何邦均未建立县教育委员会。因此，印度实际上并没有制定县级规划的机制，也就无法开展制定县级规划。

除了规划能力以外，印度县级政府自身不掌控任何资源，因而无法独立实施任何项目。在印度，大部分项目是由中央政府或邦政府资助的，县政府极度依赖中央政府和邦政府的财政资源，而中央和邦政府提供的资源往往只能用于某些特定的活动。在这种制度安排下，即使县政府获得有关资源也无法将之用在最为重要的问题上。

因此，改善印度现行的高度中央集权化的行政体制已成为深入推动义务教育均衡发展的内在要求。为推动规划层次的下移，要对不同层级权力机构的职权做出清晰的界定，明确县级、邦级和国家级计划的实施范围。同时，分散制定规划的一个重要前提是赋权，即赋予县财政决定权，县政府应有权调配邦政府提供的资源。此外，中央政府应向县政府提供一系列经费而非专项经费[①]。

4. 师资力量的充分性问题

师资问题是影响印度义务教育数量与质量均衡发展的另一症结所在。一方面，印度义务教育阶段师资不足的矛盾非常突出。很多邦的学校的师生比都低于1：40的标准。有些学校只有1名教师，师生比达1：120。在一些偏远的地方，担任教师的通常是一些被称为“合同教师”或“代课教师”的不具有教师资格的当地人[②]。正如印度媒体一针见血指出的，在印度60万个村庄和不断增加的城市贫民窟中，所谓的“免费义务教育”实际上仅仅是由不具有教师资格的“临时教师”实施的基本扫盲教育[③]。在印度人烟稀少的地区，25%的初级小学是只有1名教师和1间教室的小规模学校。例如，在2002/2003学年约有950万儿童就读于小规模学校，这些学校中很多是由1名当地聘用的“合同教师”来支撑的，而且，其中有超过27.5万儿童学习的是为融入正规学校做准备的短期衔接课程[④]。另一方面，有些在职教师在教学时间和精力投入上也存在问题。据2003年对20个邦3 700所学校的调查结果显示，在政府举办的初级小学中，平均有25%的教师存在缺勤的情况，而且，更令人不安的是，即使在出勤的教师中也仅有约一半的教师在从事教学工

---

① SINGH R. Rural Education in India[M]. New Delhi: Adhyayan Publishers & Distributors,2009:125.

② RAMACHANDRAN V. Democratic Inequalities: The Dilemma of Elementary Education in India[M]//COWEN R, KAZAMIAS A M. International Handbook of Comparative Education, London and New York: Springer, 2009:673.

③ LALL M. The Challenges for India's Education System[M]. London: The Royal Institute of International Affairs, 2005:4.

④ Rangachar Govinda. Education for All in India: Assessing Progress towards Dakar Goals[J]. Prospects, 2008(38):439.

作[①]。《2005年度教育情况报告》也指出，教师的缺勤率达到25%[②]。

表9-16 2005年印度小规模初级小学的师资状况

学校类型	数 量
无教师的初级小学	8 465
单一教师的初级小学	97 670
拥有2名教师的初级小学	281 278
拥有3名教师的初级小学	108 228
拥有4名教师的初级小学	57 538
拥有5名教师的初级小学	39 224

资料来源：GOVINDA R,BANDYOPADHYAY M. Access to Elementary education in India: Country Analytic Review. Briton:Centre for International Education，University of Sussex，2005：19.

5. 学生就学的持续性问题

印度在普及义务教育的同时一直存在着学龄儿童辍学问题。辍学问题既造成了教育资源的浪费，影响了义务教育普及的成效，也对儿童个体发展带来诸多不利影响。虽然自20世纪60年代以来，印度义务教育阶段的辍学率已呈现下降趋势，但截至21世纪初，印度初级小学阶段的辍学率仍高达39%（如表9-17所示），能够完成全部义务教育的学生不足学生总数的一半[③]。

---

① KREMER M, CHAUDHURY N, ROGERS F H, et al. Teacher Absence in India: A Snapshot. Journal of the European Economic Association, 2005, 3(2):658-667.

② PRATHAM. ASER 2005 - Annual Status of Education Report[R], New Delhi: Pratham, 2006.

③ Government of India. Indian National Report on the Development of Education. Forty-seven Session of the International Conference on Education[R]. Geneva:Government of India,2004.

表9-17 印度义务教育阶段的辍学率情况

	1960—1961年	1970—1971年	1980—1981年	1990—1991年	2001—2002年
一至五年级					
男生	61.7%	64.3%	56.2%	40.1%	38.4%
女生	70.9%	70.9%	62.5%	46.0%	39.9%
合计	61.9%	67.0%	58.7%	42.6%	39.0%
一至八年级					
男生	75.0%	74.6%	68.0%	59.1%	52.9%
女生	85.0%	83.1%	70.4%	65.1%	56.9%
合计	78.3%	77.9%	72.7%	66.9%	54.6%

资料来源：Government of India. Indian National Report on the Development of Education. Forty- seven Session of the International Conference on Education [R]. Geneva: Government of India, 2004.

6. 教育质量的可靠性问题

由于印度义务教育发展的重点主要放在普及与巩固上，还未真正完成从数量增长到质量提升的转型，因此，教育质量还存在很大的问题。据2003/2004学年印度国家教育研究与培训委员会在全国范围内进行的学生学业水平测验显示，五年级和八年级学生的整体学业状况都远远不能令人满意（如表9-18所示）。2005—2006年，由独立的非政府组织在全国范围内对学生的学业成果情况进行了抽样调查，而结果同样非常令人震惊。2005年，近35%的7—14岁年龄组的学生不能阅读简单的段落（一年级水平），约有60%的学生不能阅读简单的故事（二年级水平），65.5%的7—14岁年龄组的学生不能解决简单的算术问题，而更令人担忧的是，47%的11—14岁年龄组的学生不能解决二年级水平的算术题。2006年的调查结果也基本一致，约有半数五年级学生不能阅读二年级的课文。学校教育质量的低下使学生无法有效掌握知识和技能，也导致学生的厌学情绪，在一年级入学的学生中有超过一半的人没读到八年级就选择了辍学[1]。

表9-18　印度五年级和八年级学生学业水平测验情况

<table>
<tr><th colspan="5">五年级学生学业水平测验</th></tr>
<tr><td>范 围</td><td colspan="2">数 学</td><td>语 文</td><td>环 境</td></tr>
<tr><td>30个邦及中央直辖区，88 271名学生</td><td colspan="2">平均分46.51，17个邦低于全国平均分</td><td>平均分58.57，15个邦低于全国平均分</td><td>平均分50.30，17个邦低于全国平均分</td></tr>
<tr><th colspan="5">八年级学生学业水平测验</th></tr>
<tr><td>范 围</td><td>数 学</td><td>语 文</td><td>科 学</td><td>社会科学</td></tr>
<tr><td>17个邦，101 066名学生</td><td>平均分38.47，10个邦低于全国平均分</td><td>平均分52.45，11个邦低于全国平均分</td><td>平均分40.54，10个邦低于全国平均分</td><td>平均分45.00，11个邦低于全国平均分</td></tr>
</table>

资料来源：GOVINDA R. Education for All in India: Assessing Progress towards Dakar Goals[J]. Prospects，2008（38）：441–442.

① RAMACHANDRAN V. Democratic Inequalities: The Dilemma of Elementary Education in India[M]//COWEN R,KAZAMIAS A M.International Handbook of Comparative Education, London and New York: Springer,2009:677–678.

第十章
国际义务教育均衡发展的经验、问题与启示

总体而言，美国、英国、法国、德国、俄罗斯、日本、韩国、印度这8个国家在经历一段时期义务教育的非均衡发展之后，都普遍采取相关措施力促义务教育在各个方面的均衡发展，义务教育的均衡发展通常都先后经历了逐步实现普及义务教育、均衡教育资源配置、为所有儿童提供优质教育（包括在此基础上或与此同时进行的对弱势群体提供补偿性教育）等几个阶段，后一阶段是前一阶段的延续和发展。义务教育发展在不同程度上从相对不均衡转向相对均衡，从数量均衡发展到质量均衡，从外延式、粗放型均衡转向内涵式、集约型均衡，从注重起点均衡转向注重过程与结果的均衡，从消极均衡到积极均衡，从统一化的均衡到多样化的均衡。

义务教育均衡发展涉及宏观层面的区域均衡、中观层面的学校均衡和微观层面的群体均衡。尽管所采取的具体措施不尽相同，但都呈现出一定的共性。如，在宏观层面建立统一的标准，力图使教育的各项指标在整体上达到一定标准；健全国家各项政策，包括资源投入和各项制度保障；针对不同对象、群体和地区提供补偿性计划和活动；针对上述几种措施仍然不能解决的问题，则通过差异化、多样化、市场竞争机制来提高效率和质量。同时，妥善解决教育内部各种矛盾，协调教育与其他部门的关系，保持政策之间的衔接和一致性等。在某种意义上，这些措施都在不同程度上促进了义务教育均衡发展，极大地提高了教育质量与

公平。但是，由于历史文化因素、旧有观念的牵制、新兴思潮的影响以及难以克服的客观条件限制和难以预测的主观因素，有些不均衡问题依旧根深蒂固。

第一节　各国促进义务教育均衡发展的主要经验

一、统一标准，规范资源配置

1. 在统一法律框架下，确立基本的义务教育学校办学标准，通过立法保证为各学校提供均衡的教育机会、资源及质量，严格执行学校设施标准，为每一个儿童享受平等的教育资源及机会创造良好的环境，是促进学校均衡发展的重要保障。

（1）合理设置学校设施和资源等各项基本标准。如，日本1947年《学校教育法》规定了学校办学标准，对选址、占地面积、校舍面积、师资水平、实验器材、图书配备等提出明确标准，并要求必须依法严格执行。20世纪50年代，日本开始密切关注义务教育均衡发展问题，制定了一系列义务教育学校的统一标准，其中最重要的标准是班额与教师编制的标准——《公立义务教育诸学校的学级编制和教职员定数标准法》（简称《义务教育标准法》），以及学习内容的标准——《学习指导要领》。《义务教育标准法》降低了义务教育阶段的班级规模，特别是制约了超员现象，除此之外，还起到了一个出人意料的作用，那就是促进了各地义务教育经费的均衡化。“标准化”是日本义务教育均衡发展的重要途径，它包括办学条件、教育内容、教师资格的标准化等一系列内容，《义务教育标准法》与《义务教育费国库负担法》相辅相成，为中央财政拨款提供了可操作的标准，在颁布不到20年的时间里，日本各地生均教育经费就趋于平衡，也提高了质量。

（2）统一教师教育标准，提高教师的整体素质与水平。要促进教育均衡发展，就要保证教师质量的均衡，而这又要求统一教师教育标准，如，德国先后通过了《教师教育标准》和《各州通用的对于教师教育的专业学科和专业教学法方面的内容要求》，并要求对教师进行培训以提高其教育诊断方面的能力，从而能够针对不同学生提供个性化的帮助。

(3) 合理设定教师薪资标准，完善教师薪酬制度，确保不同地区，尤其是地理、经济上处于不利位置的教师享有与那些处于优势位置的教师相同甚至更好的待遇，激活这些地区教师的积极性。在这一点上，俄罗斯出台的教师薪酬制度值得借鉴。俄罗斯教师薪酬制度规定，教师的工资包括基础工资和激励工资两部分：基础工资由课内外的教学活动构成，占总额的60%；激励工资主要取决于劳动的质量、数量和成果，占总额的40%。该政策对那些事务繁忙、负担沉重，但在原有体制下低工资的农村地区教师来说尤其有利，不仅增加了工资，而且降低了教师流失率，吸引了年轻优秀人才进入农村地区任教。

(4) 建立最低效率或教育质量标准，完善质量保证体系，严格进行质量监控。如，德国的国家教育标准，明确规定了学生在修完特定年级课程时应达到的最低能力水平，为各联邦州提供了一个质量发展统一标准，据此可以对教育体系进行检测，对学校进行评估。印度建立了底线性的“最低学业标准”，其主要政策意图是强调公平以及减少既有的不平等现象。小布什政府颁布的《不让一个孩子掉队法案》以“消除差距、促进平等”为主要目标，要求各州制定本州中小学学生成绩等方面的标准，并建立奖惩机制，通过建立监督评估机制来缩小校际的发展差距。但由于各州教育标准参差不齐，2009年，奥巴马政府在各州教育上采用“世界标准”，以提高学生面向21世纪的解决问题的能力、批判性思维能力及创业、创新能力。这种全国统一的“世界标准”有利于确保每个儿童都有平等的机会享受高质量的教育，从而推动了义务教育的均衡发展。

2.通过合理规划学校布局或引导择校、健全教学教务人员定期轮换制和重点解决弱势学生群体的资源配置问题，促进学校层面的资源配置均衡。

(1) 为确保每个儿童都有接受平等优质教育的机会，一些国家实行严格的学校分布图政策，限制或合理引导择校。在新自由主义思潮催生自由择校的教育改革之前，大多数国家实施“划分学区、就近入学”的教育政策，如日本、韩国、法国和美国等。德国各州文化部负责保证在全州范围内形成一个合理的学校布局。有些州甚至通过《学校法》确保通过学校发展规划来确定当前及未来一段时间对学校及其地点的需求。地区、区县、市镇作为公立学校的承办者也有义务在自己的区域内提供均衡的教育。随着新自由主义思潮的影响及按居住区划分学区的招生模式的弊端日益凸显，自由择校的思想越来越普遍，但是为了保证教育的基本平等，限制择校还是大多数国家的政策选择。目前，日本和韩国学校的招生按照学生居住地严格区分，就近入学；德国、法国和美国也基本以学生居住地划分学区就近入学，特殊情况除外。即使在那些允许自由择校的国家，政府还是会有所控制。不管允许还是限制择校，世界各国义务教育阶段的公共学校资源基本均衡，而且在实行限制择校的国家，对所有学生和家长，包括富人和权贵，都进行了限制。

（2）健全教学教务人员定期轮换制。教师定期流动有利于均衡各所学校的师资，从而促进各所学校教育水平的均衡发展。日本的“广域人事”极大地促进了义务教育的均衡发展。日本1956年6月出台的《地方教育行政组织运营法》第三十七条将教师的人事管理权限集中在道府县这一级的教育委员会，从而使教师的人事流动在更大范围内得以顺利开展。第三十八条规定，为了道府县内教师的合理配置和融洽交流，需按照道府县教育委员会设定的县费负担教师在同一市町村的标准在职年限以及其他任用基准，调动到别的市町村。由于该法的颁布，日本逐渐形成了都市和农村间的人事交流、偏僻地区和普通地区的交流、学校教师年龄结构的合理化、教师在同一学校任教年限适度等独具特色的日本教师人事流动制度。该法鼓励中坚教师到偏僻地区任教，并且在校长、教头等职务升任上重视偏僻地区执教经验。韩国也从1957年开始实行教师轮岗制，规定公立学校教师必须以4—6年为间隔在本学区同级别学校范围内流动（称“教师循环勤务制”），流动范围、流动时间、流动方式由各地方教育厅自主规定。

（3）将解决处境不利群体所需要的师资配置问题作为师资均衡配置的焦点。如，美国的师资配置基本遵循教育资源分配的差异原则和补偿原则，颁布了《国家为培养21世纪的教师做准备》，在35个州建立了教师证书互换制度以统一国家的教师资格证书制度，为那些任教于城市薄弱学校和少数民族学校的教师提供待遇上的优惠政策和特别补助，主要通过补偿的方式来缩小不同地区师资之间的差距。这些措施都直接或间接地推动了美国义务教育的师资均衡配置，为实现义务教育的均衡发展和促进教育公平提供了制度保障。

二、加大投入，完善拨款制度

1.建立合理的财政转移支付制度、拨款制度和资源共享制度，为义务教育均衡发展提供有效的财政制度保障。

（1）为了促进义务教育资源均衡分布，为每个儿童提供平等的教育机会，合理的财政转移支付制度是必不可少的。尽管上述几个国家国情不同，转移支付的模式也不尽相同，但都各自建立了适应本国国情的义务教育财政转移支付制度。政府义务教育财政转移支付制度总体上可以分为中央集权、地方分权、集权与分权相结合三种类型。

法国是集权型的代表，其中央财政承担了70%以上的义务教育经费，由国家直接转移到教师个人账户上，地方政府仅承担义务教育的校舍建设与学校行政经费；同时，通过政府间一般性转移支付和对处境不利群体、地域的特别扶持制度，降低城乡义务教育发展的不平衡性。

德国、英国和美国是地方分权型的代表。德国义务教育经费主要由州政府承担，将教师工资直接划拨到教师个人账户，约占义务教育经费的75%，另有少量经费由州转移给市镇政府。英国义务教育经费的80%由地方承担，中央政府的转移资金主要拨付给地方教育当局和“中央直接拨款学校”。美国采取的政府补助形式支持地方政府对义务教育经费的供应，义务教育财政支出呈现中央化趋势，从而弥补了由于各地经济发展情况不同而产生的财政差异，促进教育资源在学区间分配的均衡。联邦政府转移支付规模较小，其转移支付的项目通常与国家某项特殊利益结合在一起，具有随意性和不连续性。而州政府转移支付的规模较大，作用显著。各州政府所采取的教育拨款补助模式主要由各州根据当地情况决定，主要采取水平补助模式、基本补助模式、学区能力均等化模式、基数补助与保证税基补助结合模式和州全额资助计划五种模式。

日本则是结合型的代表，中央政府对农村义务教育的财政援助主要有地方交付税和国库支出金两种形式，地方交付税是一般性的转移支付，在地方交付税分配额的计算中，中央政府规定了对义务教育支出项目的标准；国库支出金中的95%被用于义务教育，属于义务教育专项转移支付，并且专门规定了用途，分别负担义务教育的人员工资、津贴、教材费、基建费等。

（2）合理的拨款制度是实现义务教育均衡发展的重要保障之一。英国的国家和地方两级教育经费拨款系统都以学生人数为基础，教育经费的计算也会考虑其他一些影响因素。如，由于不同地区经济发展和消费水平不同，教育费用的支出水平也存在差异。在政府向地方划拨学校教育经费的计算公式中，最后用“地区消费调节系数”进行总调节。英国学校的经费主要来自国家政府的财政拨款，地方财政税收也会提供一些支持。英国政府对基础教育的拨款分两个阶段进行：国家政府针对近150个地方教育局进行经费划拨；地方教育局对自己管辖区域内的各中小学校做出经费预算。

（3）随着就学儿童数量的增长、教育需求的扩大，资源减少与需求膨胀之间的矛盾使得资源共享的理念越来越重要且被人们接受。通过现代计算机网络和多媒体技术实行远程网络教育突破了传统教育的时空限制，有利于让农村和贫困地区的儿童享受优质教育，这也是实现资源共享的策略之一。作为网络教育的发源地，美国政府先后发起了“教育技术规划”，该规划的制定充分吸收和借鉴了学习科学与信息技术的新成果，基于美国公立教育系统所面临的困惑与问题，明确提出要借助于最前沿的信息技术对K-16公立教育系统进行整体性变革。规划包含学习、评估、教学、基础设施、生产力和研发六大部分，规划中强调了要创建21世纪的学习模型，要通过建设“学习基础设施”及教师的“联结性教学”来促进学生的学习，要整合、共享教育系统中的所有数据以改进学生的学习结果和教育者的决策水平，最根本和重要的是要提高整个教育系统的生产力。政府投入巨额预算用于实施这一规划，并在《走向美国教育的黄金时代》和《2009美国复苏与再投资法案》中将信息技术视为21世纪基础教育设施的关键组成部分。

2. 通过立法健全义务教育财政投入制度，为义务教育均衡发展提供持续、充足的经费。

从国际视野来看，众多国家通过立法来规定和约束各级政府的义务教育投入责任，并为支持义务教育均衡发展提供相应的制度和资源支持。如，日本通过如《学校教育法》《地方财政法》《义务教育国库负担法》《义务教育诸学校设施费国库负担法》《公立学校设施灾害修复费国库负担法》等一系列相关的法律法规来保障教育经费投入，各级政府以及其他相关的私人机构，都要按照法律法规承担相应的教育财政义务与职责。印度实施“操作黑板”计划为各小学提供必要的物质设施及必备的学习设备，实施“教育保障及替代与创新教育计划”为失学儿童提供支持，为提高初级小学的入学率、维持率和出勤率，印度政府先后发起了“国家初等教育营养支持计划”和“营养午餐计划”。美国自从《不让一个孩子掉队法案》实施以来，联邦政府对教育的投入日益增加。2001—2007年，美国国会对教育的资助由422亿美元增长到544亿美元。《不让一个孩子掉队法案》受到的资助增加了40.4%，即由2001年的174亿美元增加到244亿美元，其中，仅为提高学生的阅读水平投入的资金便增加了3倍多。2009年，奥巴马政府上台后修订《不让一个孩子掉队法案》，2011年给教育部的预算拨款为497亿美元，创下了自1965年以来对《中小学教育法》增加拨款的新纪录。可见，21世纪以来，美国虽然有政府更迭和政党轮换，但对教育的投入在持续增加。

3. 建立合理有效的教育经费绩效责任制和监督机制。

为了提高资金的使用效率，确保教育经费真正按照政策规划那样用在学校和学生身上，很多国家都逐步建立起一套比较完备的经费绩效责任制度、监督机制或者经费拨付的评价制度，以便社会对各个支出主体进行监督和绩效考核，让社会、政府和学校知道各项经费的使用情况。如，英国的教育督导制度以检查政府的教育补助为由，渗透到学校教育内部的各个方面，一方面，可以确保每所学校的经费得到合理使用；另一方面，可以获得学校各个方面的准确信息，以督促学校改进。日本文部科学省等行政机关实行信息公开制度，并在日本民间成立了一些教育经费的监督组织。

三、关注弱者，健全扶持政策

1. 通过立法或其他行政手段重点扶持经济、文化落后地区是促进区域义务教育均衡发展的重要策略之一。日本、韩国和美国通过立法对自然地理条件不利的农村、山区和偏僻地区提供额外补助和补偿性的教育支持。在日本各地财力普遍增长、出生潮过后学龄人口下降以及落后地区人口偏少等各种因素交织作用下，越是落后地区所获得的中央财政转移支付就越多，越是薄弱地区所获得的教育财政资助就越多。1959年，日本文部省发布了省令《偏僻地区教育振兴法施行规则》，明确了偏僻地区的划分和具体支援、补助的标准。另外，还有其他法律规定了对偏僻地区教育的补助、偏僻地区班级设置和教师配置规则等，共同形成了偏僻地区教育支援制度。具体包括：发放偏僻地区教师津贴，充实教职工福利、医疗保险，保证偏僻地区教师的进修，改善教育和受教育环境，形成针对偏僻地区儿童的对策，改善学校条件，发放偏僻地区学校保健、管理费用补助及儿童的用餐及医疗用品补助。韩国优先发展农村、偏僻地区的义务教育。韩国政府于1967年颁布《岛屿、僻地教育振兴法》，以优先发展农村、偏僻地区的义务教育。美国联邦政府通过各种计划和基金项目来扶助薄弱学校，如，综合学校改革论证计划、阅读优异法案计划等。在克林顿执政期间，联邦政府曾向国会申请620亿美元的拨款用于全国薄弱学校改革。各州要通过州立法机构的拨款和设立的基金项目、专门的扶助计划来扶助薄弱学校。根据《不让一个孩子掉队法案》规定，拨款需惠及大部分的贫困学校，为处境不利和未达到所在州学业成绩标准的儿童提供教育服务，其中，还设立了学校改进资金，专门为那些处于矫正行动阶段或重构阶段的薄弱学校提供额外的重要资助。俄罗斯对农村地区的学校实施有差别的支持，保障农村学校的信息环境建设，缩小农村学校与城市学校的物质环境差距，从而为所有学生提供均等的受教育条件；在小型农村学校制定个性化的教学大纲，致力于使每个受教育者获得最大限度的发展。启动农村学校的校车计划，提高优质教育可及性。

2. 对各类弱势群体学生采取有针对性的校内、校外援助，促进各群体内部的均衡发展。

社会群体均衡包括种族、民族、性别、生理、家庭经济环境、宗教文化等群体之间的均衡。随着全纳社会理论研究的深入，处境不利儿童的群体范围更加广泛，不再仅仅从种族歧视和多元文化的单一视角进行分类。那些生理缺陷儿童、贫困家庭，来自少数民族、移民国家、难民、单亲家庭及低收入家庭的儿童在教育中通常处于弱势群体的地位，而他们的教育问题成为义务教育均衡化进程中一道不可逾越的障碍，是推进义务教育均衡发展的重要内容。总体而言，对薄弱或处境不利群体的教育支持是实施义务教育均衡发展的一个不可或缺的环节。

（1）对少数民族学生群体的教育。英国颁布了《为了所有人的学习：学校种族平等标准》。美国主要通过立法和财政资助等措施来帮助那些处境不利的儿童享受平等的教育机会，并为他们开展补偿性的教育计划。俄罗斯为实施“民族教育复兴计划”，先后颁布了《民族文化自治法》《俄罗斯联邦国民教育要义》和《国家民族教育政策构想》等保护和发展民族语言、教育和文化，确保各民族享有平等的受教育机会。

（2）对移民子女的教育支持。随着全球人口流动规模与速度的加大，世界各地的移民越来越多，移民学生的教育问题也愈加凸显，尤其是在一些国际性大都市。一些欧美国家纷纷出台了针对移民学生的教育援助政策与计划。如，美国颁布了《移民教育紧急法案》，通过联邦政府帮助学区分担由于移民子女所造成的额外开支，这在很大程度上推动了美国教育公平与均衡化发展。德国各州政府也采取了一些专门的资助和促进措施来帮助移民儿童和青少年，对德语不佳者，要求所有教师和学科提供语言上的帮助；对于那些移民学生比例偏高的学校，政府提供额外资金，以帮助学校雇用有移民背景的教师，从而培养德国教师的跨文化交流能力，并开设德语作为外语课；此外，还聘用社会教育学方面的专业人士来辅助教师的教学，加强学校与父母之间的沟通和合作等。

（3）对特殊教育需要儿童的教育支持。英国2001年的《特殊教育需要与残疾法案》、2003年的绿皮书《每个孩子都重要：为了孩子的变化》和2004年的《儿童法案》，集中体现了对这些特殊教育需要儿童的关注。美国先后颁布了《残疾儿童早期教育援助法》和《残疾儿童教育法》，并通过增加对联邦政府的财政支持，督促学校为残疾学生提供更好的服务和支持来充分挖掘他们的潜力，竭力保障残疾学生取得学业成就，努力增加残疾学生上大学的机会。对特殊教育需要儿童的支持方面，日本的《学校教育法》明确提出实施6—14岁特殊教育需要儿童的义务教育，文部省于1952年在初等、中等教育局设置了特殊教育室，并且实施了一系列支持特殊教育的政策措施，制定《盲学校、聋学校以及养护学校就学奖励法》，实施就学奖励，减轻监护人经济负担；颁布《教育上需要特别对待的儿童、学生判别基准》，以便科学判断特殊儿童教育及因人施教；奖励设置特殊学级和养护学校，设立国立特殊教育综合研究所等。德国政府不仅为义务教育阶段的学生承担公共交通工具的成本，甚至为残疾儿童提供专门的运输服务。

（4）扶助那些家庭环境不利和需要保护的学生群体。随着难民、离异、分居家庭儿童的增多，此类家庭环境不利儿童或受保护儿童的教育状况引起了学者和政府的关注。对于难民儿童，英国政府出台了《2002

年国籍、移民庇护法令》，允许政府为难民儿童提供特殊的教育。对于离异家庭儿童，英国政府于2004年7月推出了绿皮书《家长离异：孩子的需要和家长的责任》，目的在于最大限度地减少父母离异给儿童带来的不利影响，并鼓励其他的非政府组织为家庭环境不利儿童提供更多服务。此外，英国政府还实施“家庭危机解决试点项目”，目的是帮助已经分居或者离婚的家长建立更多的联系，从而改善双方的关系，为儿童的发展提供一个较好的家庭环境。

（5）对低收入家庭儿童的教育支持。美国先后修订《中小学教育法》，通过《不让一个孩子掉队法案》《2009美国复苏与再投资法》设立专门针对弱势儿童的额外教育服务拨款项目，旨在为处境不利儿童提供额外的教育资助，从而提高来自低收入家庭的、在教学水平不高的公立中小学学习的学生成绩。德国实施小学入学诊断，以便更好地了解每一个学生，并通过引入社会教育学及特殊教育学的措施来为学生提供有针对性的、个性化的培养与指导。对于那些学习困难的学生，学校则以小群体为单位为学生提供额外的课程辅导。此外，德国多数联邦州都有关于学习用品补助或学习用品免费的规定，而且，公立学校向学生出借教材和其他学习用品（如计算机）。即使是在需要由学生父母承担部分成本的情况下，也会根据父母的收入和子女数量来确定所需承担的份额。韩国为解决由于课外补习给学生及其家庭带来的负担，以及由此引起的学生学业成绩的差异问题，实施了“放学后学校”与“放学后保育”制度。“放学后学校”是为了满足学生及其家长的实际需要而设立的，是正规教育课程以外的学校教育活动，也是学校经营的课外补习学校。“放学后保育”是针对低收入家庭和双职工家庭的子女放学后的看管问题而设立的。

（6）对女童的教育支持。印度先后实施了“国家女童初等教育计划”和“女生寄宿学校计划”，有些地区还制定女生出勤奖学金，以便为初等教育阶段处境不利女童提供特殊的支持措施，并提高其入学率与学校保持率。此外，为提高女童的入学率和保持率，印度的“操作黑板”计划规定所有聘用的教师中至少50%应为女性。

（7）对失学、流动儿童提供教育支持。印度“教育保障及替代与创新教育计划”为流动儿童提供干预措施，包括当父母流动时为其子女重返学校和继续上学建立季节性社区宿舍，为流动家庭和儿童配备流动教师，在流动工人集中的地区设立学校（如，糖厂学校、砖窑学校、盐场学校等），为流动期间未能上学的儿童在其返乡后提供各种补偿教育。为街头儿童、火车站儿童、父母坐牢的儿童、生活在贫民窟和建筑工地的儿童以及从事餐饮、机械、家政等工作的儿童，提供衔接课程、补习教学中心、寄宿营、就学中心等各种具有针对性的灵活的干预措施。为失学的青春期少女设立学习中心、短期的激励和扫盲中心，这些中心不仅引导少女进入正规教育系统，而且还向她们提供生活导向教育和性别敏感教育，以及有关法律救助、卫生保健、环境和女性问题的信息。美国从1996年就实施“农村流动儿童计划”，该计划不仅直接为学生提供全方位的服务，而且积极与家长保持联络，使家长参与流动儿童的教育过程，增加家长与子女之间的互动交流。另外，还开展对流动儿童的暑期教育，帮助那些因为流动生活方式而使学业中断或者错过了教育机会的流动儿童进行补充式教育。

（8）对其他处境不利学生群体的支持。印度的“普及初等教育计划”向表列种姓和表列部落儿童免费提供教科书、加强教师性别敏感培训、创造平等学习机会等措施，有些邦还设立私立学校表列种姓学生奖学金。印度政府还在一些精英学校为表列种姓和表列部落儿童保留了相应比例的学额并提供免费教育。日本对部落民、孤儿等进行教育支援，具体包括将冲绳的教师引入本土进行培训，向冲绳派遣再教育讲师团，颁布《冲绳振兴开发特别措施法》和《地域改善对策特别措施法》充实相应地区的学校教育，提供升学奖励，设置归国子女教育班级和归国子女教育研究合作学校。英国提出建立儿童数据库，并针对行为问题（包括逃学、吸毒和不良性行为、青少年犯罪）制定政策与计划。对那些学习困难的学生开展学习辅导员计划，为被排斥的学生提供学习支持单元，以缩小被排斥的学生与主流学生群体之间的差异，使之尽快地融入主流。

四、尊重差异，提供多样选择

1. 针对不同地方设置有针对性、实用性强、适合当地特色的课程，尤其是农村地区和一些发展薄弱地区的学校，使其自主发展。在建立和调整课程结构时，一些国家都从本国或本地区的农村社会、经济发展的实际情况和需要、当地人口的文化素质基础及当前和未来对农村人口素质的要求出发，调整和设置适应农村发展需要的课程，以促进农村学生学习实用性的知识。发达国家在普通中小学开设农业技术课程，对少年儿童进行农业知识普及教育，这种教育被称为“培养未来农民”的教育。发展中国家则在农村普通教育中引入职业教育的因素，如，智利在初等教育中实施菜园计划，并确定农村地区教育课程革新项目，根据学校所处环境特点，选择各种科目，如农业科学入门、林业科学入门、渔业和水产养殖入门等。英国以改进薄弱学校作为甄选标准的“特色学校计划”通过赋予教师教学自主权来形成学校的特色，通过发展特色带动学校的整体发展，通过经验分享和与社区合作提高学校的教育质量。英国《为儿童和学习者五年战略》中指出，为使教育服务机构满足每个人的需要，这就意味着学校、学院和儿童服务机构必须有创新和改进的自由，即赋予特色学校更多的独立性，使地方教育当局从管理者和教育服务直接提供者转变为学校的支持者和合作者。

2. 提供多样化的教育选择，满足不同学生发展的个性化需要。如英国教育行动区内的加盟学校与英国的私立学校一样，可以按照自己的教育理念对国家课程中固定的部分内容和顺序进行修正和重组，实施有利于学生发展的措施，确保学业水平差的学生、一般能力者和天才儿童都能够得以发展。大多数教育行动区对国家课程进行了重新设计，以培养和提高学生的阅读能力和计算能力。另外，教育行动区为了给学生的未来工作做准备，还设置了一些与学生的就业和社区工作有关的课程。俄罗斯提供4种类型的普通中等教育学校：（1）一至十一年级一贯制的传统学校；（2）特科学校；（3）文科中学；（4）实科中学。学生根据家庭条件、个人兴趣与能力选择学校，因此为学生个性化的发展提供了现实基础。此外，俄罗斯的学校教学内容以专业式教学为主，同时兼顾升学与就业，其学校课程分为基础性普通教育课程、专业式课程和选择性课程，三者比例为5∶3∶2。其中，基础性普通教育课程是所有高中生必修的课程；专业式课程是选择特定专业学生的必修课程；选择性课程既能获得专业教育标准，又能促进本专业学习的进一步专业化。

3. 不仅关注机会的平等，而且关注质量的公平与效率。如韩国的义务教育从单纯的均衡发展转向均衡前提下的卓越发展。如《“5·31”教育改革方案》实施阶段后期减少必修课目，扩大选修课目；按照学生水平设置移动教室；开发探究型、讨论型授课模式；建构多样化的评价制度体系等。教育部认为，正是由于这些改革举措，韩国的学生才能富有世界最高的学力。“追求卓越”的教育理念在学力评价中也得到贯彻，在韩国全国范围内定期开展学生学力评价、教育机构评价、课程设置与管理评价等。此外，根据评价结果建立合理的递差性扶持程序，对不同等级的学生进行有针对性的扶持，以此减少学力的地方差异。韩国2009年对全国所有义务教育阶段的儿童进行学业成就考试，将学生成绩分成超出普通水准、达到基础学力、未达到基础学力三个等级，对那些未达到基础学力的学生进行教育援助，对那些未达到基础学力的学校比较集中的地区则通过公开招募校长、教师，增加校长的决策权并进行评估等形式提高学业水平。

4. 对于一些薄弱地区、薄弱学校的改进，根据兼顾教育公平与教育效率的原则，通过市场竞争机制鼓励多种类型的学校彼此竞争，在提高总体教育质量的基础上有针对性地扶持薄弱学校，有利于实现公立学校、私立学校、优质学校和薄弱学校之间的均衡发展。英国和美国在进行基础教育均衡发展的改革中都注重融入市场因素。英国在实施“教育行动区计划”的过程中，政府将教育薄弱地区公立学校的管理权公开招标，社会各界，特别是私营企业均可提出申请接管这些公立学校并享受政府一系列的优惠政策。在以建设特色学校改进薄弱学校的过程中，英国政府也将市场企业管理的先进理念与经验引入教育领域，如，主张继续实行“公立私营”合作战略，允许工商业部门根据合同接管办学失败的学校和薄弱学校，政府也给予优惠政策，帮助工商业部门把这种“合同学校”建设成“特色学校”。美国则是通过择校制度和扶持薄弱学校双管齐下来促进义务教育均衡发展。从美国的择校制度来看，主要通过建立一批诸如磁石学校、特许学校、家庭学校、控股公司私校等新型学校，实行多元化办学和教育券制度，通过各学校之间相互竞争，从而促进学校改进质量，提高办学效率，同时，也有利于低收入家庭学生享受平等的教育机会，从而促进教育机会平等。在通过市场竞争提高教育质量的同时，对薄弱学校进行行之有效的改造也尤为重要。2009年，奥巴马总统上任后对薄弱学校进行扶持，要求各州加大对长期落后的薄弱学校即“持续最低效学校”的改造力度。奥巴马政府将持续低效的薄弱学校按学生学业成绩、学生学业进步和毕业率等分为三种类型，针对每种类型的学校实际情况采取相应的干预措施。

五、妥善解决教育领域的基本矛盾，尽可能清理阻碍义务教育均衡发展的一些隐患

要实现义务教育均衡发展，除了国家层面的各项教育政策和保障机制外，还要有效解决教育内部的各种矛盾。现只列举这8个国家中处理得比较好的几对矛盾。

主体民族与少数民族：俄罗斯有130多个民族，不但民族众多，而且各民族人口数量相差很大，实现各民族的教育平等困难重重。为此，俄罗斯先后颁布《俄罗斯联邦教育法》《俄罗斯联邦宪法》《俄罗斯联邦民族教育要义》，实行本民族语言教学，保障各民族的教育自决权，提倡民族特色的教学内容。保障各民族语言同俄语在民族地区享有同等的地位，保障各民族公民具有自由选择接受教育的语言的权利，从而为各民族义务教育的均衡发展提供了语言基础，为民族地区的教育与文化发展提供了动力。俄罗斯联邦各共和国国家政权和最高管理机构及其边疆区、州、莫斯科和圣彼得堡市、自治州、自治区政权和管理机构，有权根据本民族、本地区的社会、经济、环境、文化、人口和其他方面的特点，制定并实施共和国的、地区性的教育发展纲要；并且规定，一般情况下作为上述权限问题，联邦中央和部门性教育管理机构无权单独予以研究解决。俄罗斯学校的课程分为固定部分的国家课程和可变部分的地方课程，可变的地方课程又包括民族—地区课程和学校课程。大体的比例分配是国家课程占53%，地方课程占47%，其中，学校课程的比例大约是26%。从总体上看，国家与地方课程的比例分配是随着年级的升高，后者所占的比重逐步增大。可见，各民族地区的学校有四分之一的空间结合本民族特色，自由选择适合本民族文化的课程。

市场与政府：受新自由主义的影响，教育市场化和产业化也风靡全球，尽管如此，英国政府还是对教育进行适当干预，以保证基础教育的平等和均衡。以布莱尔为代表的新工党以“第三条道路”作为其改革的理论基础，既重视市场机制的作用，又强调国家和政府对经济的宏观调控能力。一方面，呈现出市场化的特征，如，支持择校和鼓励私立学校的发展，认为私立学校在很多方面做得很好，可与之建立新的伙伴关

系，但是不能把教育交给市场，而是让政府和私有资金共同运作，并吸收教育以外的社会力量参与到教育薄弱地区和学校的管理和运作中。但另一方面，仍实行国家课程和统一考试，追求教育质量、优异和多样性，坚持教育机会均等，强调每个学生都优秀、每所学校都成功，为弱势群体提供特别的帮助和服务，倡导“包容”以消除“排斥”等，寻求在市场机制与宏观调控、国家标准与个人需要、权力与责任之间的平衡。通过这种平衡，使英国的基础教育改革充满理性与朝气，最终达到教育的平等、质量与效率的统一。

统一性与差异性：在一些主权在州的国家，如美国，如果实施全国统一性的国家标准，交由各州负责承担，则需要综合考虑各州的情况和差异。美国《不让一个孩子掉队法案》在颁布之初，采用了“一刀切”的模式进行学校绩效改善，按照一定程序改进学校。但是由于美国各州之间的差异性，统一绩效责任模式的束缚以及资源调配的有限性，这种统一绩效管理模式已经不适合学校的实际发展状况。自21世纪以来，美国通过差异化的绩效责任制来推动义务教育的均衡发展。联邦政府建立一种更加符合学校改进实际的差异化绩效责任制，对落后学校、学区进行有针对性、实质性的干预，改善这些学校或学区的绩效状况，提升教育教学质量，从而促进学区、学校之间在更高水平上的均衡发展。该绩效责任制强调州学区以及学校必须确保所有学生，包括处境不利学生达到高的学业标准，并拟定一套奖惩制度要求学区和学校为改善学生学业成就负起责任。

效率与公平：在教育现代化的框架下，俄罗斯追求教育均衡，努力注重教育质量的提升和教育均衡发展的并举，力图兼顾效率与公平。自21世纪以来，俄罗斯的教育均衡发展政策主要体现在《2010年前俄罗斯教育现代化构想》和《国民教育优先发展方案》两个方案中，这两个方案的主要目标是为了促进俄罗斯教育的现代化进程，提高俄罗斯教育的整体质量。保障每个儿童都有接受高质量教育的均等机会是其目标之一，这也是直接促进教育均衡发展的基本理念。只有高质量的教育均衡才是真正的教育均衡，因而在提高教育质量的进程中保障教育均衡发展是明智的选择，特别是对于一直受平均主义文化传统影响的俄罗斯尤其具有重要意义。

公共部门与私立部门：义务教育均衡发展需要打破公与私、正规与非正规的二元对立格局，克服对各种类型学校的习惯性偏见，平等对待所有的学校、所有的学生，为所有学校、学生提供均等的教育机会和资源是义务教育均衡发展的题中应有之义。如，俄罗斯将免费午餐计划扩展至私立学校，力求达到所有的俄罗斯学生都可以吃到符合卫生标准、满足儿童身体发展需求的、优质的、营养平衡的标准午餐；美国举办多种类型的学校；英国实施的“教育行动区”计划和“追求卓越的城市教育”计划，充分运用民间和私人资本，发挥工商企业的作用，并为所有学校提供均等的机会和条件；印度在普及义务教育均衡发展的同时，也非常注重国内各种民间非政府组织的参与、重视开展非正规教育和强化建立公私合作伙伴关系。

六、注重合作和整合各种资源，协调教育部门与其他部门之间的关系

义务教育均衡发展需要各种社会力量的参与，建立企业、政府、社区和学校之间的良好关系，联合各界正规、非正规教育机构，各类公立、私立学校和组织，民间组织和志愿者，并通过大众舆论的力量，引发社会关注教育机会与质量问题。在过去很长一段时间里，印度义务教育发展的速度、普及程度在邦与邦之间存在显著的差异，甚至同一邦内不同县域之间的差异也很明显。此外，城乡、种姓之间教育发展的分层现象也很严重，可以说印度是这8个国家中义务教育发展区域差异最明显的国家。为此，印度政府采取了“县域初等教育计划”和“普及初等教育计划”。前者是以县为基本单位实施的大规模义务教育发展计划，居住区规划成为制定县域规划的基础，通过分权化手段，提高地方能力建设。后者的主要特点是由中央和地方共同实施，其中，中央政府负责制定目标、规范和规划，各邦政府负责具体的管理、规划以及筹集社会有关方面的资源。计划所需经费由中央和地方共同承担，世界银行、英国国际发展部和欧盟等国际援助机构也为该计划投入了一定比例的经费。该计划强调社会参与，提供全面经费成立乡镇资源中心、社区资源中心，并促进幼儿保育与教育、非正规教育和女童教育的发展，不仅注重国内各种民间非政府组织的参与，还重视开展非正规教育和强化建立公私合作伙伴关系，极大地推动了义务教育的普及。1992年，俄罗斯改

变普通中等教育学校的单一国家所有制形式，教育不再是政府的特权，承认并鼓励社会、团体和个人等合法办学，因而多种新型的学校机构涌现出来。

运用各种社会组织的力量，实现学校类型、资助模式、学校发展模式的多样化，建立资源共享的合作伙伴关系。如，美国实行多元化的办学模式，建立起一批诸如磁石学校、特许学校、家庭学校等新型学校，通过市场竞争提高教学质量的同时满足不同学生的需要；英国实施“特色学校计划”，加强学校与家庭、产业和社会其他领域的合作，在地方教育当局和学校之间建立新型的伙伴关系，并且在特色学校之间形成资源共享的伙伴关系。此外，加强校际合作，吸收优秀学校的先进经验，如“追求卓越的城市教育”计划的目标之一就是要建立学校网络系统，使得一些学校改进和成功的经验得以广泛传播。这种资源共享的伙伴关系在2009年英国政府发布的教育白皮书《你的孩子，你的学校，我们的未来：建立一个21世纪的学校制度》中得到了进一步强调和扩展，并将资源和专家共享从课程领域拓展到学生的行为和出勤管理上。

七、注重各政策之间的互补和衔接

为了确保促进义务教育均衡发展的政策得以有效实施，需要相应的监督管理体制对义务教育均衡发展的各种政策进行监督与协调。教育督导制度是教育管理体制的重要组成部分，其在保证教育发展的质量、教育决策的审慎和政策的落实上发挥着重要的作用，是在教育过程方面促进义务教育均衡发展的重要保障。大多数国家，如英国、法国、德国、日本等都建立了教育督导制度，但由于各国的教育管理体制不同，其教育督导制度也各具特色。如英国教育督导制度以学校督导为主，根据学校督导与评价的结果判断各层面教育状况、形成教育标准。督学以检查政府的教育补助为由，渗透到学校教育内部的各个方面，在确保每所学校的经费得到合理使用的同时，要求督学通过访问获得这些学校有关纪律、管理和教学方法方面的准确信息，同时，督学要提出学校在管理、纪律以及教学方面的改进意见。另外，还赋予督学为决策提供咨询的职能，不仅要了解某所学校的具体情况。同时，还要形成对一个地区总体教育乃至整个国家初等学校状况的判断。

法国教育督导最初是监察和领导，后来过渡到监督和指导，最后发展到检查、指导、联络和参谋，督导系统的功能不断调整和丰富，且不同层次的教育督导机构的工作重点既有相同之处又有明显区别。教育督导制度与教育行政制度保持高度一致，教育督导工作推进的目的在于为现实的教育行政管理服务。教育督导是教育事业强有力的监控体系，是一种专业性、政策性很强的工作，因而法国注重高素质教育督导队伍的建设，维护教育督导在教育运行中的绝对权威。

德国教育督导和教育行政管理工作合二为一，教育督导贯穿于教育行政整体工作之中，但教育督导的事务与行政事务明确分开。教育督导的基本职能明确，包括业务监督、公务监督、法律监督，以提高教育督导的效率和效能。坚持以督学为主，实行区域管理负责制的督学，妥善处理督学与督政的关系。

日本实行指导服务型的教育指导或视导制度，教育督导人员只有指导、建议和帮助的职能，即“视”而不“督”，“导”而不“令”。坚持教育督导专业化方向，广泛采用由教师补充教育督导人员的制度。重视教育督导法制化建设，教育督导法规体系比较完善，在《文部省设置法实施细则》《教育公务员特例法》《关于地方教育行政的组织及经营管理的法律》及其他有关教育的法规中对教育督导制度相关细节做了明确规定。

财政均衡是实现教育服务均衡的基础，财政均衡的真正实现最终应体现为城乡间、学校间的教育服务水平供给的均衡。因此，国家范围内的财政均衡应该注重服务均衡与财政均衡的统一。本书中所讲的这8个国家实施义务教育均衡的财政政策普遍采取先实现财政均衡，然后在此基础上，根据教育服务均衡的需要，采取合理的差异化均衡。如，英国的“基数和因素加权经费需求”财政拨款主要包括生均经费基准数和额外教育经费需求调整两个部分。生均经费基准数是按学生人数拨付相同数额的经费，实现财政的基本均衡。额外教育经费需求调整主要考虑在生均经费基准数基础上对影响教育质量（主要是影响教育服务水平）的不同因素按照不同比例进行增加。在根据经费需求基准数和各因素计算加权后的总数的基础上，即可得到每名学生所需的教育经费总数。日本《义务教育费国库负担法》规定，国家将负担义务教育学校的教职员工实际工资（包括津贴）的二分之一。《义务教育标准法》的颁布，为国库负担提供了一个可操作的标准。也就是说，中央财政对各地的拨款是基于各地教师的数量，而各地的教师数量是根据《义务教育标准法》以班级数为基础计算的。

此外，有些政策的实施需要其他领域相关政策的补充与协助才能充分发挥作用。如，俄罗斯在制定民族文化与语言政策时，注重文化政策与教育政策的协调，其《联邦教育法》规定了关于民族教育领域国家政策的原则，即实现俄罗斯联邦文化与教育空间的统一，在多民族国家条件下，通过教育体制保护和发展民族文化、地区文化传统和特点。《俄罗斯联邦教育发展纲要》也专门提及发展和保障民族文化及地区文化传统特点问题，要求在制定基本教育大纲时，既要保证考虑民族文化基础，又要保证俄罗斯联邦教育和文化空间的统一，必须制定具体的措施体系，并着手落实相应措施，以满足各民族、各种族群体的教育需求。

第二节　存在的问题及其成因分析

事实证明，教育起点层面的不均衡发展问题（教育资源配置不均衡）会随着教育改革和社会经济的发展而逐渐得到解决，但是，教育过程与教育结果层面的均衡发展问题则因其错综复杂的成因，在短时期内是很难解决的。经过长达几十年甚至几百年的努力，上述8个国家采取的措施在促进义务教育均衡发展方面的成效是显著的，如今，已经在很大程度上缓解了存在于地区之间、民族群体之间、不同社会阶层之间和性别之间的教育不均衡矛盾。不过，PISA和TIMSS等国际学生学习成绩测评也一再表明：尽管教育扩张极大地增加了各个群体的教育机会，减少了教育起点层面的各种教育不公平，但是，若从教育过程和教育结果的层面来看，不同类型学校和不同社会阶层之间的教育不均衡现象仍然存在。此外，随着移民、难民与离婚、单亲家庭的增多，这些环境不利群体的学生成为教育体制中新的处境不利群体。受到新的国际教育思潮，如新自由主义、教育私有化和市场化的影响，义务教育均衡发展的诸多策略和计划受到挑战。由于一些旧有观念及传统思想的影响，仍然难以在不同群体内部实现教育均衡发展。由于无法消除的地理、社会及经济差异，离实现教育均衡发展的目标仍然很远，即使资源配置均衡也难以实现教育的均衡发展。由于一些根深蒂固的顽疾，教师、校长流动的师资交换机制也难以有效实施，变成了流于表面、敷衍上级要求的空泛形式。下面就推进义务教育均衡发展过程中存在的一些问题及其成因进行分析。

一、外在环境及体制的制约

一般而言，山区、海岛、沙漠等地区的义务教育条件因自然地理环境的影响而无法与交通便利的地区相比。除了这些无法克服的先天外在条件的限制，外在社会环境及体制的羁绊也使得义务教育难以在短期内实现均衡发展。具体包括如下几个因素：

（一）一些历史遗留问题根深蒂固，严重阻碍义务教育的均衡发展。义务教育难以有效满足不同民族在语言、宗教、习俗（对女童教育的轻视）、学习方式等方面的多样化需求，从而造成不同族群教育机会和教育质量的不均衡。

深受历史文化因素的影响，一些影响教育均衡发展的因素一直贻害至今。影响俄罗斯各群体教育均衡发展的三个因素：社会等级、地理位置、民族或种族，至今仍严重制约着俄罗斯义务教育的均衡发展。其中，民族问题自古有之，属于历史遗留问题，也是困扰义务教育均衡发展的一个关键因素。在教育民主化思潮的影响下，俄罗斯提倡“民族教育的复兴”，这一方面促进了民族文化身份的认同与民族文化的发展，但另一方面也导致激进的民族主义和分裂主义的出现。许多民族自治地区出现了“种族化”倾向的课程。因而，如何保持国家层面的统一和民族文化的特色，既能维持俄罗斯统一的教育空间，又能形成和发展民族地区的教育体系，在保障民族团结的基础上促进各民族地区教育的发展，是一个一直困扰联邦政府的重大民族教育课题。

（二）儿童的家庭背景强烈地影响其在学校的学业表现，这种先赋性的文化、经济和社会资本的不均等，单靠教育部门的均衡发展的努力是难以克服的。

义务教育难以有效满足不同经济发展地区、不同经济背景家庭的儿童的学习需求。时至今日，各种教育调查的结果一再表明，父母社会阶层对子女教育结果的影响依旧明显，尤其是在那些社会等级分化明显、阶层固化的国家。PISA测试结果已经多次表明，德国学生的社会出身与其在阅读、数学和自然科学方面所取得的成绩具有正相关的关系，也就是说，出身于社会上层家庭的学生的成绩平均高于出身于社会下层家庭的学生。尽管在所有的OECD成员国中，普遍存在这一正相关关系，但是在德国，这一关系表现得更为突出和明显。不同社会阶层的学生在教育结果方面的不均衡问题不仅在过去而且在未来一段时期仍是德国所面临的一项艰巨任务。

仅仅通过教育本身的力量，难以克服学生分化严重的问题。即使在学校经费、师资等资源配置方面实现了均衡，但因生源而形成的学校之间的差异仍然十分明显，并且很难解决。通常是城市中心和文化区域内的学校因生源质量较好而声誉显著，而只有经济优越的家庭才有可能居住在这些房价较高的学区附近，因此，造成各群体学生享受不平等的教育资源。

消除不同社会阶层在教育参与，特别是在教育结果方面的不均衡现象是教育均衡发展所面临的一个长期的历史性挑战，因为这不仅仅是实现教育资源均衡配置就能解决的，其决定性因素主要还是学生家庭所拥有的文化资本、经济资本和社会资本，及其父母的教育期待与理性行为。不同社会阶层的家庭所持有的资本不同，而且，从社会再生产理论的视角来看，社会上层家庭总是会通过不同的方式和途径来维护和延续他们的优势地位，获取更多有价值的教育资源，并以此生成和维系自身与社会下层家庭的区隔。所以，消除不同社会阶层在教育结果方面的不均衡，实质上就意味着消除社会阶层本身的存在。这不仅远远超出了教育系统的能力范围，而且在现有的社会分层的社会形态下也是不大现实的。

（三）各领域间的权力博弈和话语分化，以及公众舆论的压力，使得一些旨在推动义务教育均衡发展的改革措施缺乏坚强而统一的后盾，因而其实施过程也极为复杂。

一些改革措施因为当权者支持不力，各个既得利益集团之间的权力博弈，外在制度的约束及公众舆论的压力等未能得到很好的实施。韩国拟扩大初中阶段义务教育范围，力图实现1994年全国中学生的25.4%，即约64万人成为免费义务教育的实施对象。而负责义务教育经费拨款的财政经济院提出了反对意见，认为1995年的初中入学率已达到99.3%，因此，实施初中阶段义务教育只会增加政府的负担。受其影响，全面扩大初中阶段义务教育的计划全面搁浅。日本进行的新自由主义改革严重威胁义务教育均衡发展，因此，其文教领域在不同程度上对这种改革进行了强有力的抵制，从而使一些促进义务教育均衡发展的支撑性体制出现较小范围的松动。推动改革的各地行政当局与文教系统的利益代表——教育委员会发生正面冲突，教育领域内抵制改革的力量与教育领域外推动改革的力量互相角力，形成了相持不下的局面。法国关于教育优先区的发展计划也引起若干争议，对其褒贬不一。有人认为教育优先区的标签加剧了“弱者集中的效果”、处境不利人群的集中化，更减少了其成功的机会。教育优先区的设立又使条件优越的家庭，从教育优先区中的学校撤离。这样，实际的结果是社会分离现象进一步加剧。意在缩小教育不平等的举措，却陷入不平等的泥潭。因此，法国教育优先区的发展处于进与退的两难选择之间。印度的“操作黑板”计划被认为代价高昂，且以高度集中、自上而下的方式实施，未能实现为小学建立基本设施标准的目标，又因利益相关者的缺席，最终以失败而告终。此外，诸如美国这样主权在州的分权制国家，由州负责本州的教育发展，各州的教育标准参差不齐，难以建立全国性的义务教育标准（除非联邦政府强制要求），更难实现统一的义务教育发展目标，因而也很难实现义务教育均衡发展。

（四）现代化与全球化引起人口模式、人口结构及家庭结构的变化，由此形成一些非常规的弱势学生群体，这种学生群体的不均衡发展严重威胁义务教育的均衡发展，对此问题的解决严重超出了教育部门的能力范围。

全球化社会引起的人口跨国、跨地域流动速度加快、规模加大，由此引起难民、移民人口增多，这些移民群体的子女在学校通用的教学语言方面往往处于劣势，加之家庭经济状况不好和对不同学校文化体制的适应所需耗费的时间较长，一般难以享有与本地儿童同等的教育机会，更别提取得均等的教育结果。现代化社会生活节奏加快、同步化等引发一些社会不稳定危机，导致家庭结构变化，家庭模式多样且复杂，离婚、单亲、分居、组合家庭增多，进而对学龄儿童产生一定的负面影响，使其不能像正常家庭儿童那样全身心地投入学习。由此形成的家庭不利儿童或社会弱势群体的教育仅靠教育部门一己之力是远远不够的，还需要社会各界的共同努力。

（五）潜在、旧有的偏见削弱了旨在推动义务教育均衡发展措施、策略的实施效果和力度。如，对公立与私立、正规与非正规教育机构，代课教师和正式教师的不同态度；对传统弱势群体，如，女性、少数民族、低收入阶层和社会地位偏低人群的歧视。

以印度为例，印度在普及义务教育的过程中，因为学校教师不够，教育资源不充足，曾大量聘用一些只经短期培训就上岗的“代课教师”，并与各种非正规、非政府组织和民间组织一起合作，与私人公司或企业建立公私合作伙伴关系。但是关于“代课教师”和非正规教育组织，还是引起了广泛的争议。从20世纪90年代中期开始，印度以低成本聘用没受过专门培训的教师，在没有正规政府学校的小村庄进行学校教育。该计划在促进初等教育普及，提高教育质量方面发挥了积极的作用，但是，这种实施不同标准的正规教师和代课教师双轨制的伦理、法律和政治等问题也引起了人们的关注。有的人质疑这些代课教师是否具有任教资格，并对其提供的教学质量提出质疑。有的人认为由于这些教师基本上来自所在社区并与其签订短期合同，所以具有更大的责任感。根据一些小规模的研究显示，代课教师和正规教师在教学质量上尚没有表现出太大的差异。又如，关于非正规教育组织的争议，虽然这些非正规教育机构因不同社会、文化和自愿组织的广泛参与使其教学内容更贴近学生生活实际，帮助数百万辍学儿童重新接受教育，并节省了大量人力和物力，推进了教育民主化，但是，被认为只是一种权宜之计，不能包治正规教育系统的各种弊病，因而，不能与正规教育体系一起发挥作用。

从上面的两个例子可以看出，社会大众潜意识中还是对非正规、非正式教育机构和私立教育组织存有顾虑，不能完全相信这些非正式机构，甚至对这些组织机构存有一定程度的偏见。

二、教育领域自身存在的缺陷与矛盾

（一）旨在推动义务教育均衡发展的相关策略和计划本身存在的不合理因素。

1. 经费投入的充裕性与合理性问题。经费投入包括经费投入总量和初等教育经费所占比例，具体表现在是否有足够多的财政资助来实施那些对薄弱群体、地区和学校的补偿性教育援助，实现地区、学校和群体之间教育资源的均衡配置。如，印度教育经费占GDP的比例长期稳定在4%左右，不仅远远低于发达国家，而且低于包括非洲国家在内的很多发展中国家。此外，印度各级政府长期以来将教育经费的25%—30%投给高等教育，从而造成初等教育经费不足，致使今天印度的初等教育入学率低且仍然存在相当比例的文盲。又如，美国刚开始实施《不让一个孩子掉队法案》时，联邦资助非常有限，仅占公共教育经费总额的8.5%，因此，影响了一些目标的达成。英国在实施“教育行动区计划”时，因为人力资源短缺、财务管理不善而使各项目的运营遭受很大阻力，有些甚至停滞不前。

2. 发展目标的适切性问题。义务教育均衡发展是一个循序渐进、漫长的动态过程，尤其是对于一些原本各方面差异悬殊的国家，如何立足现实，制定行之有效、科学合理的目标就更为重要。如果定的目标过高，与实际情况相差太大，在执行过程中急于求成，反而会带来相反的结果。如，印度制定的义务教育发展目标屡屡出现不切实际的问题，导致印度政府不得不多次调整实现目标的时间表。联合国教科文组织连续发布的《全民教育全球监测报告》也一再警告，印度很可能无法实现其普及义务教育的目标。小布什政府制定的《不让一个孩子掉队法案》没有完成既定目标，教育差距在拉大，各州教育标准低下。如，小布什政府要求各州每年进行测试，以使所有学生到2014 年达到各州所规定的熟练水平。但是学生兴趣、水平、家庭背景等差异很大，各州教育状况不相同，加之联邦资助有限，该目标只能是一个梦想。奥巴马上台后，不仅改变了这个目标，还将截止日期推迟到了2020年。又如，奥巴马政府要求所有学生到2020年要在升学和就业方面做好准备的目标也被认为不切合实际。在知识经济时代，新旧知识更新重组速度加快，知识呈爆炸式增长，加之就业市场千变万化，为就业做准备的教育充满了不确定性。同时，国际竞争的加剧又对劳动者的素质提出了越来越高的要求，以往的应试教育根本不能适应时代的发展。

3. 师资力量的充分性问题。很明显，这些促进义务教育均衡发展的措施对教师素质提出了更高的要求，教师不仅要掌握所教学科的专业知识，还得具有公平、公正的对待各种家庭背景、种族、性别、社会地位的学生的意识，并有能力鉴别需要帮助的学生，从而提供有针对性的帮助。这些需要对教师进行相关培训，以提高他们的相关意识和技能。如，印度实施的“合同教师”或“代课教师”被认为是不具有教师资格的“临时教师”所实施的“免费义务教育”，充其量不过是基本扫盲教育。此外，在职教师的时间和精力投入也存在问题。师资问题严重影响了义务教育的均衡发展。

4. 各级政府教育的权责问题。义务教育均衡发展涉及各个层面，需要各级政府之间的协商与合作，因而，需要在各级政府之间进行明确的权责划分，以保证各种教育政策的有效实施。在一些国家还需要改变以前那种中央集权或分权的单一的行政管理体制，赋予地方或各下级政府更多的自治权，实行权力下移。这必然涉及赋权与分权，但是如何赋权，给谁赋权，各权力机构的职权范围应该如何界定，资源如何分配等，都是很难界定的问题。尽管印度现行的是三级教育规划管理体制，但是县级层面上至今仍未明确建立负责制定规划的机构。更重要的是，县级政府不掌控任何资源，无法独立实施任何项目。在印度，大部分项目都是由中央政府或邦政府资助的项目，县政府极度依赖中央政府和邦政府的财政资源，而中央和邦政府提供的资源往往只能用于某些特定的活动。在这种制度安排下，即使县政府获得有关资源也无法将之用在议事日程中最为重要和紧要的问题上，因此，印度一直未能实现普及初等教育的基本目标。

5. 对于均衡没有一个被广泛认可的概念，对于质量均衡也没有一个广泛公认的标准。质量均衡问题通常与公平、平等相提并论，而且从关于均衡的各种研究论文和专著中可以看出，之所以均衡问题一直是热门话题，就是因为没有一个普遍公认的关于均衡的概念和标准，众学者各执一端，几乎每个学者都可以提出一个关于均衡的概念和标准。这种理论上的不统一自然难以合理地指导实践。此外，均衡只是一种动态的、相对状态，关于均衡也没有一个明确的、可测量的标准，正如詹姆斯·科尔曼所说：“只可能是一种接近，永远也不可能完全实现。”

（二）教育领域的永恒矛盾始终制约着义务教育的均衡发展。如公平与效率、政府与市场、中央与地方、统一标准与多样化发展之间的矛盾充斥着整个教育的发展过程，并在不同程度上持续影响改革效果。

受新自由主义、市场化等新兴思潮的影响，旨在促进义务教育均衡发展的措施和体系被打破，一些改革举步维艰，甚至产生一些有悖于义务教育均衡发展的改革措施。如，日本在战后半个世纪的时间里实现的全国范围内义务教育均衡发展，在20世纪、21世纪之交开始出现了新的动向，特别是21世纪初义务教育结构改革以来，一些支撑性的体制似乎开始瓦解，如，传统的学区制被打破，义务教育费国库负担制度被修改，统一的“六三”学制遭质疑，县级义务教育管理权的下移，甚至出现公司办学的现象，这些改革在不同程度上对义务教育发展构成了威胁。这些改革的主要动因来自教育领域之外，是20世纪80年代以来新自由主义改革的产物。新自由主义注重效率而忽视公平，受其影响的日本义务教育改革的重点是促进义务教育领域的地方分权，以期增加自由度、激发活力和提高质量，这将打破义务教育均衡发展的若干支撑性体系。又如，法国原本为了实现社会平等和基本平衡的学校分区图制度自实施以来就受到多方阻碍，尤其是在新自由主义的影响下，要求自由择校的呼声不断高涨。新政策赋予家长自由择校的权利，但由此引起的学校之间的竞争可能扩大学校之间的差距，由此与义务教育均衡发展的目标严重相左。美国之前实行“划分学区、就近入学”的教育政策为广大儿童提供公平、优质的教育，但是20世纪80年代以后开始奉行新自由主义政策，将市场竞争机制引入教育领域，实行自由择校的制度（虽然择校的声势浩大，但75%的地区仍然以学校分区为主）。

在一些民族混杂及移民群体不断增多的国家，主体民族与少数族群在教学语言方面的矛盾及其引起的族群认同的冲突越来越复杂难解。如，英国自从工党上台以后，虽然提倡社会公平和建立多元文化的社会，但仍没对国家课程和评价体系进行大刀阔斧的改革，使之适应多民族国家的需要。1996年英国国家教育委员会特别强调：伦敦内城区的学校可以在落实国家课程的同时引入多元文化课程，这对少数民族教育政策不得不说是一项重要的改革。另外，威尔士地区的威尔士语也被列为核心课程，而该地区的非威尔士语学校中，威尔士语被列入基础课程。国家课程在实施的过程中，虽然可以有一些变动，但仍发挥着强大的作用。目前，作为基础课程的现代外语包括了威尔士语、爱尔兰语和苏格兰盖尔语，而其他可供选择的外语还有近20种。虽然如此，其他语言并不能与英语的地位同日而语，即少数民族的文化也不能与主流的英语文化相提并论。

此外，一些国家的改革措施、方案在短期内不断翻新、层出不穷，且因各政治党派权力更迭而发生变化，改革实效甚低，流于空泛的口头承诺，有的甚至被指责为迎合政党竞选的需要而曲意为之。在美国，长期以来共和党和民主党在教育问题上一直存在分歧。在对失败学校的处置问题上，共和党主张在改造无效的情况下予以惩罚，直至关闭重组；而民主党则主张以帮助为主，施以更多的经费资助。在测试问题上，共和党认为强制性测试有利于统一全国课程，民主党则认为强制对少数族裔等处境不利儿童不公平。2009年，奥巴马代表民主党提出，世界水平的教育在道德上是必要的，因为它是确保社会更公平、公正的关键。如果美国不能为每个孩子提供世界一流的教育，美国将无法兑现机会平等的许诺。基于这种认识，奥巴马政府要求各州提高教育标准，更新教育评价，改善责任制，关注弱势群体。事实上，这些政策所追求的是教育的全面卓越。

第三节　我国义务教育均衡发展中存在的问题及解决路径

一、我国义务教育均衡发展中存在的若干问题

由于我国地域面积广大，人口结构复杂，文化与传统多样，省与省、地区与地区之间及内部在各方面都存在巨大差距，由此造成各个区域、学校和群体之间的教育发展不均衡。此外，旧有思想的束缚，教育法规不健全，没有建立全国、地方和学校各层面的统一标准，政策之间缺乏衔接与一致性等，致使我国义务教育均衡发展问题重重，主要有如下几个方面。

（一）义务教育均衡发展难以摆脱陈旧的思想，评价体系单一，严重违背教育发展的规律。

“分数至上”的质量观与考评观仍然影响着现有的学校办学和评价模式。长期以来，我国义务教育阶段的学校有重点与非重点、实验与非

实验之分，不管其名为何，都是按照学生的成绩将学校分成三六九等。近几年来，我国义务教育的“择校热”，一方面反映出，优质教育资源短缺、发展不均衡的学校难以满足人们对优质教育资源的需要；另一方面反映出，整个社会仍然认为升学率高和成绩好的学校才是“优质学校”。所以，即使将优质教育资源平等地普及到每所学校，使每所学校在资源配置上达到相同的水平和层次，而这种功利的“优质学校”观不改变，各种变相的“优质学校”“优质学生”仍会出现，择校和一系列教育不公平现象将继续存在。我国屡禁不止的教师有偿家教和各种课外辅导班就是最好的证明。这些教育不平等现象仅仅依靠政府的政策是难以解决的，还需要从根本上转变人们对教育的认识。

（二）不同部门、领域的政策之间缺乏连贯性，没有在教育与其他部门、各类型的政策之间建立强有效的关联，没有其他部门的相应支持与配合，仅在教育内部论教育。

义务教育均衡发展涉及对教育的各项资源投入和政策保障，有些发展不均衡问题不是仅通过教育部门的努力就能解决的，牵涉的问题比较复杂与广泛，往往需要超越教育领域到整个社会中寻找答案，需要教育政策与经济政策、文化政策、政治政策相协调。

随着城市化进程出现的一些新问题，如，流动儿童教育和高考移民问题，仅仅依靠政府建好每所学校、健全高考制度是不够的，还需要改进户籍管理制度。

（三）政府没有建立起一套保证义务教育得以均衡发展的合理、有效、统一的法律法规，教育领域中行政主导倾向严重，政策执行缺乏有效的监督与反馈机制，因而有些政策不能深入执行。

1. 义务教育政府投资主体的中心偏低，没有一个独立的财政拨款体系。

我国《关于教育体制改革的决定》规定，基础教育实行由地方负责分级管理的原则，基础教育管理权属于地方，并把发展基础教育的责任交给地方。但是，正是这种分级办学制，严重影响了我国教育公平与均衡发展。这种分级办学制的基础教育管理体制要求同级财政必须为同级的基础教育负责，如此一来，区域、城乡的经济发展水平差异必定影响办学的财政差异，特别是在发展相对落后的地区和农村贫困地区，由于地方政府和乡级政府没有相对稳定的财政收入来源，导致义务教育投资不能得到保障。有学者系统考察了分级办学制下城乡教育资源分配及城乡教育差距后指出，分级办学制度的设计理念和具体实践在教育资源分配方面还有待完善。

2. 教育督导制度存在行政导向、专业性不强、法律法规不健全的问题。

1986年，国家教委设立督导司，标志着我国督导制度的正式恢复与建立。督导制是保证落实《义务教育法》实施的重要手段，并将对政策实施的监督与评价作为首要任务。我国更多的是从现代教育管理的角度来认识教育督导制度的意义，明确提出了教育管理体制应该包括政策、执行和监督评价三个缺一不可的组成部分。教育督导可以促使那种只重视决策、执行功能比较单一的管理转变为决策、执行、监督、信息、咨询等多功能的管理，从而建立完善的科学教育管理体系，促进教育管理的民主化、科学化。教育督导既要监督、检查教育行政部门和学校的工作，还要监督政府的教育工作，负有“督政”和“督学”的双重任务。我国教育督导法制建设相对滞后，且“督政”一直是我国教育督导工作的首要任务，教育督导缺乏专业性、独立性与科学性，只是凭借等级的权力对学校和教师的工作进行检查和考核。

3. 行政主导的学校“管、评、办”体制造成学校的单一化，严重束缚学校的发展。

我国《国家中长期教育改革和发展规划纲要（2010-2020年）》明确指出建设现代学校制度，推进政校分开、管办分离。适应中国国情和时代要求，建设依法办学、自主管理、民主监督、社会参与的现代学校制度，构建政府、学校、社会之间的新型关系。探索适应不同类型教育和人才成长的学校管理体制与办学模式，避免千篇一律。克服行政化倾向，取消实际存在的行政级别和行政化管理模式。但目前的情况还是政府部门集学校的举办者、管理者和评价者三者为一身，这种“管、评、办”一体化的政府管理学校模式，剥夺了学校的办学自主权，造成学校没有特色和个性，学生没有特长和创造力，甚至难以适应社会的局面。

4. 没有形成国家、省、区域或学区层面的统一、科学的规范和标准。

我国基础教育事业是在国务院领导下，实行地方负责、分级办学、分工管理的领导体制。基础教育的管理权属于地方，除大政方针和宏观规划由中央决策外，具体政策、制度、计划的制定和实施以及对学校的领导、管理和检查，责任和权力都交给地方。但我国地方政府还没有建立起以省、区域或学区为基础的，基于学生实际情况的各项教育标准和指数。没有根据当地教育投入、教育设施、教师资源和工资消费水平建立起义务教育均等化的区域标准或分级体系，没有明确各区域、学校的发展目标、教育标准及教师工资标准，没有明确的薄弱学校和弱势群体认定程序及扶持制度，也没有科学统计各区域、学校的资源状况并根据各区域教育发展实际与分级标准的差距对薄弱学校进行相应的补偿。正是由于各个层面缺乏统一的标准与规范，致使同一个城市或地区的教师工资和学校的办学条件等存在很大差距，严重阻碍了教育的均衡发展。

5. 缺乏健全的监督、人事及配套机制，一些旨在促进义务教育均衡发展的制度流于形式，没有深入实施。

为了促进各区域教师资源分布均衡，我国实施了教师教学人员轮岗制度。但是该制度在执行过程中出现了很多问题，政策失真现象尤为突出。如，政策流于形式，轮岗时只是将教学业绩不好的教师流转出去，背离政策精神；选择性地执行一部分内容，轮岗教师的福利得不到保障，轮岗后的人事制度跟不上。此外，有些教师将轮岗作为获取名利的手段，为以后的晋升铺路，而不是真心帮助薄弱学校。造成政策失真现象的原因主要有：缺乏有效的监督机制，教育法规不健全；没有形成一种消解利益冲突的有效机制，以调和各种矛盾，使教育行政部门、学校领导、家长、学生和教师能够齐心协力，朝着教育公平的目标共同努力；没有建立起与教师轮岗制度相配套的人事和福利保障制度等。

6. 民办教育法规不健全，民办教育性质及地位不明确，民办教育发展缺乏有效的政策及资金支持，难以摆脱人们的偏见。

尽管我国《民办教育促进法》规定：民办教育事业属于公益性事业，是社会主义教育事业的组成部分，但是我国当前的民办学校创办经费主要还是靠举办者个人和社会组织出资，政府补助很少，政府也没有对民办学校建立完善的管理和引导制度。由于政府政策的不明晰，民办教育机构性质不清，一般被认为具有产业性，且以营利为目的。一般而言，民办教育机构在性质和办学条件等各方面不尽相同。民办学校要么学费高昂，只有富人才支付得起；要么办学经费不足，教学质量低，各种设施和资源相对较差。因此，在我国大多数地区，民办教育机构一直在夹缝中艰难地生存，难以充分发挥其应有的作用，政府和社会也对其持有一定程度的偏见，就读于民办学校的学生也享受不到与公办学校相同的机会、资源和条件。

二、我国义务教育发展不均衡问题的解决路径

基础教育均衡发展是一个历史范畴，是相对、动态、特色纷呈的过程。均衡不是每时每刻都存在的状态，只是一段时间内相对均衡的状态，而不是绝对的。义务教育均衡发展是一个不断变化的循环连续系统，从相对不均衡到相对均衡再到相对不均衡，从初级形态的均衡发展到高级形态的均衡。

实现义务教育均衡发展是一个系统工程，需要社会各界共同努力。综观上述8个国家在实施义务教育均衡发展过程中的举措，发现其义务教育均衡发展是结合了自上而下、行政主导与自下而上、民主参与的两种模式，不仅有各级政府的积极努力，还有广泛的群众支持，如，社区志愿者组织协会、非政府民间组织、各种企业和行业协会。要实现义务教育的均衡发展，应做到“瞻前”（即重视学前教育）与“顾后”（即关注义务教育阶段后学生的发展）。采取的措施也不是机械刻板的“一刀切”，而是承认多样性与差异。追求的目标不是盲目的平均化，而是承认差异和多样性的均衡以及卓越的均衡发展。采取的是阶段性的逐渐缩小差距的程序。

鉴于此，我国在实施义务教育均衡发展方面可以分别从政府、社会和学校三个层面进行改进，具体如下。

（一）政府部门

要实现义务教育均衡发展，政府应当是第一责任人。对于义务教育

均衡发展，《国家中长期教育改革和发展规划纲要（2010–2020年）》已明确思路，就是落实地方政府对均衡的责任，强化省级财政对义务教育的统筹，同时推进教育管理制度改革，建立新型的政府管理学校的关系。除此之外，鉴于国外相关经验，我国政府部门可在如下几方面进一步完善相关制度、建立合理的机制。

1. 建立合理的投入性机制。要推进义务教育均衡发展，必须打破现有的拨款机制，建立公众参与教育拨款决策的新机制，如，成立国家和地方教育拨款委员会，负责制定教育拨款的预算，监督政府部门严格按照预算拨款。建立健全对教育领域的投资体系，切实做到对义务教育均衡发展投入均衡的硬件资源和设施。建立健全教育财政转移支付制度，加大对义务教育总投入经费，建立合理有效的财政拨款和监督机制。建立健全配套的行政体制、财政体制，建立与财政转移支付制度相契合的教育行政体制，或通过教育立法保证教育财政转移支付制度的有效实施。健全义务教育免费制度，适时扩大义务教育的免费领域。除了免学杂费外，还应根据不同学生、不同地区的实际情况和需要，尤其是针对弱势群体，加大义务教育投入力度，切实解决普及义务教育所需的物资和经费问题，如书本、校服、交通和餐费等。给所有学校提供同样的资源和支持，确保就读于各种学校的儿童具有同等的条件和机会。

2. 建立合理的补偿性机制。给薄弱地区的学校提供额外的资金和支持，建立科学的薄弱学校认定和改进程序。建立教育发展优先区和教育特区，在一些教育发展薄弱的地区实行试点试验，通过绩效责任制改进这些薄弱学校。聘请优秀教师任教，校长参与学校管理，制订学校改进计划，合理制订一段期限内学校必须达到的各种标准，并对不能达标的薄弱学校进行分级分类指导和改进。坚持以人为本的原则，满足教师、学生、家长对优质教育资源的需求，在保障教师工作、生活质量的基础上，实行人性化的保障措施和激励措施。按照补偿性和递差原则，优先扶持农村地区和薄弱地区，切实保证资金能投入到那些最需要帮助的地区，完善这些落后或薄弱地区的教育教学硬件设施，力图使其在硬件设施和软件资源方面达到优越地区的水平。合理建立针对不同群体的补偿性机制，使弱势群体能够获得有针对性的帮助，使其与优势群体处于同一起跑线上。

3. 加强教育发展的统一性规范。建立一个国家性的义务教育统一标准，明确规定各区域、学校的各种资源标准。通过教育立法建立全国性的各项教育标准，并在社区和学校建立相应的监督机制对各项指标进行监督与反馈。合理设定国家范围内教师工资和福利的最低标准，以省和地区为基础建立合理的教师工资及福利补偿制度。统一教师教育标准，实施系统的教育监测，建立合理的教学人员流动程序。建立健全教师人事管理制度，使其与教学人员定期轮岗的要求一致。改进义务教育督导制度，以学区为基础建立督导制，定期对各地区学校及学生间的差距进行检测和分析，并根据检测结果制定下一步的政策。根据城镇化进程与人口发展的实际情况科学合理地规划学校布局，保证做到让学生可以就近入学。可尝试由省级政府统一配置区域内的教育资源（学校建设经费、办学经费、教师等），推进区域内学校办学条件、教师质量水平的标准化建设。建立资源共享机制，使各学校的教师和学生能够享受均等的优质教育资源。优先将资金投入到农村地区和那些教育发展薄弱的地区，建立健全这些地区的网络信息传输机制，使贫困地区的每个儿童都有机会接触并使用网络资源。在此基础上，扩展各教育发展区域教育资源的可及性和普及性，使处于各地的人员能够共享资源。

4. 明确各级政府的权责范围，使各级政府能够相互有效地合作。将办学权还给学校，使学校根据地方特色，结合国家实际情况及国际教育趋势设定科学的办学目标和课程，实现特色发展。综合考虑各类学生的需求，在义务教育阶段举办多种类型的学校，设置多样化的课程、教学和评价标准。引入社会力量对政府与学校的行为进行监督，并提出改进意见，妥善处理教育领域内外的各种矛盾。

5. 建立利益冲突的消解机制，来调和各既得利益集团之间的矛盾，使教育行政部门、学校领导、家长、学生和教师，朝着教育公平的目标共同努力。通过舆论引导、媒体宣传，提高公众对非正规、非正式教育组织的重要性的认识，合理有效地引导非正规、非正式教育的发展，调动民间组织参与教育的积极性，使其辅助政府组织，逐步形成多种组织、多种教育形式相辅相成、协调发展的民主协商、互相监督的教育行政和管理格局。邀请经济、政治、文化等部门的相关人员共同参与教育决策，协同处理一些教育问题，保证教育政策与文化政策、经济政策之间的衔接与一致。

（二）社会层面

从以上8个国家的经验可以发现，义务教育均衡发展需要广泛的社会参与，需要教育领域与社会各领域协同合作，以保障义务教育均衡发展的各种措施得以顺利开展。此外，义务教育领域的改革不能仅仅局限在义务教育领域之内，还需要超越义务教育领域。

1. 各种教育中介组织在转变政府职能，推动信息公开，促进评估交流，合理配置资源等方面发挥着日益重要的作用。调动各类非政府机构的积极性，通过法律和行政手段对其加以适当的规范和引导，使其能参与并对各种教育活动进行投票与决策。建立民间合法的监督反馈机制，使公众能对各种教育政策的执行、经费的使用情况进行监督并提议。

2. 通过媒体舆论加强公众对弱势群体教育现状的认识与意识，建立社区和学校之间的沟通与合作机制，通过教师、家长及社区组织一起帮扶弱势群体学生。建立健全公众参与教育事务的民主协商制度，广泛动员民间团体参与教育议事。建立社区监控系统，以社区为基础，建立一个信息公开、程序透明的教育管理信息系统及儿童数据库，及时更新学校相关数据信息，以便公众及时了解各学校的情况。

3. 建立受保护儿童公益协会，鼓励弱势群体儿童主动寻求帮助，并为其提供所需的各种帮助。建立家庭、学校和社区的长效沟通机制，明确职责，使学校能获悉学生家庭及在家学习的基本情况，并有针对性地建立校内、校外教育服务系统，通过学校提供校内教育服务，通过社区提供校外教育服务。建立家庭协调委员会或家庭危机委员会，对那些离婚、分居、单亲家庭或长期感情不和的家庭进行协调，并对其子女提供额外帮助。

（三）学校层面

目前，推进教育均衡发展的价值取向是将更多的责任推到政府层面上，但实际上还是要落实到学校层面才能见效。基础教育均衡发展不仅仅是政策口号，而应最终体现在每一个学生的发展上。如何办好学校，不只是政府部门的主要职责，最好的状态应该是学校自主办学，政府管理，第三方组织进行监督与评价。但是在现有的条件下，借鉴上述8个国家的经验，学校可以从如下几个方面进一步改善。

1. 加强对教师的培训，使教师具备对教育均衡发展的意识及一些改革的相关知识、技能与技巧。实行科学合理的学生入学与中期鉴定制度，并提供有针对性的帮助，为那些被认定为弱势群体的学生提供额外的个性化辅导。建立学校和家庭的长效沟通机制，使学校和家长能及时互通信息，以便及时提供有针对性的“放学后学校”与“放学后保育”服务，为那些需要额外帮助的学生提供相应帮助。

2. 以学区为基础，设立强弱联合、互帮互助的对口支援项目。在学区内或学区间将资源优厚的学校与资源薄弱的学校绑定，相互扶持并共享资源。同时，充分利用学区内各层次学校的资源，如中小学和大学、职业技术学校联盟，利用这些学校的知识资源及硬件资源，对弱势群体学生提供有针对性的补偿教育，对特长生提供相应的兴趣培养或天才计划。此外，聘请外部讲师、社区志愿者和各种民间协会参与学校儿童的教育和养护活动。

总之，我国义务教育均衡发展是一个浩大的系统工程，包括体制内外各领域的通力合作。这是一个包括学前教育、基础教育、职业教育、成人教育和高等教育相贯通；正规教育、非正规教育、非正式教育相结合；职前教育、职后教育与培训衔接；学校教育、家庭教育与社会教育相辅相成；政府、社会和教育系统为了提供公平的优质教育资源而协同合作的、开放的系统工程。这个系统中各种资源共享、优势互补、程序公开透明，在提高整体教育质量的基础上重点扶持处境不利地区、学校和群体。这个系统工程的最终目的不是建立一个统一标准，而是在尊重差异的基础上发挥各要素的最大作用，将不利的影响降低到最低限度。当然，由于各种主观、客观因素的制约，外加各种偶然因素的影响，这个过程将是十分漫长的。

后　记

本书是北京师范大学教育学部“211工程”项目“义务教育均衡发展比较研究”的研究成果，项目由北京师范大学国际与比较教育研究院承担，在研究院各位同事的共同努力下合作完成。本书各章的分工如下：

第一章，王璐；第二章，刘宝存；第三章，王璐；第四章，王晓辉；第五章，孙进；第六章，高益民；第七章，姜英敏；第八章，阚阅；第九章，肖甦；第十章，高益民。

需要说明的是，义务教育均衡发展的政策与实践在不断发展，但由于本书涉及的国家较多，而获取国外的最新数据并非易事，故书中的资料和数据基本截止到2015年，希望该书的研究能起到抛砖引玉的作用，促进相关学者在这一领域的研究更上一层楼。

因水平所限，书中错误在所难免，敬请学界同仁指正。

编者

2021年1月